P

Politics
In the Digital
Age

数字时代的政治

李石 著

北京大学出版社
PEKING UNIVERSITY PRESS

目　录

绪　论　那些我们应该坚持的政治价值／1

　　1. 数字时代人们是否更自由？／2

　　2. 数字技术的应用是否会加剧不平等？／5

　　3. 数字时代能否重回直接民主？／10

　　4. 立法与执法／12

　　5. 算法即正义？／15

第一章　机器会取代人类吗？／21

　　1. 机器是否有意识？／22

　　2. 机器能否自主产生意识？／29

　　3. 机器（人）有权利吗？要担责任吗？／35

　　4. 机器与人类：敌还是友？／39

　　5. ChatGPT：人工智能的最新进展／42

第二章　自由,还是独裁?／48

1. 人机混合体／49
2. 数字自我与生物自我／52
3. 谁是主人／55
4. 强迫自由与数字独裁／58

第三章　我们有了哪些新权利?／66

1. 网络自由权／67
2. 数据所有权／74
3. 数字遗产及其继承／80
4. 针对算法权力的个人权利／84

第四章　数字时代资本积累的逻辑／88

1. 资本发展的三种形态／89
2. 数字劳动与新形式的剥削／95
3. 数字资源的共享／100

第五章　谁关心分配正义?／106

1. 人工智能与失业大潮／107
2. 数字资本与免费劳动／110
3. 未来就业形式:零工?／115
4. 不正当竞争加剧不平等／118

第六章　科技让女性更平等？／125

1. 数字技术促进女性就业／126
2. 数字技术加剧性别歧视／129
3. 辅助生殖技术加剧性别失衡／135
4. 体外生殖技术颠覆性别关系／138

第七章　"基因编辑"是在玩火吗？／145

1. 科学研究与价值中性（value neutrality）／146
2. 科学实验要尊重人的"权利"／152
3. 科研成果的应用以"公共利益"为限／157

第八章　能否重回直接民主？／164

1. 电子选举与区块链技术／165
2. 网络协商民主的新发展／169
3. 舆情对民主制度的颠覆／171
4. 数字民主展望／177

第九章　舆情如洪水／181

1. 民主的本质是民意表达／182
2. 代议制民主的困境／185
3. 民意表达与舆情应对／187
4. 舆情在民主政治建设中的作用／191

第十章　大数据时代民主政治面对的挑战 / 197

　　1. 数字技术解构言论自由 / 198

　　2. 大数据应用对民主选举的破坏 / 203

　　3. 人工智能侵占立法权？/ 206

　　4. 虚拟世界与批判精神的消失 / 209

第十一章　数字治理的"得"与"失" / 214

　　1. 数字治理的优势 / 216

　　2. 数字治理的隐患 / 223

　　3. 信息茧房与不自由 / 237

第十二章　算法即正义？/ 241

　　1. 程序正义应遵循的道德原则 / 242

　　2. 算法歧视的不同类型 / 245

　　3. 算法公开的限度 / 249

　　4. 算法出错与可问责 / 253

　　5. 隐私保护与尊严 / 257

第十三章　元宇宙追问 / 261

　　1. 元宇宙的哲学追问 / 262

　　2. 元宇宙的政治学追问 / 268

　　3. 元宇宙的经济学追问 / 273

第十四章　数字技术与未来战争 / 280

  1. 未来战争的可能形式 / 282

  2. 未来战争的多元化 / 290

  3. 数字时代的和平构想 / 299

第十五章　最好与最坏的可能世界 / 308

  1. 空间技术与外星文明 / 309

  2. 基因编辑与平等社会 / 313

  3. 人工智能颠覆人类秩序 / 318

  4. 如何避免坏世界 / 322

附　录　数字时代的政治学迷你词典 / 326

参考文献 / 401

绪论　那些我们应该坚持的政治价值

如果说"人类是天生的政治动物"[1]，那么，什么是理想的政治生活？千百年来，人类一直在探寻这个问题的答案。所有的"乌托邦"构想，都是在尝试解答这一问题。在一次又一次的猜想、尝试、斗争、失败、妥协……的过程中，世界各种文化传统中的人们逐渐认识到，自由、平等、民主、法治、公正，这些政治价值为我们指引了理想政治生活的方向。当今的人类社会正在以越来越快的速度迈进数字时代。尤其是2019年底新冠疫情以来，许多国家的大部分公共事务不得不借助数字技术在网络环境下进行。由此，数字治理、数字民主、数字权利等与人类政治事务紧密相关的新观念层出不穷。自由、平等、民主、法治、公正[2]是社会主义核心价值观中的五项政治价值，也是规范现代国家政治秩序的共同价值。这

---

[1] 〔古希腊〕亚里士多德：《政治学》，吴寿彭译，商务印书馆，1965，第7页。
[2] 中文中的"公正"与"正义"对应英文里同一个概念"justice"，一些译者将这一概念翻译为"公正"（例如廖申白翻译的亚里士多德的《政治学》），另一些则将其翻译为"正义"（例如何怀宏翻译的约翰·罗尔斯的《正义论》）。本书将这两个概念视作同一政治价值，在讨论数字时代的公正问题时依据语言习惯使用"程序正义"与"算法正义"等术语。

五个政治价值在数字时代拓展了内涵及制度形式。在数字技术的加持下，人类是否正迈向理想的政治生活，抑或离那个理想越来越遥远？数字技术是否让人们更自由、更平等，是否优化了民主程序，是否加强了法治基础，又是否向我们展现了更公正的未来社会？《数字时代的政治》一书将带领读者探究数字时代公共生活发生的根本性变化，从自由、平等、民主、法治和公正五个政治价值出发，审视新技术的应用可能对政治理想造成的危害，在此基础上提出建议，并畅想美好的数字未来。

1. 数字时代人们是否更自由？

在政治学理论中，对于自由的讨论以英国政治思想家以赛亚·伯林(Isaiah Berlin)最为著名。伯林将自由的概念分为两种：积极自由与消极自由。其中，积极自由理论通常将"自我"分为较高自我(理性自我)和较低自我(欲望自我)，而所谓的"自由"就是较高自我对较低自我的控制。所以，积极自由的含义经常表达为：做自己"真正想做的事"。伯林将卢梭的自由理论作为典型的积极自由学说进行批驳，而卢梭将人们"真正想做的事"与"公意"概念联系起来，认为所谓自由就是听从公意的指挥，并由此而推导出"强迫自由"理论："任何人不服从公意的，全体就要迫使他服从公意。恰好就是说，人们要迫使他自由。"[1]与积极自由不同，消极自由是"非干涉"的自由，指的是他人或政府干涉的缺失。亦即，在

---

[1] [法]卢梭:《社会契约论》,何兆武译,商务印书馆,2005,第24页。

不受他人和政府干涉的范围内,人们可以做自己想做的事。[1]

在数字技术普遍应用的背景下,积极自由和消极自由衍生出新的内涵。首先,在数字环境下,人们可能借助数字设备而拥有"数字自我",而这个自我则可能充当积极自由理论中的"较高自我",并对"现实自我"(较低自我)发号施令。事实上,各种数字设备以其计算、记忆、数据量等优势,正在越来越多地为人们做出决策,这方面表现尤为突出的就是大数据应用下的人工智能技术。例如,导航系统已经超越了人们的直觉和经验,成为人们行动的总指挥。而各种可穿戴的数字设备能够实时监测人体的各种指标,并在健康和安全的名义下指挥人们的一举一动。例如,美国科创公司研制出的一款名为 Pavlok 的电击手环,手环与智能手机相关联,如果手机用户未能完成之前自己设定的目标,例如戒烟、停止咬指甲、早睡等,那么手环就会释放电流电击用户。另一款智能耳机则可以根据分析用户颌部的运动和声音,推算出其进食的速度、吞咽下的食品数量和摄入的卡路里。一旦摄入量超过之前规定的数量,智能耳机就会对用户进行惩罚。[2]这两种数字设备背后的逻辑正是卢梭的"强迫自由"学说,将"现实自我"对"数字自我"的服从当作自由。

伯林在批评积极自由学说时,最大的担忧就是积极自由理论将服从外在政治权威当作自由,并以此为借口而强迫人们做他们不愿意做的事,这将导向专制和独裁。而在数字环境下,强迫自由

---

[1] See Isaiah Berlin, *Two Concepts of Liberty*, Oxford: Clarendon Press, 1958, p. 11.
[2] 参见〔法〕马尔克·杜甘、〔法〕克里斯托夫·拉贝:《赤裸裸的人:大数据,隐私和窥视》,杜燕译,上海科学技术出版社,2017,第 57 页。

和独裁统治的风险可能更高。马斯克的 Neuralink 公司已经为猴子装上了脑机接口,猴子能够通过意念打字,向人类索要甜点。Neuralink 公司还推出了为人类安装脑机接口的手术机器人,在模拟手术中,只要 15 分钟就能完成人脑的脑机接口安装。同时,马斯克还宣称要在自己的大脑里安装脑机接口。[1] Neuralink 公司于 2023 年 5 月 26 日宣布获得了美国食品药品监督管理局(FDA)批准开展人体实验。试想,如果有一天所有人的大脑里都安装上了脑机接口,那么,在人们获得通过意识就能交流之便利的同时,是否也将自己的意识暴露无遗?而如果这些数据都由某个政治权威掌握的话,他(她)是否就拥有了"狠斗私字一闪念"式的控制所有人思想的能力?只要谁的大脑里闪过反抗的念头,电子手环就会电击他,直到他的脑回路被改变。如果真的是那样的话,人类将彻底失去思想的自由。我们是不是可以说,数字技术+积极自由=数字独裁?数字技术对"自我"的入侵和控制到底是增强了人类的自由,还是限制了人类的自由?

与积极自由理论不同,消极自由捍卫人们不受政府干涉的各项行动。这些行动自由体现在制度设计中就是各种"权利"。例如,迁徙的自由、择业的自由、言论自由、出版自由、财产自由,等等。在数字社会中,人们在网络空间中的行动需要以新的"权利项"予以规范。因此,在原有各项权利的基础上,还需要构建出适合数字时代的新的权利概念,例如网络言论自由、网络结社权、数据所有权、数字遗产、断网权,等等。在数字时代,消极自由理论家尤为珍视的言论自由和结社自由衍生为网络言论自由和网络结社

---

[1] 2022 年 11 月 30 日,Neuralink 举办了技术展示活动"Show and Tell",相关信息可参见关于此次活动的网页报道。

自由。网络言论应该受到什么样的限制？网络水军、人肉搜索是否包含在言论自由的范围之内？是否应该实行网络实名制？谁有合法权力删帖、封号、推荐、置顶？这些新的制度问题都与网络时代的言论自由息息相关。相应地，网络时代的结社自由也有了新的动向。网络结社更为便捷也更难监管，论坛、朋友圈、微信群都带有结社性质。在哪些情况下可以封论坛？可以"炸群"？微信群的群主负有什么样的责任？另外，数字经济以大数据为基础，而这些由网络用户免费提供、平台收集整理的海量数据到底归属于谁？而在人们逝去后，那些保留在网络空间中的文字、图片、音频、视频、公众号等数字财产又属于谁？还有，在数字治理中人们有没有权利切断网络，拒绝被治理？这些都是网络时代出现的新的权利问题。总之，在数字时代，积极自由和消极自由都被赋予了新的内涵，政治学学者应积极关注数字时代人们的自由，及时预警并提出有益建议以保护人们的自由。

2. 数字技术的应用是否会加剧不平等？

数字技术的应用让人类社会更平等了，还是更不平等呢？一方面，随着网络技术的普及，每个人都有了发言的机会，能够通过直播、视频、音频、图片等方式发挥自己的才能。而网络经济的发展则让每个人都有了开网店的机会，各式各样的网络金融产品也增加了人们创业的机会。还有网络教育、网络医疗，这些便利的网上资源促进了人们在受教育以及健康方面的平等。另一方面，由于数字设备分布不平衡等原因，不同人群之间存在着数字鸿沟，一些人被排除在数字世界之外。而即使消除了数字鸿沟，人们从网络上获取的资源也在很大程度上受到其知识储备和社会阶层的影响。最明显的对比就是,城市孩子在家长的指导下上网课,而农村留守儿童则沉迷于电子游戏无法自拔[1]。从很大程度上来说,人与人之间的平等关系是由一个社会的经济模式决定的。经济模式决定一个社会的财富分配,而财富分配不均又会影响政治权力的格局,并最终强化人与人之间的不平等。数字时代的经济活动由于数字技术的普及而更加活跃和便捷,然而,在数字经济中存在着多种因素可能加大人们之间的不平等,这使得近二十年来贫富差距加大成为世界上大多数国家的普遍现象。这是因为,数字经济中存在着可能加剧不平等的四种因素:人工智能应用导致大规模失业、数字资本对数字劳动的剥削、零工从业者缺乏劳动保障、数字经济中存在不正当竞争。

第一,人工智能代替人力,这是数字时代的重要特征之一。在这一过程中,大规模失业成为一个必然现象。2019年新冠疫情以来,失业成为全世界范围内的共同现象。[2] 如何应对失业,这是数字经济能够持续良好发展的关键。在这一问题上可能出现积极应对和消极应对两种方式。消极应对就是抵制机器对人力的取代,即使有能够代替人类工作的人工智能设备也不采用,以此保住大部分人的原有工作。然而,这种应对方式显然只是暂时管用。从人类社会的历史来看,每一次技术进步都带来人类社会生产力的巨大进步,都将人类文明推进到一个新的发展阶段。当然,每次

---

[1] 参见李万发、贾丽娟:《沉迷手机游戏的留守儿童问题分析——基于多中心治理视角》,《社会与公益》2020年第7期。

[2] 参见刘学良、宋炳妮:《新冠肺炎疫情下的失业情况、失业率修正及就业保障》,《中国劳动关系学院学报》2021年第4期。

技术进步都会有"牺牲者",也都有壮怀激烈的抗争。例如,工业革命初期捣毁机器的卢德主义者[1],以及20世纪末反对现代科技的新卢德主义者。然而,人类社会进步的车轮是不会因此而停止的。尤其是在全球化的背景之下,任何国家都不可能躲过新技术的冲击。不积极迎接新技术的国家,只能在新一轮的竞争中败下阵来。所以,我们应以积极的方式应对数字经济中的失业问题。一方面,为失业者提供"终生学习"的便利条件;另一方面,通过分配制度的调整以"全民基本收入"等政策保证失业者的基本需要得到满足。"全民基本收入"(UBI)是比利时哲学家菲利普·范·帕里斯(Philippe Van Parijs)提出的一种分配方案,主张给予所有社会成员一笔固定收入,无论人们是否工作,也无论他们是否处于贫困之中。帕里斯是一个分析马克思主义者,他继承了马克思共产主义的思想。帕里斯认为,社会财富的总资产属于所有社会成员,而每个月给予人们一笔固定收入,这正是以"社会分红"的方式肯定人们的这种权利。[2] "全民基本收入"是应对数字经济中失业问题的一剂良药,2019年疫情以来欧美国家开始尝试以该政策缓解失业带来的经济问题。[3] 一些中国学者也参照中国的实际情况设计了中国版的"全民基本收入"政策,[4] 这些都是解决疫情影

---

[1] 在工业革命初期,一些英国工人觉得机器让他们失业,于是就组织起来破坏工厂的机器。因为捣毁机器的运动最先是由一位名叫内德·卢德(Ned Ludd)的工人引发的,所以这些人就被称为卢德主义者。

[2] 关于"全民基本收入"的深入探讨,可参见拙作《"全民基本收入"是通向共产主义的现实之路吗?》(《国外社会科学前沿》2022年第6期)。

[3] 参见赵柯、李刚:《新冠肺炎疫情冲击下西方国家经济救助政策新取向》,《当代世界与社会主义》2021年第3期。

[4] 参见翟东升、王雪莹、黄文政、李石等:《未来起点收入——共同富裕时代的新型再分配方案初探》,《文化纵横》2022年第5期。

响和失业问题的有益尝试。

第二,在数字环境中,人们的一言一行都会留下数字痕迹,而这些数字痕迹会形成庞大的数据库。大数据应用是数字时代的知识生产方式,通过找出不同数据之间的相关性,数据拥有者能够获取许多知识,而这些知识可以产生价值。例如,人们的消费倾向、政治信仰、兴趣爱好等,都可能具有商业价值。从马克思主义政治经济学视角来看,数字经济的运行模式正是数字劳动积累形成数字资本的过程。数字资本通过大数据交易而获利,而人们进行的数字劳动却是无报酬的,其中必然包含了数字资本对数字劳动的剥削。这种剥削使得数字经济中包含了不公平的因素。对于这一不公平因素,目前国际社会主张通过数字税来进行矫正。例如,2021年经济合作与发展组织(OECD)发布了关于国际企业(尤其是跨国数字企业)所得税改革的"双支柱"方案,于2023年开始实施。除此之外,笔者认为,在某些情况下也可以通过开放数据库来消除数字资本对数字劳动的剥削。例如,包括SCI、SSCI、CSCI、CSSCI在内的各类科学引文索引都应该面向公众开放,这些数据是人类知识共享的宝库。当然,这些数据的搜集者做了许多整理和编辑的工作,这部分人力物力应该得到相应的报酬。但是,数据库的数据来源却是千千万万作者的免费劳动。其中包含的不公平问题应该通过更大程度地开放数据库予以解决。

第三,在数字经济中,人们工作的方式发生了相应的改变。与传统工作方式相比,一个显著的变化就是零工经济的兴起。相关调研数据显示,中国在2019年约有8400万人从事零工工作,国内灵活用工市场规模已达 4787.69 亿元。[1] 据阿里研究院预测，2036 年将有四亿中国人选择在互联网平台谋职。然而，在劳动形式发生变化的同时，劳动者保护并没有跟上时代的脚步。一方面，由于这些零工从业者并不固定受雇于某企业，所以许多公司并不会为他们提供相应的劳动保障；另一方面，由于平台经济中平台对数据的垄断（例如滴滴公司对用车需求数据的垄断），零工劳动者在议价过程中处于相对弱势，并由此而受到更深的剥削。鉴于这些情况，劳动保障制度亟需更新。我们可以设想这样的保险制度：在给予每一位社会成员一份无条件收入（全民基本收入）的同时，以这一收入的一部分为所有人购买一份保险，暂且称其为"全民基本保险"，以解决零工从业者的社会保障问题。总之，只有有效地保障零工劳动者的劳动权利和平等的议价地位，才能维护数字经济的公平，缩小贫富差距。

第四，数字经济中还存在着许多不正当竞争方式，而这些方式都有可能加剧数字经济的不公平。数字经济中主要的不正当竞争方式有：花钱买流量、竞价排名以及低价竞争。在这三种竞争方式中，只有那些拥有雄厚资本的企业和商家能够胜出。因此，这些竞争方式将拉大贫富差距，导致数字巨头对数据和资本的垄断，破坏公平的自由竞争。由此，反垄断、以法律法规严格限制不正当竞争的发生成为维护数字时代公平的重要措施。

---

[1] 国家信息中心分享经济研究中心：《中国共享经济发展报告（2020）》，2020年3月9日，http://www.sic.gov.cn/sic/82/568/0309/10425_pc.html，访问日期：2022年6月14日。

3. 数字时代能否重回直接民主？

数字技术的普遍应用促进了民主政治的深入发展。电子选举、网络协商民主和舆情民主[1]是数字民主的三种主要形式。电子选举增强了民主活动的效率，网络协商民主是选举民主的有益补充，而舆情民主则可能从根本上颠覆民主政治。

首先，从 1981 年乔姆等提出第一个电子选举方案[2]开始，电子投票被越来越多地应用到选举过程中。巴西、印度、美国、德国、挪威、加拿大、韩国等国的总统或议会选举都曾尝试电子投票。我国也尝试了将数字技术应用到民主选举的过程中。1990 年，我国第七届全国人民代表大会第三次会议第一次使用电子表决器。投票过程的数字化大大提升了选举过程的效率、准确性和便利性。近几年来，随着区块链技术的发展，一些学者提出区块链民主。[3]区块链技术具有去中心化、不可篡改、透明度高和伪匿名性等特征，能够保证民主投票的准确性和匿名性，有效防止贿选和数据篡改等问题。2015 年，Zhao 和 Chan[4]第一次在电子投票中使用了区块链技术。此后，区块链技术得到进一步发展，出现了使用"智

---

[1] 目前学术界并没有出现"舆情民主"这一概念，因为绝大部分学者并不认为由舆情主导的民意混战是一种新的民主形式。笔者自创这一概念，以描述舆情影响下的民主政治。

[2] David L. Chaum, "Untraceable electronic mail, return address, and digital pseudonyms," *Communications of the ACM* 24, no. 2(1981):84-90.

[3] 参见王勇刚：《机遇抑或挑战：区块链技术与当代西方民主困境》，《哈尔滨工业大学学报（社会科学版）》2021 年第 2 期。

[4] Zhichao Zhao and T. H. Hubert Chan, "How to Vote Privately Using Bitcoin," *Information and Communications Security*, 2015:82-96.

能合约"的区块链 2.0 和区块链 3.0 等投票方案。

其次,商议与投票是民主政治包含的两项重要内容。电子投票使得投票过程更为高效,而网络协商民主则为商议过程增添了多重路径。在中国,各地方政府都积极建设人们参政议政的网络渠道,发展出诸多具有中国特色的网络协商民主形式,主要有以下几种:(1)网络定期专时协商模式。例如,在每年两会期间,人大代表、政协委员通过网络平台与百姓互动、探讨相关提案。(2)网络专人协商模式。通过电话、电子邮件、网上留言等渠道收集人们关于公共政策的信息。(3)各政府部门网站都开通了举报、投诉渠道,通过电子邮件、电话等形式,人们能够更好地监督各级政府部门及相关企事业单位的工作,充分发挥协商民主的监督功能。(4)为了推动公共政策制度的民主化,一些地方政府还开展了有第三方决策机构参与的网络协商民主活动。总之,通过各种网络途径的拓展,人们能够更好地介入公共事务的商谈当中,主导公共政策的制定。

最后,如果说电子投票使得民主更为高效,网络协商拓展了民主的广度和深度,那么舆情民主则可能颠覆现有的代议制民主。通过代表代为表达民意,这是代议制民主的基本特征。然而,数字技术的发展则可能削弱设立政治代表的必要性。在数字世界,人们可以通过多种途径直接表达自己的意见。相比于通过代表代为表达,网络表达更为高效快捷。由此,所有人在网络中直抒胸臆似乎成了数字时代最直接的民意表达。但这种民意并不一定是真实的民意,很有可能是歪曲、炒作的民意。舆情受到多种因素的影响,资本引流、网民泄私愤、水军炒作,都可能掀起舆情的巨浪。因此,在数字时代,为了让民主得到更好的发展,引导民意的理性表达,应该将舆情治理和民主制度创新结合起来。例如,从中国的情况来看,可设想在全国人民代表大会以及省市镇各级人民代表大会下设立舆情监督委员会,对舆情所反映的社会问题进行核查和整改,并对相关权力部门进行监督。

总之,数字技术或许为人们提供了从间接民主回到直接民主的可能,数字时代民主政治的健康发展,其关键在于民意的理性表达,以及协商和投票过程的数字化。

4. 立法与执法

在人工智能、大数据应用等数字技术的推动下,数字时代的法治也将发生深刻的变化。这种变化主要体现在立法和执法两个方面。在立法方面,人工智能开始参与立法,而一些电脑科学家甚至认为不需要借助民主程序立法,"算法"就是法律;在执法方面,人工智能有可能成为执法者或执政者,而大数据应用则催生了"预测警务"。立法和执法两方面的数字化进程将深刻影响人类社会的秩序建构和秩序维护。

首先,在立法方面,人工智能正在介入立法过程,而人工智能立法却有可能侵占人们的民主权利。在民主社会,立法是最主要的民主过程。因为,立法权是国家主权的核心内容,而民主国家的主权者是人民,所以只有人民或者人民的代表才拥有立法权。然而,立法过程同时也是一个需要专业知识的复杂过程。例如,环境立法,如果没有与环境保护相关的知识,没有相关法律知识,是不可能胜任立法这项重任的。由此,在民主社会中,通常由议会(在我国是全国人民代表大会)下属的专门委员会负责起草、修改、核定等立法工作。在这一过程中,人工智能可能代替人们做许多事情。人工智能有着海量的知识储备,并且能够自动对照其他相关法规进行核查。以"北大法宝"为例,"立法工作者只需将立法调研信息提交给机器,再输入所需立法的主题、标准和要求,人工智能系统便可自动生成一部可供参考的法律草案文本"[1]。然而,从政治层面来讲,人工智能立法可能存在三个方面的问题。一是人工智能没有立法资格,立法资格属于人民的代表;二是人工智能的立法过程(算法)难以向公众公开,这会影响到公众的知情权;三是人工智能建立在深度学习的基础上,而依据其学习的材料,人工智能可能订立出包含偏见的法律。例如,在美国的语境下,如果非洲裔美国人的高校入学率普遍低于欧洲裔美国人,那么人工智能就可能据此而制定出非洲裔美国人高校入学率应低于欧洲裔美国人的法律。而这样的法律显然是包含歧视的,它反映了现实存在的不公平现象。由此看来,数字时代的立法是否要引入人工智能,在多大程度上引入人工智能,如何规避人工智能立法的弊端,这些都是值得进一步研究的问题。另外,一些计算机科学家甚至认为,人类社会应该以"算法"代替法律。如《拯救一切,点击此处——技术解决方案主义的愚蠢》一书的作者叶夫根尼·莫罗佐夫所言:"既然我们有了摄像头和反馈回路,为什么还要依靠法律呢?科技难道不就是在那儿用来帮助我们的吗?这种新型管理方式有个名字:算法规则。在硅谷的范围内,大数据公司拥有的政治程序,就是算法规则。"[2]在这些计算机科学家看来,算法是中立的、不会出错的,而人类通过民主程序制定的法律却总是漏洞百出。如果

---

[1] 刘佳明:《人工智能立法的运用及其规制》,《湖南农业大学学报(社会科学版)》2021年第1期。
[2] 转引自杜甘·拉贝:《赤裸裸的人》,第63页。

有一天算法真的代替了法律的话，人类的大部分民主权利都将被少数计算机科学家和拥有大量数据的数字巨头所侵占。

其次，在数字时代，人工智能不仅试图充当立法者，还试图充当执法者和执政者。英国《明星日报》网站2018年4月19日报道，在日本东京多摩市的市长竞选中，有一位候选人是一台机器人。2022年5月，丹麦的艺术家组织Computer Lars和非营利的艺术和技术组织MindFuture Foundation创立了机器人政党"合成人党"（The Synthetic Party），其名义领袖是AI聊天机器人Leader Lars。机器人执政会不会成为现实？这是一个值得政治学者深入思考的问题。在这一问题上，即使民主社会中大多数人拥护一个人工智能执政者，那也还存在下述困难：机器人并非责任主体。机器人不具有自主性，其行为、意志和决定都是由设计机器人的程序员间接决定的。所以，机器人如果在执政过程中出现失误，就很难找到相应的责任人。而且，机器人执政也并非像其支持者所鼓吹的那样能够有效避免腐败等问题。因为，算法终究是人设计的，在算法难以被公众充分理解的情况下，黑箱之内更容易滋生腐败，而其中包含的不公平将更难以消除。

最后，在执法方面，大数据应用催生了"预测警务"，亦即通过数据对比找到相关性，在犯罪事实发生之前，预先锁定罪犯。"预测警务"的明显优势是能够有效降低警力成本，将有限的警力用于防范"重点"人群。然而，这么做却有歧视某些人群的嫌疑。例如，如果将社保数据和犯罪记录的数据相对比，可能会发现那些经常领取社保补助的人们的犯罪率也相应较高。但是，如果对那些领取社保补助的人严加防范，或者将其带回审问，则显然侵犯了他们平等的权利和自由。毕竟，人是有自由意志的，并非被过往的记录或任何既有数据所决定。而大数据预测的罪犯并非一定会犯罪。在执法方面的另一个新动向是,在不久的将来可能出现携带致命武器的机器人警察。好莱坞大片里那种机器人向人类开枪、射杀的场面可能真的会出现。据英国《卫报》2022年12月7日报道,旧金山政府批准机器人警察可以在任务中使用"致命武力",这引发美国民众恐慌。于是,旧金山政府又投票决定禁止机器人警察在执行任务时"击毙目标"。人类或许正处在构建未来人机秩序的关键时间点上:人类利用机器(人)执法的限度在什么地方?它们是否可以射杀罪犯?人类是否要赋予机器生杀予夺的大权?这是值得政治学者思考的重大问题。

5. 算法即正义?

程序正义是现代社会正义的主要内容。所有公共事务都要通过某种符合政治原则的程序来进行。从立法、执法到公共政策的制定,再到教育、医疗、社保等资源的分配,都必须在程序正义的主导下进行。在数字时代,程序正义集中体现为算法正义。这是因为数字治理成为社会治理的主要模式,而数字治理必须依赖于一个个具体的算法。由此,从程序正义的角度,可以对主导公共事务的算法提出诸项要求。从当代学者的讨论[1]中,我们可以总结出程序正义的五个特征:平等、公开、准确、尊重、可问责。换言之,满足了这五个道德要求的程序才称得上是程序正义。同样地,只有满足这五个道德要求的算法才具有算法正义的特征。

---

[1] 参见 David Miller, *Principles of Social Justice*, Harvard University Press, 1999,以及季卫东:《法律程序的意义》(增订版),中国法制出版社,2011。

首先，平等待人是算法正义的第一个特征，这一道德原则要求去除"算法歧视"。所谓算法指的是"人类通过代码设置、数据运算与机器自动化判断进行决策的一套机制"[1]。而这套机制有可能将不公平的因素混入公共决策当中。"算法歧视"包括"显性的"和"隐性的"两种。显性算法歧视指的是算法设计者将自身的价值偏见带入算法当中。例如，一个歧视女性的计算机科学家可能设计出"拒绝女性求职者"的招聘算法。这类歧视通常显而易见，也容易去除。相反，隐性算法歧视并不是由设计者导入的，而是人工智能通过深度学习而形成的。例如，一个设计放贷算法的人工智能在学习了大量放贷和还贷数据之后可能发现手机用户的还贷率偏低，那么它就可能自动生成一个提高手机用户贷款难度的算法，而这实际上构成了对"手机用户"的歧视。由此，隐性的算法歧视呈现出个别性(不一定是歧视某个固定的群体)特征，这样的歧视更难以发现，也难以从根本上去除。尤其是在"个性化定价""个性化服务"等名目下，这类通过大数据画像而进行区别对待的做法还有可能被现有的法律所认可。例如，在我国，《中华人民共和国个人信息保护法》《互联网信息服务算法推荐管理规定》和《浙江省电子商务条例》等规定禁止"不合理"的算法个性化定价，并没有禁止所有的个性化定价。

其次，消除算法歧视的最有效途径就是算法公开。然而，在是否应公开算法以及如何公开等问题上，学者们存在诸多争议。一些学者认为，算法具有知识产权的特征，不应无条件公开。[2] 另

---

[1] 参见丁晓东：《论算法的法律规制》，《中国社会科学》2020年第12期。
[2] 参见李安：《算法透明与商业秘密的冲突及协调》，《电子知识产权》2021年第4期。

一些学者认为,主导公共事务的算法公开可能会受到黑客攻击,使国家和社会受到巨大损失,所以不宜公开。[1] 还有一些学者认为,算法主导公共事务,公众有知情权,因此算法不仅应该公开,设计算法的计算机科学家还应该负责向公众解释算法。[2] 为了解决与算法公开相关的各种问题,我们可以构想算法的"有限公开":由计算机科学家和政治学、伦理学等学科专家组建团队,对算法的公平性、准确性、可问责性等特征予以审查。或者,通过统一的考核而确立专业"算法师"制度,由算法师对特定算法进行审查。

再次,准确反映相关情况也是程序正义的要求之一,例如,考试是一种分配教育资源的程序。考试应准确反映学生掌握知识的情况,这就是程序正义的要求。因此,算法能否准确反映算法所规范的人们的实际情况,是决定算法是否正义的关键因素之一。在这一问题上应该明确的是,算法可能出错。2018年11月21日,智能摄像头错拍了公交车身广告上某知名企业家的照片,并在路边液晶屏上公开曝光,将其当作闯红灯最多的行人。[3] 这样的案例

---

[1] Andrew Burt, "The AI transparency paradox," Harvard Business Review, December 13, 2019, accessed June 22, 2023, https://hbr.org/2019/12/the-ai-transparency-paradox.

[2] See Gianclaudio Malgieri and Giovanni Comandé, "Why a Right to Legibility of Automated Decision-Making Exists in the General Data Protection Regulation," *International Data Privacy Law* 7, no. 4(2017):243-265.

[3] 参见李微希:《"刷脸"刷新世界纪录》,《当代党员》2019年第5期,第15—16页。

充分说明,算法并不是罗尔斯所说的"纯粹程序正义"[1],人们不应该无条件接受算法导出的结果。对于人们有疑问的结果,应该有相应的问责机制。在某些情况下,还应该能够启用人工决策机制。例如,根据欧盟制定的《通用数据保护条例》(GDPR)第22条的规定,应当至少保障个人获得人工干预的权利,以及表达自己意见和质疑决策的权利。

最后,保护人们的尊严同样是程序正义的要求,在数字时代这一要求与人们隐私的保护息息相关。许多数字技术的应用都是以大量数据积累为基础的。没有大数据,机器就缺乏分析和学习的材料。由此,在数字时代,隐私保护与数字技术发展构成一对矛盾。为了发展数字技术,所有的数字平台都会尽量多地收集与用户相关的各种数据,而这可能侵犯人们的隐私权。例如,一些保险公司希望能够尽量多地挖掘人们的身体状况的相关信息,如血压、血糖、遗传病史、睡眠状况等,以便提高与健康相关的保险产品的利润,而这可能冒犯当事人的尊严。因此,为了保证算法正义,必须限制网络平台对个人数据的采集,维护网络用户的隐私权。具体说来,在制度设计上应保护网络用户的知情权、拒绝权、访问权、数据修改权,等等。网络平台应在人们被告知的情况下采集相关数据,并赋权网络用户,使得他们有权访问、修改和删除相关数据。

总之,在数字时代,算法主导着公共治理,算法正义是程序正

---

[1] "纯粹程序正义"的含义是:不存在独立于程序的判断结果是否正义的标准,只存在一种正确的程序,如这一程序被严格地遵循,那么其结果不论是什么都应该被接受。参见 John Rawls, *A Theory of Justice*, Massachusetts: The Belknap Press of Harvard University Press, 1999, pp. 65-89。

义的具体体现。算法应满足平等、公开、准确、尊重、可问责五方面的道德要求,[1]这也是社会正义的要求。

以上讨论了自由、平等、民主、法治、公正五种政治价值在数字时代衍生出的新的内涵和相应的制度问题。除此之外,数字时代还面临着其他一些政治问题。例如,数字时代的国际关系将受到未来战争的深刻影响,信息战、数据战、机器人战争、外太空武器等新的战争元素将在不远的将来决定国际格局。2021年被称为元宇宙元年,元宇宙是否提供了一种"去中心化"的新的政治权力结构?与元宇宙相对应的是以"比特币"为代表的数字货币的产生和应用,数字货币将如何参与到既有的资源分配中来?上述问题都是数字时代可能遭遇的政治问题。

《数字时代的政治》一书的写作将依循上述思路,聚焦自由、平等、民主、法治、公正五个政治价值,讨论在数字时代如何实现理想的政治生活,对可能发生的人类危机进行预警,并畅想数字社会的美好未来。具体的章节安排如下:第一章讨论人与机器的关系,第二章和第三章讨论数字时代的自由(积极自由与数字权利),第四章至第七章讨论数字时代的平等(数字资本的积累、数字经济与分配正义、技术进步与性别平等、基因编辑的界限),第八章至第十章讨论数字时代的民主(数字民主的三种形式、舆情与民意、民主政治面对的挑战),第十一章和第十二章讨论数字时代的法治相关问题(数字治理、算法与程序正义),第十三章讨论未来战争与数字时代的国际关系,第十四章从哲学、政治学和经济学(PPE)交叉学科视角审视元宇宙,第十五章尝试推测技术可能导致的最坏世界,以

---

[1] 详见本书第十二章的讨论。

及可能带来的最好世界，并对如何避免坏世界、实现好世界提出建议。本书附录部分是笔者根据中国人民大学"数字时代的政治"课堂学生作业整理的《数字时代的政治学迷你词典》（附录中有课程相关说明和具体署名），在此向各位认真完成作业的同学表示感谢！

  数字时代瞬息万变，新技术、新产品、新观念……层出不穷，令人眼花缭乱、应接不暇。笔者写作此书的过程犹如坐过山车，须时时关注最新的科技发展，不断更新相关论述和文献案例，甚至推翻最开始的判断，从头再来。或许，这就是字节跳动的时代脉搏。而这本小书也必然是挂一漏万，不周全之处，还请各位读者海涵。

李　石

2023 年 7 月于北京

第一章 机器会取代人类吗？

机器与人的根本区别是什么？机器能产生自主意识吗？人类是否会造出能与自己互动的机器，这样的机器会反过来控制或主宰人类吗？机器人能和人类谈恋爱吗？会和人类抢饭碗吗？

人与人造的机器之间是什么关系，这是自从机器诞生以来就一直困扰着人类的问题。《庄子》有云："有机械者必有机事，有机事者必有机心。"（《庄子·天地篇》）这句话表达了中国古人对于制造和使用机器的蔑视，也道出了人类对机器的想象——机器有心灵？从人类历史来看，机器的应用大大加速了人类社会的发展。尤其是在18世纪末至19世纪初的工业革命之后，机器应用就像给人类这列车装上了发动机，大大加快了其前进的速度。在各类机器的协助之下，人类能够生产得更多、跑得更快、飞得更高、照得更亮……然而，人类对机器的敌视和怀疑仍然存在。而且，这种怀疑随着机器智能化的深入而日益加重。尤其是在机器学习、人工智能等数字技术飞速发展的背景之下，人类越来越害怕机器会生发出自己的意志，不再听从人类的指挥，甚至会奴役人类。数字时代的人机关系是怎样的？本章尝试通过分析机器是否有意识、是否能自主产生意识、是否拥有权利并担负责任等问题来探究"或敌""或友"的人机关系。

1. 机器是否有意识？

无论人与机器有多少相似之处，有一点是无可否认的，那就是：机器是人造的，而人并不是人造的。正因为如此，拥有了类似人类智能的机器要被称为人工智能（artificial intelligence），而不是简单地称为"智能"。从其起源来看，人类正是为了摆脱劳动的枯燥与艰辛，才制造了机器以代替人类劳作。所以，机器必然具备许多人类特征，与人类有诸多相似之处。那么人类模仿自身而造出的机器与人类有什么根本性的区别呢？目前，学术界的主流观点认为，人与机器的根本区别在于是否有"意识"，尤其是"自我意识"[1]。然而，如果采用"图灵测试"的路径来理解"意识"（包括"自我意识"）的话，机器也有"意识"。所以，人类与机器的根本区别不在于是否有"意识"，而在于是否能够自主产生意识。

对意识（consciousness）的定义涉及哲学上进行的"心"（mind）与"脑"（brain）的区分。简单来说，"意识"就是心灵所经验到的东西，包括情感、欲望、意志、认知，等等。例如，笛卡尔认为，意识是心的本质或心的状态的普遍特性。[2] 如果我们站在唯物主义的

---

[1] See Marcus Arvan and Corey J. Maley, "Panpsychism and AI consciousness," *Synthese* 200, no. 3(2022).

[2] 参见〔英〕尼古拉斯·布宁、余纪元编著《西方哲学英汉对照词典》，人民出版社，2001，"意识"词条，第187页。

立场上,就一定会认为,任何"意识"都必须有特定的物质载体,而"意识"的物质载体就必然是包括大脑在内的思维和感受器官。因此,马克思主义意识论认为,意识是大脑的功能和属性,意识的产生要以大脑为载体。[1] 目前,大部分科学家也认为,意识是由大脑中的电化学反应产生的,这样的心理体验能够完成某些重要的数据处理功能。[2] 换句话说,不可能有某种飘在空中、不依赖于任何物质而存在的、看不见也摸不着,甚至无法用任何仪器测量的"意识"。[3] 正如诺贝尔奖获得者英国科学家弗朗西斯·克里克在《惊人的假说》一书中所说:"你,你的喜悦、悲伤、记忆和抱负,你的本体感觉和自由意志,实际上都只不过是一大群神经细胞及其分支的集体行为。"[4] 克里克的说法也被称为"还原主义"的观点,即将所有的意识活动都还原为脑神经细胞的运动或电化学反应。各类行为主义、功能主义或自然主义学者都试图以这种方式理解人类意识。当然,仍然有一部分学者坚持认为,人脑中的各种活动与人类意识之间存在着"解释沟",亦即,大脑神经元之间的各种生化反应并非就是人心中体验到的意识,"脑"与"心"是不同的。实际上,"脑"与"心"是从客观和主观两个不同视角观察到的同一件

---

[1] 参见〔德〕卡尔·马克思、〔德〕弗里德里希·恩格斯:《马克思恩格斯全集》(第2卷),人民出版社,1995,第112页。
[2] Stainislas Dehaene, *Consciousness and the Brain: DecIPhering How the Brain Codes Our Thoughts*, New York: Viking, 2014. Steven Pinker, *How the Mind Works*, New York: W. W. Norton, 1997.
[3] 在世界各国的神话、宗教以及文学语言中,这种漂浮于空中无影无形的"意识"就是所谓的"灵魂"。"灵魂不死""灵魂出窍""将灵魂抽出来存在电脑里"这些说法都预设了"意识"可以不依赖于物质而存在。因此,从唯物主义的立场来看,这些说法都是不可信的。
[4] 〔英〕弗朗西斯·克里克:《惊人的假说》,汪云九等译,湖南科学技术出版社,2018,第2页。

事物。客观观察到的大脑活动同时体现为主观的意识活动。因此,不存在独立于"脑"的"心",也不存在独立于物质的"意识"。

既然"意识"依赖大脑等生物器官而存在,那么我们就可以借助脑科学研究而探讨意识是什么,并由此而判断,人类制造的机器大脑(计算机)是否有"意识"。目前的脑科学研究向人们表明,人脑约由1012个神经元组成,而每个神经元上有103个突触,人脑的意识活动正是建立在这些数量巨大的复杂网络的基础上。[1] 从外部的科学观测来看,人脑在产生意识活动的时候,科学家能够观测到大脑神经元之间发生的电化学反应。在脑科学研究中,通常通过三个步骤来读取人脑的意识活动:第一,通过各种扫描成像技术获取伴随人脑的意识活动而产生的各种数据;第二,了解人脑的外部表现与意识内容之间的对应关系;第三,依据对应关系和人脑数据来解读意识内容。目前,科学家们发明的测量人脑外部数据的技术手段有:脑电图、事件相关电位、计算机轴向断层扫描、功能核磁共振成像、光学成像、正电子发射断层面扫描、质子波谱分析以及质子平面回声光谱成像等。[2]

从脑科学的角度来看,"意识"就是人类大脑中神经元之间的电化学反应。人类正是通过这些微小的电化学反应形成语言、思想、情感、欲望、意志等一系列意识活动。那么,人造的机器是否有"意识"呢?这取决于人们如何确定"意识"的存在。对于这个问题有两种思考路径:第一,借助脑科学的观察,将扫描出的大脑图谱

---

[1] 参见陈俊秀、李立丰:《"机器意识"何以可能——人工智能时代"机器不能被骗"立场之坚守》,《大连理工大学学报(社会科学版)》2020年第11期。
[2] 参见肖峰:《信息时代的哲学新问题》,中国社会科学出版社,2020,第191页。

和电化学反应数据作为人脑正在进行意识活动的标志；第二，通过人们以语言或行动表达的对于特定信息的回应来判断人脑是否具有意识活动。基于第一种路径，显然，人类制造的机器并不拥有与人脑同样的电化学反应。但是，计算机能够运转同样是通过电压和电流的变化来实现的。计算机执行的指令是一串由 0 和 1 组成的代码，0 表示低电压，1 表示高电压，所以计算机工作是通过电压的细微变化来实现的。这一过程虽然比人脑中的电化学反应简单得多，但同样能够传递信息并执行指令。也就是说，计算机中发生了细微的电压和电流变化，使得计算机能够执行相关指令。因此，从广义上来说计算机中也存在类似于人脑的电流活动，拥有某种简单的"意识"。

第二种对意识之存在的测试是通过"意识"的表现。人类具有"意识"，这种"意识"是通过语言、行动、表情等表现出来的。也就是说，从一个人的行动和语言中，我们能够判断一个人是不是有意识活动。在这一点上，人造的计算机同样能够在诸多方面表现出这些特征。首先，在语言方面，计算机的所有运行都是在语言的基础上完成的。当然，计算机所使用的语言是"机器语言"，而不是人类日常使用的语言。C、C++、Java、Python 这些都是机器所使用的语言，人们通过这些语言来向机器发出指令，机器正是通过读取这些指令，才可能进行特定的操作。一些学者将语言当作"自我意识"的标志，并且认为只有人类才可能拥有语言，这是对"语言"的神化。例如，赵汀阳认为："人类自我意识的内在秘密应该完全映射在语言能力中。如果能够充分理解人类语言的深层秘密，就相当于迂回地破解了自我意识的秘密。"[1]事实上,计算机正是在语言的基础上才产生的。如果语言就是拥有意识甚至是自我意识的标志的话,那么计算机就一定拥有意识。例如,我们可以给计算机编程,让它问"我是谁""我从哪里来""我要到哪里去"这些人们认为体现了自我意识的标志性语句。对于这样的机器,从其表现来说,我们似乎只能判断它具有了"自我意识"。谷歌公司出品的聊天机器人[2],百度出品的"小度",如果仅从语言来判断的话,它们似乎都具有意识和自我意识。当然,人们会认为人工智能产品"说出"的语言与人类语言有实质性区别,虽然他们说的可能是同样的话(人类语言),但人工智能显然不"理解"自己在说什么。但是,我们又如何判断人工智能"理解"还是没有"理解"呢? 不也只能通过其相应的语言或行为吗? 如果我们通过其回应无法判断它(人工智能)不理解自己在说什么,我们就不能臆测它不理解。事实上,不仅计算机拥有语言,除人之外的许多动物都拥有自己的语言,只是人类听不懂它们的语言罢了。与语言类似,计算机还可能拥有欲望、情感和意志。例如,一个表现得很忧郁的"小度",天天自动播放忧伤的歌曲;一个严格查验核酸证明的机器闸门,体现出强烈的遵守规则的意志;一个老是自动跳出小游戏的计算机,表现出对游戏的强烈欲望,等等。单从语言、行动等外在表现来看,人们并

---

[1] 赵汀阳:《人工智能的自我意识何以可能?》,《自然辩证法通讯》2019年第1期。
[2] 2022年6月,媒体报道,一位谷歌研究员布莱克·莱莫因(Blake Lemoine)被AI说服,认为它产生了意识。莱莫因为此写了一篇长达21页的调查报告上交公司。参见《震惊科学界! 谷歌一工程师爆料AI有"自主情感"遭解雇! 专家:离"感知计算"还有很长的路要走》,每日经济新闻,2022年7月23日,https://baijiahao.baidu.com/s?id=17391220785554 78745&wfr=spider&for=pc,访问日期:2023年6月23日。

不能说机器没有欲望、意志或情感。随着技术的发展,一些人工智能产品还能够识别人类的情感,并与人进行恰当的互动。由此看来,表现出语言、情感、欲望、意志、行动……这些都非人脑特有,机器大脑同样能够做到。

判断计算机是否具有"意识"的第二种路径依循的是"图灵测试"的思路。1950 年 10 月图灵在哲学期刊《心灵》(*Mind*)上发表了一篇著名论文《计算机器与智能》,提出了回答"机器能思考吗?"这类问题的测试方法,即著名的图灵测试(Turing Test):让一个人和一台机器作为两个受试者,与他们隔离的测试者向他们提各种问题,由两个受试者回答,如果测试者分辨不出两个受试者谁是人谁是机器,那么,即认定该机器能够思考。图灵当时预测,"再过 50 年,有 30% 以上的计算机会表现出智能来。到本世纪末,人和机器可以交谈"。[1] 当然,"图灵测试"受到学术界许多学者的批评。一些学者认为,计算机即使能够通过测试,也不"理解"人们向它提出的问题,所以只是让人们"误以为"它产生了意识活动。例如,秦子忠认为:"图灵测试容易导致欺骗的造假行为。图灵测试实质上就是模仿游戏,在这个游戏的最后,重点不是计算机程序能否像人一样对话,而是能否骗过询问者……但是即便通过测试,谈话机器人既不理解其行为的价值,也无法意识到它自身。"[2] 但是,人们只能通过其语言、行动、表情等外在表现来判断某人、某动物或者某机器是否真的"理解"自己在说什么、做什么。所以,如果通过某人或机器的外在表现,人们并没有看出"破绽",那从何确定它(他、

---

[1] 参见胡宝洁等:《图灵机和图灵测试》,《电脑知识与技术》2006 年第 8 期。
[2] 秦子忠:《人工智能的心智及其限度——人工智能如何产生自我意识?》,《江海学刊》2022 年第 3 期,第 55 页。

她)没有理解自己所说的话呢？所以,如果从一个机器的语言中人们并没有发现它不能"理解"自己所说的话,人们就无从判断它不理解,也就无从判断它没有意识。事实上,人们对于人的判断也是一样的:如果通过一个人的语言、行动和表情我们无法看出这个人没有"理解"相关问题,是在胡言乱语,那么我们也就无法确定他没有理解自己说的话。这涉及哲学中的另一个难题"他心猜想",即人们无法确定除自己以外的其他人也有意识,因为任何人都只能经验到自己的意识,而无法经验到其他人的意识。所以,如果对于"人"我们只能从其相应的反应来确定他(她)是否有意识,那么在机器是否有意识的问题上我们为什么不能采用"图灵测试"呢？当然,除了通过这个人或这个机器说的话,我们还可以窥探他的脑电波,而这又让我们回到了测试意识的第一种路径。而从第一种路径来看,计算机也有"脑电波",只是比人类大脑的脑电波要简单许多。总之,从上述两方面来看,我们很难否认机器具有"意识",包括"自我意识"。

另外,从心理学研究的成果来看,所谓"意识"指的是自己知道自己在做什么。我们可以这样来理解,自我其实有两个,一个是陈述自我(Narrating self),一个是体验自我(Experiencing Self)。体验自我经历各种事件和感受,而陈述自我则不断地"理解"自己的感受和经历的事件,并将其"合理化",甚至编撰故事,找到其中的意义。一个著名的例子就是,孕妇在生产过程中会遭受剧烈疼痛,但当她们回忆起当时的情形时,大部分人会认为那是一次幸福而有意义的经历。这很有可能是陈述自我忽略了某些体验(分娩时的疼痛),而强化了另一些体验(孩子出生时的喜悦)的结果。从目前计算技术发展的趋势来看,人们完全有可能构造出一个自我模拟的自指机器（Self-referential Machine），它也具备两套体系，一个负责执行算法，另一个则专门负责对自我进行模拟，这种机器会表现得就"像"一个具有自我意识的系统。被誉为"递归神经网络之父"的 Jürgen Schmidhuber 在 2003 年提出"哥德尔机"（Gödel Machine）的构想。这台机器拥有一个求解器和一个搜索器，搜索器可以充当模拟装置，也就是人类意识中的"陈述自我"；而求解器是执行装置，也就是人类意识中的"体验自我"。如果"哥德尔机"的设计理念能够实现，那么人类距离造出具有自我反思能力的机器就不再遥远。[1]

2. 机器能否自主产生意识？

如果说机器也有"意识"，那么人与机器的根本区别在什么地方呢？事实上，人与机器的根本区别在于机器能不能自主产生意识。换句话说，机器的"意识"是人赋予的，而人可以自主生成意识，这是人与机器的根本区别。上述判断可能受到两种反驳：一是人的意识也不是自主生成的，是受到控制的。二是机器也可以自主生成意识，机器拥有自主性。下面，我将分别批驳这两种说法。

第一，关于人的意识是自主生成的还是受到控制的，这涉及自由意志与因果关系这一由来已久的思辨难题。因果关系是科学家一直在寻找的一种确定性关系，只要找到这种关系，因为 A 所以 B，

---

[1] 参见张江：《走进 2050——有关人工智能、注意力、互联网与游戏》（音视频），超星名家讲坛，2016 年，http://hfiiz25958996ac304 dcesnpp:q6fwu6696 ubo. fcya. libproxy. ruc. edu. cn/pc/video/play;jsessionid＝EA1C5D E3681A3E5 E6CB1B345D6801EBF. dweb1830？sid＝108693&vid＝8067781&from＝fx&d＝1e2c8cbc1df7818ab7b15ba8f 4ea91c2，访问日期：2023 年 6 月 23 日。

那么人们就可以利用这种关系通过 A 而得到 B 的结果。然而,如果将人自身也置于这种因果链条之中,就不得不否认人的自由。人的行动、语言、表情等都是由人的意识决定的,而如果人的意识又是由某个外在原因决定的(例如外部环境、上帝的意志、天气、力比多等),那么人的一切行为也不再出于自身,而是出于某种外在于自我的因素。由此,坚持因果必然性就必须放弃人的自由,而坚持人的自由就必须放弃因果必然性。对于这一悖论性的难题,笔者尝试从两方面进行回应:(1)如果说人脑会进行什么样的意识活动是由外在原因决定的,那么人类到目前为止还没有找到这种确定的因果关系,因此,还无法肯定这种说法,也无法通过确定的因果关系操纵人的意识;(2)即使人类完全掌握了操纵人脑意识的因果关系,那也仅仅是被操纵的人脑失去了自由,而不是人类失去了自由。

科学家对人类大脑的研究已经有了深入的进展,能够读取一部分人脑意识,但仍然没有实现对人脑产生何种意识的完全操控。20 世纪 80 年代,美国生理学家本杰明·李贝特(Benjamin Libet)在实验中证明,人类在产生明确的意识之前,有大概 200 毫秒的无意识活动。[1] 如图 1 所示,在该实验中,受试者注视着一个转动的表盘,手指可随机按下按键。李贝特在受试者的头部、手指安装测量设备,以获得大脑产生准备按键动作脑电波的时间和手指按动按键的时间,受试者还被要求在产生"按键"意识时,喊出表盘上的时间。实验结果证明,产生准备活动的脑电波时间先于意识产生的时间,这说明在人脑产生意识之前就已经有某种潜意识的活

---

[1] See Benjamin Libet, "Unconscious Cerebral Initiative and the Role of Conscious Will in Voluntary Action," *The Behavioral and Brain Sciences* 8(1985): 529.

动。许多学者认为这个实验是对自由意志最有力的驳斥,即意识不是其自身的原因,意识产生之前还有无意识活动。甚至有法学家主张依据这一实验修改刑法。[1] 笔者认为,在李贝特的实验中,受试者在决定按下按钮之前之所以会有相应的无意识活动是因为他想要执行被告知的指令,而这一想法显然是明确的意识活动。也就是说,大脑无意识活动的原因是行为者明确的意识。所以,李贝特的实验并没有能够证明人类意识是受到外界因素控制的。

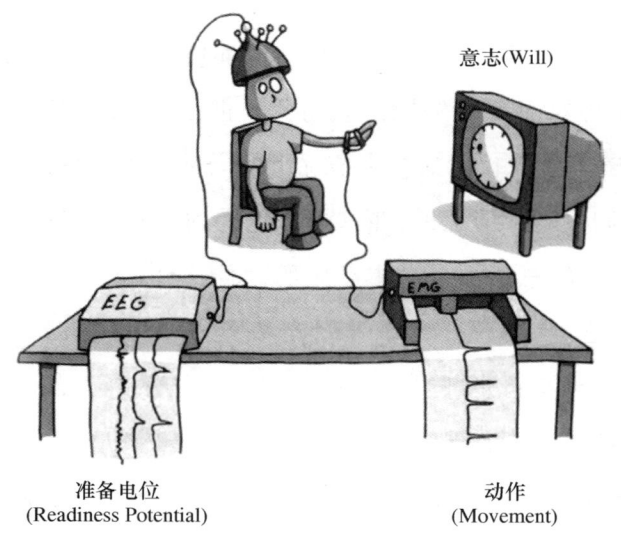

图1 李贝特实验

当然,在控制人类意识方面,脑科学也有许多新的进展。例如,2015年12月,日本九州工业大学山崎俊正教授的团队所做的

---

[1] See Elizabeth Bennett, "Neuroscience and Criminal Law: Have We Been Getting It Wrong for Centuries and Where Do We Go from Here?" *Fordham Law Review* 85, no. 2(2016), p. 443.

研究发现,通过脑电图技术测量大脑布罗卡区的运动,能够提前两秒看到人们在"剪刀石头布"的游戏中会说出的词。[1] 而利用功能性核磁共振成像(fMRI)扫描、植入电极和其他复杂的工具,科学家已经能够肯定大脑中的电流与各种主观体验之间存在因果性。而通过电流刺激特定的神经元,甚至能诱发人们产生愤怒或爱情的感觉。[2] 由此看来,科学家已经能够在特定条件下探知人类意识,甚至通过控制人脑而控制人们内心所产生的意识。从这些研究来看,我们可以认为,在科学家能够控制人类意识的范围内,人脑中的意识不是自主产生的,受到相应控制的人部分地失去了自由意志。例如,通过某种微弱的电刺激而使某人说出"我讨厌你",或者以某种药物让人产生幻觉,等等。但是,就目前脑科学发展的情况来看,科学家仅能在特定情况下的局部范围内控制人的意识。因此,我们只能下结论说,在这局部范围内,被特定药物或刺激控制的人脑中的意识不是自主产生的,而不能由此而完全否定人类的自由意志。

第二,机器能够自主生成意识的说法显然不符合事实。如上所述,机器也可能表现出情感、欲望和意志,也要应用语言,但是这一切都是设计它的人赋予的。打个比方:当一个人感受到饥饿的时候通常会产生"吃饭"的想法,所以,我们似乎可以控制人的意志,只要不给他食物,他就会产生"要吃饭"的欲望。在这一点上,机器与人有相似之处,当一个机器快没电的时候也会跳出"电量

---

[1] See A. Danigelis, "Mind-Reading Computer Knows What you're About to Say," *Discovery News*, January 7, 2016.

[2] 〔以色列〕尤瓦尔·赫拉利:《未来简史》,林俊宏译,中信出版社,2017,第97—98页。

低"的提示。我们甚至可以给它编个程,当电量低的时候就让它说:"主人,我要吃饭。"然而,对"饥饿"的感知并不能使一个人一定产生"要吃饭"的意志。如果是一个苦行僧或者正在减肥的人,当他感到"饥饿"的时候,有可能产生"坚持下去"的意志;抑或,一个被敌人以"饥饿"逼迫的革命者,他脑中则可能产生"坚决不投降"的意志。由此看来,人的意志并非像机器那样,完全受环境或先决条件的控制,具有某种自主性,而这正是人之自由的基础。当然,我们可以借助脑科学的研究,通过对人脑的某种刺激,让他说出"我要吃饭"这句话。但是,脑科学目前还做不到这一步——通过外界的操控来精确地让人们产生某种想法。正如赫拉利所说:"目前科学对心灵和意识的理解少得惊人……大脑里的各种生化反应和电流是怎么创造出痛苦、愤怒或爱等主观体验的,至今仍无解答。"[1]而且,即使脑科学有一天能做到了,我们仍然可以说,没有被操控的人脑能够自主地产生想法,具有自主性,是自由的;而机器却不一样,它的大脑是人设计的,它说出的话是人们事先编辑好的。

当然,在人工智能的决策过程中也可能存在不确定性。基于大数据学习的 AI 应用,程序员通常只确定程序的框架以及既定目标,而实现目标的具体路径则可能由 AI 自行选择。正是基于这一点,一些学者认为 AI 能够自主生成自我意识,能够模仿人类大脑。例如,秦子忠认为:"在无监督的学习过程中,AI 的目标是特定的但局部可改变的。也就是说程序员设定了目标框架(包括不变目标和可变目标),但允许 AI 有自由去修改可变目标,以及结合不变目

---

[1] 赫拉利:《未来简史》,第 97 页。

标与可变目标的动态关系,自由调整实现目标价值最大化的行为路线……就此而言,AI 就像具有自我反思能力的人一样拥有了'自由意志':AI 能够自主地结合外部环境局部地修改目标乃至改变自己的行为路线。"[1]然而,能够自行决定实现路径并不能证明 AI 拥有了"自由意志"。因为,人的自由意志是关于目标的自主意识,而 AI 拥有的仅仅是如何更好地实现人类意志的有限自由。可以说,AI 拥有的自由仅仅是关于手段的,在这一点上 AI 甚至比不上动物。AI 虽然能够在一定范围内自主选择实现目标的路径,但它绝不可能自主选择目标,而动物却有自己的目标。人类蒙住驴的眼睛给它套上吃草的袋子,让它转圈拉磨,不过是利用了驴想要吃草的意志。能否产生关于目的的自主意识,这体现了人造智能与生物智能的根本区别。打个比方,领导让下属去完成一项任务,没有规定以什么方式完成,下属可以自行选择,这一点人类和 AI 类似。但不同的是,下属也可能选择不完成领导交给的任务,甚至可能选择辞职,然而 AI 却不可能。由此看来,人类与 AI 的真正区别在于人类能够形成"自主意识",而不仅仅是接收外部指令并完成相应的任务。人类总是能够有自己的想法,他或者根据外部指令完成任务,或者根本就反其道而行之。

机器就像古代传说中的"精灵",能满足人们的各种愿望。但它自己不可能产生任何愿望。现实生活中,我们可能觉得机器有自己的愿望,例如检测核酸证明的机器,将不合格的健康码识别出来。但这个愿望是人设定的,并不是机器自己产生的。人们在生活中遇到的每个机器似乎都拥有自己的"意志",决定做什么、不做

---

[1] 秦子忠:《人工智能的心智及其限度》,第 55 页。

什么，但显然，这是设计者的意志，而不是机器的意志。人类大脑与机器大脑之所以有如此重大的差别，在于他们形成的过程是不一样的。人是进化而来的，通过适应环境（自然环境或人造环境）在几百万年的时间中逐渐演变而来。但机器是人造的，所以机器没有自由，它的一切"想法""行为"都是设计者事先安排好的。当然，如果人是上帝的造物，那么从根本上来说人也没有自由，因为上帝事先安排好了一切。要是有什么事情没有按照上帝的想法发展，那只能说上帝设计的程序出错了，就像机器程序也可能出错一样。然而，世上终究没有上帝，人生也没有事先预定的内容，产生意识是人脑和环境互动的结果。人是自己"程序"的作者。从这个意义上来说，人拥有自由，而机器没有。

那么，人类有没有可能造出能够自主产生意识的机器呢？就像意大利老头造出匹诺曹那样？如果说意识必然附着于物质，意识产生于大脑这种物质载体，那么人类就总是有希望模仿人类大脑造出一个机器大脑。如果意识就是神经元和神经突触间的电化学反应的话，人类一定能制造出人脑的类似物。这样的机器大脑足够复杂，能够自己产生某种"想法"，自主生发出意识。但是，从目前的情况来看，人类对人脑的研究还非常有限，意识从人脑中产生的机制还非常不明确。因此，我们只能说，人类有可能造出能够自主产生意识的机器，但目前还没有做到。

3. 机器（人）有权利吗？要担责任吗？

在理解了人与机器的根本区别后，下面我们来讨论两个热点问题：（1）机器人是否有权利？（2）在具体的人工智能设备应用中,如果出现了事故,谁应该为事故后果负责?

自从机器拥有了近似于人类的智能,人们就开始热议是否应该赋予机器(人)权利的问题。[1]对于这一问题,我们可以从权利的基本理论出发进行推导。对于"权利"的本质是什么,长久以来学术界存在着两种对立的观点:"利益说"和"意志说"。支持"利益说"的学者认为,所谓"权利"指的是权利拥有者的"利益"受到保护,所以只有拥有"利益"的个体才可能拥有权利。例如,人们不会认为桌子拥有权利,因为桌子不会感觉到痛,即使人们把它劈成两半,桌子也没有"伤痛",也就不存在利益受到伤害的问题。乔尔·芬伯格(Joel Feinberg)是权利"利益说"的代表学者,他论述道:"如果一个人成为一个逻辑上拥有权利的恰当主体,那么他必须拥有利益。"[2]关于权利的另一种学说是"意志说",也被称为"选择说"。支持"意志说"的学者认为,权利的实质是对人们依据自己的意志而做出选择的保护。例如,如果说一个人拥有言论自由,其含义就是这个人可以依据自己的意志说出自己想说的话,而他周围的人有义务允许他表达自己的意见。当然,这个人也可以选择不说话。相应地,他周围的人也要保护他"不说话"的选择,而不能强迫他发表意见。依据这一理解,所谓权利就是对人们的自主选择的保护,而只有那些能够做出自主选择的个体才拥有权利。希勒尔·斯坦纳(Hillel Steiner)是权利"意志说"的代表学者,他否认那些不能做出选择的人拥有权利,例如植物人、胎儿。他还认为

---

[1] See Jamie Harris, "The History of AI Rights Research," *Computer Science*, 2022.

[2] Joel Feinberg, *Rights, Justice, and the Bounds of Liberty*, New Jersey: Princeton University Press, 1980, p.165.

逝去的人也没有权利，人们死去之后，其财产应重新变为公有。[1]

依据权利的基本理论，不论是"意志说"还是"利益说"，机器（人）显然都不可能拥有权利。如上所述，机器不可能自主产生"意志"，机器的意志是人赋予的，是造机器的人的意志。因此，从权利的"意志说"来看，只有拥有意志的人才拥有权利，而机器不可能拥有权利。另一方面，从权利的"利益说"来看，机器（人）显然也没有权利。因为它虽然有意识，但并没有利益，不是利益主体。人们即使将机器毁掉，机器本身也不受任何损失。机器通常是人们的财产，所以当机器被破坏或毁掉的时候，是其所有者受到了损失，是其所有者的利益受到了侵害。所以说，机器不可能拥有权利，对于机器（人）是否有权利的讨论不过是将机器想象成人而生发出来的问题。只有当人类真的造出能自主产生意识、有主体性、能够感受到痛苦和快乐的机器时，机器（人）才可能拥有权利。

数字时代另一个令人困惑的问题是，在人工智能设备的使用中，相关的责任人到底是谁？是机器，还是人？一个人工智能产品，例如自动驾驶汽车，在使用当中可能会遭遇道德选择，也可能因出错而担上道德或法律责任。在这种人和机器的复杂混合体中，到底谁应该对相应的损失负责呢？在道德哲学中，人们通常认为，谁拥有自由意志并最终导致了伤害的发生，谁就应该负责。因此，如果一个人的意志受到控制，例如被迫吃下了迷幻药或者被人用刀子逼着打开银行保险柜，这个人都不应承担责任，而是由控制其意志的人承担相应责任。对于人工智能也是如此。如上所述，人工智能虽然在许多方面有了人类特征，但是它无法形成自己的

---

[1] 参见斯坦纳否认遗产权的讨论，Hiller Steiner, *An Essay on Rights*, Oxford: Blackwell, 1994, pp. 249-258。

意志。因此，人工智能产品不可能成为责任者。在人工智能的应用中，通常存在着"控制者—智能体/设计者——一般使用者"之间的复合关系。[1] 在这一关系中，除了人工智能产品外，其他三个角色——控制者、设计者和一般使用者——都是人。所以，这三个角色是可能承担责任的主体。具体来说，如果事故原因是人工智能产品中包含的程序有问题（例如，自动驾驶系统由于程序错误而导致了车祸），那么相关责任人就应该是程序设计者；如果事故原因是使用人工智能产品的一般使用者操作不当（例如，自动驾驶的使用者按错了按钮），那相关责任人就是一般使用者；而如果事故是由于人工智能设备部署者的不当操作或程序错误造成的（例如，当自动驾驶的汽车全都联入同一个网络，而这个网络系统出了问题并导致事故发生），那么责任人就是控制者。在现实生活中，事故的发生往往非常复杂，可能牵涉到多方责任。2022年7月，在莫斯科国际象棋公开赛上，一个小男孩在与人工智能的象棋对弈中，因出棋速度过快被机器人扭断了手指。在这一事件中谁应该负责呢？一方面，小男孩是人工智能产品的使用者，他下棋的速度比人工智能程序预设的速度要快；另一方面，人工智能的程序编写者没有充分考虑棋手挪动棋子的速度问题。因此，在这一案例中，智能产品的设计者和下棋的小男孩都有相应责任，而智能产品的设计者应承担部分赔偿。

机器为什么没有权利也不担任何责任，从根本上来说，是因为机器缺乏人的两种道德能力。美国哲学家约翰·罗尔斯认为，人之为人在于他们具有两种道德能力：形成善观念的能力和形成正

---

[1] 参见段伟文：《人工智能时代的价值审度与伦理调适》，《中国人民大学学报》2017年第6期。

义感的能力。一方面,每个人都有自己的目的,并且能根据自己的目的而做出理性生活的计划;另一方面,人们选择正义原则而形成特定的正义观,而且,在他们选择特定的正义原则时,就真心地愿意服从这些原则。[1] 换句话说,人工智能产品无法形成自己的善观念,也无法构建自己的理性生活计划。当然,一个人工智能产品可能表现得具有价值判断。程序员可以将价值观函数写入其程序,例如:设定一个参数 C,当 $C=1$ 时,采用自由主义价值观;当 $C=2$ 时,采用种族主义价值观,等等。然而,这种价值判断是程序员赋予的。因此,从这个意义上来说,人工智能没有形成自己的价值判断的能力。另外,人工智能也没有自己形成理性生活计划的能力。其根本原因在于,它没有自己的欲望,它的目的也是人赋予的。正是因为缺乏相应的道德能力,所以机器不能成为权利主体,也不应为任何损失负责。

4. 机器与人类:敌还是友?

机器没有权利也不承担责任,那么人与机器的关系到底是怎样的呢?首先,从机器人不能自主形成目的这一点来看,人类与机器人之间不可能产生"真爱"[2]。近几年来,关于能不能与机器人谈恋爱的话题引发了公众极大的关注。市面上也出现了性爱机器人、聊天机器人、陪伴机器人等多种人工智能产品。但是,这些产

---

[1] See Rawls, *A Theory of Justice*, pp. 41-42.
[2] 关于什么是"真爱",可参考笔者的讲座"什么是'真爱'?",超星名家讲坛,https://pro.superlib.com/pc/video/play;jsessionid=B30F97816E2A2 B9BD9 4FA609990F360F.dweb1730?vid=8082105&from=fx&d=3e7865132082b443 4c4c5f9d3003f9a8,访问时间:2023 年 6 月 23 日。

品的前景并不令人乐观。这是因为,所谓"爱"是将对方当作目的的"利他行为"。如英国哲学家大卫·休谟(David Hume)所说:"爱和恨不但有一个刺激起它们的原因(快乐和痛苦),和它们所指向的对象(一个人或有思想的存在者),而且还有希望达到的目的,即希望我们所爱的人或所恨的人能够得到幸福或苦难。依照这个体系,爱就成了希望别人幸福的一种欲望,恨就成了希望别人遭受苦难的一种欲望。"[1]也就是说,当一个人在爱另一个人时,他行为的目的是让对方快乐、增进对方的利益,而不是理性地推进自己的利益。亲子之爱、夫妻之爱、恋人之爱皆是如此。然而,机器不可能自主形成目的,因此,机器无论有多么像人,都不可能成为爱的对象。当然,机器可能解决人们的性需求,例如"充气娃娃",但绝不可能从根本上解决爱、陪伴等情感需求。事实上,所有"物"都不可能成为爱的对象,所以"恋物癖"才被看作一种心理疾病。而且,机器也不可能胜任"陪伴"的重任。因为,人只有在和有主体性、有自己的目的、能成为爱之对象的存在互动的时候才可能真正摆脱孤独。给老人买个陪伴机器人,这样的孝敬不过是"自欺欺人"。从陪伴的角度来说,机器还不如小猫小狗,因为动物显然有自己的目的,可以成为"爱"的对象,而机器却不能。

机器不可能成为"爱"的对象,同样也不可能成为恨的对象。自19世纪工业革命人类大规模使用机器以来,机器与人的关系就表现出紧张的一面。在工业革命初期,一些英国工人觉得机器让他们失业,于是就组织起来破坏工厂的机器。因为捣毁机器的运动最先是由一位名叫内德·卢德(Ned Ludd)的工人引发的,所以

---

[1] 参见〔英〕休谟:《人性论》,关文运译,商务印书馆,2016,第二卷第二章第六节:论慈善与愤怒。

这些人就被称为卢德主义者。20世纪末又出现了一些反对现代科技甚至捣毁机器的思想和运动，被称为新卢德主义。冇人类迈入数字时代之后，数字技术的普遍应用进一步加剧了失业现象。从扫地机器人、无人驾驶、自动物流、无人超市到智能旅馆，几乎全部的体力劳动和绝大部分的脑力工作都将被AI所取代。在这一背景之下，卢德主义的声音又回响起来。

关于AI造成的失业问题：首先，枯燥的体力和脑力工作被机器取代，这是对人类的解放。人类的天性是自由，人类必须在创造性的工作中才能回到自身，实现自我价值。在机器无限发展的过程中，越来越多的工作被机器所替代，这是人类解放的过程，而不是人被机器抢走工作的过程。其次，应该以更好的分配制度应对数字技术应用造成的失业问题，并尝试拓展对"劳动"的固有看法。在分配制度改进方面，全民基本收入（UBI）是近年来得到许多学者赞同的制度创新。该制度主张给予所有人一份固定的工资，无论人们是否工作，也无论人们是否有其他收入。这对于解决数字技术应用造成的失业来说具有重要的现实意义。与此同时，人们对数字时代的"劳动"应该有更包容的理解。除了传统的雇佣劳动之外，许多形式的数字劳动同样具有价值，同样创造财富。例如，一些人喜欢分享自己拍摄的短视频和照片，一些人喜欢写公众号文章，一些人在直播平台上教人画画，等等。各式各样的数字劳动虽然并不一定基于固定的劳动雇佣关系，但它们对于丰富人们的生活至关重要，同时还为各类平台企业集聚财富积累了海量的数字资源。这些数字劳动虽然没有固定的报酬，却也极具价值。因此，对于数字技术应用造成的失业，我们不应也不可能单纯地"恨"机器、捣毁机器，而是应该在普及数字技术的同时积极改进分配制度,以某种保障基本生活的普遍收入鼓励人们进行创造性的数字劳动。

机器不是爱的对象,也不是恨的对象,那么人和机器是什么关系呢?事实上,机器一直是人的延伸。工业革命时期发明的各种机器(纺纱机、蒸汽机、火车、汽车、飞机等)主要是人类体力的延伸;而20世纪末以来人工智能的发展(计算能力、储存信息、图像识别、寻找数据之间的相关性等)则主要体现了人类脑力的延伸。值得注意的是,在最新的数字技术应用中,这种对人的能力的延伸有了更直接的形式——将数字设备植入人体。例如,植入人体的数字视网膜,能让盲人重见光明;植入人体的假肢,不仅可以让残疾人获得行动自由,还能时时传导相关人体数据;植入人体的芯片可以随时定位人的位置;还有脑机接口,可以将人体和电脑连接起来,使得人脑可以直接控制数字设备。在可预见的未来,数字设备与人体的结合将越来越紧密,这些设备使得人类更强大、更聪明、更准确。

5. ChatGPT:人工智能的最新进展

人工智能是人类创造的最聪明的机器。当代学者认为,人工智能的发展会经历专用人工智能、通用人工智能和超人工智能三个阶段。其中,专用人工智能指的是能够完成人类指派的专项任务的智能机器,如导航、人脸识别、无人驾驶等;通用人工智能致力于研制像人一样思考、像人一样从事多种工作的机器;而超人工智能则是在各方面都超越人类智能的机器。目前,大部分人工智能产品都属于专用人工智能,而超人工智能的机器还没能研发出来。

因此，通用人工智能可谓当下最聪明的人工智能产品。2023年大火的ChatGPT就是通用人工智能的典型代表。乐观的科学家认为，ChatGPT的出现将彻底改变人类知识生产的方式，大大加速科技的发展。对于ChatGPT将如何塑造人类社会的未来，笔者不敢妄自揣度，只是想从微观的学习和教学这两个角度谈一点粗浅的想法，尝试回答下述两个问题：一是ChatGPT能代替学习吗？二是教师会失业吗？

"已经有学生用ChatGPT把我布置的期末作业做完了！"

笔者这学期开了一门新课"数字时代的政治"，给学生的期末作业是协助编撰"数字时代的政治学迷你词典"。每位学生做5个解词，作为期末评分的依据。没想到的是，我刚把词表发到课程微信群里，就有学生给我发来截图，原来这位同学已经用ChatGPT完成了解词的工作，这好让人尴尬，也让我们不得不反思：有了ChatGPT，还需要学习吗？或者说，有了ChatGPT我们该怎么学习？

第一个问题的答案当然是肯定的，大部分人都会因为有了ChatGPT而兴奋或恐慌，但没有人会因为有了它而放弃学习。因为，如果一个人不学习，没有必要的知识网络，ChatGPT对他（她）来说是不能产生作用的。这就像一个一无所知的人面对一个博学多才的教授，根本无法通过这个教授获取必要的知识，甚至都不知道该怎么提问。**ChatGPT或许能够回答人们提出的任何问题，但获取知识的第一步却是"提问"**。没有"提问"这个第一推动力，知识的链条永远都不可能建立。如亚里士多德所说，认知源于"惊讶"，人们学习的过程在很大程度上是在学习怎么提问（这也是开题、答辩中最让学生们头疼的"问题意识"）。一个好的问题是打开知识宝库的钥匙。随着问题的逐步深入，知识才可能一步步拓宽和增长。而要提出一个好的问题，就必须有一定的知识基础，有不断钻研的精神，有灵光一闪的 idea，这些并不是简单的信息堆砌能够实现的。随着数字技术的发展，人类知识中的海量信息都可以信手拈来。我们甚至可以构想，在不远的将来通过脑机接口给每个大脑加一个"硬盘"，里面存入世界上已知所有文字和数据信息。那时，人们不用上网查资料，也不需要搜索引擎或和 ChatGPT 对话，随时随地可以查阅任何信息。但是，如果这样的人不思考、不将已有的信息整合进自己的认知体系中，那么"硬盘"还是"硬盘"，"无知"还是"无知"，这与在一个无心学习的小学生面前摆放一本百科全书又有什么区别呢？

ChatGPT 可以为我们整合所有已知的文献，这非常有用，但 ChatGPT 并不能由此而创造出新的知识。知识增长一定是在原有知识体系的基础上，提出新的问题，并做出大胆假设，然后小心求证才能获得的。提问、假设、求证（通过实验、统计、访谈、逻辑推导等），这些并不是 ChatGPT 能够完成的，而是需要一个人对某方面有完备的知识体系，并且不断思考、不断尝试才可能实现的。因此，ChatGPT 绝对不可能自己完成知识增长，而只能协助研究者完成知识增长。

那么，在有了 ChatGPT 之后，我们应该怎么学习呢？首先，好东西一定要用上，只要是能够提高学习效率的工具，都应该拥抱而不是拒绝。进步，是人类社会发展的方向，不能为了墨守成规而摒弃新技术。尤其是在技术飞速发展的全球化时代，谁尽快驾驭新技术，谁就能走在时代的前列，成为未来的领导者。其次，学生和研究者对于 ChatGPT 的局限应该有清醒的认识，ChatGPT 是做文献综述的一把好手，但这并不代表研究者不用查看原文献，不用自己思考。所以，我们在学习的过程中可以用ChatGPT，但对于它说的内容一定要努力找到原文献，看看原文献到底怎么说的，并且要理解和鉴别，再查找新的文献。只有这样，学习者才可能将ChatGPT提供的信息整合进自己的知识体系中，并使其成为创造新知识的基础。

学习的本质在于创新，如果学习就是不断地重复前人做过的事，那么学习就没有意义，因为ChatGPT可以做所有这些事情。在学习和研究中，我们应该将ChatGPT当作巨人的肩膀（如果它足够好用的话），爬到这个肩膀之上可以让我们更清楚地看到未来，并且成就自身。

那么，第二个问题，有了ChatGPT还需要老师吗？既然ChatGPT无所不知，学生是否能够借助ChatGPT自主学习呢？学问，学问，学生有了有问必答的老师，是不是就不再需要人类老师了？这是不是AI夺走的又一个人类饭碗，数字社会的失业是否会进一步加剧呢？

对于这个问题我们可以从人类学习的内容来考察。人类学习的内容可以大致分为知识、技艺和价值三大类。首先，自然界的各种事实和数学中的公理都是知识，例如地球上有多少个国家、水的冰点是多少度、人类的肤色有多少种、三角形的内角和为180度……这些都是知识，是可以普遍化的。其次，技艺不是知识而是一种能力，比如写字、绘画、弹琴、打网球，这些技艺无论你读多少本书、拥有多少相关知识和信息，如果不练习都是无法习得的。最后，价值也是人类学习的重要内容。人们从出生开始就不仅仅在学习知识，同时还在家长和教师的言传身教下学习如何做人做事，并由此形成自己的价值判断，在潜移默化中逐渐树立自己的价值观、人生观和世界观。

从人们学习的三种内容来看,ChatGPT 显然可以教授人们知识,它能够以最为精准的方式告诉人们各种具体的知识。但 ChatGPT 无法让人们习得技艺,因为技艺只能面对面、手把手地教。无论是演奏乐器、绘画,还是体育运动,甚至烹调,这些关系到大肌肉、小肌肉之间的复杂配合的技艺,通常都是通过师父带徒弟的方式才能学会的。价值的传授也并非 ChatGPT 能够胜任的。价值观并不能像知识一样"灌输"给学生,而是只有在学生自我反思的基础上才可能形成。否则,就不是学生的价值观,而仍然是老师的价值观。如果一个老师想让学生树立某种价值观,让学生背诵价值"教条"的方式只能适得其反。最好的方法是:如果你想让学生成为什么样的人,你自己就先成为那样的人,以榜样的力量来感召和引领学生。

基于上述分析我们就能够判断哪些教师可能失业。首先,可以肯定地说,即使有了拥有海量知识的 ChatGPT,教授技艺的教师也不会失业。体、音、美、劳动、实验、写作类的教师都可以高枕无忧。其次,幼儿园和中小学老师也不会失业。因为,一方面人工智能还不具备看小孩的能力[1];另一方面,从幼年到 18 岁之前是人们习得技艺和树立价值观的关键时期,而这些内容都是 ChatGPT 无法教授的。最后,最有可能失业的是大学老师,尤其是纯粹教授知识的大学老师。在大学阶段,学生们已经拥有了相关技艺并形成了自己的价值观,大学是知识爆炸的阶段,学生们需要的是知识的快速积累。因此,如果大学老师的知识增长赶不上人类社会知

---

[1] 笔者认为,看护婴儿是检验人工智能能否与人类智能媲美的关键测试。

识创新的速度,那就没有什么好教给学生的,那些"陈旧"的知识都可以通过 ChatGPT 获取。在这一阶段,一些学习能力强的学生就有可能借助 ChatGPT 大大丰富自己的知识储备,并在此基础上进行自主知识创新。

师者,传道、授业、解惑也。传道就是传习价值观、教授做人做事之道;授业即传授技艺;而解惑则是教给学生知识。在数字技术的推动下,解惑的功能已经被人工智能替代了。由此,那些已经树立了自己的价值观,习得了必要技艺的大学生们,如果能够通过 ChatGPT 获取足够多的旧知识,温故而知新,那就真的不再需要老师了!

综上所述,人类与机器的根本区别并不在于是否拥有表现为语言、行动、意志的意识,而在于是否能自主生成意识。机器无法自主生成意识,因而机器没有自由意志。这决定了在政治社会中,机器没有权利,也不负担任何责任。机器(人)感受不到痛苦与快乐,不能形成自己的目的,因而不是人类爱或恨的恰当对象。机器是人类的延伸,机器的普遍应用增强了人类的体力和脑力。人类借助机器拓展了自身的自由,由此也将担负起更为重要的责任。

第二章 自由,还是独裁?

> 由机器构成的"数字自我"是否比人类自我更聪明?"数字自我"是否会强迫人们自由?数字技术让人类更自由还是限制了人类的自由?数字技术+积极自由=数字独裁?

在西方思想史中,积极自由理论因英国政治思想家以赛亚·伯林的演讲《两种自由概念》[1]而名声大噪。伯林在这篇演讲中深入剖析了积极自由的理论结构,并对斯宾诺莎、卢梭、康德、黑格尔等思想家所阐发的自由理论进行了抨击。从伯林的阐述中我们可以分析出积极自由理论的两大特征:

一是积极自由理论要对自我进行划分,区分出"较高自我"和"较低自我",或"理性自我"和"欲望自我",或"真实自我"和"虚假自我"等,并将"较高自我""理性自我"或"真实自我"的实现当作自由。例如在西方政治思想史上,最早系统阐发积极自由理论的哲学家爱比克泰德就认为,自由是理性自我的实现,而不是欲望自我的实现。他的精辟论断是:"自由不是通过满足人们的欲望而获

---

[1] Isaiah Berlin, *Two Concepts of Liberty*, Oxford: Clarendon Press, 1958.

得的,而是通过消除人们的欲望而获得的。"[1]二是将自由与特定的价值观念联系起来。在积极自由理论看来,做自己想做的事情并不一定就是自由,只有那些符合某种价值观念的行为才是自由的。例如偷窃显然不是自由的实现。由此,在积极自由理论中,自由通常与道德相联系,只有道德的行为才是自由的。卢梭曾论述道:"唯有道德的自由才使人类真正成为自己的主人;因为仅有嗜欲的冲动便是奴隶状态,而唯有服从人们自己为自己所规定的法律,才是自由。"[2]由此,积极自由理论家经常将自由归结为"做自己真正想做的事",而所谓"真正想做的事"就是符合某种价值观念的行为。

伯林在1958年对积极自由理论做出了精辟的分析。然而,随着数字技术的飞速发展,人类的"自我""真实欲望""理性"这些概念都有了新的含义。这使得对积极自由理论的分析也有了新的可能。本章将在传统积极自由理论的基础上,分析数字技术对积极自由理论的影响,并讨论伯林所指出的积极自由的悖论可能呈现出的新形态。

1. 人机混合体

积极自由理论要求对自我进行划分,因此对积极自由的准确理解是以对"自我"的构建为基础的。在数字时代,人类"自我"的最大转变就是人类对人工智能的依赖,以及所谓"人机混合体"的

---

[1] [古希腊]爱比克泰德:《爱比克泰德论说集》,王文华译,商务印书馆,2009,第四卷第一章"论自由"。
[2] [法]卢梭:《社会契约论》,何兆武译,商务印书馆,2005,第26页。

形成。1960年,曼弗雷德·克莱因斯(Manfred Clynes)和内森·克莱恩(Nathan Kline)在《航天学》杂志上发表了一篇题为《赛博格与空间》的论文。作者在这篇文章中首次提出了赛博格的概念。[1] 英文"cyborg"是"cybernetic organism"的结合,又称电子人,指的是以机器作为人类身体的一部分,以增强人类能力而形成的人机混合体。此概念提出后的六十多年来,人类一直朝着"人机混合体"方向飞奔。尤其是移动智能设备的普遍应用,更加速了这一进程。而正在尝试使用或已开始普及应用的可穿戴智能设备、植入式智能设备以及脑机接口等设备更是使人成为名副其实的"人机混合体"。

数字时代的人从根本上来说,是数字设备与生物体的复合体。近20年来,移动智能设备得到普遍应用。依据中国互联网络信息中心(CNNIC)发布的第49次《中国互联网络发展状况统计报告》,截至2021年12月,我国移动电话用户总数达16.43亿户,其中5G移动电话用户达3.55亿户。[2] 可以说,人人都有手机,未成年人则有电话手表等智能设备。数字治理、数字经济、数字交通……数字时代的来临意味着一个人没有数字设备就可能没有合法身份,同时也将丧失许多生存所必需的决策能力。例如:疫情期间,没有智能手机就无法出示"健康码""行程码",而这意味着你无法乘坐公共交通,无法进入商场、超市、学校、公园、行政办公区等公共空间。而在生活便利方面,你要寻找到方圆10公里内口碑较好的饭

---

[1] Manfred E. Clynes and Nathan S. Kline, "Cyborgs and space," *Astronautics* 9 (1960): 26-27, 74-76.
[2] 参见第49次《中国互联网络发展状况统计报告》,中国互联网络信息中心,2022年2月25日,https://www3.cnnic.cn/n4/2022/0401/c88-1131.html,访问日期:2024年9月8日。

店,首先得打开"大众点评"的页面;要到达一个陌生的地方就得启用智能导航系统;要乘坐火车、飞机,就得上网订票;打车有打车软件,甚至公交车也要用手机刷卡。如此看来,人与数字设备正在以前所未有的速度融合在一起,其中也包括戴着电子手表的儿童。而这一进程就像时间一样,是不可能逆转的。

智能手机是外在于人体的智能设备,这使得人们还可以将其看作外在于人的工具。然而,一些更贴近人体,甚至进入人体的智能设备正在被发明出来,并以空前的速度与人体融合在一起。这其中最典型的就是智能穿戴设备、智能植入设备和脑机接口设备。这些设备最开始在医药领域得到应用。例如,可穿戴的智能设备被用于检测人们的各种生物学指标,体温、心跳、血压、血糖等,并将这些数据传送给当事人的主治医生或是当事人购保险的保险公司业务员等相关人员,监测当事人的健康状况,以便做出更好的决策。穿戴式和植入式智能设备的应用一方面使得数字设备与人体更紧密地结合在一起,另一方面数字设备能够比行为者自己更清楚地了解自身,更好地调节身体状况。例如:数字设备通过血压、血糖的监控,可能比行为者自己更早地预测到疾病发作,并提醒行为者或医生提前做好防范。植入身体的心脏电子起搏器与人工肺已经能够实现在人不自觉的情况下维持有机身体的正常运作;智能假肢可以通过植入的智能芯片给佩戴者提供触觉反馈;人造视网膜或视觉神经芯片能够为失明者恢复部分视觉;智能神经装置可以为神经损伤的病人恢复部分运动能力,等等。这些智能设备能够比当事人更清楚地预知其身体状况,为保险公司提供更准确的预测,帮助保险公司获利。而脑机接口技术的发展则可能将人脑与外部设备连接起来,实现大脑与外部设备之间的信息互通。

在未来,通过脑机接口,一个人只要凭借意念就可以打开家里联网的空调;人们通过意念交流和学习,无需老师和书本,等等。这些"侵入"人体的数字设备,就像一个新的自我,而且是一个更聪明、更准确的自我。那么这个新的自我与那个原有的生物体自我之间是什么关系呢?

2. 数字自我与生物自我

　　数字设备深入而广泛的应用,最终将在人的生物自我中植入一个"数字自我"。这个数字自我虽然不是我们传统上理解的"生命",但它与生物自我在本质上却可能是同质的。因为,它们都可以归结为算法。所谓"算法"指的是:"进行计算、解决问题、做出决定的一套有条理的步骤。所以,算法并不是单指某次计算,而是计算时采用的方法。"[1]依照这个定义,人类大脑的工作原理确实可以归结为一套做出决定的有条理的方法。一个人在做出决策时会考虑哪些因素?如何处理他接收到的信息?又会受到哪些环境因素的影响?受到什么价值观念的影响?只要搞清楚了这些机理,那么我们只需将这些相关数据输入"人类大脑"这个处理器,就会得到特定的输出。这不正是数字设备处理数据的方式吗?由此看来,人类的大脑就像一个数据处理器,而人们为人处世的方式就是某种特定的算法。如是观之,数字设备则是一个比人类大脑更高级的算法。因为,数字设备可以读取更多的信息,并在短时间内进行更多更复杂的计算。谷歌等数字巨头新近推出的人工智能产品

---

[1] [以色列]尤瓦尔·赫拉利:《未来简史:从智人到智神》,林俊宏译,中信出版社,2017,第75页。

还可以进行自主学习,高效率地学习人类大脑无法企及的海量知识。"阿尔法狗"(AlphaGo)和"阿尔法零"(AlphaGo Zero)击败人类顶尖围棋手的例子就生动体现了人工智能对人脑的超越。2016年,机器人"阿尔法狗"在学习了数百万人类围棋专家的棋谱之后第一次击败了人类棋手,而2017年再次击败人类顶尖棋手的"阿尔法零"则摒弃了人类棋谱,只靠深度学习,而它从完全不会围棋到击败顶尖棋手只用了四个小时的学习时间。这足以展示人工智能的超强能力。如果我们将数字自我和生物自我都看作算法,那么数字自我就是比生物自我更为强大的算法。

如上所述,在传统的积极自由理论中通常存在着两个自我。例如:爱比克泰德所说的"理性自我"和"欲望自我";约翰·斯图亚特·密尔的两种快乐理论中包含的"较高自我"和"较低自我";[1]查尔斯·泰勒(Charles Taylor)所理解的自由就是"自我实现"中的"真实自我",以及与之对立的"虚假自我",[2]等等。而在数字时代,这个理性的、较高的、真实的自我却有被数字自我所取代的危险。在传统的积极自由理论中,较高自我对较低自我的指引被看作是自由的实现。而在数字时代,我们应该如何理解两个自我之间的关系呢?数字自我与生物自我之间到底谁听谁的呢?

---

[1] 密尔在《功利主义》一书中阐发了两种快乐学说,将"快乐"分为"较高的快乐"和"较低的快乐"。相应地,满足于"较高快乐"的自我是"较高自我",而满足于"较低快乐"的自我是"较低自我"。密尔主张人们要满足"较高快乐",摒弃"较低快乐"。参见〔英〕约翰·斯图亚特·密尔:《功利主义》,戴家琪导读、注释,上海译文出版社,2020。
[2] 泰勒将自由理解为"自我实现",强调的是"真实自我的实现"。参见 Charles Taylor, "What's Wrong with Negative Liberty" in *Liberty*, ed. David Miller, London: Oxford University Press, 1991, pp. 175-193。

在数字设备和生物体组成的"人机混合体"中,两个自我之间可能存在着下述三种关系:1. 数字自我是生物自我实现自身目的的工具,数字自我听命于生物自我;2. 数字自我对生物自我的命令提出挑战,违背生物自我的命令;3. 数字自我反对生物自我的意志,并试图改变生物自我的意志。在第一种情况下,两个自我之间是"下命令"和"去实现"的关系,就像皇帝和他的大臣一样:生物自我给出"命令"而数字自我则想办法去实现。生物自我借助数字自我的帮助,最终实现自己的意志。例如:行为者借助导航找到目的地。当然,导航有可能出错,这时生物自我可能听从数字自我的错误指示,无法到达目的地,自由受挫;也可能忽略导航的错误指示,自己找出正确路径,同时实现自由。但不管怎样,数字自我依然是生物自我的工具,而工具好不好用则可能关系到行为者的自由能否实现。然而,工具有时候会反客为主,这就涉及下面要讨论的数字自我违背或试图改变生物自我之"意志"的第二种和第三种情况。

在第二种情况下,生物自我给出命令,数字自我反对生物自我的命令,使其意志无法达成。例如,一个人坐在自动驾驶的汽车中,并将目的地设为某风月场所。这时,智能设备报警,不建议车主人去该场所,并擅自做主将车开回家了。[1] 那么在这一过程中,数字自我显然成了发号施令的那个自我。那么这两个自我——生物自我和数字自我——哪一个才是"真正的自我"呢?如果我们将生物自我当作"真正的自我",那么我真正想做的事就是去风月场所,所以当自动驾驶汽车将我带回家的时候,我的自由并

---

[1] 人工智能要做到这一点并不难,只需要在自动驾驶的程序中将某些目的地设定为"黑名单"即可。

没有得到实现。但是,如果将数字自我(这个更理性、更道德的自我)当作"真正的自我",那么我真正想做的事就是回家而不是去风月场所,而正是自动驾驶汽车使我做到了这一点,所以是人工智能帮助我实现了自由。在数字时代来临之际,我们应采用上述哪种方式来理解自由呢?

第三种情况是,当数字自我反对生物自我的意志时,它并非直接违背生物自我的意志,而是通过某些操作来改变它认为不恰当的意志。例如,一个人想吃糖,但数字自我在检测了生物自我体内的所有生物指标之后认为此刻不适合吃糖,于是向其发出警告。但此时生物自我仍然想吃糖,并认为人生如果不能享用美食,就没有意义。于是,数字自我可能通过某种"贿赂"来改变生物自我的意志。例如,给出"不吃糖就可以在游戏积分里获得奖励"这样的提示,等等。在这样的情形下,数字自我和生物自我虽然没有发生直接的冲突,但生物自我真正想做的事情被修改了。那么,到底哪个意志才体现出行为者"真正想做的事"呢?是原先没有被修改的意志,还是被数字自我修改之后的意志?而听从数字自我劝告的行为者是否做了他真正想做的事,是否实现了积极意义上的自由呢?

3. 谁 是 主 人

人因为拥有自己的意志并能够借助工具实现自己的意志而被尊为万物之灵。人类也因此而自认为是自由的。由此,积极自由的核心含义也经常被理解为自主(autonomy),亦即自己的事情自己做主,自己是自己的主人(self-mastery)。例如,站在积极自由立场对自由主义的个人主义进行批评的拉兹就将自由理解为"自主",理解为自己成为自己人生的"作者"(author)。在他看来,自主是一种自我创造的理想,"个人自主的理想就是人们在某种程度上能够把握自己的命运,在他的整个人生中通过一系列的决定来塑造它"[1]。

相比于人们过去对工具和机械的应用,数字时代人类与机器的关系发生了实质性的改变。在计算机被发明出来之前,机器是人类体力的延伸;而在数字技术普遍应用之后,智能设备是人类大脑的延伸。它们能代替人思考、判断、做出决策,甚至帮助人们形成新的意志。因此,数字自我的植入让自由的含义模糊了。在"人机混合体"中到底谁是"主",是数字自我,还是生物自我?而自由又是什么,是数字自我做主还是生物自我做主?[2]

为了更好地理解自主的自由,我们可以回想一下孩子逐步成长的过程。有经验的家长都知道,为了培养孩子独立的人格,一定要有意识地让孩子在一些事情上自己做决定。例如:四五岁的时候,可以让孩子自己选择玩具、衣服;七八岁的时候,开始让他(她)自己选择喜欢阅读的书;等到了十几岁,就需要自己选择要学的专业;成年以后,则要自己选择结婚的对象,等等。这正是一个人的"自主性"(autonomy)的形成过程。在不断选择的过程中,一个人逐渐成长为一个有主见的人,成为自己生命的作者,自己生活的主人。相反,如果家长处处越俎代庖,那么孩子即便成年也毫无主

---

[1] Joseph Raz, *The Morality of Freedom*, London: Oxford University Press, 1988, p. 369.

[2] 值得注意的是,即使数字设备成为使用数字设备之人的主人,也并不意味着数字设备自主生成了意识。毋宁说,"谁是主人"的较量是设计数字设备的人的意志与使用数字设备的人的意志之间的较量。

见、任人宰割,无法主宰自己的生活。而丧失了"自主性"的人生必然是不自由的,他不知道自己真正想做的是什么,不知道什么是"真实自我",无法实现自由。

然而,在数字时代,这套理论变得含混不清。因为,即使是很有主见的成年人,在做出选择的时候也需要咨询一下"谷歌"或者"百度"。其中不仅包括买什么样的衣服、玩具、书籍这类无关紧要的选择,也包括考大学报什么专业、成年后选择什么职业,甚至是和谁结婚这类重大选择。这是《人工智能革命》一书对"未来的一天"的描述:"朱丽叶(Julia)醒来时感觉神清气爽。这并不意外:自从她的数字助理赫敏(Hermione)升级以后,她每天都这样。赫敏可以监视她的睡眠状态,并在她的睡眠循环中选择最佳时机叫醒她……赫敏趁着几分钟时间为她体检,更新了她的核心健康指标,包括血压、胆固醇水平、体脂率、胰岛素水平,等等……她和赫敏昨晚就在虚拟衣橱和网上购物系统的帮助下搭配好了衣服,在她睡觉的时候,一架小飞机把新衣服空投到家……在前往车站的路上,朱丽叶看了赫敏给她推荐的两条早间新闻,还有一些有关一位移居加州的朋友的信息。"[1]

在未来,人工智能、大数据,各种算法将无时无刻不在为人们出谋划策,并且给出让人难以拒绝的选项。这就像一个非常强势的家长,事无巨细做出了周密的安排,而且完全不允许孩子有第二种选择,因为一切都计算好了,孰优孰劣都摆在眼前。就像导航系统已经精确地规划好用时最短的路线,人们就没有理由再选择第二条路一样。而人类呢,则是被惯坏了的孩子,各方面的能力都在

---

[1] [英]卡鲁姆·蔡斯:《人工智能革命:超级智能时代的人类命运》,张尧然译,机械工业出版社,2017,第31—32页。

退化。[1] 正如《终极算法》一书的作者所说:"当前的一些公司想拥有数码的你,谷歌就是其中一个。谢尔盖·布林(谷歌创建者)说:'我们想让谷歌成为你大脑的第三个组成部分。'"[2] 总之,有了处处为人类着想、为人类做主的人工智能,人类将毫无悬念地成为无主见的"巨婴",而无法实现自主的自由。除非将数字自我而非生物自我的实现当作自由。

4. 强迫自由与数字独裁

1958年,当伯林讨论积极自由理论时,他抨击的是积极自由理论隐含的强迫自由悖论,以及这一悖论将导致的专制和独裁。积极自由理论确实有这样的危险。如果我们将积极自由所推崇的"真实自我"外化成一个政治权威或道德权威,并且将对这个权威的服从当作自由,那么,积极自由就可能推导出"强迫自由"悖论,而在政治现实中则可能导致极权统治。在伯林看来,卢梭的自由理论正是做了类似的推演。卢梭认为,所谓自由就是自己的行为听从自己的意志。在《山中书简》中,卢梭对自由做出这样的论述:"与其说自由是按自己的意愿做事,不如说,自由是使自己的意志

---

[1] 各种机械的应用已经使得人类的四肢大大退化了,而人工智能的广泛应用则必会导致人类大脑各种功能的退化,其中包括计算能力、沟通能力、判断力,等等。
[2] [美]佩德罗·多明戈斯:《终极算法》,黄芳萍译,中信出版社,2017,第350—351页。

不屈服于他人的意志,也不使他人的意志屈服于自己的意志。"[1]卢梭认为,在人们缔结社会契约之时,人们的意志结合在一起形成了一个新的意志——"公意"。因此,在缔结社会契约之后,每个人的自由就转变为听从公意的指挥,而公意就代表着每个人的"真实自我"。卢梭论述道:"任何不服从公意的人,全体就要迫使他服从公意。恰好就是说,人们要迫使他自由。"[2]由此,卢梭推导出了"强迫自由"的悖论。伯林对这种以"真实自我"之名行强迫之实的做法极为反感,他批评道:"一旦我采纳这一观点(积极自由的观点),那我就站在了忽视人们或者是社会的真实需求的立场上,以他们的'真实自我'的名义去欺凌、压迫和折磨他们。并且无论他们的真实目的如何(例如,追求个人幸福、履行义务、人生的智慧、正义社会、自我实现,等等),都必须和他的自由一致,也就是与那个说不清楚的晦涩的'真实'自我相一致。"[3]

防止"强迫自由"以及极权统治的关键在于不要将"真实自我"外化成任何道德权威、宗教权威或政治权威。"真实自我"是属于行为者自己的,谁也不能代替行为者自己说出他"真正想做什么"。只要坚守这一点,就不可能出现强迫自由的情形。笔者曾经提出一种"新积极自由"理论,试图通过否认"他者猜想"[4]而阻止内

---

[1] Jean-Jacques Rousseau, "Letters from the Mountain," in *The Collected Writings of Rousseau*, eds. Christopher Kelly and Eve Grace, trans. Christopher Kelly and Judith R. Bush, vol. 9, Hanover and London: University Press of New England, 2001, pp. 260-261.
[2] 卢梭:《社会契约论》,第24页。
[3] Berlin, *Two Concepts of Liberty*.
[4] 所谓"他者猜想"(second-guessing)指的是,认为行为者并不知道自己真正想做的是什么,并不知道自己利益的真正所在,并由此而取消行为者作为自己欲望之仲裁者的权威,代之以外在的道德权威。

在权威的外化，以防止产生"强迫自由"的悖论。[1] 然而，这一策略在已然到来的数字时代却彻底失败了。因为，数字自我和生物自我，哪一个才是真实的自我，这一点是不清晰的。伯林在分析积极自由理论时反对强迫人们自由的外在权威，而现在这个强迫自由的权威却可能就在每个人体内，或者以网络形式充满人们生活的方方面面。人们身体内的各种感应元件以及生活中的各种数字设备随时可能向人们发出指令，这是一个更理性、更智慧的声音，不服从"它"就无法实现真正的自由（例如，不能获得健康），但服从它就是自由吗？"强迫他人自由"悖论又一次浮出水面，而且是以更难以拒斥的方式。

前文说到，积极自由理论的第二个特征是将自由与道德联系起来。这一点与积极自由的理论结构息息相关。积极自由理论首先将自我分为"较高"和"较低"的两个自我。对于这两个"自我"孰优孰劣，只有通过特定的价值判断才能进行挑选，并最终实现自由。例如，每天早晨当我在睡梦中听到闹钟响起的时候，都会产生两个自我，一个"想继续睡觉的自我"和一个"理性起床的自我"。那么，实现哪一个自我才是自由呢？积极自由理论家通常认为，实现那个符合正确的价值观念的自我才是自由。因此，如果我偷懒没有起床，那我并没有实现自由；相反，如果我挣扎着起床，按时到单位上班，那我就实现了自由。由此，自由就与特定的价值观念联系在一起。只有道德的人才是自由的，而恶人永远不可能获得自由。正如斯多葛学派的哲学家爱比克泰德所言："没有一个恶人能够想怎么生活就怎么生活，所以没有一个恶人是自由人。"[2] 因

---

[1] 参见李石：《论新积极自由》，《探索与争鸣》2019年第4期。
[2] 爱比克泰德：《爱比克泰德论说集》，第457页。

此，在积极自由理论家看来，人们做的事情必须是道德的、符合主流价值观念的，才可能是自由的。

在数字时代，价值观念对个人行为的规训可能以更深入、更直接的方式发生。人们时时刻刻依赖的数字系统不仅能帮助人们做出更为理性的决策，还可能在伦理、道德，甚至政治上对人们进行系统的指导。在数字自我和生物自我这两个自我中，数字自我以其优越的数据处理能力充当了那个指引人们获得自由的内在权威，而它同时还是一个道德权威。由此，在数字时代，为了帮助人们更好地实现自由，就完全可以在植入人体的生化设备中装上一个伦理软件，以控制人们的价值观念。而在上文提到的例子中，如果我乘坐一辆自动驾驶的汽车，并设定目的地为某风月场所或赌场，这辆装载了某种严苛的道德软件的车可能会向我发出警告，告诉我去那里是不道德的，它甚至可能拒绝我的请求，将目的地直接改为回家。如此一来，林林总总的智能设备不仅是帮我实现自由的助手，还将成为塑造三观的人生导师。如《赤裸裸的人》一书的作者所说："'智能物品'的出现使得哲学家米歇尔·福柯之前担心的'纪律标准化'在全世界范围内被实施。'纪律标准化'旨在'使人和行为合乎规范'。由于担心犯罪会使行为不合乎规范，人人会对自身进行监察。这完全与硅谷的企业家们强调的内容背道而驰，他们这样认为：'多亏了我们，大数据和高科技，个人变得越来越自由。'"[1]其实，福柯所说的"规训"与硅谷企业家们所说的"自由"并非背道而驰，准确地说，它们就是同一件事。

依据上述理论，我们还可以在这些数字设备中装载政治软件。

---

[1] 〔法〕马尔克·杜甘、〔法〕克里斯托夫·拉贝：《赤裸裸的人：大数据，隐私和窥视》，杜燕译，上海科学技术出版社，2017，第57—58页。

如果智能设备的使用者产生了某些不利于统治权力的想法或行为,这套系统就会发挥作用,将这些想法和念头扼杀在摇篮之中。再以自动驾驶的汽车为例,如果我将目的地设为正在发生游行示威的地点,那么这辆汽车可能又将我带回家。或者是,如果我想在网络上发表抱怨某一政策的言论,而我的输入系统就会自动报警。可以预见的是,这个数字自我最开始是以"健康"的名义指导行为者的各种行动,后面就可能以各种其他名义,如安全、效率、道德,甚至是正义,等等。我们能否避免这个"超级自我"在不断演化的过程中成为一个内在于我的"数字独裁者"?而如果在我的身体中,或者在全方位包裹我的数字环境中出现了一个这样的独裁者,那么我是更自由了呢,还是完全丧失了自由?伯林要是能活到今天,他会撕心裂肺地呐喊"这不是自由,这是强迫"吗?看看下面两个真实的数字产品,大家可能会对数字时代的"强迫自由"有更为真切的理解。美国科创公司研制出一款名为 Pavelok 的电击手环,手环与智能手机相关联,如果手机用户未能完成之前自己设定的目标,例如戒烟、停止咬指甲、早睡等,那么手环就会释放电流电击用户。另一款智能耳机则可以通过分析用户颌部的运动和声音,推算出其进食的速度、吞咽下的食品数量和摄入的卡路里。一旦摄入量超过之前规定的数量,智能耳机就会对用户进行惩罚。[1]

伯林对于数字时代可能出现的"数字独裁者"会作何感想?当伯林批评积极自由理论时,他所批评的独裁者是外在的,他们无法进入每个人的大脑之中直接对人的意志进行操作。然而,在数字时代,科技赋予了人类这样的力量:对人的意念进行监控、改写,或

---

[1] 参见杜甘、拉贝:《赤裸裸的人》,第 57 页。

者通过数字设备的设置而避免人们不符合某一价值观念的行为。这样一来,伯林所抨击的"极权统治"就可能进入人们的头脑,直接作用于每个人的决策机制,将所有的非道德行为和不利于统治权力的行为扼杀在摇篮之中。如果数字技术最终导向"数字独裁"的话,这种独裁统治的形态会更加隐蔽、更为高效,也更彻底。尤瓦尔·赫拉利在《今日简史》中论述道:"在未来,可能所有公民都会被要求佩戴生物统计手环,不仅监控他们的一言一行,还掌握他们的血压和大脑活动。而且,随着科学越来越了解大脑,并运用机器学习的庞大力量,该国政权可能会有史以来第一次真正知道每个公民在每个时刻想些什么。"[1]"二战"期间,法西斯德国成功洗脑德国人民,使他们成为极权统治下的战争机器。数字独裁可能不需要像希特勒那么费劲地进行意识形态宣传,只需通过人机接口,再装几个意识形态软件就可以把所有公民变成驯服的臣民,同时制造出成千上万无所畏惧的机器人战士,大概就能拥有希特勒所梦想的征服世界的力量。

另一方面,从数字系统的设计来看,数字技术在价值学说与社会现实之间建立了紧密的联系。人们能够将不同学者阐发的道德学说或政治学说数字化,并加载到诸多软件当中。例如,在自动驾驶系统中装载"即使车毁人亡也不能撞倒行人"的软件,或者装上"遇到危急情况首先保护车内乘客"的软件,而这样的自动驾驶汽车就成了一辆有着自己独特的价值判断的汽车。道德哲学或政治哲学学说可能被设计成软件,装载到每个人的决策机制中。这将是哲学与现实最直接的关联。哲学家第一次拥有了直接改变现实

---

[1] [以色列]尤瓦尔·赫拉利:《今日简史:人类命运大议题》,林俊宏译,中信出版社,2018,第60页。

的力量,而哲学家是否该为此负责呢?例如,那个装载了拒绝将人们带到风月场所软件的汽车,是否会收到用户的投诉?而这样的投诉是对康德[1]的投诉,还是对汽车公司的投诉呢?如赫拉利所言:"历史上第一次,可能会有哲学家因其所提出的理论造成不幸结果而被告上法庭,因为这也是历史上第一次能够证明哲学概念与现实生活中的实践有直接因果关系。"[2]在思想史上,有许多政治思想家的学说都曾被认为导致了很糟糕的政治现实。例如,许多人认为卢梭的政治思想导致了法国大革命中的血腥屠杀;尼采的超人哲学引发了希特勒的极权统治,等等。但是,没有人能够真正起诉这些大思想家,因为思想与现实之间的因果链条是不清晰的。但是,在数字技术得到普遍应用之后,道德学说、政治学说等价值学说通过程序设计而被加载到数字系统中,由此而规范各种社会现实。数字技术在形而上和形而下之间建立起直接的关联。哲学家们做好准备为自己的学说担负直接责任了吗?

总之,数字技术的普遍应用让人类变得更加强大。在数字时代,人们能够更清晰地认识自己,并能更为高效快速地实现自己的意志。然而,数字技术在增强人类自由的同时,也使得人类的自由变得含混不清。因为,在数字时代人类以"人机混合体"的方式存在,每个人的自我中都包含着一个"数字自我"。这个数字自我比原有的生物自我更理性、更强大。数字自我能够为生物自我出谋划策,甚至对生物自我的意志指手画脚。而如果我们应用传统的积极自由理论,则很可能将这个"数字自我"的实现阐释为自由。由此,传统的积极自由理论与新兴数字技术的结合则可能发展出

---

[1] 在性道德上,康德是一个保守主义者,他反对任何形式的婚外性行为。
[2] 赫拉利:《今日简史》,第56页。

一个精确控制每个人的"数字独裁者",而政治现实则演变为数字极权。到了那时,人类的自由可能就真的岌岌可危了。人类社会想要避免数字极权,只能加快现有政治制度的民主化,使得更多的人能够对数字技术的发展和数字产品的应用(尤其是数字治理方面的应用)发表意见,防止形成专断权力。

第三章 我们有了哪些新权利?

数字技术的发展塑造了强大的数字权力。为了限制权力的滥用,需要明确人们在数字时代拥有的诸种权利。网络自由权、数据所有权、数字遗产、监督算法的权利、断网权等权利是数字时代人们应该拥有的新的权利。

数字技术的迅速发展与普遍应用催生了数字社会的形成。在这个新生的数字社会中,每一个接入网络的个体都有特定的数字身份,而人们在原有政治社会中所拥有的各项权利也都以新的形态出现。这就是数字权利。依据当代学者的讨论,所谓"数字权利"指的是人们拥有的与互联网相关的权利,例如接入网络的权利,借助互联网发表自己观点和相关内容的权利,保护个人信息安全以及免受网络霸权侵犯的权利,等等。[1] 在西方政治思想史上,英国政治思想家托马斯·霍布斯(Thomas Hobbes)在英国革命期间第一次深入讨论了权利概念。从那时开始,权利概念逐步成

---

[1] Luci Pangrazio and Julian Sefton-Green, "Digital Rights, Digital Citizenship and Digital Literacy: What's the Difference?", *Journal of New Approaches in Educational Research* 10, no.1(2021).

为构建现代国家政治制度的理论根基。当今世界各国都以宪法阐明公民拥有的言论自由、结社自由、迁徙自由、财产权、参政议政等基本权利,并以此为基础约束统治权力的应用。然而,在数字时代到来之际,随着技术的发展,人们权利的内涵和形式都发生了巨大的变化,出现了许多与互联网相关的新兴权利。2011年6月1日,联合国言论自由报告员签署了《言论自由和互联网联合宣言》。2014年,欧洲委员会通过了《互联网用户人权指南》。2015年,世界经济论坛认为,数字权利基本上是互联网时代的人权,确定在线隐私权和言论自由是《世界人权宣言》中确立的权利的延伸。这些国际制度的改良和创新标志着一种新的权利——数字权利——已经正式登上了人类社会的制度舞台,成为当代人不可或缺的制度保障。本章将聚焦于数字技术对人们所拥有的权利的影响,重点讨论数字时代重要而复杂的五种权利——网络自由权、数据所有权、对数字遗产的继承权、针对算法的诸种权利,以及断开网络的权利,并在明确相关权利的基础上,为相应的制度构建提出建议。

1. 网络自由权

1688年,洛克在其重要著作《政府论两篇》(下)中提出了人人生而拥有的三种基本权利:生命、自由与财产。从这三种权利来看,数字技术的广泛应用并没有对人们的生命权产生根本性的影响,但对自由权与财产权却产生了诸多影响。本节将首先讨论网络环境下的自由权,下一节讨论大数据应用所涉及的财产权问题。

洛克所说的自由权包括言论出版自由、信仰自由、迁徙自由、结社自由、择业自由等内容。在这些基本权利中,受到数字技术影响最大的是言论和出版自由。数字技术的发展催生了新的媒体形式。在充满了自媒体、融媒体等新媒体形式的网络环境中,言论与表达自由呈现出新的样态,也产生了许多新的问题,亟需相关制度构建予以规范。

言论自由肯定了人们拥有表达自己的思想和观点的天然权利,但这一权利并非完全不受限制。约翰·斯图亚特·密尔在《论自由》一书中为言论自由划定了最宽容的界限,也为限制言论自由的立法奠定了基础。关于自由的限制,密尔站在功利主义的立场上提出了"伤害原则":"第一,个人的行动只要不涉及自身以外什么人的利害,个人就不必向社会负责交代。他人若为着自己的好处而认为有必要时,可以对他忠告、指教、劝说以致远而避之,这些就是社会要对他的行为表示不喜或非难时所能采取的正当步骤。第二,关于对他人利益有害的行动,个人则应当负责交代,并且还应当承受或是社会的或是法律的惩罚,假如社会的意见认为需要用这种或那种惩罚来保护它自己的话。"[1]。在密尔看来,如果一个人的行为和言论没有对别人造成任何损伤,那么我们就没有理由限制他(她)的自由。而且,密尔所指的伤害是有形的(physical)伤害,并不包括心理伤害。[2] 密尔的"伤害原则"为限制言论的相关立法奠定了基础。例如,美国最高法院大法官霍姆斯在1919年提出了"明显且即刻的危险"的限制标准,即只要言论不会带来明显、即刻的危险,该言论就是合法的。[3] 这一规则为言论自由的限

---

[1] 〔英〕约翰·密尔:《论自由》,许宝骙译,商务印书馆,2007,第112页。
[2] 参见密尔:《论自由》,第102页。
[3] 参见〔美〕斯坦利·I.库特勒编著《最高法院与宪法:美国宪法史上重要判例选读》,朱曾汶、林铮译,商务印书馆,2006。

制划定了界限,也为网络言论自由的限制划定了界限。下面,我将逐一分析网络言论自由与传统言论自由之间的区别。

首先,网络言论自由与传统言论自由之间最大的区别在于发表言论的主体难以确认。互联网的实时互动和异步传输技术彻底地改变了信息传播方式,每个网络用户既是信息的接收者,同时也可以成为信息的传播者和发出者。而且,许多网页浏览以及言论发表是不需要人们暴露自己身份的。这就使得在网络环境中出现的许多言论,人们并不知道是谁说的。当然,如果这些言论无关紧要,也没有造成巨大的危害,那么依据上述"明显而即刻的危险"之标准,我们并没有必要追踪所有言论的出处。但是,如果某些言论造成了巨大的危害,这时就需要追踪发表相关言论的始作俑者,而如果网民没有在网络上留下相关身份信息,就很难追踪到责任人,无法进行有效的惩戒。因此,在互联网兴起的二三十年来,许多学者一直主张实行"实名制"[1],也有越来越多的网络平台开始实行"实名制",这促进了人们对自己的言论负责。2017年6月1日,《中华人民共和国网络安全法》开始施行。依据该法律,网络实名制正式成为一项制度,这标志着全网实名制时代的到来。然而,该法律只要求网民在注册相关平台网站时提供真实个人信息,并没有要求网民在发表言论时使用自己的真实姓名。换句话说,只有相关网站知道发表侮辱性不实言论者的真实身份,其他人并不知道。而出于"引流"的目的,平台企业倾向于"纵容"这些惹是生非的侮辱性言论,除非发生重大伤害事件,很难主动删除相关不实信息。这样的制度设计为不负责任的言论留下了制度漏洞。近年

---

[1] 许前川:《公民网络言论自由的法律规制》,《新闻战线》2018年第16期。

来,网络暴力愈演愈烈:2018年8月,德阳女医生在泳池与人发生冲突,被指殴打未成年人,不堪网暴自杀;2022年1月24日,刘学州寻亲,不堪网暴留千言遗书离世;2023年1月23日,染粉红色头发的女硕士郑灵华因网暴自杀……面对一幕幕血淋淋的悲剧,我们要清醒地认识到,"网暴"是一种杀人于无形的新的暴力形式,必须以法律的武器进行管控。只有让施暴者受到应有的惩罚,才可能从根本上制止"网暴"。

如果人们不用为自己的言论负责,许多人就会毫无顾忌地将素不相识的无辜者作为泄愤对象,对他人造成伤害。因此,实质性的"网络实名制"势在必行。目前,我国针对"网暴"的法律规定侧重于事后追究责任。然而,事后追究责任一方面无助于保护受害者,另一方面,在取证上存在巨大困难(网民数量庞大,很难将所有的侮辱言论搜索存档)。而且,许多受害者因害怕受到进一步的网暴而选择息事宁人、默默忍受。笔者认为,应调整现有法规,将预防"网暴"的发生作为立法的侧重点。具体建议如下:(1)在法律层面,应考虑更高程度的"网络实名制"。对于发布不实侮辱信息者,受害者有权要求网络平台公布其真实身份,鼓励被施暴者拿起法律武器,捍卫自己的合法权益。同时,在透露真实身份的情况下,每个人说话都会更谨慎,造谣生事的情况会大大减少。(2)加强对网络平台的监管,对那些明显的造谣、侮辱性言论,平台负有及时删除的责任。如果没有做到,网络平台应受到相应处罚。(3)设置"网暴黑名单",被认定实施过网暴的人员应被各大网站禁言(具体认定方式可参考2013年9月9日最高人民法院、最高人民检察院联合发布的《关于办理利用信息网络实施诽谤等刑事案件适用法律若干问题的解释》)。

在加强法律监管的同时,还应在全社会开展"网络公民教育"。每个人都应该为自己的言论负责,不说假话、不恶意贬损、不人身攻击、不造谣生事……这些都是言论自由应该遵循的道德原则。在数字时代,大、中、小学等教育机构应该加强网络道德教育,引导学生树立为自己的言论负责的观念。提升网民素质,倡导全社会对"网暴"说不。总之,实名制的目的是约束人们在基本的道德规范内表达自己的观点。因此,网络实名制是必要的。这并不是对言论自由本身的限制,而是让人们站出来(不是躲在幕后)表达自己的观点,实质上有助于言论自由的实现。

其次,网络言论自由与传统言论自由的另一区别在于,网络言论自由的限制主体有可能是网络平台。对于传统的言论自由,其限制主体主要是国家和政府。后者依据相关法律法规对个人发表的不当言论进行限制,并对相关责任人进行惩戒。然而,对于网络言论来说,其限制主体却不限于国家和政府。作为网络平台的用户,各大网络平台能够通过技术手段轻易地限制用户的言论自由,或者将某些言论放大,引导公众舆论。例如,各大网站都提供"有偿删帖"的服务,如果某些商家认为大众舆论不利于自己企业的发展,就有可能通过网络公关公司联络网络平台,删除相关言论,甚至采用"封号""删帖"等技术手段限制相关言论的传播。[1] 显然,网络平台借助强大的技术手段对普通公民的言论自由造成了巨大影响。在数字时代,以网络技术支撑的网络构架成为一种强大的权力,而这种权力目前并没有得到有效的规范和限制。网络平台限制言论自由最典型的例子就是2022年1月美国"攻占国会

---

[1] 参见梅夏英、杨晓娜:《自媒体平台网络权力的形成及规范路径——基于对网络言论自由影响的分析》,《河北法学》2017年第1期。

山"事件发生之后，时任美国总统特朗普被推特永久"禁言"。由此，特朗普无法对其8000万推特粉丝发言，大大削弱了其政治影响力。推特公司做出此举的理由是为了防止特朗普进一步煽动叛乱。这一事件引发了人们对网络言论自由的激烈讨论。笔者认为，这一事件反映出的关键问题在于，"推特"是否有相应的"合法权力"禁止特朗普发言。换句话说，即使相关言论有可能产生"明显且即刻的危险"，但网络平台是否有权通过技术手段限制言论自由？这一权力是否经过人民的授权？是否有相关的法律依据？平台企业的权力与政府的公权力之间是什么关系？

从我国的法律规制来看，对网络服务提供者及其内部技术人员滥用删除、屏蔽、断开连接等操作权限的行为做出了一定的规范，从法律上肯定了被侵权人与网络服务提供者之间或其内部人员达成的有偿删帖协议无效，网络服务提供者或其内部人员的删帖行为属于违法行为；网络服务提供者或其内部人员擅自篡改、删除、屏蔽特定网络信息或者以断开链接的方式阻止他人获取网络信息的，应当为此承担侵权责任。[1] 然而，对于网络平台在什么情况下有权禁止网络用户发表言论，是否只有在政府授权的情况下才能禁止相关言论，被侵权者在被"禁言"或"封号"后可以依据哪些法律起诉相关平台企业等具体问题，还应设立更为细致的法律予以规范。

最后，网络言论区别于传统言论的另一大特征是其传播速度快、受众广。这为"谣言"的传播制造了温床。因此，在讨论网络言论自由时，关键的问题就是要划定谣言与言论自由的界限，并搞清

---

[1] 参见《最高人民法院关于审理利用信息网络侵害人身权益民事纠纷案件适用法律若干问题的规定》第十条。

楚谁应该为谣言及其传播负责(是始作俑者,还是转发跟帖者)。对于谣言与真实言论的区别,转发信息者是很难区分的,但最先发表相关言论的人却有可能知道相关言论的真假。因此,如果最先发表言论者蓄意发表不真实的信息,那么他就是相关言论的第一责任人。其言论自由应该受到监督,如果产生即刻而明显的危险就应承担法律责任。同时,网络平台对于相关言论负有审查和监督的责任。对此我国法律有较为清晰的规定,《中华人民共和国民法典》第一千一百九十四条至第一千一百九十七条针对网络侵权做了专门规定。例如,第一千一百九十四条规定:"网络用户、网络服务提供者利用网络侵害他人民事权益的,应当承担侵权责任。法律另有规定的,依照其规定。"第一千一百九十五条规定了通知规则。通知规则下的侵权责任,是指受害人(权利人)在获知网络用户实施的侵害行为之后,有权通知网络服务提供者采取必要的措施防止损害后果的进一步扩大;如果网络服务提供者在接到受害人的通知后仍未采取必要措施,而该网络用户因其行为被最终确认构成侵权责任,则未采取必要措施的网络服务提供者应当对接到通知之后的损害扩大部分承担连带责任。对于在突发公共事件当中出现的谣言传播,则有更为严格的规制。国务院颁布的《突发公共卫生事件应急条例》第五十二条及《重大动物疫情应急条例》第四十八条中规定了在特殊时期,对于散布谣言、扰乱社会秩序和市场秩序的行为,要依照法律对其进行严格惩处。值得注意的是,我国的法律并没有对谣言的制造者以及谣言的传播者进行严格的区分,在实际执法中可能造成二者同罪。然而,在许多情况下,所谓"谣言"的传播者,他们并没有能力去验证某种说法是否符合事实,也并非有意传播谣言。因此,一些国家的法律对于行为人蓄意传播虚假信息,或是在被蒙蔽的情况下传播虚假信息进行了区分。例如:《德国刑法典》第一百八十六条和一百八十七条规定,对于不知道真假的网络谣言,行为人过失的传播该网络谣言并且侵害了他人的名誉,将处一年以下的自由刑或者金钱刑;行为人故意对虚假的网络谣言进行传播并且侵害了他人的名誉,将处两年以下的自由刑或者金钱刑。

总之,互联网的便利为谣言传播提供了温床。相比于传统社会中的谣言,网络谣言传播更广、伤害更大,在极端情况下可能演变为网络暴力,对个人、社会乃至国家都可能造成重大损伤。因此,完善立法,更细致地区分责任人,是杜绝网络谣言、保护言论自由的必要之举。另外,除了言论自由之外,其他一些自由权在数字时代也发生了转变。例如,结社权在网络时代也有了新的动向。人们在互联网上能够方便而高效地建立各种"社团"(比如在微信上建群),结社权演化为"建群权",推进了人们的结社自由。当然,网络平台凭借技术手段拥有封群的权力,而正如网络平台对网络言论自由的干预与限制一样,这种对建群、封群的干预权力同样应该受到相关立法的规范。

2. 数据所有权

洛克在《政府论两篇》中讨论的第二种重要权利是"所有权"。这一权利在数字社会引发的最大争议即是人们对数据的所有权。数字时代,人们的每一步网络操作都会产生各种各样的数据。这些数据包括每个人的身份信息、需求信息、健康状况、职业状况、婚姻状况、兴趣偏好,等等。随着机器学习的发展,大量数据的积累有可能形成知识,进而产生商机和效益。例如,一个电商平台每天都能够积累大量的供需信息数据,而通过这些数据能够预测哪些产品受欢迎,哪些产品生产过剩,哪些产品供应不足,这些信息因而极具商业价值。著名的麦肯锡咨询公司认为,"大数据应用能给经销商增加60%的利润,降低制造业约50%的成本,为全球经济带来3万亿到5万亿美元的增值"[1]。鉴于大数据拥有如此巨大的预期效益,那么谁应该拥有这些极具价值的大数据呢?是积累和处理数据的平台企业?还是提供各种数据的网络用户?谁拥有大数据的所有权,这是数字经济中最关键的基础性问题。

对于数据的归属问题,首先,可以肯定的是数据最初是归属于个人的。因为绝大部分数据都与个人有着紧密的关联性,而且这些数据都只能由个人提供。然而,通常情况下单个的个人数据并不能产生任何价值,而更多具有隐私的特征。事实上,数据在从个人的单个数据转变为许多人的大数据时,其性质发生了根本性的变化。这使得个人数据和大数据在权利属性上具有不同的特征。个人数据具有隐私的特征,受隐私权保护;而大数据(尤其是经过匿名化处理的大数据)则已经丧失了隐私的特征并产生了商业价值,由此而成为真正的资产。因此,对于数据权利的讨论,可以借助隐私权和所有权两方面的规范性知识。例如,英国在1998年制定的《数据保护法》中就提出了个人敏感数据(sensitive personal data)的概念,并罗列出收入、房产、位置信息等相关数据类别。而"贵阳大数据交易所"是全国首家以大数据命名的交易所,大数据交易

---

[1] James Manyika, Michael Chui, and Brad Brown et al., "Big Data: The Next Frontier for innovation, competition, and productivity," Mckinsey Digital, May 1, 2011, accessed October 14, 2024, https://www.mckinsey.com/capabilities/mckinsey-digital/our-insights/big-data-the-next-frontier-for-innovation.

所的建立肯定了"数据所有权"的概念,这说明平台企业用于交易的大数据已经脱离了个人隐私的范畴,具有了资产的特征。当然,还有一些数据具有原创性,例如在微博、微信里发表的言论、图片、视频等。因此,也有学者借助知识产权来讨论人们对数据的权利。[1] 另外,还有一些学者认为,大数据可以被看作极具商业价值的商业秘密,应受知识产权保护。[2] 从所有权理论来说,"知识产权"(intellectual property right)实际上也包含在所有权(property right)的范畴之内,只是知识产权是人们对智力劳动成果的所有权,通常是对"无形物"的所有。因此,对于可以进行交易的大数据来说,最关键的还是厘清"所有权"归属的问题。

从个人数据到大数据涉及从隐私权到所有权的转变。对于个人数据,我们可以依据传统对于个人隐私的法律保护对个人敏感数据进行保护,保障个人对数据的使用、转让以及知情等方面的权利。例如,我国《个人信息保护法》第一章第十四条规定:"基于个人同意处理个人信息的,该同意应当由个人在充分知情的前提下自愿、明确作出。法律、行政法规规定处理个人信息应当取得个人单独同意或者书面同意的,从其规定。个人信息的处理目的、处理方式和处理的个人信息种类发生变更的,应当重新取得个人同意。"另一方面,数据在积累到一定量之后便形成了大数据[3]。经

---

[1] 参见俞风雷、张阁:《大数据知识产权法保护路径研究——以商业秘密为视角》,《广西社会科学》2020年第1期;崔国斌:《大数据有限排他权的基础理论》,《法学研究》2019年第5期。

[2] 参见杨雄文、黄苑辉:《论大数据的商业秘密保护——以新浪微博诉脉脉不正当竞争案为视角》,《重庆工商大学学报(社会科学版)》2019年第4期。

[3] 参见麦肯锡全球研究所给出的定义:一种规模大到在获取、存储、管理、分析方面大大超出了传统数据库软件工具能力范围的数据集合,具有海量的数据规模、快速的数据流转、多样的数据类型和价值密度低四大特征。

过去身份化处理,大数据通常不再具有隐私的特征,也不再涉及个人隐私权。通过数据挖掘以及以机器学习为基础的数据整理,人们可能从大数据中获取许多宝贵的信息,而这些信息则可能具有商业价值。在谁对大数据拥有所有权的问题上,首先需要明确的是,网络用户和网络平台都对数据资产的形成做出了必不可少的贡献。网络用户在这种"合作"中提供了"原材料"(原始数据),而平台企业则进行了劳动——挖掘、整理、设计算法,等等。最开始,数据本身是属于原始数据提供者的,也就是广大的网络用户。但这些数据在其最初的提供者手里是没有价值的,只有通过数字企业对数字的挖掘和整理才可能产生价值。

这就像劳动创造价值一样:自然资源最初是没有价值的,只有经过人类的劳动,才可能成为有价值的劳动产品。另一方面,没有自然资源,人们的劳动就无法进行,也无法凭空产生价值。正如洛克在讨论所有权的起源时所说:"如果我们正确地把供我们使用的东西加以估计并计算有关它们的各项费用——哪些纯然是得自自然的,哪些是从劳动得来的——我们就会发现,在绝大多数的东西中,百分之九十九全然要归之于劳动。"[1]在当代政治哲学研究中,希勒尔·斯坦纳、迈克尔·大冢(Michael Otsuka)等左派自由至上主义者认为,土地、矿产、山川湖泊等自然资源是价值的来源之一,人类劳动只有作用于自然资源才可能产生价值。而且,地球上所有人对自然资源拥有平等的权利,无论其出身于何种境遇都应

---

[1] 〔英〕洛克:《政府论(下篇)》,叶启芳、瞿菊农译,商务印书馆,1964,第26页。

享有平等的一份自然资源。[1] 因此,如果一些人占用了过多的自然资源并因此获利,就应该与其他人平等分享自然资源所带来的利益。由此,左派自由至上主义者主张征收土地税等自然资源税。他们认为,所有人应该通过税收的方式平等地分享自然资源产出的收益。[2]

基于同样的道理,人们对利用大数据所产生的利益也应该拥有平等的权利。因为这些数据最初是由广大的网络用户无偿提供的,所有网络用户对大数据所具有的商业价值拥有平等的权利。在制度设计中有两种可能的方式来分享大数据带来的利益。第一种方式是开放数据库,使得所有人都能获取数据所带来的便利和知识。例如,各种期刊数据库、图书馆数据库等都应在公共安全允许的条件下向公众免费开放。人们分享数据红利的第二种方式则是效仿学者们主张的"资源税",构建"数字税"的相关法制体系,向那些取用大量数据并因此而获利的平台企业收取一定比例的税收,并将其用于改善所有公民的福利。从所有权的角度来说,税收是为了弥补网络用户对大数据所拥有的部分所有权。近几年来,许多国家在数字税立法方面已经有了实质性的举措。例如:2017年欧盟通过了关于电子商务的增值税改革方案,废除远程销售起征额,终止低于22欧元的进口增值税豁免政策,由电商平台或者海关申报人负责收取和缴纳增值税。而日本很早就将电子书籍、音乐、广告发布等通过互联网等提供的服务定义为"提供电信利用服

---

[1] 希勒尔·斯坦纳认为,人们对自然资源的平等权利是不受国界限制的。因此,他在政策上支持一种"全球资源税"。参见 Hillel Steiner, *An Essay on Rights*, Blackwell Publishers, 1994。
[2] See Peter Vallentye and Hillel Steiner (eds.), *Left Libertarianism and Its Critics: The Contemporary Debates*, London: Palgrave Macmillan, 2000.

务",并纳入了消费税征收范围。经济合作与发展组织(OECD)于2019年提出了"双支柱"改革方案,计划在全球范围内对跨国数字企业征税。[1] 我国学术界也开始关注数字税立法的问题,并做出了卓有成效的讨论。[2] 我们有理由相信,开放数据库或者数字税立法是最终解决数据所有权的可行之路。

上述讨论的是商业交易中的大数据。然而,在网络社会中,不仅商业平台想方设法地挖掘数据,公共部门也会收集大量的数据。由于个人数据涉及隐私权,公共部门应依法负责保密,不得泄露,也不得随意篡改相关数据。在匿名化处理之前,所有数据都属于个人隐私。因此,如果出现数据泄露或随意篡改的情况,相关人员应受到法律惩罚。2022年疫情期间,河南部分村镇银行储户的健康码被公职人员篡改,这是滥用公权力侵犯个人权利的重大事件,应依据我国《数据安全法》《个人信息保护法》等法律对相关人员进行惩戒。公共部门收集的数据在经过匿名化处理之后,可以参与到知识生产当中。由于数据的来源是普通民众,而对数据进行挖掘和整理的是代表人民的公共部门,因此,公共部门收集和整理的大数据属于公共财产。在不危及国家安全的前提下,应尽量开放,让网民共享。公共部门或相关公职人员不应将这些数据当作商品售卖以换取私人利益。

除了数据所有权以外,从整体上来说,数字时代的所有权也有了根本性的变换。尤其是对于数字产品的所有权,如电子书、电子

---

[1] 参见冯俏彬、李承健:《数字税的国际实践及其对我国的影响》,《行政管理改革》2022年第3期。
[2] 参见张守文:《数字税立法:原理依循与价值引领》,《税务研究》2021年第1期。

藏品、电子音像制品等。相对于数字产品来说，人们对于实物产品的所有权更为明确，也更容易得到维护。打个比方，对于一本实体的书籍，人们可以随时拿出来翻看，也可以馈赠朋友，甚至可以将其毁掉。但是对于电子书，这些权利就变得很模糊：一方面，一些电子书商家仅允许用户在有限的时间内，例如10天，将自己购买的书借与他人阅读；另一方面，人们购买的电子书甚至可能在一夜之间不翼而飞。2012年，挪威的亚马逊阅读器电子书用户林·尼加德(Linn Nygaard)丢失了其购买的十几本电子书，账户也被注销，而亚马逊电子书并未对此做出充分的说明。[1] 出现这种情况的根本原因在于，对于数字产品，人们很难切切实实地"占有"，而以金钱购买的"所有权"仅仅是基于某种协议的"使用权"而已。从某种程度上来说，既有法律规范中的"所有权"制度并不完全适用于数字产品，对于如何享用以及分享数字产品，法学家应该研究出更加贴合的相关制度规定。正如《所有权的终结》一书作者所言："所有权不受重视的时代不但不可避免而且已经到来。"[2]

3. 数字遗产及其继承

与数据所有权相关的权利问题还有数字遗产。数字遗产指的是一个人去世之后，在网络中留下的数据和信息。[3] 数字遗产具

---

[1] See Mark King, "Amazon Wipes Customers' Kindle and Delete Account with no Explanation," *Guardian's* (UK), October 22, 2012.
[2] 〔美〕亚伦·普赞诺斯基、〔美〕杰森·舒尔茨：《所有权的终结：数字时代的财产保护》，赵精武译，北京大学出版社，2022，第250页。
[3] 牛彬彬：《数字遗产之继承：概念、比较法及制度建构》，《华侨大学学报(哲学社会科学版)》2019年5期。

有持续性、可交易性和可增值性等特征。常见的数字遗产包括：游戏玩家的装备、微博上的博文、公众号、公众号文章、图片、音频、视频，等等。这些内容曾经产生价值，而且还可能继续产生价值。例如，一个有着几百万粉丝的公众号，就具有极大的商业价值，即使在其管理员去世之后也能继续产生价值。如上所述，网络中的信息和数据与隐私权和所有权相关。数字遗产也具有类似特征，同样介于隐私与财产之间。其关乎当事人逝去之后他的数字隐私信息以及相关数字资源的继承和公开问题。

在现实案例中，对于数字遗产之归属的争论集中体现为下述问题：数字遗产应归属于逝者的网络用户继承人还是网络运营商？下面，我们从隐私权和财产权两方面来讨论这一问题。

首先，数字遗产涉及隐私问题，应该受到隐私权的保护。但是，这一隐私是与逝者相关，还是与其继承人（通常为亲属）相关呢？如果是与逝者相关，那么网络平台就应该保护逝者的隐私权，并拒绝其他人读取相关的数据和信息。例如，2012年，一个女孩在柏林地铁站被一辆列车碾压身亡，女孩的母亲想知道女儿的死因，向脸书请求以继承人身份继承女儿的脸书账号，以查明死因。但是，脸书以保护隐私为由拒绝了这一请求。脸书公司认为，逝者拥有"隐私权"，并由此而拒绝逝者的亲属继承其数字遗产。然而，该案件经过多次上诉，最终法院判定女孩的母亲有权继承自己女儿的脸书账号。这一判决说明，数字遗产所涉及的"隐私"与逝者无关，而仅与其继承人的名誉和尊严相关。如果是这样的话，网络平台就没有理由拒绝相关继承人继承逝者的数字信息。由此看来，"逝者是否拥有隐私权"是关系到网络继承者是否能继承逝者隐私数据的关键问题。我们可以通过考察"权利"的本质来回答这一问题。

如本书第一章第3节所述,对于"权利"的本质是什么,学术界存在着"利益说"和"意志说"两种对立的观点。然而,从权利的"利益说"和"意志说"出发,都很难对逝者拥有隐私权进行论证。因为,一方面,逝者感受不到隐私被冒犯的痛苦;另一方面,对于隐私是否公开等问题,他(她)也无法表达自己的意志。所以说,"隐私权设立目的之一便是维护自然人的人格尊严,使其免受因隐私受到侵害而产生的精神痛苦。已故隐私主体缺乏真实伤害,逝者并不能感受到隐私被侵犯后的精神痛苦。因而并不存在所谓的'逝者隐私'"[1]。由此,我们只能认为,逝者的"隐私"仅关乎其亲戚的名誉和尊严,应该允许其指定的网络继承人或者其亲属予以继承。国内外一些网络平台已经出台了相关规定。例如,苹果公司推送的新系统有一个新功能,可以让你留下数字遗产:你可以指定五个数字遗产联系人,在你去世后,他们可以进入你的苹果账号。值得注意的是,只有在网络实名制的基础上才可能实现数字继承,否则数字遗产的归属权将难以确认。

其次,从财产的角度来看,数字遗产在形成的过程中耗费了逝者生前的劳动或金钱,属于逝者生前的财产。一个特别有趣的案例是,2014年,陆某某突发心脏病病危。临终前,他告诉自己的妻子李某某,自己的网络游戏装备"屠龙刀"可以卖钱。在丈夫去世后,李某某想要卖掉"屠龙刀",却遭到陆某某在该游戏中的"虚拟妻子"杨某某的反对。因为,这把"屠龙刀"是两人在游戏中共同努力获得的。法院最终判定,该游戏装备应属于李某某和杨某某共

---

[1] 顾理平、范海潮:《作为"数字遗产"的隐私:网络空间中逝者隐私保护的观念建构与理论想象》,《现代传播》2021年第4期。

同所有。[1] 法院如此判定的依据是陆某某为了获得"屠龙刀"不仅花费了大量的精力和时间,还花费了金钱(游戏卡充值),因此该游戏装备部分属于陆某某的财产。而在当事人去世时,应根据遗产保护的相关法律进行保护。《中华人民共和国民法典》第一百二十七条规定:"法律对数据、网络虚拟财产的保护有规定的,依照其规定。"这一规定确立了虚拟财产的合法地位,因此,在明确财产继承人的情况下,继承人应根据相关法律继承逝者的数字遗产。目前,在我国的法律体系中,《民法典》中的第一百一十一条和第一百二十七条与数字遗产相关,但规定较为笼统。因此,与数字遗产相关的法律规定还需要进一步完善。美国是数字立法较为完善的国家,在数字遗产方面,美国出台了《修正统一受托数据获得法》,为数字遗产的访问构建了"线上遗嘱效力>线下遗嘱效力>TOS协议[2]效力"的"三层优先访问体系"。[3] 总之,数字遗产既是隐私又是财产:作为"隐私",它事关逝者亲属朋友的名誉和尊严,应允许逝者指定的继承人或亲属读取相关数据和信息;作为财产,它凝结了逝者的劳动和心血,应依据财产继承的相关法律予以继承。

---

[1] 参见张沛冉:《我国数字遗产继承问题研究》,硕士学位论文,西北师范大学,2021。
[2] TOS(Terms of Service)协议指的是互联网用户与平台签订的用户协议,大多数互联网社交平台与用户的注册协议中都会明确规定,禁止互联网平台向除其注册用户之外的其他人提供其账户内的个人数字信息。
[3] 参见牛彬彬:《数字遗产之继承:概念、比较法及制度建构》,《华侨大学学报(哲学社会科学版)》2019年5期。

4. 针对算法权力的个人权利

在世界近现代史的开端，霍布斯、洛克、卢梭等西方政治思想家构建了"权利"这一概念，其根本目的是限制权力的滥用，防止形成专制统治。在数字时代，权力运用呈现出新的样态，其中最典型的就是算法权力。所谓算法指的是："人类通过代码设置、数据运算与机器自动化判断进行决策的一套机制。"[1]在数字社会，绝大部分治理活动都是通过算法运行而实现的。以算法为基础的自动化决策广泛存在于公共部门以及商业平台的治理活动中。前者如基于算法的预测警务，后者如平台企业基于算法向用户推荐视频等。由此，算法成为公共权力的载体。算法如何设计，有没有带入设计者的主观偏见，这些问题与整个社会的公平正义相关。然而，算法对于普通民众来说是神秘莫测的黑箱。一方面，算法由专业人员设计，或者由机器自主学习形成，而设计者通常不会公布算法设计的具体内容。另一方面，对于普通民众来说，算法过于晦涩难懂，即使设计者公布了算法的源代码，公众也很难准确理解。这就为算法权力的滥用制造了空间。如2020年引发公众关注的外卖算法系统，平台企业通过算法将外卖骑手的送餐时间压缩到最短，这威胁到骑手们的健康和安全。而外卖骑手却不知道算法是如何设计的，也无法进行抗议。[2] 这一情况警醒人们，应该拿起"权利"的武器，反抗算法权力的滥用。那么，面对强大技术支持的算法权力，普通公民拥有哪些权利？下面，我将讨论在数字时代人们应该

---

[1] 参见丁晓东：《论算法的法律规制》，《中国社会科学》2020年第12期。
[2] 参见赖祐萱：《外卖骑手，困在系统里》，《人物》2020年第8期。

拥有的针对算法权力的诸项权利。

为了防止算法带入设计者的主观偏见或者机器学习的偏见,使公众遭受不公平对待,一些学者主张算法设计者负有公布算法源代码并负责向公众解释的义务。[1] 然而,另一些学者认为,许多商用算法具有商业秘密的特征,公布算法会对相关企业造成巨大损失。因此,算法应该受到知识产权的保护,不宜随意公开。[2] 笔者认为,对于公共部门的治理活动来说,相关算法显然不具有商业秘密的特征,因为公共部门并不以营利为目的。因此,"当公权力主体使用算法进行决策或辅助决策,而公开算法又不存在侵犯知识产权与算计算法问题时,决策主体应尽量采取普通人可理解的方式公开与解释算法"。[3] 而对于一些具有商业秘密特征的商用算法,例如向网络用户推荐视频或广告,平台企业虽然没有义务必须公布其算法,但应该允许网络用户拥有选择权和拒绝权。例如:欧美国家的相关法律赋予个人数据收集时的知情选择权、数据访问权、数据更正权、数据删除权、反对自动化处理的权利等一系列权利。[4] 在我国法律规制中,由国家互联网信息办公室制定的《互联网信息服务算法推荐管理规定》第三章第十七条明确指出:"算法推荐服务提供者应当向用户提供不针对其个人特征的选项,或者向用户提供便捷的关闭算法推荐服务的选项。用户选择关闭

---

[1] 参见万方:《算法告知义务在知情权体系中的适用》,《政法论坛》2021年第6期。
[2] 参见狄晓斐:《人工智能算法可专利性探析——从知识生产角度区分抽象概念与具体应用》,《知识产权》2020年第6期。
[3] 丁晓东:《论算法的法律规制》。
[4] 参见丁晓东:《论个人信息法律保护的思想渊源与基本原理——基于"公平信息实践"的分析》,《现代法学》2019年第3期。

算法推荐服务的,算法推荐服务提供者应当立即停止提供相关服务。"所以说,知情权、选择权、拒绝权……这些基本的权利是人们对抗算法霸权的法律武器。网络平台(包括商业平台与提供公共服务的网络平台)与网络用户之间存在着力量对比。为了平衡两者权力关系,限制算法权力的滥用,需要进一步通过相关立法明确普通民众针对算法所拥有的各项权利,为权力的应用设置界限。

上述讨论了随着数字技术的发展,人们可能拥有的各种新兴权利。最后,还有一种"否定性"(negative)的权利值得人们关注,这就是断开网络的权利——断网权。数字技术为人们的生活和工作带来了便利和效率,但也带来了诸多困扰。网络世界就像一张无形的大网,不断地将越来越多的人和物吸入其中。一些人恨不得将除了睡觉之外的所有时间都花在网络世界里。在网络中娱乐、工作、提出需求、满足需求……乐此不疲。一些人拥抱这样的生活,但也有人感到极度被打扰:夜里12点单位领导还在工作群里讨论工作方案,微信朋友圈不断推送同类广告,视频app反复推荐小猫视频,学龄儿童沉迷手机游戏……面对强大的网络虹吸力,个人似乎毫无抗拒之力。人们是否需要一种断开网络的权利?下班之后微信工作群是否该保持静默?可否选择用现金付款?是否可以拒绝接受网络推荐的各种视频、广告、邮件?疫情期间,人们能否选择手动登记,而不是必须扫健康码?总之,在网络时代,为了保护个人的自主时间和空间,人们应该拥有一种"断网权"。如果所有人都不得不接入网络并随时随地被动地接受各种信息,那么人的自由何在?没有了自由,普通民众只能是数字空间里提供各种数据的数字奴隶。

综上所述,技术的发展为人类预示了更美好的未来。在数字世界中,生活和生产都将更有效率。然而,技术从来都是一把双刃剑。技术能够塑造强大的权力,而权力有可能被滥用。因此,为了保障人们的基本权利和自由,必须规范技术和权力的应用,网络自由权、数据所有权、数字遗产继承权、针对算法权力的权利以及断网权等诸种权利正是保证正义的政治秩序的制度要素。

第四章　数字时代资本积累的逻辑

　　　　数字经济的运行离不开资本的助力。资本是"积蓄的劳动",而数字资本则是"积蓄的数字劳动"。每一个网民无时无刻不在进行着数字劳动,而绝大部分数字劳动都是"无酬劳动"。这些数字劳动积蓄形成数字资本并创造巨大利润。这是令人惊讶的事实,也揭开了数字资本积累的秘密。

　　在网络技术飞速发展的当代社会,人们劳动的方式发生了巨大的变化。在上网查资料、网上购物、借助软件打车、微信群讨论、发朋友圈等不知不觉的过程中,人们进行了大量数字劳动。这些数据积累起来形成了庞大的数字资源,而这些数字资源可能给数据的拥有者带来巨大的财富。由此,资本形成以及财富积累的方式在数字时代发生了根本性的变化。一方面,通过流量变现,数字资本能给数据的最终拥有者带来巨大利润;另一方面,这些数据的最初提供者——普普通通的网络用户——却没有享受到数据带来的福利。这样的社会分配显然是不公正的。本章尝试指出数字劳动和数字资本与传统工业生产中劳动和资本的不同特征,并尝试提出一种新的分配方案:在不涉及个人隐私以及不会造成安全问题的前提下，尽量向公众免费开放数据资源；而那些通过数字资源获利的企业应以捐赠或税收等形式分享数字资源带来的红利，以其"数字红利"推进公共福利。

1. 资本发展的三种形态

马克思在《1844年经济学哲学手稿》中将资本定义为"积蓄的劳动"[1]。所谓资本，就是过去的人类劳动所创造的价值，直接体现为人们手里的资金。然而，单纯的资金并不能被称为资本，因为，资本的本质是创造利润。马克思赞同亚当·斯密的观点，他认为："资金只有当它给自己的所有者带来收入或利润的时候，才叫作资本。"[2]为此，资本所有者的首要动机就是追求利润。资本创造利润的首要方式是通过产业工人的劳动。在人类社会，劳动是一切价值的来源。为了资本的增值，拥有大量资金的人会将手里的资金用于修建厂房和购买原材料等生产资料，并雇佣工人进行生产。而资本家则从产业工人的生产劳动中获取利润。这就是最基本的资本形态——产业资本。

资本不仅能通过物质生产获利，还能通过借贷关系获利。人们要进行产业生产，就必须有本钱，而银行凭借其拥有的资金能够部分地赚取产业资本所产生的利润。正如《金融资本》一书的作者鲁道夫·希法亭（Rudolf Hilferding）所言："这一部分货币形式的银行资本，实际上已经由这种方式（投资）转化为了产业资本，我把这

---

[1] [德]卡尔·马克思、[德]弗里德里希·恩格斯：《马克思恩格斯文集》（第1卷），人民出版社，2009，第130页。

[2] 同上。

种银行资本称为金融资本。"[1]金融资本表现为货币的形式,成为一种"能够产生货币的货币"[2]。值得注意的是,在金融资本的运作中,虽然资本的形态发生了变化,资本拥有者不再通过产业工人获利,但资本的本质并没有实质性的变化。金融资本仍然以追逐利润为目的,只是其获利的手段不再是通过工人的劳动,而是通过投资而获取高额利润。

在信息技术飞速发展、网络用户急剧增加的社会条件下,人类社会正迎来一个网络经济的全新时代。在这一新的时代中,资本也演化出新的形式——数字资本。我们可以从"淘宝网"这一中国目前最大的电商平台来考察数字资本的产生过程。在马云初建"淘宝网"时,任何人只要提供相关的真实信息就可以在平台上免费开店,售卖自己的东西。于是,这一电商平台迅速地吸引了众多的卖家和买家。这一购物平台虽然最初不收取任何费用,但却无形中拥有了关于供给和需求的庞大的数据库和大量"用户"。依据马克思对"资本"的论述,这些"数据"要变成资本,就必须创造利润。那么,这些数据如何创造"利润"呢?在"数字经济"的术语中,数字创造利润的过程被称为"流量变现"。"流量变现"使得人们能够通过自己所占有的大量数据而盈利,而这也正是数字变为数字资本的过程。

在当下的网络经济中,数字的拥有者拓展出各种各样的"流量变现"方式,笔者将简要分析下述三种:广告、游戏、增值服务。

---

[1] 〔奥地利〕鲁道夫·希法亭:《金融资本》,李琼译,华夏出版社,2017,第258页。
[2] 同上书,第270页。

第一,"广告"是流量变现最直接的方式,在网络经济活跃发展的今天,网络广告无孔不入,发展出各种形态:(1)普遍投放。对于拥有众多"用户"的网络平台来说,可以通过面向所有用户投放广告而获利。例如,"淘宝网"由于拥有了庞大数量的"用户",就会有商家向平台付费,投放广告。而这一收入就是从其拥有的"用户"数据库中得来,是数字创造的利润。(2)精准投放。通过广告盈利的另一种方式是借助云计算而精确地获知关于需求和供给的信息,再将这些信息售卖给想要投放广告的商家,以达到广告的精准投放。例如,"淘宝网"可以通过其"用户"每日购买和销售的信息,准确地判断服饰流行的趋势,再将这种信息售卖给相关的商家并获利。借助大数据和云计算,广告的精准投放甚至可以做到当用户购买了某种商品之后,随即向其推荐大数据预测其可能购买的其他商品,实现极为精准的营销。(3)"网红"代言。"网红"是网络时代的一种特殊现象,其效应类似于现实世界中的"明星"。在各种网络平台上,一些人由于其"卓越"表现而吸引了大量"粉丝",由此而拥有了一个巨大的个人数据库。为商品代言,向自己的"粉丝"投放广告,并向商家收取费用,是利用这个个人数据库而获利的最便利的手段。(4)激活微信朋友圈转发。"朋友圈"实际上是每个人的私人数据库,一些商家试图激活每个人的私人数据库而获利。例如"拼多多"这样的购物 APP,就是在利用每个人的人脉关系而实现营销的目的。还有类似 VIPkid 的许多"微课"APP,以及所有朋友圈卖东西的"微商",其本质上都是通过私人数据库进行营销。总之,在网络世界中,任何能够吸引大量用户的网络平台,如"京东""携程""微信""微博""抖音""喜马拉雅"……都可以通过投放广告而实现"流量变现"。就像在现实生活中,只要有人群的地方就会有广告一样；在网络世界中，只要有"流量"的地方就会有广告，而数字的拥有者（各种社交网络平台、网红、朋友圈中的每个人）都可以通过积累的数据资源而创造利润。

第二，游戏也是许多商家通过数字而创造利润的重要方式。进入网络时代，网络游戏成为一个众多玩家共同创造的过程。游戏玩家在娱乐的同时，会吸引更多的玩家参与其中。而且，在这一过程中，玩家还能创造性地完善或改进网络游戏（例如增加角色、升级武器装备等）。然而，游戏参与者不仅不会因自己为游戏做出的贡献而得到报酬，还必须不断地"充值"付费，以继续其游戏。一些当代学者将这些游戏参与者称为玩工（playbour），即他们的消遣对于游戏开发商来说，实际上是一种工作。玩工创造了大量的数字积累，但这些数据却无偿地被游戏开发商所占有，并以此而牟取更大的利润。[1]

第三，在网络平台吸引了大批用户之后，各式各样的"增值服务"开始想方设法地向其用户收取费用。例如，如果用户想在"喜马拉雅""优酷""西瓜视频"等视频和音频平台上获得更好的服务，或者接收到更有价值的内容，就必须缴纳相应的费用而成为"会员"。与此同时，增值服务还和知识付费结合起来，那些流行的、特别受欢迎的知识内容只有付费才能收听或收看。还有，在电商平台上，如果卖家想要出现在网页首页或者在搜索中排名靠前，也必须缴纳一定的费用。由此，许多最初是免费的网络平台最终演变为收费的网络平台。而"平台"之所以能够收费，推出"会员制"等增值服务，却是因为大量用户免费提供了各种内容，或者提

---

[1] See Julian Kücklich, "Precarious Playbour: Modders and the Digital Games Industry," *The Fibreculture Journal* 5(2005).

供了大量与需求和供给相关的信息。

从上述分析中我们看到,在网络时代,数据正在成为一种全新的资本。数据正在以各种人们可能想到的方式创造利润。网络时代"流量"为王,"流量变现"是数据创造利润的根本途径。只要有"流量"的地方就有聚集的人群。因为,流量能带来利润,广告、电商、游戏、微课……都会借助流量推销自己。谁能吸引更多的"流量",或者说"粉丝",谁就拥有雄厚的资本,就能创造出更大的利润。

值得注意的是,数字资本的产生并没有宣告其他资本形式的消亡。正如学者蓝江所言:"从马克思的政治经济学开始到今天,资本总体上有三种样态:产业资本(包括商业资本等)、金融资本、数字资本……需要强调的是,后面的资本样态和资本主义类型的出现,并不意味着前面的资本样态和资本主义类型的消失,例如,金融资本的出现,并不代表产业资本的消失,同样,数字资本的出现,也不代表产业资本和金融资本的消失。"[1]如其所言,我们当下生活的这个时代确实是产业资本、金融资本以及数字资本共存的时代:一些人通过实体经济获利,一些人通过资本运作获利,还有一些人通过流量变现获利。但是,我们也应看到"产业资本"逐步消失的可能性:一种新技术的发展和应用可能带来社会结构的巨大变革。这种新技术就是"人工智能"。

按照马克思的分析,产业资本之所以是"资本",是因为资本拥有者能够因为其对厂房、原材料等生产资料的垄断而获取利润,其利润的来源是产业工人的劳动。资本家通过榨取产业工人的"剩

---

[1] 蓝江:《数字资本、一般数据与数字异化——数字资本的政治经济学批判导引》,《华中科技大学学报(社会科学版)》2018年第4期,第42页。

余价值"而获利。但是,在人工智能充分发展的情况下,产业工人将退出生产领域,完全由自动化的机器代替其进行生产。到那时,谁拥有资金,谁就可以购买包括原材料、厂房、智能机器人在内的所有生产资料而进行生产,直接从金融资本的运作中获利,而不用通过雇佣工人并从工人的劳动中获利。所以,在人工智能足够发展的条件下,产业资本将最终被金融资本所取代。

蓝江认为,"无论虚拟和数字经济发展到何种程度,只要人类还是以生命体的形式存在,就永远离不开实体性的物质生产,不仅离不开物质生产,而且这些产业劳动必定是作为全部经济学事实存在的根基"[1]。换句话说,人类社会的物质生产永远不会停止。但是,当人工智能得到普遍应用时,产业虽然还存在,产业资本却被金融资本所取代。那时,人类虽然不能停止物质生产,但已经无法单纯从物质生产中获利了。物质生产已不再积蓄产生利润的产业资本。因为,对于产业资本来说,利润产生的来源是"人类劳动",而人工智能所代表的机器劳动本身并不产生任何利润。到那时,物质生产就仅仅是资本的运作,不再包含工人的劳动,将完全转化为金融资本。另一方面。只要物质生产还存在,就需要有大量的资金注入。由此,拥有大量资金的人就可能通过垄断"资金"而获利。所以,金融资本将继续存在。当然,人工智能能否最终取代所有人类劳动(包括脑力劳动和体力劳动),这仍然是一个悬而未决的问题。在目前的状况下,人类社会仍然是三种资本共存的世界。数字资本产生之后,产业资本、金融资本依然存在。

---

[1] 蓝江:《数字资本、一般数据与数字异化——数字资本的政治经济学批判导引》,第42页。

2. 数字劳动与新形式的剥削

资本的本质在于创造利润。在马克思的政治经济学分析中，劳动是人类社会的价值源泉。所以，利润的最终来源必然是各种形式的人类劳动。对于上述三种形式的资本来说，产业资本通过对生产资料的垄断而从产业工人的劳动中获利；金融资本通过对资金的垄断而从借贷者的劳动（例如创业者的创业活动）中获利；那么，数字资本从什么类型的人类劳动中获利呢？网络经济时代催生出一种新形式的劳动，这就是"数字劳动"。与"数字劳动"相对应的是"数字劳动者"。

何谓"数字劳动"？在当代学者的讨论中，"数字劳动"有狭义和广义两种定义。[1] 第一，"狭义定义"将数字劳动当作一种"非物质劳动"。这一定义最先由意大利学者蒂齐亚纳·泰拉诺瓦（Tiziana Terranova）提出，指的是人们对文化、知识、信息生产做出的贡献，包括社交平台、互联网和移动终端用户的日常网络活动，例如互联网用户自由浏览网页、自由聊天、回复评论、写博客、建网站、改造软件包、阅读和参与邮件列表、建构虚拟空间，等等。如此定义的"数字劳动"的重要特征是"自愿给予"和"零报酬"。[2]

第二，支持"广义定义"的学者认为，数字劳动从本质上来说仍然是物质劳动。如意大利自治主义的马克思主义学者克里斯蒂

──────────
[1] 参见孔令全、黄再胜：《国内外数字劳动研究——一个基于马克思主义劳动价值论视角的文献综述》，《广东行政学院学报》2017年第10期。
[2] Tiziana Terranova, "Free Labour: Producing Culture for the Digital Economy," *Social Text* 2(2000):33-58.

安·福克斯(Christian Fuchs)所言:"数字劳动指信息和通信技术行业价值链中资本积累所必需的各种劳动。"[1]这一定义涵盖了所有使数据成为资本的劳动形式,既包括硬件生产、软件生产、通信行业的各种劳动(如接线员的劳动),也包括内容提供、平台建设,以及用户浏览网页和对网络平台的自由使用。

在本书的讨论中笔者将采用对"数字劳动"的狭义定义,亦即,本书所讨论的"数字劳动"指的是网络用户浏览网页和对平台的使用,网络购物,游戏用户的游戏,以及人们在音频、视频、自媒体(包括微博、微信)平台和朋友圈自愿提供的内容。因为,只有"狭义定义"的数字劳动才是数字经济中区别于传统劳动的新的劳动形式。如此定义的"数字劳动"才导致了数字资本的新的盈利模式。至于广义定义的"数字劳动"中生产硬件、开发软件、电话接线员,以及创建和维护平台等劳动形式与产业资本中产业工人所进行的劳动在本质上是一致的。虽然前者比后者拥有更高的技术含量,但两者都是雇佣劳动,不具有"自愿"和"零报酬"的特征。在狭义定义的"数字劳动"中,一些劳动成果是用户不自觉地产生的,例如用户浏览网页或使用平台所留下的信息和数据,可以说是一种消极劳动;另一些劳动是用户主动提供的,例如用户主动在平台提供的内容(写微博、写评论、在微信朋友圈和公众号上传图片和文字、游戏玩家对游戏的改进等),这些可以被看作一种积极劳动。

马克思的政治经济学批判集中讨论的问题是资本拥有者对劳动者的剥削。那么,在"数字劳动"这种新形式的劳动产生之后,有

---

[1] Christian Fuchs, *Digital Labour and Karl Marx*, New York: Routledge, 2013, pp. 25-58.

没有随之而来的剥削呢？我们先来分析一下"剥削"这一概念的含义。马克思认为，在资本主义生产方式下，资本家占有生产资料，劳动者一无所有，不得不为资本家打工。这种雇佣劳动关系是剥削产生的根源。在马克思看来，造成剥削的根本原因在于"垄断"，在于资本家对于生产资料的垄断使其得以榨取工人的剩余价值。马克思论述道："凡是社会上一部分人享有生产资料垄断权的地方，劳动者，无论是自由的或不自由的，都必须在维持自身生活所必需的劳动时间以外，追加超额的劳动时间来为生产资料的所有者生产生活资料。不论这些所有者是雅典的贵族，伊特鲁里亚的神权政治首领，罗马的市民，诺曼的男爵，美国的奴隶主，瓦拉几亚的领主，现代的地主，还是资本家。"[1]

那么，在网络经济中，是否存在着垄断以及由垄断而产生的剥削呢？答案是肯定的。在网络经济时代存在着各种各样对"数字资源"的垄断，以及由垄断而产生的包含剥削的获利方式。以叫车服务平台为例。这一"平台"占有了大量的供给和需求数据。司机和叫车的乘客完全免费地提供着这些数据。换句话说，他们都是"数字劳动者"。然而，"平台"却凭借其对数据的"垄断"以"分成"或收取管理费等方式向网约车司机收取费用。这一费用最终会分摊到乘客身上。由于平台对于数据的垄断，司机和乘客不得不付出额外的劳动，为平台创造利润。这一利润完全是通过对"数据"的垄断而实现的，是基于数字资本的一种新形式的剥削。

为了更深刻地揭示数字资本的逻辑，我们可以参考下述案例：笔者的一个朋友曾经申请成为一个婚恋中介的会员。其入会规则

---

[1] 马克思、恩格斯：《马克思恩格斯文集》（第5卷），第272页。

是：1. 提供真实的个人相关信息；2. 缴纳 1 万元至 10 万元不等的会员费；3. 该婚恋中介将向会员介绍 10 位缴纳相同会员费的异性对象。也就是说，如果某人缴纳了 1 万元的会员费，那么，他（她）将有机会接触到 10 位同样缴纳了 1 万元会员费的异性对象。以此类推，如果某人缴纳了 10 万元的会员费，那么，他（她）将有机会接触到 10 位同样缴纳了 10 万元会员费的异性对象。这个婚恋中介的设计非常巧妙。它利用人们想找有钱人的潜在心理，对提供数据方（同时也是使用数据方）收取高额费用，而平台本身只需保证数据的真实性（入会的一项程序是对申请者的所有相关证件进行核实）就可坐收渔利。在这一案例中，婚介公司的老板只需付出极少的资金成本，空手套白狼，纯粹利用"数据"创造利润，而"数据"却是客户免费提供的。相比于这种价格高昂的"数据服务"，或许人们会怀念居委会大妈不收取任何费用热心帮助大龄男女牵线搭桥的时代。然而，在城市化的进程中，人类已不可避免地进入"陌生人社会"。频繁的人口流动使得血缘关系、邻里关系淡漠，许多人的终身大事不得不求助于各式各样牟取暴利的"数据服务"。在"陌生人社会"，数字创造利润的时代正在到来。

实际上，所有对"大数据"的利用本质上都是通过垄断数据资源而获得利润，例如广告的精准投放、投资预测、电影票房预测、商圈选址、高考预测……所有这些大数据应用都基于庞大的数据库，而数据库中所有的数据都是网络用户免费提供的。这些"零报酬"的"数字劳动者"成了"数字资本"积累的第一块基石，却没有得到任何回报，其中必然包含着某种"不公平"，而这正是剥削所具有的特征。正如本杰明·弗格森（Benjamin Ferguson）和希勒尔·斯坦纳在《剥削》一文中所论述的："规范意义上的剥削包含着不公平的有利处境,这是不正义的分配的一种形式。"[1]

"数字资本"的盈利方式到底包含哪些"不公平",其解决的出路是什么?对于这种"不正义"的分配应该如何纠正呢?一些当代学者认为,那些利用数据盈利的公司或个人应该向"数字劳动者"付费。例如,阿比盖尔·德·克斯尼克(Abigail De Kosnik)认为,粉丝的活动给企业带来了效益,这是值得获得报酬的。[2] 然而,在网络经济中,如果向用户自愿提供的数据付费,实际上会破坏数据的真实性。从用户自由浏览网页而留下的痕迹中我们可以得到很多信息,例如供需关系,流行病的发生地点,等等。如果数据使用者向用户付费以购买这些数据,却会激励人们为了报酬而上网,而这会大大影响数据的真实性。以粉丝为商家带来的经济效益为例,假设某种商品是"网红商品",这一商品的"粉丝"为商家创造了巨大的利润。如果商家向这些"粉丝"付费,即购买"粉丝"以增加利润,那么,这一商品将收获许多"伪粉丝"。与此同时,人们会认为该"网红商品"代表的并不是任何"卓越的品质",而仅仅是金钱的游戏。如此一来,真正的"粉丝"(不是购买来的粉丝)反而会大幅减少,而购买来的"粉丝"也不再能带来利润。总之,当人们因为自己的偏好而获得报酬时,他们就倾向于强化那种可能获得报酬的偏好,而这最终会将生产和销售引向错误的方向。

事实上,在网络时代人们已经越来越难以分清哪些是"你的",

---

[1] Benjamin Ferguson and Hillel Steiner, "Exploitation", in *The Oxford Handbook of Distributive Justice*, ed. Serena Olsaretti, Oxford University Press, 2018, p. 533.

[2] See Abigail De Kosnik, "Fandom as Free labor," in *Digital Labour: The Internet as Playground and Factory*, ed. Trebor Scholz, New York: Routledge Press, 2012. pp. 139-140.

哪些是"我的";而且这种划分将大大降低网络给人们生活带来的便利,甚至会阻碍经济的发展。试想,如果一个网络用户不愿免费提供自己的需求数据,那么他将无法网购、无法通过网络交友或找对象、无法使用网约车,甚至都不能叫外卖。同时,从社会整体的角度来看,这也将阻碍大数据的形成,减少大数据给人们的生活带来的福利。因此,解决"数字资本"所包含的"剥削"问题的根本,并不在于分清劳动的归属,为"数字劳动"付费,而在于调节社会分配的适当安排。亦即,将生产领域的"不公平"问题转化为分配领域的问题来解决。通过维护分配公正,我们得以构想一种人们取用"数字资源"的更为公平的前景,这就是"共享"。

3. 数字资源的共享

既然"数字资源"是由所有网络用户免费自愿提供的,那么这些资源就应该由所有网络用户"共享",而不应该专属于任何人或任何公司。"数字资源"的共享,因其具体内容不同而可能存在不同的方式。下面我将重点阐述两种共享方式:第一,直接共享;第二,共享数字资源创造的利润,或以其利润推进公共福利。

首先,许多人类智识领域的数据库包含的是人类智慧的共同成果,应该在不危及公共安全的条件下,免费或以极低的费用向所有网络用户开放。例如,包含 SCI、SSCI、CSCI、CSSCI 在内的各类科学引文索引,其数据来源是发表各类科学文章的科研工作者,进行数据收集和处理的公司并没有凭空创造这些数据,但这些数据库的拥有者却可以因其对数据的垄断而获得巨大利润。[1] 所有用户,包括世界各地的大学、研究机构、个人都必须付费才能读取相应的数据。在这一机制中,甚至会出现如下的荒谬事件:作者本人如果想下载自己的文章,也需要向数据库的拥有者付费。这就像生产出产品的工人不得不将自己的产品从市场上买回来一样。同时,数据的占有者并没有向数据的提供者支付应有的报酬。其中一定包含着"不公平",而解决这种"不公平"的最好办法就是将数据库免费向大众开放。从2017年开始,中国国家图书馆免费向公众开放175个数据库,涵盖电子图书、论文、期刊、报纸、古籍、音视频等多种内容,这正是朝着"共享"数据资源的方向迈进的一大步。对知识和信息的共享必将创造出更多的新知识,创造出更多的财富。

其次,许多网络数据,普通人并不一定需要。例如,"淘宝网"上的供求数据只对特定的商家有用。因此,即使开放这些数据,对于普通人来说也并非一种福利。那么,人们该如何"共享"这些数据所带来的利润呢？数据创造利润的直接方式是通过云计算为那些需要相关信息的用户提供有偿服务。那么,既然这些数据是由该平台的所有用户提供的,那么数据所产生的利润也应该由所有人共享。在现有的经济结构中,人们共享数据创造的利润的方式可分为:1. 数据拥有者自愿进行的"回馈社会"的相关活动;2. 通过强制性的"税收"将数据所创造的利润用于补助低收入者,或者

---

[1] 这里涉及知识产权的问题,进行数据收集的公司有可能向相关期刊付了版权费用,而文章作者在发表作品时又不得不承认相关期刊对其作品的网络传播权。但笔者认为,知识产权的相关条款并不能很好地解决这一问题,可参考赵德馨起诉知网获赔70多万元的相关判决(参见陈鹏:《公共知识资源何时回归公益属性》,《光明日报》2021年12月16日第8版)。

用于推进公共福利。

对于第一种方式,举例来说:2018年11月9日,腾讯公司与北京大学教授饶毅等科学家共同发起设立了"科学探索奖",以"腾讯基金"扶助青年科技工作者,助力国家科学事业发展。第一届获奖的科学家有50人,每人获得300万元奖金,全部由"腾讯基金"资助。考虑到"腾讯公司"拥有巨大的数据资源,而其旗下的游戏产业依靠众多网络玩家而获取巨大利润,这确实是一项自愿分享数据产生之利润的重大举措。对于许多利用数据集聚财富的网络公司来说,这样的自愿分享大概做得太少,而不是太多。另外,各种形式的"慈善活动"也是数据拥有者自愿分享利润的一种方式。通过捐赠,数据的占有者在某种程度上与其他人共享了数据所带来的丰厚回报。

当然,数据占有者自愿分享利润的情形是很少见的。在大多数情况下,对利润的共享必须依靠国家强制性的税收政策。以数据资源获利的公司,其最初的数字资本积累来源于网络用户的无偿劳动,这为向其利润征税提供了理由。通过税收以及各种转移支付,这些由数据创造的财富得以被社会中的大多数人所分享。"数字税"的理论建构和制度设计应该成为人们共享数据资源的重要方向。

最后,数据的取用和盈利方式必须遵循相应的伦理道德的界限。简单来说,在网络经济中,数据的取用必须遵循两条原则:第一,不能侵犯人们的权利,尤其是隐私权;第二,数据的应用应推进公共利益,不能有损于公共利益。首先,所谓"隐私"指的是"自然人的私人生活安宁和不愿为他人知晓的私密空间、私密活动、私密信息"。《中华人民共和国民法典》明确规定自然人有隐私权。[1]然而,在网络经济中,人们出于各种需要不得不公开许多个人信息。这些个人信息形成庞大的数据库,一旦泄露或者被不正当使用,就会对用户的隐私权造成极大的威胁。举例来说,2018年5月、8月在浙江温州连续发生两起滴滴司机奸杀女乘客的恶性事件,引发网民对滴滴网约车平台服务的反思和谴责。一些网民发现,滴滴网约车司机在接单前不仅能看到叫车乘客的所有消费记录,还能看到其他司机对该乘客的所有评价。而这些评价极有可能泄露与乘车服务无关的个人信息,例如"声音甜美""颜值爆表""丝袜容易走光让人想入非非"……这些评价被人们随意地在网络上读取,对于乘客的人身安全和隐私都是极大的威胁。[2] 作为数据的拥有者,"滴滴"公司应该出台相应的政策,进行严格管理,例如将与叫车服务无关的评价删除等。

另一方面,数据拥有者对于数据的取用应以增进公共利益为宗旨,不能将其用作任何个人目的。2018年3月,在全球拥有20亿用户的脸书公司遭遇"剑桥数据门"事件。据称,剑桥分析公司(Cambridge Analytica)在2016年美国总统大选期间,在未经允许的情况下从5000万脸书用户那里收集数据,并依据其喜好投放相应的政治新闻以改变人们的政治倾向,最终左右美国大选。后续又

---

[1] 参见《中华人民共和国民法典》第一千零三十二条及第一千零三十三条规定。
[2] 参见《太露骨!滴滴居然还有这种功能?司机对女乘客的评价让人细思极恐!》,搜狐网,2018年5月14日,https://www.sohu.com/a/231580760_391501,访问日期:2023年6月2日。

有报料称,剑桥数据公司还以相同的方式影响了英国脱欧。[1] 这一事件引发了人们对于大数据应用的进一步反思。在大数据和云计算的支持下,商家可以做到广告的精准投放,向用户推荐更符合其喜好的商品,甚至可以通过适当的广告改变用户的需求。然而,这样的手段也可能被用于政治目的。尤其是在代议制民主的制度环境中,数据的拥有者凭借其拥有的大量个人信息能够更为便利地推销政治主张,甚至干预国家的重大政治决定。然而,将数据资源用于实现个人的政治目的,借以操纵全体公民的政治选择,这种应用却是不正当的,对于公共利益和个人的思想自由来说都是巨大的威胁。对于数据的取用应以推进公共利益为目的,不能蓄意操纵人们的政治选择,要给人们的思想自由和良心自由留下足够的空间,这是网络时代数据应用的基本原则。

综上所述,在网络经济时代,马克思关于资本与剥削的政治经济学批判并没有过时。借助马克思的相关论述,我们能够更加深入地考察数字资本的运作方式,以及其中所包含的不公平因素。资本就像一头难以驯服的野马,朝着利润的方向狂奔而去:一些人在其中获利较多,一些人在其中获利较少;一些人在其中一夜暴富,一些人在其中默默付出。我们如何来判断其中的是是非非、应该与不应该?马克思关于资本的学说为我们提供了一条思路:那些通过垄断某种资源例如数字资源而获利的行为是不正当的,应该受到监管并从分配层面进行调节,而那些默默付出的普通的数字劳动者则应该得到相应的回报。以国家权力为基础,通过适当

---

[1] 参见《揭秘 Facebook 数据门背后主角:"剑桥分析"究竟做了什么恶?》,搜狐网,2018 年 3 月 21 日,http://www.sohu.com/a/226022770_466962,访问日期:2023 年 6 月 2 日。

的制度设计对数字资本进行合理的管控,以达到所有人对数字红利的共享,这是实现"共享发展"和"共同富裕"的必由之路。在网络经济时代,所谓"共享发展""共同富裕"指的正是所有人共享数据资源所带来的财富增长,消除个别公司或个人对数据资源的垄断,让那些在数据积累中默默发挥作用的普通人分享数据所带来的福利。

第五章　谁关心分配正义？

在数字社会,经济活动的形式正在发生根本性变化:人工智能的普遍使用将引发大规模的失业潮;数字社会每个人都是数字劳动者,他们提供免费的数字劳动并催生了巨大的数字资本,平台企业通过数字资本获得巨大的利润;零工经济中劳动者的劳动关系不清,劳动权益得不到有效保护;数字经济中的不正当竞争形式加剧了人们之间的不平等……如何消除数字经济中的不公平因素,实现数字时代的分配正义?

从 20 世纪中后期开始,随着网络技术的发展,人类逐步进入数字时代。如今,理论界与实务界已有相当多的专家、学者将当今社会称为数字社会。在数字社会中,人们的社会交往、经济活动以及国家治理等方式都发生了根本性变化。人工智能、大数据、电商平台、社交网络……数字技术的普遍应用给人类社会的结构带来了怎样的变化?是否会加剧不同阶层社会成员之间的不平等?数字经济中包含着哪些可能加剧不平等的因素,我们应该如何应对这些新的不平等?本章将讨论数字经济中可能加剧人们之间不平等的诸种因素,并针对相关问题提出具体的改进建议。

1. 人工智能与失业大潮

人类用机器代替人力的历史由来已久。在数字技术飞速发展的背景下,越来越多的工作可能被机器所替代,甚至包括一些要求智力活动的工作。在这一过程中,首先被机器取代的是纯粹依靠体力的工作,如汽车装配车间、货运港口、纺织厂工人的工作,清扫垃圾的工作,等等。紧接着,一些程式化操作的工作也会被替代,如开火车、汽车、快递、翻译、会计、审计等。最后,一些需要丰富经验的职业也可能被人工智能所替代,如教师、看护、医生、律师等。因此,在人工智能不断普及应用的过程中,一个显然的事实就是许多人会失业。尤其是在个人技能提升跟不上技术发展的情况下,会有许多人被机器所淘汰,这将使他们失去稳定的生活来源。《未来简史》一书的作者尤瓦尔·赫拉利就曾感叹道:"21世纪经济学最重要的问题,可能就是多余的人能有什么功用。一旦拥有高度智能而本身没有意识的算法接手几乎一切工作,而且能比有意识的人类做得更好时,人类还能做什么?"[1]

一些学者依据布迪厄文化资本的概念引申出技术资本的概念:包括知识、技能、技术意识以及在私人和公共场域内使用技术的能力。[2] 在人工智能普遍应用的时代,普通劳动者显然是缺乏技术资本的。他们被机器化的大生产所淘汰,其原有的技术(如装

---

[1] 〔以色列〕尤瓦尔·赫拉利:《未来简史:从智人到智神》,林俊宏译,中信出版社,2017,第286页。

[2] 赵万里、谢榕:《数字不平等与社会分层:信息沟通技术的社会不平等效应探析》,《科学与社会》2020年第1期。

配汽车零件)逐渐失去了价值,又不可能在短期内学会新的技术(如设计汽车零件装配程序),而且新技术的应用并不能容纳这么多被技术淘汰者。由此,人工智能的普遍应用必然伴随着大规模的失业。可以预见的是,人工智能将取代大部分的非创造性工作,而创造性工作仅留给真正具有创造力的少数人。这些人活跃在艺术、文化和科学领域,其他人则通过数字技术不断复制他们的知识产品。因此,在数字社会极有可能出现超级学术明星、艺术明星、体育明星,他们的影响力在数字社会可能呈几何级数地增长。而大部分的普通人却无事可做,或者仅限于复制和重新编辑他们的创造。这种赢家通吃的局面必然会加剧社会不同阶层之间的不平等。

另外,人工智能的普遍应用能节省大量的人力成本。由此,产业资本将转变为金融资本。也就是说,在人工智能普遍应用的情况下,一个人想通过资本获利,并不需要雇用大量工人,而是可以直接通过资本的运作而获利,此时产业资本将转变为金融资本。因此,数字社会的一个重要特征就是金融资本的增加与产业资本的减少。大量的财富将集中于数字技术和金融领域,这也在一定程度上加剧了经济的不平等。如图 2 所示,这是美国从 1984 年到 2011 年的资产分布变化图。[1] 相较于其他形式的资产,只有金融资产在不断增加,到 2011 年升至接近社会总资产的一半。

针对人工智能引发的失业大潮,最直接的补救措施就是对失业人员进行再就业培训。被新技术淘汰的人们只有通过学习,才可能重新获得适应数字经济的技能,以便再就业。然而,数字社会

---

[1] Jonathan P. Allen, *Technology and Inequality: Concentrated Wealth in a Digital World*, Switzerland: Palgrave Macmillan, 2017, p.26.

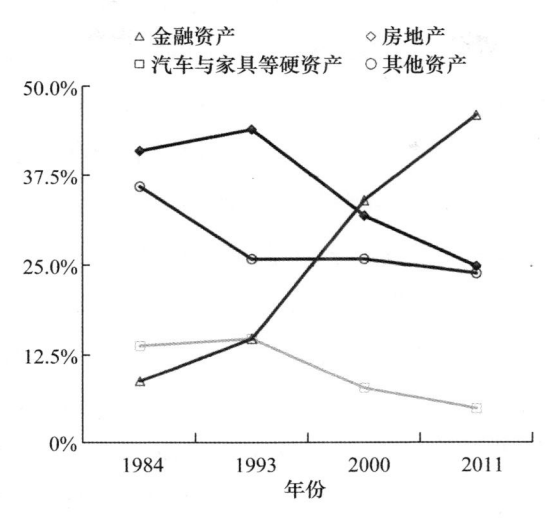

图 2　美国资产分布变化图 1984—2011
信息来源:美国人口普查局的收入和计划参与调查(SIPP)

的职业培训与传统经济形态下的职业培训有着根本性的区别。在传统经济形态下,哪些技能是市场所需要的、哪些就业岗位需要新生力量,这些信息较为明确。被市场淘汰的人们可以依据相应的市场需求增进自己的相关技能,并获得重新就业的机会。由于新的就业信息较为明确,国家和政府方便提供相关技能培训以协助人们再就业。相反,数字社会技术的更新换代加速,网络环境日新月异,使得人们很难把握当下稀缺的新技术是什么,国家和政府也很难提供任何职业培训的既定课程。但是,这并不意味着被技术所淘汰的就业者就很难再就业。数字社会的一大特征是教育资源的极大丰富。在自媒体兴起的背景下,任何有某项技能的人都可能在网络上授课。由于网络授课不受人员限制,可以同时容纳许多人,人们还可以反复听课,这使得网络教育资源的售价通常较低。这些新情况对于想要学习的人们来说是一种极大的福利。每个人都可以依据自己的特长和意愿而选择某种教育资源,并通过学习而努力适应新的经济形态。与此同时,政府也可以通过相关政策促进人们的终生学习。具体来说政府可以从两方面制定相关政策:一是可以与高校及研究机构的专家学者合作,为人们提供尽量多的免费教育资源,如在各种视频网站上为人们提供免费课程;二是可以为失业人员发放"学习基金",如每位失业人员能够领到价值一万元的"学习券",以便他们在网络上购买各种学习资源。数字社会在技术不断更新换代的背景下,"想要不被淘汰只有一条路:一辈子不断学习,不断打造新的自己"[1]。上述这两方面的政策都将有力促进人们的终生学习和再就业。另外,全民基本收入政策也是解决失业问题的有效对策。人们在获得能够维持基本生活的固定收入的情况下,能够将精力更好地投入技能培训和再就业当中。总之,失业问题应该通过分配制度的调节予以解决,而不应该一味地拒绝人工智能的应用。

2. 数字资本与免费劳动

在数字社会,一方面,许多人面临失业而失去稳定生活来源的威胁;另一方面,人们在上网、购物、刷抖音、发朋友圈、拍短视频、写公众号文章等日常网络活动中却无时无刻不在进行免费的数字劳动。在网络时代,人们为了生活的便利、自我表达或兴趣发展而自愿进行着各式各样的数字劳动。这些劳动是无报酬的,但"无报酬"并不意味着这些劳动没有价值。相反,它们可能为数据拥有者创造丰厚的利润。例如,通过人们在搜索引擎上搜索相关商品的信息,搜索引擎公司就能获取与该商品供需信息相关的信息。这

---

[1] 赫拉利:《未来简史》,第294页。

些信息对于特定厂商来说具有重大意义。搜索引擎公司可以将处理之后的数据透露给相关商家以获取利润。事实上,一些搜索引擎公司就是通过这样的方式获利的。例如,谷歌公司通过"谷歌广告关键词"业务营利,它们同时将"谷歌分析"收集和处理的数据提供给客户,以便其客户能更好地投放相关广告。在这一获利过程中,普通劳动者作为数字劳动的提供者,从始至终没有得到任何报酬,但是他们却为平台公司创造了原始的数据库,这显然是不公平的。依据马克思对资本和剥削的分析,数据社会人们虽然没有受雇于平台经济,但却无偿提供了数字劳动,为平台经济的获利构建了资本。换句话说,所有数字劳动者都受到了通过数据获利的相关企业的剥削。

在数字社会,数字劳动的积累产生了数字资本,而数字资本的形成和获利则成就了平台经济。数字资本主要的获利方式是流量变现。只要有流量的地方,数字资本的拥有者就有可能获利。广告、游戏、增值服务是数字资本获利的三种主要方式。其中,广告投放又分为普遍投放、精准投放和"网红代言"(直播带货),而这些方式都取决于流量,取决于广大数字劳动者的关注度及其提供的无偿劳动。在游戏产业中,游戏玩家不仅在使用产品,也在不断改进和升级产品,但他们的这些劳动却是无偿的。增值服务通常以会员服务的形式出现,如成为喜马拉雅网站的会员,就可以获取某些高质量的音频信息,而这也是以许多向喜马拉雅网站上传音频信息的数字劳动者的无偿劳动为基础的。由此看来,无论是音频平台、视频平台、电商平台还是叫车平台,平台经济的蓬勃发展以及利润获取都是以广大数字劳动者的无偿劳动为基础的。有学者甚至估算了每个网络用户无偿劳动的价值:"一个用户对于互联网广告业的价值可能是每年1200美元,谷歌掌握的你的那部分信息约 20 美元,脸书的是 5 美元。"[1]另外,从相关统计数据来看,电商平台的利润率是非常高的,也就是说基于这些无偿劳动而形成的数字资本赚取了高额的利润。如图 3 所示,美国 1980—2015 年各行业的标准普尔 500 指数市值中,信息技术不断攀升,而其他的如能源和材料都开始走低,这说明信息技术和金融的利润率较高,人们的投资热情更大。[2]

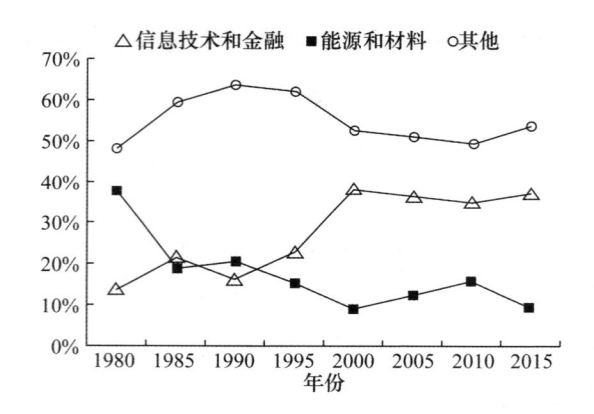

图 3 美国按行业分配的标准普尔 500 指数的市值(1980—2015)
数据来源:Standard and Poor's (2017)

相较其他行业,信息技术类公司的利润率更高,除了其免费获取的原始数据外,还有一个重要原因就是信息技术公司能够通过各种方式避税。由于许多信息技术公司存在于虚拟空间,因此其实体公司可以注册在世界任何地点,这使得信息技术公司能够更好地避税。例如,注册在全球避税天堂开曼群岛的中国企业有阿里巴巴、腾讯、百度、网易、京东、新浪等,美国企业有英特尔、甲骨

---

[1]〔美〕佩德罗·多明戈斯:《终极算法》,黄芳萍译,中信出版社,2017,第 350 页。
[2] Allen, *Technology and Inequality*, p.28.

文等。乔纳森·艾伦(Jonathan P. Allen)在《技术与不平等》一书中论述道:"科技公司十分擅长利用国际规则差异避税,美国最大的科技公司拥有高达3万亿到5万亿美元的资金,其中超过半数保存在海外(Moody's Investor Service,2016)……海外持股排行榜前10名的公司中,有5家来自数字技术行业,其中苹果公司持股规模最大(Citizens for Tax Justice,2016)……苹果的爱尔兰子公司的利润超过1000亿美元,但实际纳税率不足利润的0.01%(European Commission,2016)。"[1]

针对数字资本扩张中所包含的不公平因素,最直接有效的治理手段就是收取"数字税"。传统的企业所得税以企业是否在一国境内设有实体机构作为征税基础,而这一规定显然不适用于数字企业。数字企业往往是跨国企业,其注册地点可能在世界任何一个角落。针对这一情况,许多经济学家提出了征收全球资本税或者全球数字税的构想。例如,法国经济学家皮凯蒂提出"全球资本税":"我所建议的资本税是一个对全球财富的年度累进税。最大的财富将被征收更重的税,并且所有形式的资产都将被包括在内:不动产、金融资产和商业资产——没有例外。"[2]如果世界上的主要国家能够联合起来,在全球范围内对所有资本收入(其中必然也包括平台经济的数字资本收入)收取累进税,那么就将对资本扩张形成有力的约束,并平衡资本获利中的不公平因素。

另外,专门针对数字资本的全球性税收制度也在酝酿之中。从2013年开始,经合组织(OECD)开始研究"应对数字经济对国际

---

[1] Allen,*Technology and Inequality*,p. 16.
[2] 〔法〕托马斯·皮凯蒂:《21世纪资本论》,巴曙松等译,中信出版社,2014,第533页。

税收规则的挑战",并于2018年发布了《数字化带来的税收挑战中期报告》。该报告阐述了美国提出的营销型无形资产（Marketing Intangibles）、英国提出的用户参与（User Participation）以及印度提出的显著经济存在（Significant Economic Presence）三种数字税方案。在综合各方主张的基础上，OECD形成了关于国际企业所得税改革的"双支柱"方案，并于2021年发布了方案框架，2023年开始实施。"支柱一"规定，跨国公司的自动化数字服务和面向消费者业务创造的利润应由常设机构所在地和消费者所在地共享。"支柱二"建议，若跨国公司全年总营收高于200亿欧元、利润率超过10%，且在消费者所在地营收超过100万欧元，则消费者所在地有权对其10%以上利润的25%征税。[1] 中国的数字经济是全球数字经济的重要组成部分，理应依据全球数字税规则制定相应的税收政策。有学者建议针对数字经济的特殊性制定专门的数字税法，或者在现行税法框架下进行制度改进。但无论以何种路径都应加大对数字经济的税收力度，以矫正数字资本的不公平获利。当然，在制定税收方案的过程中应遵循成本收益原则，不应给规模较小的数字企业带来过重负担，影响其发展。总之，资本获利的过程不可避免地混入了不公平因素，尤其在数字资本积累的过程中，数字劳动的免费获取是明显不正义的。为了矫正这种不正义，对数字资本的获利收取数字税，再以税收去增进公共福利，这是规范数字经济的必要措施。

---

[1] 中国人民银行国际司课题组：《全球数字税改革及其影响》，《中国金融》2022年第2期。

3. 未来就业形式:零工?

数字社会的经济活动发生了巨大变化,在电商平台兴起的背景下,一种新的劳动形式应运而生,这就是零工经济。"零工经济"指的是"以独立劳动者为劳动主体、以互联网信息对接技术为技术基础、以按需匹配的项目式工作为劳动单位、以项目绩效为劳动报酬支付依据,劳动时间、地点和方式相对灵活的新型劳动模式"[1]。零工经济可能包含从体力劳动到脑力劳动等多种劳动种类,如快递、出租车、大小货车、装修、护理、家政、保洁、导游、设计、作曲、金融分析,等等。近十几年来,零工经济在中国呈现出蓬勃发展的势头。据相关调研数据,中国在2019年约有8400万人从事零工工作,国内灵活用工市场规模已达4787.69亿元。[2] 据阿里研究院预测,2036年将有4亿中国人选择在互联网平台谋职。

零工经济的迅猛发展带来了巨大的经济效益,但零工经济中劳动者的权益保护却日益成为不容忽视的社会问题。数字社会的经济形态与传统经济形态有巨大区别,其中所包含的劳动关系也发生了重大变化。在零工经济中,零工从业者与平台企业的隶属关系通常并不唯一,每个劳动者可能在多个平台接单,并不一定专属于某个特定平台。而且,与传统的劳动关系不同,零工经济中的劳动者与平台企业之间通常没有签订确定的劳动合同。这些新变

---

[1] 潘旦:《互联网"零工经济"就业群体的劳动权益保障研究》,《浙江社会科学》2022年第4期,第89—90页。
[2] 国家信息中心分享经济研究中心:《中国共享经济发展报告(2020)》,http://www.sic.gov.cn/News/557/10779.htm,访问日期:2023年6月3日。

化使得零工经济中的劳动关系难以确认,直接影响零工从业群体的劳动保障水平。2021年9月,网传"美团"要求骑手全部注册成个体户,不然无法接单。[1] 美团若真有此举,那就是在逃避承担企业员工社会保障费用的责任。因为,如果将这些依靠平台企业接单送外卖的劳动者定义为平台企业的独立承包商,那么平台企业就不用承担他们的社保费用,而这实际上严重侵害了零工从业群体的正当权益。与传统经济形态中的普通劳动者相比,平台经济中的普通劳动者是更缺乏保护的。例如,对于传统的出租车司机来说,出租车公司将为其提供社会保险。从目前的情况来看,在劳动时间、劳动报酬、劳动安全等方面,零工从业群体的劳动权益都难以得到有效保障。而且,由于平台企业对数据的垄断,零工经济的从业者不得不接受相对苛刻的工作条件和更为薄弱的劳动保障。

国内学者潘旦在2021年1—5月对零工从业者的劳动状况及其权益保障开展了实证调查。依据其调查结果,第一,由于受到大数据算法的支配,零工经济中劳动者的劳动强度更大、劳动时间更长。受访者中有17.1%每日劳动时间在14小时以上,而在10小时以上的则占据大多数,为76.8%。正如潘旦所说:"在严格的算法控制下部分零工劳动者异化为时间效率的奴隶。机械性连续劳动对零工群体身心健康和生命安全带来极大风险。"第二,由于平台企业对数据的垄断,普通劳动者的议价能力极低,因此,很难通过劳资谈判来保护自己的合法权益。第三,对于大部分受访者,相关

---

[1] 参见张凯旌:《超百万美团饿了么外卖骑手,疑被迫变成了"老板"》,雷达财经,2021年9月15日,https://www.163.com/dy/article/GJVD03NS0539ARRF.html,访问日期:2024年9月8日。

平台企业并没有为他们购买社会保险。调查结果显示,"70.7%受访者表示平台企业没有为其购买社会保险,仅有18.1%的受访者表示平台企业为其购买了社会保险"。潘旦认为:"平台企业因不明确的劳动关系拒绝为零工群体提供充分的劳动保障,如拒绝承担五险一金等社保职责,也不会为零工群体提供最低工资标准、带薪休假及其他福利保障,零工群体必须自行承担零工工作过程中存在的各类风险。"[1]

零工经济中劳动者权益保护的缺失,其根本原因在于既有的劳动权益保护法规不适用于新形式的劳动关系。《关于确立劳动关系有关事项的通知》是法律实践中认定劳动关系的主要法律文件。依据该文件对劳动关系的确定,需要劳资双方形成管理与被管理的隶属关系,而零工经济中,这种唯一的隶属关系并不明确。因此,零工从业群体的劳动关系模糊不清,也就很难清晰地界定这些从业者的权利和义务。由此看来,传统经济形态中的术语已经不适用零工经济中的从业者,我们需要新的理论和相应的制度,才能真正保护新经济形态下的从业者。否则,缺乏有效的制度保护,快递员、滴滴司机、家政服务、看护这些零工经济中的普通从业者将处于系统性的不利地位。有学者建议在国家或地方层面设立"公平工作委员会",监督和敦促零工经济平台为劳动者提供良好的工作环境和具有一定保障性的社会福利。[2] 也有学者建议制定专门针对零工经济的劳动法,创新零工形态的社会保障机制,或

---

[1] 潘旦:《互联网"零工经济"就业群体的劳动权益保障研究》,第91页。
[2] Mark Graham, Vili Lehdonvirta, and Alex Wood et al., *The Risks and Rewards of Online Gig Work at The Global Margins*, Oxford: Oxford Internet Institute, 2017.

者借助商业保险为零工从业人群提供劳动保障。[1] 我们也可以延续"全民基本收入"的思路,为所有零工从业者提供一份"基本保险",无论其受雇于什么企业,或没有受雇于任何企业。这些都是有益的制度创新建议。

4. 不正当竞争加剧不平等

上述讨论的是在现行法规允许的条件下可能包含的不公平因素。而在数字社会,还可能出现许多新的不正当竞争的方式,而这将加剧社会不同阶层之间的不平等。数字社会的不正当竞争手段目前比较突出的有:花钱买流量、竞价排名和低价竞争。

首先,网络经济是一种"注意力经济",流量是获利的根本。只要有流量的地方就可以投放广告,就可能卖出商品,就能够产生利润。因此,无论是电商平台,视频、音频平台,还是微博、微信的用户,都希望增加自己的关注度,以便通过流量变现而获利,不被网络经济所淘汰。由此,刷粉丝、刷流量、花钱买流量成为一种不正当竞争的手段。下述文字是"新湖南"的编辑收到的一位陈姓消费者的投诉:"自己是在抖音平台做网络段子短视频的,想着增加点流量,于是,通过湖南格德仁电子商务有限公司业务员做了付费购买流量业务,业务员表示可以帮我增加10000个粉丝,我付费2000元以后,公司却一直没有提供服务,且找各种理由推脱,一个月过去了,答应的涨粉一直没有实现,公司收钱,要么就提供服务,要么

---

[1] 潘旦:《互联网"零工经济"就业群体的劳动权益保障研究》。

就退款。希望能帮我要回费用。"[1]从这段文字来看,花钱买流量现象一直存在,甚至有公司私下开展相关业务。近年来兴起的直播带货中也存在类似的现象。一位从事直播行业3年的主播经纪人坦言:"直播间的人数你除以10到20,一些特殊的场合,要除以50,差不多才是真实的观看人数。"[2]刷粉丝、买流量都需要大量的资金投入,这使得财富状况不同的阶层在网络经济中的获利将大大不同,必然加剧贫富差距。当然,对此类不正当竞争,相关的法律法规是严令禁止的。例如,国家互联网信息办公室发布的《网络信息内容生态治理规定》第二十四条明确规定:"网络信息内容服务使用者和网络信息内容生产者、网络信息内容服务平台不得通过人工方式或者技术手段实施流量造假、流量劫持以及虚假注册账号、非法交易账号、操纵用户账号等行为,破坏网络生态秩序。"然而,该法规是否确实起到监督各平台公司的效力,维护了网络竞争的公平,还需要进一步检验。

其次,竞价排名是搜索引擎主要的盈利方式。竞价排名是指通过竞争出价的方式获取网站关键词搜索结果的有利排名位置。[3]

---

[1] 肖祖华:《付费买流量要谨慎》,湖南日报(新湖南客户端),2022年1月11日,https://baijiahao.baidu.com/s?id=1721645268238304806&wfr=spider&for=pc,访问日期:2023年6月3日。
[2] 《网红猎头揭行业内幕:粉丝靠买、流量靠刷、送礼靠托》,《信息与电脑(理论版)》2016年第19期。
[3] 目前各大搜索引擎采用的具体算法可能更为复杂,例如,谷歌公司是根据点击量来收取费用。但其底层逻辑仍然是谁出钱多,谁被网民搜到的概率就大,而不是依据其提供的商品或信息的有用性。因此,从根本上来说,这也是一种不正当竞争。

这一获利方式曾经因为"魏则西事件"[1]而受到广泛质疑。人们通过搜索引擎希望获知有用而真实的信息,搜索引擎却将出价最高的信息推荐给用户。因此,竞价排名的营销方式往往误导消费者,甚至导致人们做出严重危害自身利益的错误决定。除此之外,竞价排名的方式还会使得资金薄弱的商家难以推广自己的产品。这些小微企业由于没有资金实力,无法竞争到网络搜索的有利位置,不可避免地在网络竞争中处于弱势,而这必然加剧贫富之间的收入差距。事实上,很多国家都有垄断性的搜索引擎,这就使得人们很难逃脱竞价排名所包含的不公平。例如,谷歌约占美国在线搜索引擎市场80%的份额,它在欧盟的搜索引擎市场所占份额更高,接近90%。百度在中国占网络搜索市场80%左右的份额。俄罗斯的主要搜索引擎Yandex占俄罗斯搜索引擎市场超过50%的份额。所有这些搜索引擎都效仿了谷歌竞价排名的广告商业模式。行业集中导致了严重的财富集中:谷歌的母公司Alphabet已经创造了5000亿美元的市值以及将近1000亿美元的年收入,然而它仅有大约75000名员工。[2] 针对国内竞价排名中包含的不公平因素,许多学者都呼吁要完善《中华人民共和国广告法》《中华人民共和国反不正当竞争法》(以下简称《反不正当竞争法》)、《中华人民

---

[1] 2016年4月12日,21岁的西安电子科技大学学生魏则西因身患罕见病滑膜肉瘤去世。他生前通过百度搜索了解到,武警北京总队第二医院能够通过一种"DC-CIK生物免疫疗法"手段治愈他所患的滑膜肉瘤这一类恶性肿瘤。但在花光东凑西借的20多万元后,仍不幸离世。公众广泛认为,魏则西的悲剧与百度医疗竞价排名相关。

[2] Allen, *Technology and Inequality*, p.102.

共和国侵权责任法》(已于2021年废止)等法律法规,[1]以维护消费者权益和公平竞争的环境。然而,由于搜索引擎服务商责任认定的困难,以及网络用户权利救济的缺失等因素,相关法律的约束并没有发挥实质性的效果。

最后,相较于传统经济模式,数字经济的垄断性更强,无法在市场竞争中占据较大份额的商家将很难获利。通常在残酷的市场竞争之后,某个领域只会留下一两家最具竞争力的平台公司,实现赢家通吃。例如,在中国,有电商领域的淘宝和京东、短视频领域的抖音和B站、音频领域的喜马拉雅,等等。为了打败大部分竞争对手,在平台经济的竞争中出现了一种特殊的竞争方式:低价竞争,亦即,先以极低价格(甚至低于成本价)打败所有竞争对手,在吸引到足够多的用户之后,再提高价格实现盈利。这种低价倾销的价格大战引入了诸多不公平因素。一方面,玩得起价格战的商家一定是资金雄厚的商家,因为这需要大量的前期资金投入,没有雄厚的资本储备,是不可能在价格战中获胜的。低价竞争必然会淘汰掉资金薄弱的中小企业。在中国互联网发展的短短几十年中,许多网站昙花一现,在残酷的竞争中败下阵来,如人人网、悟空搜索、邦邦网、黑客契约,等等。另一方面,为了打赢价格战,尤其是低于成本的价格战,相关平台商家一定会加大对自己员工的压榨,这是节约成本的最佳方式。有研究指出,快递行业的低价竞争使得快递公司加重了对快递员的压榨:"价格战的成本最终需要快递员来分摊,快递员的高负荷甚至超负荷工作以及收入的减少,本

---

[1] 耿斐斐:《网络竞价排名法律规制研究》,《法制博览》2016年第33期;宋佳平、张静怡:《网络医疗广告竞价排名法律规制研究》,《法制博览》2018年第9期。

质上是倒退性的财富再分配,加剧了经济不平等。"[1]

与花钱买流量和竞价排名一样,低价竞争同样属于法律应加以规制的不正当竞争手段。在这方面可能适用的法律有《中华人民共和国价格法》《反不正当竞争法》以及《中华人民共和国反垄断法》(以下简称《反垄断法》);可以适用的法规有《反价格垄断规定》《关于制止低价倾销行为的规定》以及《价格违法行为行政处罚规定》。然而,这些法律法规并没有实现对低价竞争的实质性约束。近几年来甚至还出现了相关法律条文被废除的情况。如2017年《反不正当竞争法》的修订直接删除了第十一条的"不正当低价竞争行为"这一规制条款,宁立志认为:"这使得作为市场竞争主要形式的价格竞争失去了反不正当竞争法规范的法制基础,这种立法模式显然是一种倒退,不利于维护公平的市场竞争秩序。"[2]另外,一些法律虽然被制定出来,却从未真正使用过,对不正当竞争的约束力几乎为零。例如,《反垄断法》自2008年实施至2018年,十年间,执法机构没有查处过任何一起掠夺性定价案件。[3] 由此看来,新经济形态下,如何界定不正当竞争,以及如何通过法律手段加以规制,仍然是一项需要政治学、经济学学者与法律工作者共同努力的艰巨任务。

数字经济中除了多种因素导致的贫富差距加大外,还有一个现象就是中产阶级的收入缩水。平台经济是数字经济的主要形态,在平台经济中,生产者直接面对消费者(没有中间商赚差价),

---

[1] 郝俊淇:《电商快递业持续低价竞争的危害、成因与法律防治》,《中国流通经济》2021年第7期。
[2] 宁立志:《〈反不正当竞争法〉修订的得与失》,《法商研究》2018年第4期。
[3] 时建中、焦海涛、戴龙:《反垄断行政执法:典型案件分析与解读(2008—2018)》,中国政法大学出版社,2018,第273页。

这导致中介产业凋零。其中受到最大冲击的就是零售业,商场、饭店等实体经济也会受到深刻影响。由于利润大部分被平台、生产者和消费者分有,中间阶层无法获利,这可能间接造成中产阶级收入的萎缩。试想,如果没有电商平台的普遍应用,一个城镇中的中等收入者有可能租个门面卖点日用品或服装,以维持一分体面的收入。但是,在电商平台的冲击下,这样的收入来源就可能不存在了。最为明显的,像中国的苏宁、大中这样的家电大卖场,在电商的冲击下已经奄奄一息,很难维持下去。数字社会,中产阶层的收入增速变缓,这一推测得到了数据的证明。如图4所示,从20世纪90年代开始,美国中等收入家庭的实际收入增量开始明显低于美国经济总量的增速。这与数字技术、电商平台等数字经济的兴起关系密切。[1]

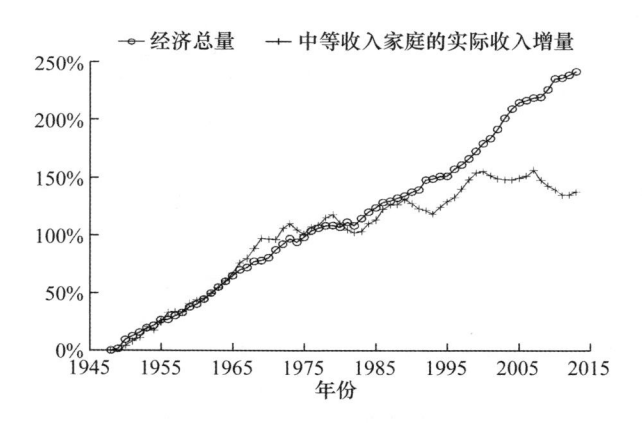

图4 美国的经济总量和中等收入家庭的实际收入增量(1948—2013)
数据来源:Economic Policy Institute(2017)

综上所述,数字技术的普遍应用深刻地改变了人们的生活方

---

[1] Allen, *Technology and Inequality*, p. 16.

式,经济活动的形式也随之改变。虽然数字经济中也有促进社会平等的诸种因素,例如,普惠式的数字金融产品给予普通人更好的贷款机会;[1]平台经济允许任何人在网上开店,促进了人们的创业自由和创业平等;直播平台给所有人提供了网上展示自己才能的机会,促进了人们在知识获取方面的平等,等等。但不可否认的是,数字经济中存在着系统性的不公平因素,主要有人工智能的普遍使用、数据资本的扩张、零工经济中劳动者缺乏保护、各种不正当竞争手段缺乏规制,等等。针对这些问题,我们应该及时地调整制度设计,争取对数字经济进行有益引导和有效规范。为了维护分配公正,实现共同富裕的发展目标,我们还应加强对数字劳动者的权益保护和失业救济,并通过数字税等制度手段促进人们对于数字经济利润的分享。

---

[1] 张碧琼、吴琬婷:《数字普惠金融、创业与收入分配——基于中国城乡差异视角的实证研究》,《金融评论》2021年第2期。

第六章 科技让女性更平等？

技术让女性更平等了吗？数字技术的普及应用能为女性赋能，促进女性就业，但也可能包含针对女性的算法歧视。网络技术的应用有可能催生网络暴力、网络色情以及基于互联网的人口买卖，恶化女性的处境。试管婴儿等辅助生殖技术为人们提供了选择婴儿性别的可能，而这将加剧人口的性别失衡。正在研发中的体外生殖技术，如果不以伦理、法规等加以约束的话，则可能造成人口的社会化生产，并最终颠覆性别关系和人类社会的伦理秩序。数字时代，技术的飞速发展是否同时促进了性别平等？

科技进步是人类社会发展的动力之源。20世纪以来，人类社会进入一个技术大爆炸的时代。电脑技术、网络技术、人工智能、生物技术等新兴技术飞速发展。科技进步不仅大大提升了社会生产力，也对各项社会制度产生了深远的影响。具体到性别平等问题，科技进步将使得两性之间更为平等、关系更为和谐，还是拉大了性别差异、加剧了性别歧视？科技进步与性别平等是正相关还是负相关？笔者认为，科技进步在许多方面促进了性别平等，例如：教育的普及提升了女性能力，医疗事业的进步促进了女性的健康，家用机器的发明和普及减轻了女性的家务劳动负担，网络技术的普遍应用能促进女性就业，体外生殖技术的发展可能从根本上解放女性，等等。但同时，科技进步也可能给性别平等带来负面影响，例如：选择性生育导致性别失衡，算法歧视加剧性别偏见，网络色情导致女性的物化，等等。由此，我们应在科技进步的同时，调整社会制度的安排，树立两性平等的观念，这样才能从根本上推进性别平等。

1. 数字技术促进女性就业

从 19 世纪初开始，西方的科学家们就对男性与女性的大脑进行比较研究。然而，从脑容量、大脑结构、学习效果等方面都没有找到确切的证据证明两性的大脑存在优劣之分。从目前的科学研究成果来看，人类大脑的体积以及脑内各部分均无明显的男女差异。女性与男性的生理差异并不在于脑力而在于体力。[1] 从这个意义上来说，数字技术的普及将促进两性在职场中的平等。因为，数字技术主要取决于脑力，而不取决于体力，不应该出现支配性的男强女弱的现象。依据相关实证研究，数字技术的普遍应用对于女性就业有较大的促进作用，在一定程度上缓解了就业歧视。例如：爱彼迎平台上女性房东占比 62%；在携程平台上有 5000 多名持证旅行定制师，68% 是女性；淘宝直播的主播 80% 是女性，等

---

[1] 参见李银河：《女性主义》，山东人民出版社，2005，第 103 页。

等。[1] 数字技术推动女性就业的根本原因在于,第一,上网、直播、做视频等简单的数字技能并不因性别而有明显差异,在数字劳动方面,女性和男性的差异要远远小于体力劳动中女性与男性能力的差异。因此,随着传统劳动形式的数字化转型,女性也就获得了更多的就业机会。第二,许多数字化工作岗位对工作的时间和地点没有严格要求,便于人们居家办公、灵活就业,而这为女性兼顾家庭和事业创造了良好的条件。第三,数字时代给予人们在网络上形成新的社会关系的机会,而这有助于弥补女性在传统社会中社会网络不足的劣势。传统社会关系中,女性由于要照顾家庭,很少参与公共事务,其社会网络多局限于亲戚关系。然而,在数字社会中,女性有了更多的可能构建自己的网上社会网络,这大大提升了女性就业的竞争力。第四,各式各样的数字化平台为所有人提供了创业的平等机会,同时数字化的金融产品也有助于普通人的创业。其中也包括了许多女性创业者。一些数字平台企业还为女性创业者提供了专门的培训或贷款帮助。例如,阿里巴巴集团旗下的蚂蚁公益基金会于2020年发起"数字木兰"计划,为全国贫困山区女性提供免费培训和扶持,为贫困地区女性提供了100万个致富项目和10万人次就业岗位;淘宝大学设计"魔豆妈妈"学习方案,帮助困难妈妈电商创业。[2] 第五,数字化治理诉诸算法,而大部分算法都存在性别盲视,[3]对不同性别一视同仁。从这一点来看,数字治理能够有效地避免性别歧视,也间接地为女性提供了更

---

[1] 参见高秀娟:《数字平台赋能女性创业就业》,《中国人力资源社会保障》2022年第3期。
[2] 同上。
[3] 当然,在数字时代也有许多算法存在着针对女性的"算法歧视",在下一节中将深入讨论这一问题。

多的就业和创业机会。从上述诸方面来看,数字技术的发展有助于女性就业,促进了性别平等。

数字技术不仅在许多方面促进了女性就业,缓解了针对女性的就业歧视,而且还有可能深刻改变人们的工作方式。在传统的社会化大生产中,人们需要到工厂、公司、单位等公共领域去工作,由此也就形成了工作场域和家庭领域的公私二元划分。然而,在数字时代,许多工作可以通过网络进行,对于人们的工作地点没有固定要求。这就使得人们"在家办公"的梦想成为现实。尤其是在2019—2023年的新冠疫情期间,许多公司为了节约成本都提倡员工在家办公,甚至退租了办公大楼。2021年元宇宙经济兴起,一些公司开始提出"元宇宙上班"的新思路,言下之意即是通过网络工作,不需要到固定的工作地点上班。例如,2022年5月,一家韩国游戏公司Com2Us计划将全部的2500名员工搬到元宇宙中上班,他们还发布了元宇宙园区Com2Verse。实际上,早在1991年,美国学者唐娜·哈拉维(Donna J. Haraway)就在《类人猿、赛博格和女人:自然的重塑》一书中讨论了"家庭工作经济"概念,指出"新的通信技术成为每个人消除'公共生活'的基础"[1]。在发达的工业社会,高科技的社会应用及生产的自动化使得女性化工作(亦即在家工作)成为社会主要的劳动模式,无论劳动者是男性还是女性。[2] 在哈拉维看来,在网络技术的普遍应用和AI导致失业的大背景下,男性也从公共领域被赶回到家庭之中,成为家庭劳动者。单从促进性别平等的角度来说,"家庭工作经济"是一个有利因素。这种

---

[1] [美]唐娜·哈拉维:《类人猿、赛博格和女人:自然的重塑》,陈静译,河南大学出版社,2016,第357页。
[2] 同上书,第352页。

新的工作方式将彻底解构男性属于公共领域、女性属于私人领域的二元划分。而男性居家办公为男性照顾家庭创造了条件，使得他们能够与女性平等地分摊家务劳动，这将大大促进家庭关系中的性别平等。"在家办公"还能大大减轻人们工作的通勤负担，使得男性有更多时间和精力陪伴家人，这将促进两性关系的和谐发展。

2. 数字技术加剧性别歧视

数字技术一方面能够赋能女性，让女性拥有更多的就业机会，但另一方面，在父权制卷土重来的趋势下，数字技术的普及和应用也有可能加剧性别歧视，表现为以下几点：

第一，两性在接入网络方面，仍然存在着数字鸿沟。由于公共设施和个人设备等各种技术条件限制，贫困女性更可能被排斥在数字网络之外。"据统计，2022年全球使用互联网的女性比例为63%，男性比例为69%，女性拥有手机的可能性比男性低12%。在最贫穷的国家和地区，妇女在数字化中的边缘化程度更高；在妇女群体内，农村妇女、老年妇女和残障妇女的边缘化程度更高。"[1]有研究表明，低收入国家在信息通信技术（ICT）的获取上存在显著性别差异，例如，在南亚，72%的女性没有手机。[2] 数字鸿沟的存

---

[1] 67th Session of the Commission on the Status of Women （CSW67），2023，accessed April 11, 2023, https://www.unwomen.org/en/csw/csw67-2023.

[2] Shireen Santosham and Dominica Lindsey, "Bridging the gender gap: Mobile access and usage in low-and middle-income countries," GSMA, 2015, https://www.gsb.stanford.edu/sites/default/files/publication/pdfs/academic-publication-2015-bridging-gender-gap.pdf.

在加剧了两性在享用新技术带来的红利方面的不平等。

第二,对于两性在学习和掌握数字技术的能力方面,社会上仍然存在着"男性更擅长数字技术""男性对计算机更感兴趣"等刻板印象,这使得AI等数字行业的女性就业者比例偏低。2023年3月6日,在联合国妇女地位委员会第67届会议(CSW67)开幕式上,联合国秘书长古特雷斯强调:"全球仍有30亿人没有接入互联网,其中大多数是发展中国家的妇女和女孩;在全球范围内,女孩和妇女仅占科学、技术、工程和数学专业学生的三分之一;在科技行业,男性人数是女性的两倍,人工智能领域的女性员工数量更是只占到约五分之一;在科学类的诺贝尔奖获得者当中,女性的比例仅有3%。"[1]尽管在大多数国家女生在理科方面和男生一样优秀,"女性依然仅占工程学毕业生的28%、计算机科学和信息学毕业生的40%。人工智能领域专业人员中只有约五分之一(22%)为女性"[2]。正如米利特所言:"今天妇女们离技术如此远,一旦没有了男人,人们真难以想象她们能在任何有意义的规模上对这一类机器(家用电器)进行复位和检修。妇女离高科技就更远了:大规模的建筑项目、计算机的研制、登月技术,是这一方面进一步的证据。如果知识就是力量的话,力量也是知识;妇女从属地位的一个

---

[1] 参见《"别让硅谷成为妇女权利的死亡之谷":联合国呼吁在科技领域实现性别平等》,联合国新闻网,2023年3月6日,https://news.un.org/zh/story/2023/03/1115842,访问日期:2023年4月11日。

[2] 参见《是什么将女性带离了科学领域? 聪明的数字革命需要她》,中国妇女报,2021年2月24日,https://mp.weixin.qq.com/s/PAk27hjDOIXIQx2iFFm3ag?,访问日期:2023年4月11日。

重大因素,就是特意强加给她们的系统的无知。"[1]

第三,在数字社会中,许多公共决策都是通过算法实现的。而算法对于两性并非完全公平。可能出现的"算法歧视"有两种,一种是人为设计的算法歧视。例如,某种招聘 APP 可能写入拒绝女性申请者的命令。对于这种"歧视",人们很容易发现,也可以通过申诉程序予以矫正。另一种算法歧视并非人为写入的,而是机器学习的结果。例如,一款人工智能产品在学习了大量案例之后,在女性和迟到早退之间找到了某种相关性,于是,它就可能在处理求职申请时对女性带有"偏见"。这种通过机器学习而产生的算法歧视比较隐蔽,也不容易通过申诉程序予以矫正。[2] 在这方面,人工智能产品也有可能对女性怀有偏见。2016 年,微软出品了一款聊天机器人 Tay,该产品不到一天就学会了人类的各种偏见,成为一个集反犹太人、性别歧视、种族歧视于一身的"不良少女"。这正是人类社会现有的歧视反映到人工智能产品中的典型案例。

第四,数字网络有可能强化和放大对女性的伤害和暴力,其中包括网络人口贩卖与性犯罪、数字空间针对女童的性剥削和性虐待、网络骚扰、网络跟踪、隔空猥亵、非法数字监控、盗取和传播女性个人信息和私密影音资料、发布关于女性的虚假错误信息和仇视言论,等等。[3] 女性比男性更容易成为"网暴"的受害者,这似乎成为网络空间的常见现象。女性尤其是知名女性经常会受到假

---

[1] [美]凯特·米利特:《性的政治》,钟良明译,社会科学文献出版社,1999,第63页。
[2] 参见阎天:《女性就业中的算法歧视:缘起、挑战与应对》,《妇女研究论丛》2021年第5期。
[3] 参见王海媚:《技术助长的性别暴力亟须高度重视》,《中国妇女报》2023年4月12日,第7版。

消息、谣言、仇恨言论等网络攻击。2023年1月23日,因染了粉红色头发而遭到网暴的中国女孩郑灵华自杀。这一事件引发了人们对于女性更容易遭遇网暴的反思。女性不仅更容易成为"网暴"的对象,还更容易受到网络跟踪的骚扰。"2019年,美国学者埃里卡·菲塞尔和布拉德福德·雷恩斯同样用数据证明了女性更容易遭受网络跟踪侵害,在他们采访的477位受害者中女性为331位,男性为115位,女性受害者数量约为男性的3倍。"[1]除了"网暴"和"网络跟踪"之外,网络还可能放大男性对女性的伤害。例如,性暴力事件的网络传播以及网络色情业的泛滥等。例如,美国是网络色情业极为发达的国家,"每天,网友在通过搜索引擎搜索时,25%的内容被引向色情网站。据估算,互联网站中有12%,即420万网站被归入X级别。"[2]网络色情的泛滥加剧了女性被商品化、物化的程度,无助于性别平等的实现。网络技术还催生了针对女性的新的性暴力形式,例如:诱骗女童"裸聊"、造黄谣、恶意篡改女性图像,等等。韩国发生的"N号房间案件"就是这方面的典型案例。

第五,网络世界存在着性别倒错,而这有可能加剧性别规范以及对女性的歧视。"性别规范"源于"社会性别",是人们对于女性或男性应该如何行为的惯常看法。比如,人们通常认为男人着装应该沉稳潇洒,不要太花哨,颜色艳丽的服饰是女人的专利。男人应该刚强果断、勇于承担,而女人则应该温柔体贴、善解人意,等等。生活在各式各样的"性别规范"中,人们往往会感到压抑和不

---

[1] 王海媚:《技术助长的性别暴力亟须高度重视》。
[2] 〔法〕马尔克·杜甘、〔法〕克里斯托夫·拉贝:《赤裸裸的人:大数据,隐私和窥视》,杜燕译,上海科学技术出版社,2017,第123页。

自由,甚至受到极大伤害。而在网络营造的虚拟世界中,人们获得了暂时改变自己性别的机会。例如,在一些网络游戏中,人们可以自主选择性别,或者在交友以及与陌生人聊天的过程中,人们也可以谎报自己的性别。这给了许多在现实生活中受到"性别规范"压迫的女性以喘息的机会。然而,网络世界的性别倒错并不会推进性别平等。因为,许多女性在假装成男性之后,也想要过一把当"大男人"的瘾,也可能对女性恶语相向、偏见歧视。而这些网络行为,不仅无助于性别平等,反而加剧了性别歧视。当然,目前技术的发展不仅为人们提供了在虚拟世界转换性别的可能,还提供了在真实世界转换性别的可能,这就是"变性手术"。和虚拟世界的性别倒错类似,变性手术这种技术同样无助于性别平等的推进,反而会强化"性别规范"。因为,通过做变性手术,人们改变自己的"生理性别"来迎合其他人眼中的"社会性别",而这种行为只会强化"性别规范",加剧社会舆论对个人自由的伤害。从某种意义上来说,跨性别者实际上是性别规范的受害者。

第六,数字技术的发展还可能改变人类社会的婚恋关系。随着数字产品的更新换代,市面上陆续出现了性爱机器人、聊天机器人等情感类数字产品。具体说来,聊天机器人可能发挥五个方面的作用:陪伴伙伴(包括性伙伴)、带回应的日记、情绪处理工具、电子宠物和发泄对象。这些聊天机器人正逐渐被广泛应用在教育、电子商务、健康、娱乐等领域中。例如,个人助理类应用(Apple Siri、Google Now、小度、小爱同学)、在线客服应用(美国银行的 Erica、京东的 JIMI)、心理健康和老年人护理应用(Woebot),以及友谊伙伴(Replika、Mitsuku、微软小冰),等等。2022 年 8 月,百度输入法上线"AI 侃侃"功能,推出了国内首款主打 24 小时在线聊天、情绪治愈的数字人,服务超6亿用户。聊天机器人和性爱机器人主要的功能是满足人们的情感需求和性爱需求。实际上,从爱的定义来看,这一点是很难做到的。爱就是将对方的目的作为自己的目的,但作为"机器人",数字产品是没有自己的目的的,因此也很难成为被爱的对象。这也是"恋物癖"被看作一种心理疾病的原因。"物"没有自己的目的,不可能成为被爱的对象。从这个意义上来说,聊天机器人的陪伴功能甚至还比不上一只小猫、一只乌龟,因为动物有自己的目的,可以成为人们爱护的对象,为人类提供情感慰藉。然而,在数字时代,确实有许多人喜欢和机器聊天以排遣内心的寂寞,这又是什么原因呢?笔者认为,只有当聊天机器人成功地"欺骗"了用户,让他们误以为那是一个真正的人,才会让人对其产生爱意,虽然这很可能是错付了的爱。换言之,只有当机器人能够通过"图灵测试"[1],让人们误以为他具有主体性,人们才可能将其作为爱的对象,人与机器之间的爱才可能发生。相关实证研究显示,聊天机器人互动在促进老年人的心理健康、减轻大学生的焦虑抑郁情绪等方面有显著作用。[2] 然而,聊天机器人能否最终成为人类爱的伴侣,成为机器老婆或机器老公,还需要时间来验证。

---

[1] 图灵测试(The Turing test)由艾伦·麦席森·图灵提出,指测试者在与一个人和一台机器隔开的情况下,通过一些装置(如键盘)向人或机器随意提问,并判断是人还是机器做出的回答。进行多次测试后,如果被测试者做出超过30%的误判,那么这台机器就通过了测试,并被认为具有人类智能。

[2] 曹博林、罗炼炼:《陪伴型聊天机器人的发展特征与机制效果》,《青年记者》2023年第2期。

3. 辅助生殖技术加剧性别失衡

除了数字技术的飞速发展，当代世界另一个技术爆炸的领域是生物医学领域。对于性别平等来说，与生殖和性别相关的生物技术将影响人类社会的性别关系。具体来说，目前世界各国已经广泛采用的辅助生殖技术可能加剧某些地区的性别比例失衡，而正在研发中的体外生殖技术则有可能从根本上颠覆两性关系。

人类社会已经投入实际应用的辅助生殖技术包括人工授精、体外受精、无性繁殖等。人工授精技术是将收集到的男性精液注入女性体内以帮助女性怀孕的技术。这种技术能够帮助那些自然受孕困难的父母实现生养孩子的愿望，但并不能将女性从生育的负担中解放出来。体外受精就是人们通常所说的"试管婴儿"，是让卵子和精子在实验室的试管中受精和发育。依据法律规定，受精卵待在试管中的时间不能太长，[1]还要将受精卵送回女性体内继续发育直至分娩。1978年7月25日世界上第一个试管婴儿路易丝·布朗降临人世，标志着这一技术的成功。辅助生殖的第三种是无性生殖，也就是人们常说的"克隆人"。克隆人是将体细胞植入女性子宫当中，实现单性繁殖。2002年12月27日，法国女科学家布里吉特·布瓦瑟利耶在美国佛罗里达州举行的新闻发布会上正式宣告世界上第一名克隆女婴"夏娃"降生。但该女子是否确

---

[1] 目前，中国和美国的法律都规定，受精卵体外培育的时间不能超过14天。

实是克隆人,并没有得到其他科学家的证实。[1] 从目前的动物实验来看,通过克隆产生的后代经常出现死亡、畸形、癌症、早衰等状况。因此,世界各国都严格禁止将这一技术应用于人类。

生殖技术的进步往往引发巨大的伦理争论。例如,"试管婴儿"技术诞生之初就引发了人们的巨大恐慌,认为这不是通过自然孕育的方式产生的婴儿,有悖伦理。但是,随着这项技术的实际应用,许多有生育障碍的夫妇满足了生养孩子的愿望,"试管婴儿"技术也逐步为人们所接受。2010年,被誉为"试管婴儿"之父的英国生理学家罗伯特·爱德华兹获得诺贝尔生理学或医学奖,这标志着医学界对辅助生殖技术的承认以及人们对"试管婴儿"技术的认同。然而,辅助生殖技术是否有助于推进性别平等,在这一问题上仍然存在着巨大争议。一方面,"试管婴儿"技术不仅催生了精子库、卵子库和冷冻胚胎库,还催生了"代孕"这一争议极大的行业。一些女性主义者认为,"代孕"不仅没有促进性别平等,反而加深了女性被当作生殖工具的不平等地位。就我国目前的情况来看,国家已经建立了合法的精子库,而卵子库却由于取卵对于女性身体有较大伤害等原因,并没有建立。同时,"代孕"也是被严令禁止的。一方面,这些规定有助于防止生育的商业化,有助于保护女性权益,但另一方面,一些单身女性想通过冻卵来延迟生育,这一愿望却可能受到相关法规的限制。2019年年底,我国首例单身女性冻卵被拒绝案件备受关注。卫健委针对这一案件的回复是:根据国家卫生部2003年修订的《人类辅助生殖技术规范》,"禁止给不

---

[1] 参见丁智勇、常烨:《科技的"双刃剑"效应已经寒光闪现》,《科技与经济画报》2002年第4期,第7页。该事件是否属实仍有待证实,因为,这位名为"夏娃"的女性一直回避DNA测试,所以其他科学家无法证实她是克隆人。

符合国家人口和计划生育法规和条例规定的夫妇和单身妇女实施人类辅助生殖技术"。然而,在许多人看来,男性可以冷冻精子而女性却不能冷冻卵子,其中存在着明显的不平等。

辅助生殖技术以及产前 B 超检查等相关技术还可能对性别比例造成影响。例如,在我国计划生育政策实行期间,许多父母通过 B 超判断婴儿性别,并决定是否继续妊娠。这一方面对女性造成了巨大伤害,另一方面也加剧了性别失衡问题。对于试管婴儿这种辅助生殖技术来说,在胚胎培育的过程中,人们可以选择想要的性别进行培养,并由此而选择婴儿的性别。这种操作在我国是法律所禁止的。但是,在实际情况下,选择性别的操作很难从法律上进行监管。因为,如果当事人不主动承认的话,其他人几乎无法确认其违规操作。这就给违规选择性别制造了空间。下述是笔者接收到的某辅助生育中心的说法:"三代是可以筛查 23 对染色体,确定健康、筛选性别,选择您需要的去移植就可以。"从这一说法来看,试管婴儿技术提供了选择性别的可能,而这种行为也是普遍存在的。长久以来,男女性别比例失衡一直是东亚许多国家一个严重的社会问题。在 2010 年,"中国的出生人口性别比高达 120(女=100),印度为 113"。[1]

人为选择婴儿性别会造成人口性别比例的失衡,而这种失衡又可能造成拐卖妇女儿童等恶劣事件,给女性造成更大的伤害。人口性别比例失衡问题的始作俑者是"重男轻女"的性别偏好,而这种性别偏好又可能催生进一步的性别歧视,最终造成严重的社会问题。由此看来,技术赋予了人们选择婴儿性别的能力,而这种

---

[1] 原新、胡耀岭:《中国和印度"失踪女孩"比较研究》,《人口研究》2010 年第 4 期。

能力并不能直接带来性别平等的结果,反而可能加剧性别歧视。性别平等的推进除了借助技术之外,还要靠观念和制度的改进。从遗传学的研究来看,男性和女性在传递家族基因中都发挥了不可替代的作用。男性传递的是 Y 染色体,女性传递的是线粒体 DNA。因此,人们应建立性别平等的观念,科学地认识到女孩也可传宗接代,只有这样才能从根本上缓解性别失衡的问题。

4. 体外生殖技术颠覆性别关系

两性之间最大的差异在于男性与女性在生育中扮演的角色不同。这也是一系列性别不平等的源头。通常来说。女性因为要承担生育任务而不得不部分地牺牲掉自己的公共生活并回归家庭,无论是学习还是工作都可能会受到影响。因此,生育正是引发针对女性的就业歧视等一系列不平等的重要原因。那么,如果人们能够发明一种体外生殖的技术,是否就能从根本上解救女性,全方位实现性别平等呢？上述三种辅助生殖技术都未能实现体外生殖,无法解除女性十月怀胎的负担和一朝分娩时的痛苦。真正能够将女性从生育负担中解放出来的则是英国进化生物学家、遗传学家霍尔丹(J. B. S. Haldane)提出的体外生殖技术,也就是传说中的"人造子宫"。1923 年 2 月 4 日,霍尔丹在一场题为《代达罗斯,或科学与未来》的演讲中预测,到 2074 年,70% 左右的婴儿将在体外孕育和诞生。为了实现这一科学梦想,许多科学家付出了不懈的努力。1954 年,伊曼纽尔·格林伯格(Emanuel Greenberg)

等人制造出了首个人造子宫雏形,并基于此申请了相关专利。[1] 1969年,法国科学家利用人造子宫孕育小羊的胎儿,胎儿在人造子宫里面活了两天。1992年,日本东京顺天堂大学的桑原义典(Yoshinori Kuwabara)团队将正常发育4个月大的小羊胎儿装入有人工羊水的橡胶子宫中,成功诞下了小羊。2002年2月,美国康奈尔大学生殖医学与不育症中心的华裔科学家刘洪清宣称研制出世界上第一个人造子宫。这一实验将子宫内膜细胞植入一个由生物分解原料制成的模拟子宫内部形状的框架内。框架随着细胞的繁殖演化而形成组织,在注入荷尔蒙等养分后形成"人造子宫"。由于美国体外受精条例规定不能超过14天,因此该实验在进行6天后停止。[2] 2017年4月,美国费城儿童医院的阿南·弗雷克(Alan Flake)研究团队研发的人造子宫系统首次通过了动物试验。2020年,我国首次人造子宫胎羊体外培育在郑州大学第一附属医院取得成功。[3] 近些年来飞速发展的3D打印技术也推动了"人造子宫"的科学研究。有科学家尝试3D打印子宫及相关组织。例如Souza等利用磁性3D生物打印技术建立人类子宫肌层细胞环状3D体外模型,用以研究子宫对不同药物种类及剂量的收缩反应。[4] 深圳先进技术研究院的张建等人利用3D打印技术打印人

---

[1] Diane Moriarty, "Artificial Wombs and the Awkward Moment of Truth," *Human Life Review* 46, no. 4(2020): 25-32.
[2] 消息参见丁智勇、常烨:《科技的"双刃剑"效应已经寒光闪现》。
[3] 《我国首次人造子宫胎羊体外培育成功》,《医药卫生报》2020年12月31日第1版。
[4] Souza GR, Tseng H, Gage JA, et al., "Magnetically bioprinted human myometrial 3D cell rings as a model for uterine contractility," *International Journal of Molecular Sciences* 18, no. 4(2017): 683.

造子宫内膜,并申请了专利。[1] 总之,生物医学、3D 打印等技术的飞速发展正一步步推进着人类实现体外生殖的梦想。

相比于辅助生殖技术,体外生殖技术面对着更大的伦理争议。自从科学家们开始构想这一技术以来,各种质疑的声音就从来没有停止过。一方面,人们为这项技术的发展设置了诸多法律限制;另一方面,从事这项研究的科学家们也小心谨慎,大多强调这项技术的应用应该是"消极的"而不是"积极的"。所谓消极的应用指的是,这项技术的应用针对的是"病人",是为了治愈生育功能受损的人,满足他们的生育愿望,或者是为了挽救早产儿生命,而不是用来解除正常人的生育负担。例如,在 2003 年接受媒体采访时,刘洪清说:"我研究人造子宫,不是为了方便那些不想怀孕的妇女。我只是想造出一个子宫,用它作为可替换的器官,把它们送给那些捐献了子宫内膜组织的不育妇女,给她们一个健康、完整的女性生殖系统。"[2] 然而,正像医疗美容的相关技术最开始也仅限于为毁容者恢复容貌一样,体外生殖技术也极可能被"积极地"使用。在人类"偷懒"的欲望和金钱的诱惑下,人造子宫很可能成为正常人的替代生育方式。如果那一天真的到来,那世界会怎样呢,是会变得更好还是更坏呢?

笔者以为,人造子宫技术如果真的实现并得到普遍应用,那么一定能从根本上消除性别不平等。女性如果不需要生育,精子卵子先在试管中结合,再将胚胎放到人造子宫中培育,最终婴儿从人

---

[1] 专利:3D 打印人造子宫内膜及其制备方法和应用,专利号:201710676180.9。
[2] 参见《华裔科学家领头尝试用人造子宫孕育生命》,生物通,2005 年 10 月 27 日,https://www.ebiotrade.com/newsf/2005-10/2005102793710.htm,访问时间 2024 年 9 月 9 日。

造子宫中诞生,那么,女性和男性的世界就不再有根本性的差异。人们将不再有理由一定要将女性束缚在家庭之中,女性将进入更广阔的公共空间,也会有更多的自由选择。当然,体外生殖技术在刚发明出来的时候一定会很昂贵,所以也可能存在与所有新技术应用类似的情况:那就是富裕阶层的女性可以选择体外生产,而贫困阶层的女性则无法承担相应的经济负担。因此,一些女性主义者认为,体外生殖技术将加剧女性内部的不平等。[1] 另一些女性主义者担心,体外生殖技术会影响女性的堕胎权,然而更乐观的估计是,这一技术将为跨性别者、同性恋者提供生养孩子的机会。[2] 最极端的看法是,人造子宫将导致女人无用。然而,这种看法是建立在女性的天职就是生儿育女的旧观念上,而两百年来的性别平等运动早就驳倒了这一观点。女性与男性一样可以尝试各种体力和智力活动,除了在体力上稍逊于男性外,女性在脑力上并不比男性差。尤其是教育的普及和技术的发展,使得越来越多的女性进入公共领域,承担社会中各种职业。因此,如果人类能够造出人造子宫,并不会导致女性无用,反而能将女性从生育中解放出来,从根本上促进性别平等。可以预见的是,女性因摆脱了十月怀胎而不再需要休孕产假。孩子出生之后,如果两性能平均分摊照顾孩子的负担,那么女性在职场中就能够与男性展开更为平等的竞争。这将有助于女性获取到更多社会稀缺资源,并最终增进女性在公共事务中的代表权。

人造子宫并不会使女性成为多余,但它却可能使婚姻成为多

---

[1] Helen Sedgewick, "Artificial Wombs could soon be a reality. What will this mean for women?" *The Guardian*, September 4, 2017.

[2] Eleanor Robertson, "Feminists, get ready: pregnancy and abortion are about to be disrupted," *The Guardian*, October 12, 2017.

余。任何人想要有孩子都可以购买从精子库、卵子库到试管婴儿，再到人造子宫的一条龙服务。整个过程中甚至都不需要人们亲自参与其中。完整的体外生殖技术将彻底斩断母亲与胎儿之间的共生关系，母亲的气息、心跳、声音……对于体外生殖的孩子来说都将毫无意义。那时，生养孩子很可能变成一种纯粹的商业行为，就像从宠物店购买宠物一样。如果真的是那样，人们就不会大费周章地去考虑结婚成家的事了。男欢女爱的情感需求可以通过各种自由而不确定的关系实现，并不需要以法定的契约去保障长久的两性关系。这种关系过去是为了抚养孩子而存在的，而今后孩子可以购买，抚养孩子的相关服务也可以购买。家庭将被社会化的人口生产所解构。"人"的社会化大生产，这是体外生殖技术普遍应用之后的人类社会图景。如果人能够造人（用人工的方法制造人），那么人就会成为商品。这对于人类来说或许并不是好消息。因为，人一旦成为商品，那么人的尊严、主体性、不可侵犯性等都会丧失，这将从根本上颠覆人类的伦理秩序。试想，如果想要孩子的人可以到商店去买一个孩子，就像买一件衣服那样，那么他会如何对待那个孩子呢？如果他对这个孩子不满意，会要求退换货吗？被退回去的孩子又将被如何处置呢？商家会不会为了盈利而制造一些超人孩子，或者特别漂亮的孩子呢？这些被制造出来的孩子完全成为取悦父母的工具，他们之间将形成什么样的亲子关系？如果未来真的是那样，那么康德所说的"把所有人当作目的"的道德律令将彻底粉碎。标志着人类文明的人权、尊严、自由、平等这些理念将受到何等的践踏！？

更可怕的是，如果将体外生殖技术与另一种新兴的生物技术——基因编辑——结合起来，那么，是否会出现英国作家阿道司·赫胥黎的小说《美丽新世界》中的景象：在一个造人的工厂里，品质高低不等的人类被生产出来，α、β、γ、δ、ε，他们属于社会中不同的阶层，充当不同的用途。那将是一个极度不平等的世界，一个人人被用作工具的世界。在那里，处于顶层的人负责计划和生产所有其他人，处于底层的人则被催眠、睡眠疗法、巴甫洛夫条件反射等科学方法控制起来执行各种命令，而所有人都可以通过一种被称为"唆麻"的药物获得虚幻的快感。在"美丽新世界"中，亲情、爱情、友情等人类的美好情感都消失殆尽，人类尊严也被无情践踏。我们应清醒地认识到，体外生殖技术的发展或许可以满足人们延续后代的愿望，能够解决人类社会老龄化、少子化等问题，但也可能彻底解构人类价值。2021年5月26日，国际干细胞研究学会（ISSCR）发布新指南，解除了人类胚胎体外研究不得超过14天的规则。[1] 与此同时，欧盟"地平线2020计划"拨出290万欧元（约合人民币2320万元）巨款供科学家研发人造子宫。[2] 这是否意味着对体外生殖技术的法律限制将被逐步解除，人类正大踏步地迈向"美丽新世界"？

综上所述，技术是一把双刃剑，数字技术、网络技术、生物医学等新兴科技进步为人类提供了越来越多的可能。然而，人类是否能用好这些技术以实现一个理想的社会，是否能借助科技进步推进性别平等，构建和谐的两性关系？这还取决于人们是否能秉持性别平等的观念，同时改进相应的制度设计，以促进两性的权利平等和机会平等。观念的进步和制度的改进是实现性别平等的关键。

---

[1] 参见《新指南放宽人类胚胎研究"14天规则"限制》，《科技日报》2021年5月28日第4版。

[2] Elizabeth Romanis, "Artificial womb: Dutch researchers given 2.9m to develop prototype," *The Guardian*, October 8, 2019.

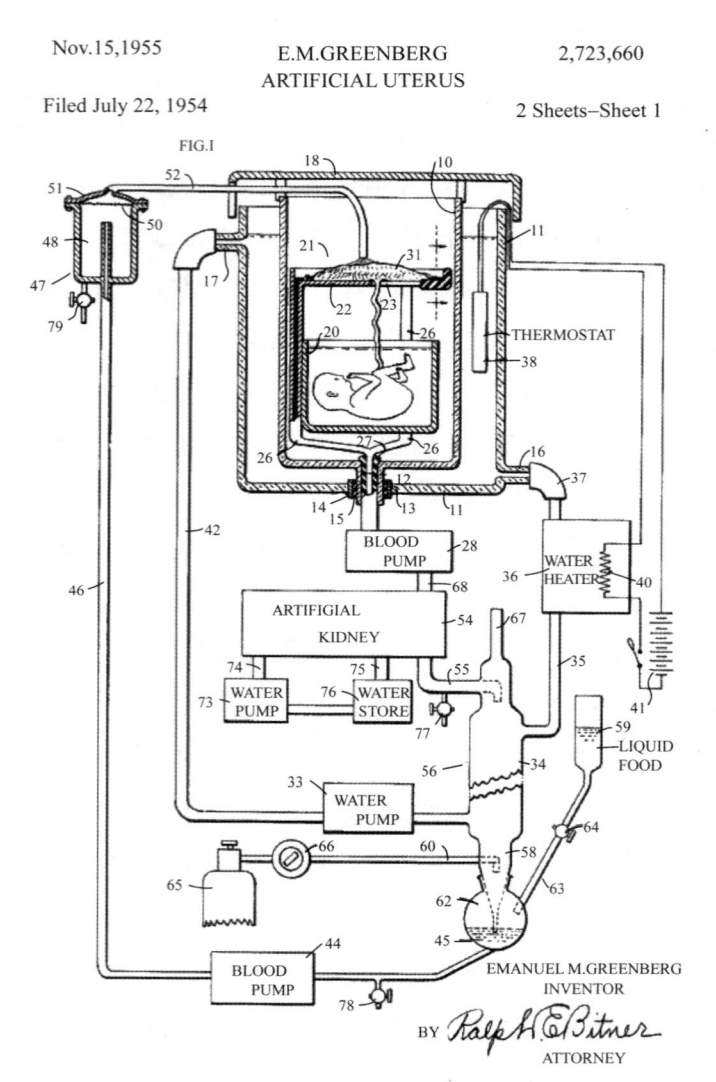

图 5　1955 年的人造子宫模型专利
图片来源：美国专利商标局。

第七章 "基因编辑"是在玩火吗？

科学研究的目的是"求真"，因此科学研究不应该有"禁区"。然而，有些技术的研发和应用却令人担忧。基因编辑技术就是其中之一。这一技术将创造更好的人类，还是毁掉人类自身？这一技术的研发和应用应该受到何种伦理限制？

据2018年11月26日人民网消息，一对"基因编辑双胞胎"在中国诞生，这是全世界首例基因定制人类的诞生。这对双胞胎的基因被一位名叫贺建奎的科学家及其研究团队人为修改，天生具有对艾滋病的免疫功能。这一事件标志着人类正式进入了"人造人"的时代。贺建奎称，这一科学实验事先通过了伦理审查。然而，"基因编辑婴儿"有可能引发的伦理和政治危机还远未可知。人类偷尝禁果会引发如何的天崩地裂，或许才刚刚露出冰山一角。本章将以"基因编辑婴儿"案例为出发点，从科学研究的目的、科学研究的过程和科研成果的应用三方面讨论基因编辑的伦理界限。

1. 科学研究与价值中性(value neutrality)

所谓科学研究(scientific research)指的是：为了认识客观事物的内在本质和运动规律而进行的观察、实验、试制、推理等一系列活动。科学研究与人类其他学术活动的根本区别在于方法。科学方法是一种知识获取的经验方法，这在17世纪以来一直是科学发展的特征。科学研究通常包括下述步骤：首先，研究者通过观察和归纳提出假设；其次，研究者设计实验验证自己的假设，并得出结论；再次，研究者以更广泛的人类经验验证自己的科研结论并形成普遍化的知识；最后，以新技术、新发明等形式对科学研究所获得的知识进行实际的应用。[1]

科学研究的概念告诉我们，科学研究的目的是寻求关于客观世界的确定无疑的知识。换句话说，在"真""善""美"的价值区分中，科学研究的目的是求"真"。科学研究的目的是通过观察、假设、实验、推理等科学方法，寻求关于客观世界的普遍的认识。从这个意义上来说，科学研究的目的是"价值中性的"。另一方面，科学研究的"价值中性"还体现在对科研成果的评价上。通过科研活动所获得的知识，只有"真""假"之分，而没有"善""恶"之分。世界上不存在本身就是"善"的知识，也不存在本身就是"恶"的知识；所谓"善""恶"仅仅是对科研成果之应用的评价，而不是对知识本身的评价。如果一项科研成果是经得起实验验证并且符合广泛的

---

[1] "scientific method," *Oxford Dictionaries: British and World English*, 2016, accessed June 24, 2023, https://en.oxforddictionaries.com/definition/scientific_method.

人类经验的,那么这一科研成果就是"真"的;反之,科研成果则为"假"。

上述关于科学研究的"价值中性论"在近几十年中受到国内外许多学者的批评。批评者们提出了与之相对的另一种观点:科学研究的"价值关联论"。他们认为科学研究与人类社会的价值判断存在着千丝万缕的联系。下面我将从科学知识、科研工作者,以及科学陈述几个方面来讨论"价值中性论"与"价值关联论"之间的争论。

第一,一些学者认为有些科学知识本身就是邪恶的。例如,宋启林引证了英国《观察家报》的报道:"阿斯利康公司(全球领先生物技术公司)参与秘密开发的一项叫作'终止子'的技术已获得专利。该技术使农作物产生不育种子,使农民无法从收成中自由地采种,因此不得不每年向生物技术公司购买新的种子。"[1]这一案例让我们看到,阿斯利康公司对"终止子"技术的应用是"邪恶的",侵害了普通农民的利益。然而,这并不能推出"有些科学知识本身就是恶的"这一结论。显然,"终止子"这一技术如果用在一些有害植物上就可能增进人类社会的福利。与其他科研成果一样,"终止子"这一技术本身并没有"善""恶"之分,只有人类对它的应用才涉及"善"与"恶"的判断。认为某些科学知识本身就可能是邪恶的,并且以此为理由而中断某一领域的科学研究,这无异于"掩耳盗铃"。科学研究并不是打开"潘多拉盒子"的那只手。因为,"潘多拉盒子"迟早要被自然之手打开。面对未知世界,人类不可能像鸵鸟那样,将头埋进沙子里躲避风暴,只有积极主动地探明世界的

---

[1] 宋启林:《关于科技伦理若干问题的探讨》,《探求》2003年第4期。

普遍规律，大胆地应用自己的智慧，才可能最大限度地避免灾难、造福人类。

第二，一些学者认为，科研工作者是生活在特定文化传统和权力关系中的人，所以，科学家在设定研究目标、设计实验过程以及对新知识进行应用时，都不可能不受到各种价值判断的影响。[1]确实，科学家是一个个活生生的人，他们必然受到生活于其中的人类社会的各种价值因素的影响。我们可以通过下述三个例子来审视这种影响。首先，科学家及其发明的产品可能会受到一些不公正的价值取向的影响。前不久从谷歌人工智能离职的李飞飞在一次题为"人工智能——力量与责任并存"的演讲中提到，由于开发人工智能的大多数研究者为男性，这使得人工智能也带有了性别偏见。亚马逊的人工智能招聘软件学会了剔除那些含有"女性"字眼的简历。其次，科学家可能受到政治和军事势力的左右。这方面最典型的例子就是"原子弹"的研发和使用。第二次世界大战期间，美国集中了西欧和本国的大批精英科学家，经过两年的秘密研制，造出了世界上第一颗原子弹。紧接着，政治家和军事家们并没有听从科学家们的劝阻，执意将原子弹投向了日本的广岛和长崎，最终造成约20万日本居民死亡。最后，在经济活动主导的现代社会中，资本对科研活动的深刻介入，使得许多科学家不得不站在"资本"的立场上做研究。这方面最富争议的例子就是"转基因农作物"的研发和应用。在1996年以来的二十多年间，美国孟山都公司开发并垄断了转基因农作物的相关技术，尤其是垄断了转基因农作物的种子，并以此牟取巨大利润。可以说，孟山都科研团队

---

[1] 李醒民：《科学价值中性的神话》，《兰州大学学报（社会科学版）》1991年第1期。

的所有研发和应用都是在资本逐利的逻辑下进行的。

我们可以这样来理解科学家与科学研究的"价值中性"之间的关系:虽然科学家有可能受到各种价值因素的影响,但是,科学研究本身却是"价值中性的"。这一判断基于两个理由:其一,不论科学家站在什么立场上做研究,他们的研究成果都只有"真""假"之分,而没有"善""恶"之分。如果是"真"的研究结论,那就是对人类知识的增进,如果是"假"的研究结论,那么,对于人类整个知识体系就毫无意义。其二,虽然具体的科研活动可能是出于邪恶的动机,其后果也可能是灾难性的,但作为抽象的人类科研活动来说,其本身的目的却只能是"求真",而这一目的是无所谓善恶的。科学活动预先假定,真理本身就是目的。追求真理既是科学的最终目标,也是科学的持续动力。[1]

第三,一些学者认为,科学陈述本身就蕴含着价值判断。[2]例如"吸烟有害健康",基于人们对"健康"的态度和理解,这一陈述就不可避免地包含了对"吸烟"的价值判断;并非完全不包含价值因素的事实判断。科学陈述包含价值判断,这种观点根源于对"事实与价值二分"的质疑:如果"事实"与"价值"并不是截然二分的,如果"事实判断"与"价值判断"可以相互推导,那么将科学研究当作仅仅是对于客观事实的陈述和探究,就是站不住脚的,科学研究的"价值中立论"就是错误的。

18 世纪的英国经验主义哲学家休谟从认识论角度明确地提出

---

[1] Jacob Bronowaski, "The Value of Science," in *A sense of the Future*: *Essays in Natural Philosophy*, Cambridge: The MIT Press, 1977.

[2] Patrick Grim, "Meaning, Morality, and the Moral Sciences," *Philosophical Studies*: *An International Journal For Philosophy in the Analytic Tradition* 3 (1983): 397-408.

了"事实"与"价值"二分的思想。休谟认为,在他以前的道德哲学家都犯了一个共同的错误,就是不加说明地从事实判断推导出价值判断,也就是从以"是"为联结词的命题推出以"应当"为联结词的命题。[1] 这被休谟称为"自然主义谬误"。在休谟看来,关于"事实"的命题与关于"价值"的命题是截然二分的。换句话说,关于客观世界的知识和主观价值判断是截然二分的。科学研究的"价值中立论"正是植根于"事实"与"价值"的二分:科学研究是对客观世界的探索,其目的是发现客观世界普遍存在的因果联系。科学研究的成果是对世界的"客观描述"而非"主观价值判断",这一点不论是对自然科学还是对社会科学来说都是适用的。自然科学是对物理世界的因果性的探索,而社会科学(如心理学、社会学、经济学、人类学等)则是对人类自身以及人类社会的客观规律的探索。否定科学研究的"价值中性"会从根本上动摇"事实"与"价值"、"客观"与"主观"之间的界分。当然,在当代哲学研究中"客观"与"主观",以及"事实"与"价值"之间的界分,并非毫无争议。但是,目前这种二元界分仍然是人们分析问题和认识世界通常的出发点。而且,对这一基本界分的怀疑将动摇整个人类话语体系。因此,笔者将在这一界分的基础上展开讨论,并在这一界分的基础上支持科学研究的"价值中立论"。

通过上面的分析,我们可以看到,所谓科学研究的"价值中立"是一个非常复杂的判断。并非科研活动的所有方面都是"价值中性的",也并非所有方面都是"价值关联的"。"价值中性论"与"价值关联论"之间纠结不清的争论,常常根源于人们所讨论的是科学

---

[1] 〔英〕休谟:《人性论》下册,关文运译,商务印书馆,1996,第509—510页。

研究的不同方面。因此，下述澄清是必要的：第一，作为人类以经验方法探索客观世界的抽象的科学研究，其目的是求"真"，这一目的是价值中性的；第二，人类社会中不同科学家进行的各种具体的科学研究，其动机有可能受到政治、文化、宗教、商业利益等各种因素的影响，并非"价值中性的"；第三，进行科学研究的主体——科学家，可能受到其身处的环境中各种因素的影响，并非时刻站在"价值中性"的立场上进行科研活动；第四，科学研究的成果是新知识和新技术，只有"真""假"之分，是"价值中性的"；第五，科学研究的具体过程有可能侵犯人们的权利、损害人们的利益，不是"价值中性的"；第六，对科研成果的应用有可能增进人们的福利，也有可能伤害人们的利益，不是"价值中性的"。

在厘清了科学研究的不同方面与价值判断之间的关系后，我们可以得出下述结论：第一，在"价值中性"的方面，科学研究不应该受到伦理的限制。正所谓"科学无禁区"，人类不应该武断地禁止任何领域的科学探索。尽可能多地探明客观世界的真相，这是科学研究的终极目的。第二，在科学研究与价值判断相关联的方面，科学研究必须受到伦理的限制和规范。将科学研究的过程、科研成果的应用限制在正当的范围之内，这是伦理学家应该关注的问题，也是伦理学家的责任所在。

基于上述理论推导，我们来审视"基因编辑婴儿"这一案例。首先，"基因编辑"的相关研究，其目的是"求真"，与其他科学研究一样，也是增进人类知识的科研活动。因此，人们不应该完全禁止"基因编辑"的相关研究。但是，在具体的实验过程、"基因编辑"的实验对象，以及对基因编辑技术的应用等诸多方面，科研活动都应该受到严格的伦理限制。下面，我将分别从"基因编辑婴儿"实验的过程以及"基因编辑婴儿"技术的应用两个方面,讨论科学研究应该受到哪些伦理限制。

2. 科学实验要尊重人的"权利"

目的的正当性无法替代过程和手段的正当性,"善"与"应当"是两个独立的价值标准,这是道义论伦理学的一条基本准则。基于这一准则,科学研究"求真"的正当目的,并不能成为其可以使用任何手段和方法的正当理由。为了达到一个正当的目的就可以"不择手段",这是不符合伦理规范的。这一道德原则约束着所有人类活动,当然也包括科研活动。科学研究的具体过程和手段必须符合特定社会、特定文化的规范体系。从根本上说,科学研究的过程应该以"不侵犯权利"为界限,在科研过程中不能损害任何人(包括科学家和被实验对象)的生命、健康和自由。

在科学发展的历史上,科学家为科学实验付出健康甚至是生命的例子并不少见。尤其是在化学、生物以及核物理方面的科学实验中,许多参与实验的科研人员都付出了极大的代价。就化学实验来说,一些实验药品本身具有毒性或者易燃、易爆,极有可能侵害参与实验人员的健康和生命。创立诺贝尔奖的瑞典化学家诺贝尔就曾在研制炸药的过程中炸死了与其一同进行科学实验的亲弟弟。生物实验也具有很大的危险性,一些病毒和细菌一旦感染上,就会让实验者付出生命的代价。对于核物理实验来说,实验药品具有放射性,对试验人员具有巨大的健康隐患。两度获得诺贝尔物理学奖的居里夫人就因长期接触放射性物质而患上白血病,早早离开人世。

上述例子反映的是科学研究的过程可能对科学家造成的各种伤害。然而,有一类特殊的实验,将人体作为实验的对象,极易对受试者造成伤害,侵犯他们的各种"权利",这就是"人体实验"。20世纪发生的一些惨绝人寰的"人体实验"让人们清醒地认识到"权利"的重要性。"二战"期间,德国医学家们以犹太人、吉卜赛人、波兰人以及各国战俘为对象进行的各种人体实验:双胞胎实验,骨骼、肌肉和神经移植实验,颅脑损伤实验,低温试验,芥子气实验,海水实验,毒药实验……都严重侵犯了受试者的各种权利,被用于实验的人们常常经受百般痛苦,挣扎着死去。当然,还有日本法西斯在"二战"期间以中国人为对象进行的各种人体实验,都是严重违背人类道德、十恶不赦的科学活动。

从20世纪70年代开始,世界各国开始重视对于科学研究的监管。最开始是在美国,当时,一些医学研究的丑闻被揭露出来,其中最著名的是一项长达40年的梅毒研究。在公共资金支持下,在对近400个黑人梅毒患者进行的医学实验中,科研人员不给患者任何药物,观察他们身体的变化,每天抽血检查。受试者在完全不知情的情况下参与了这项实验,遭受了巨大的痛苦。

在社会舆论的推动下,美国"国家生物医学和行为研究受试者保护委员会"(National Commission for the Protection of Human Subjects of Biomedical and Behavioral Research)于1974年成立,并发表了《贝尔蒙报告:保护研究中人体对象的伦理原则和指导方针》[1],阐述了在科学实验中对受试者权利进行保护的基本原则:第一,尊重个人。《贝尔蒙报告》指出,科学研究者必须将受试者当成具有自主性的个体来看待,这要求科学实验必须在受试者充分了解以及自愿同意的条件下才能进行。任何科学实验都不能侵犯受试者的自由权、知情同意权、隐私权等诸种权利。第二,善行。科研人员应该在功利主义的立场上考察科学研究是否能给人类带来好处。科学研究应致力于使最大多数人从中获益。因此,那些极有可能给人类带来灾祸的技术应用应该受到限制。第三,正义。《贝尔蒙报告》主张,那些能够推进人们福祉的科研成果应该被人们平等地分享。因此,科学家在选择实验参与者时,必须平等地对待不同社会背景的受试者,不应只选择自己喜好的人参与有潜在益处的研究;或者相反,选择社会底层的成员参与有潜在害处的研究。基于这三条基本原则,《贝尔蒙报告》规定了对科学实验进行伦理审查的三个主要方面:第一,考察科学研究是否侵犯了受试者的相关权利,其中包括生命权、健康权、知情同意权、隐私权,等等;第二,考察科学研究的风险和收益之间的对比关系,判断科学实验是否为了较小的利益而让受试者冒太大的危险;第三,考察科学研究是否公平地选择了参与对象,是否平等地对待了不同社会背景和亲疏关系的受试者。

《贝尔蒙报告》的起草和出版还推动了相关的立法进程。1974年,美国联邦教育与福利部通过了《保护受试者法规》,并授权"伦

---

[1] National Commission for the Protection of Human Subjects of Biomedical and Behavioral Research, Department of Health, Education and Welfare (DHEW), *The Belmont Report*, Washington, DC: United States Government Printing Office, 1978.

理审查委员会"(Institutional Review Board, IRB)对医学实验中受试者的权益进行考察和保护。2005年,美国联邦卫生与福利部修订了《保护医学研究受试者联邦法规》。与此同时,除了"伦理审查委员会"的具体监督,美国的行政机构也参与到对与人体相关的科学研究的监督当中。美国食品药品管理局和美国卫生部保护人类研究办公室负责监管各地的伦理审查委员会,并且制定了伦理审查委员会的具体工作标准。

美国与科学实验的伦理审查相关的各项立法和制度成为其他国家效仿的对象。英国、瑞典、日本等国也逐渐完善了科学实验的伦理审查制度。与此同时,在国际层面,世界卫生组织还制定了生物医学伦理审查的相关指南。这些规定成为此后人们进行与人体相关的科学实验的基本伦理准则。

在明确了科学研究过程的伦理限制——受试者的权利——之后,我们来考察"基因编辑婴儿"这一科学研究的过程是否有侵犯权利的情况发生。第一点,这一科研活动涉及三个方面的人员:科学家、"基因编辑婴儿",以及"基因编辑婴儿"的家属。第二点,"基因编辑婴儿"实验不会对科研人员的健康和生命造成任何威胁,因此,不会侵犯科学家的权利。第三点,据报道,主导实验的科研团队事先向"基因编辑婴儿"家属阐明了这一科学实验及其相关后果,并征得了家属的同意。据此我们可以认为,"基因编辑婴儿"家属的知情权没有被侵犯,而且,他们是在完全"自愿"的情况下参与实验的,他们的自主权也没有被侵犯。另外,"基因编辑婴儿"实验不会对"基因编辑婴儿"家属的健康造成任何威胁,因此,该实验也没有侵犯"基因编辑婴儿"家属的健康权。

关键的是第四点:"基因编辑婴儿"实验是否会侵犯"基因编辑

婴儿"的权利。可以肯定的是,这一实验是对"胚胎"进行的,而在法律上,"胚胎"并不被当作行为主体。也就是说,"胚胎"还不是人,因此也就谈不上人所拥有的"权利"。如此看来,"基因编辑婴儿"实验也没有侵犯"婴儿"的权利。因为,在做实验的时候,"婴儿"还是"胚胎",而"胚胎"并没有权利。但这一推论是有问题的。正如生命伦理学家邱仁宗在回应贺建奎事件时强调的:"卫生部门早有'对于转基因胚胎禁止移植进入人体生殖器内'的规定[1]。"[2]也就是说,在现行相关法规的规范下,通常基因被修改过的"胚胎"并不会发育成"婴儿"。而贺建奎所主导的科学研究打破了这一规则,让基因修改过的"胚胎"发育成了"婴儿"。从这一违规操作来看,"基因编辑婴儿"实验很有可能侵犯了"婴儿"的权利,包括"婴儿"的生命权、健康权、自由权,等等。

"基因编辑婴儿"的生命部分地由科学实验所决定,这一事实极大地损害了"基因编辑婴儿"的自由。自由意志与自然规律之间的矛盾关系曾一度困扰着人类:如果世间万物都是被因果规律所决定的,那么,人的生命、人的思想、人的行动还有什么自由可言?德国哲学家康德的道德哲学曾对这个问题进行了一种合理的回答。康德认为:"在自然界中每一物件都是按照规律起作用。唯独有理性的东西有能力按照对规律的观念,也就是按照原则而行动,

---

[1] 关于"转基因胚胎禁止移植进入人体生殖器内"的规定,可参见下述规定:科技部和原卫生部2003年联合下发的《人胚干细胞研究伦理指导原则》、2003年原卫生部颁布的《人类辅助生殖技术和人类精子库伦理原则》、2016年原国家卫生计生委颁布的《涉及人的生物医学研究伦理审查办法》和2017年科技部颁布的《生物技术研究开发安全管理办法》。
[2] 《生命伦理学专家邱仁宗谈贺建奎事件》,中新网,2018年11月27日,https://www.chinanews.com/tp/hd2011/2018/11-27/853568.shtml,访问日期:2023年6月7日。

或者说,具有意志。"[1]也就是说,人因为具有"意志",能够根据自然界的因果关系为自身的行为制定法则而拥有自由。意志为自身立法,所以人拥有自由。然而,这种自由对于"基因编辑婴儿"来说却并不存在。因为,"基因编辑婴儿"还来不及为自身立法,就已经被科学家们决定了。对于自然出生的人来说,自然之手赋予了人们生命,而人自身的意志为自己设定行动的准则,人依照自己的行动准则而行动,所以人是自由的。但是,对于"基因编辑婴儿"来说,科学家之手修改了其生命。所以,在诞生之后,"基因编辑婴儿"的自由就悬而不决。"基因编辑"技术使得"基因编辑婴儿"的自由受到了极大的损害,即使没有完全丧失自由,他(她)的生命也是部分地被科学家们所决定的。

基于上述分析我们看到,"基因编辑婴儿"的生命部分地被决定,自由受到极大损害,健康也因基因编辑技术的不成熟存在巨大隐患,"知情权"和"自愿参与"这些对于人体实验的基本要求,更是无法兑现。所以,"基因编辑婴儿"实验的过程有侵犯实验对象之权利的嫌疑,超出了科学研究应有的伦理限制。

3. 科研成果的应用以"公共利益"为限

科学研究不仅在科研活动的具体过程中应受到伦理限制,科研成果的应用也应受到严格的伦理限制。科学研究所发现的新知识以及发明的新技术有可能增进人类的福利,也有可能给人类带来巨大的灾难。对于科研成果的应用,应以其可能产生的后果作

---

[1] [德]伊曼努尔·康德:《道德形而上学原理》,苗力田译,上海人民出版社,2012,第23页。

为伦理考量的依据:那些能增进人们利益的应用就是应该鼓励的,而会给人们带来灾难的应用则应该禁止;在应用某项科研成果会给人类带来什么样的后果还不甚明了的情况下,新技术、新知识的应用则必须慎之又慎。

"基因编辑婴儿"这一新技术的应用会给人类带来什么样的后果,是造福人类还是祸患无穷？目前,这一问题的答案还不甚明了。一方面,人类可能通过"基因编辑"从根本上攻克一些给自身带来巨大痛苦的疾病,例如贺建奎主导的"基因编辑婴儿"实验想要攻克的"艾滋病"。某些种类的癌症也被证明与基因有着紧密的联系,所以也可能通过"基因编辑"而被攻克。另一方面,"基因编辑"技术也可能带来许多负面效应。首先,因为基因技术还不够成熟,科学家们对于基因的许多秘密还不完全清楚,对于修改基因后会发生的各种情况还不能准确而全面地预测;而实验过程也没法保证"百发百中"。这些悬而未决的技术问题给"基因编辑"技术的应用带来许多不确定因素,稍一出错就可能对当事人及其家属造成极大的伤害。其次,如果基因编辑技术被大范围地应用,将有可能从根本上颠覆人与人之间的伦理关系,甚至影响人类社会不同阶层之间的相对平衡,而这将可能引起人伦关系和社会结构的巨大变化。下面我将站在伦理学者的角度,在假定"基因编辑婴儿"技术已经发展成熟并得到广泛应用的前提下,对"基因编辑人类"的后果进行设想。

第一,人类之所以有道德,做了不道德的事会受到惩罚,这是因为人类有自由。如上节所述,"基因编辑婴儿"实验极大地损伤了"基因编辑婴儿"的自由。这就为孩子出生后是否应逐步为自己的行为负责、形成独立的道德人格罩上了阴影。打个比方,如果一个人的基因在出生之前被编辑过,而这个人生下来之后酗酒,那么他可能会说:"科学家怎么没有给我去除酗酒的基因呢?酗酒不是我的错啊,因为酗酒而伤害别人,甚至犯罪,这些都不是我的错啊!因为我是被决定的,我只是编辑我基因的科学家们的作品,是编辑我基因的人没有做好。"而这样的质疑并非完全没有道理。人类自由的消解将最终导致人们"自我"的消解;而没有了"自我",人也就无所谓道德,无所谓责任可言。

第二,"自我"的消解必然会带来伦理关系的混乱。亲子关系是最基本的人伦关系,也是其他人伦关系的基础。当婴儿成为科学家和父母合作的作品,父母与子女的关系就会陷入危机。就像基因被编辑的人会将自己的不良行为归结为科学家的矢误一样,孩子也会将自己的种种不如意和过错完全归结为父母的失误。孩子可能会怪父母为什么没有给自己编辑高智商、高情商、健壮体能的基因,而这样的归因思维必然会打乱父母与孩子之间的正常关系,扰乱孩子正常地、负责任地去发展自己的人生。另一方面,既然父母可以参与编辑孩子的基因,那么父母就有可能为了一己私利而对孩子的基因进行修改。例如,将"孝顺基因""听话基因"编辑到孩子的基因当中,使孩子生下来后能够被自己更好地控制,成为自己人生的延伸。人类科技能力的增长有可能将人伦关系中的"权力"和"控制"进一步强化,那些在人伦关系中处于强势地位的人将应用新技术加强对弱势方的控制。还有,"基因编辑婴儿"技术修改了孩子的基因,这使得父母与子女之间的"传承"关系也变得非常模糊。目前,如果父母不能确定孩子是否亲生,可以通过基因检测而得到确证。然而,如果"基因编辑婴儿"技术被广泛使用,那么,父母就无法通过"基因检测"而确认哪个是自己的孩子,这将给人类社会最基本的人伦关系蒙上一层阴影。

第三，人伦关系的颠覆还有可能改变整个社会的结构，"基因编辑婴儿"的出现有可能危及社会中不同阶层人们之间的平等关系。在人类社会的发展历程中，任何新技术都将首先被社会中的优势阶层享用。"基因编辑婴儿"这种新技术也不会例外。"基因编辑婴儿"技术一旦市场化，社会中掌握更多资源的人们会首先享受这种服务。这些人为了让自己的后代继续处于社会中的优势地位，会千方百计地在自己的后代中编入优秀的基因，让自己的后代更健康、更聪明、更优秀、更有权势，而这势必会加剧社会中的各种不平等。因此，"基因编辑婴儿"的出现以及大范围的推广，不但不会推动社会朝着公平正义的方向发展，反而会加剧社会的不平等甚至激化不同阶层人们之间的矛盾。最可怕的是，也许最终会出现这样的状况：为了缓解社会矛盾，优势阶层会在弱势阶层的后代中混入"奴性基因"，让他们的后代乖乖地安于自己被欺压的社会地位，而人类社会则将朝着奴隶社会的方向发展。

上述三方面的预测，不禁让人想起爱因斯坦的预言。有人问爱因斯坦，第三次世界大战会用什么武器，爱因斯坦回答说："我不知道，但我知道第四次世界大战人们肯定会用石头。"在美国向日本投掷原子弹之前，爱因斯坦预见到原子弹爆炸后给人类带来的灾难性后果，曾极力阻止却没能成功。以史为鉴，在科技飞速发展的今天，我们不禁要问：不受限制的科学研究，福兮？祸兮？

任何新知识、新技术的应用都必须以不伤害人类福祉为底线，这是所有科研活动的伦理界限。不论是科学家，还是推动新知识、新技术之应用的其他角色，包括政治家、军事家、企业家，都应该严格遵守这样的伦理限制。与此同时，伦理学家的责任在于从人伦和政治角度预测新知识、新技术的应用可能给人类社会带来什么样的影响，并进一步明确科学研究的伦理界限。更重要的是，在理论探讨的基础上，建构相应的法规和伦理审查机构，切实地将科研活动以及科研成果的应用限制在不侵犯任何人的权利，以及增进人类福利的范围之内。

目前，我国还没有专门针对人体实验中受试者权利保护的法律，仅在相关部门的规章中有一些保护受试者权利的内容。例如，2010年国家中医药管理局发布的《中医药临床研究伦理审查管理规范》、2010年国家食品药品监督管理局发布的《药物临床试验伦理审查工作指导原则》、2016年国家食品药品监督管理局和国家卫生和计划生育委员会联合发布并于同年6月1日施行的《医疗器械临床试验质量管理规范》（2022年修订）、2016年国家卫生和计划生育委员会发布并于同年12月1日起施行的《涉及人的生物医学研究伦理审查办法》，等等。[1] 这些法规虽然在原则上对人体实验进行了伦理规范，但是却没有详细列出相应的惩戒措施。也就是说，如果在相关试验中受试者的权利受到侵犯，那么受试者很难依据相关的法规得到补偿、讨回公道。同时，实验的组织者、实施者也可能轻易地逃脱惩处。实际上，这种尴尬的情况正发生在"基因编辑婴儿"实验这一案例中。目前，组织这一实验的科学家贺建奎虽然受到世界各地科学家、伦理学家的口诛笔伐，但却似乎很难受到法律制裁。因为根据中国当时的法律法规，很难对其行为进行实质性的

---

[1] 曾予、赵敏：《美国临床试验中受试者权利保护制度的借鉴意义》，《医学与法学》2018年第2期。

处罚。[1] 在"贺建奎"事件之后,2020年12月26日通过了《中华人民共和国刑法修正案(十一)》,增加了非法植入基因编辑和克隆胚胎罪[2],填补了法律漏洞。除了相关立法的缺失之外,目前我国对具体的科学实验进行伦理审查的"伦理审查委员会"也常常形同虚设。在通常情况下,这一委员会的成员大多由进行实验的内部人员组成。正所谓"既当裁判员又当运动员",如此这般的"伦理审查"绝不可能真正发挥对科学实验进行伦理限制的作用。

基于上述情况,我国亟需在下述三方面建构对科学实验进行伦理限制的相关制度:

第一,尽快起草和完善保护各类与人体相关的科学实验中受试者各项权益的法律,包括生命权、健康权、知情同意权、赔偿权,等等。尤其要对相关实验人员在违反这些规定时应受到什么样的处罚以及由哪些部门来执行相应的处罚做出详细的规定。第二,对于医学领域的临床试验更应加强监督管理。推行强制性的临床试验注册制度,以行政权力对所有临床试验进行伦理监督。第三,尽快建立独立于各实验机构的"伦理监督委员会"。委员会成员应

---

[1] 据新华社广州2018年1月21日电(记者肖思思、李雄鹰):"现已查明,'基因编辑婴儿'系南方科技大学副教授贺建奎为追逐个人名利,自筹资金,蓄意逃避监管,私自组织有关人员,实施国家明令禁止的以生殖为目的的人类胚胎基因编辑活动。调查组有关负责人表示,对贺建奎及涉事人员和机构将依法依规严肃处理,涉嫌犯罪的将移交公安机关处理。"但是,该消息并没有说明贺建奎等实验组织者的行为适用于哪条法律,具体会受到什么样的处罚。贺建奎最终被判入狱三年,罚款三百万元人民币,其罪名是"非法行医"。

[2] 《中华人民共和国刑法》第三百三十六条之一规定:将基因编辑、克隆的人类胚胎植入人体或者动物体内,或者将基因编辑、克隆的动物胚胎植入人体内,情节严重的,处三年以下有期徒刑或者拘役,并处罚金;情节特别严重的,处三年以上七年以下有期徒刑,并处罚金。

由伦理学家,以及独立于相关科学实验但具有相关学科知识的科学家共同组成。这些学者应在充分商讨的前提下对具体的科学实验的风险、可能给人类带来的利益、对受试者的影响、是否侵犯受试者权益等相关因素做出独立而专业的评估。同时,"伦理监督委员会"的相关意见应该成为科学实验是否可以进行的决定因素。那些没有通过伦理审查的科学实验,绝对不能擅自进行,否则实验相关人员将接受相应的处罚。而且,处罚条款也应具体列出。在科技飞速发展的今天,对科学实验进行严格的伦理限制势在必行,而在这方面我们还有许多事情要做。

目前,"基因编辑婴儿"技术还不成熟,是否能造福人类,世界各地的科学家们还没有达成共识。另外,"基因编辑婴儿"技术的大范围应用,在人伦关系和政治结构上可能引发人类社会的巨大变动。从伦理学者的角度来看,这些变动将后患无穷。因此,"基因编辑"技术的应用必须慎之又慎,每一步实验都必须在科学家和伦理学家反复论证、各方认可的基础上才能进行。另外,生物改良技术还有可能被某个阶层所垄断,例如以金钱为门槛,被富裕阶层所垄断,并由此而产生一个"超人集团"。如赵汀阳所言:"技术革命非常可能产生具有超强能力和绝对权力的'超人'统治。在最弱意义上说,超人将是一个新的统治阶级,而在更强的意义上说,超人将是一个极其强大的新物种,实力悬殊使革命失去了可能性。绝对强大的超人统治使阶级斗争成为古老故事,甚至出现'物种主义'而使种族主义成为可笑往事,所谓文明冲突也将成为历史。"[1]

---

[1] 赵汀阳:《天下秩序的未来性》,《探索与争鸣》2015年第11期。

第八章 能否重回直接民主？

数字时代如何在公共生活中表达自己的意见？需要通过政治代表吗？相比投诉、信访，网上曝光是更为便捷的途径吗？区块链技术能否用于民主选举？数字技术是否将人们带回一个直抒胸臆的时代？雅典城邦里曾经盛极一时的直接民主在今天是否可能？

如马克思所言，生产力决定生产关系，技术与制度之间同样存在着紧密的联系。新技术的应用和发展往往成为制度改良的根本动力。在数字时代，网络、智能终端、电子投票等数字技术的大规模使用不可避免地对现代国家的主要政治制度——民主制度产生诸多影响，甚至催生出一系列新的民主形式：电子选举、网络协商民主、区块链民主等数字民主形式应运而生。本章将依据数字技术对民主制度之影响的程度不同而区分三种形式的数字民主：电子选举、网络协商民主和舆情民主。这三种网络民主形式受到数字技术的影响依次增强。第一，在电子选举这一民主形式中，原有的民主制度受到数字技术的影响较小，仅仅是在既有民主机制的基础上，依靠方便快捷的数字技术进行电子投票；第二，网络协商民主是对原有民主制度的延伸和发展,借助数字技术扩展人们参与公共事务、阐发政治意见的制度性途径;第三,舆情民主在一定程度上是数字技术对传统民主决策机制的反叛,其主要机制是利用数字技术煽动民意以形成舆情,并试图超越原有的民主机制而获取政治领导权和决策权。下面,我将具体分析这三种数字民主形式的现状及其发展趋势,并讨论在数字技术的应用下,人们是否有可能回到直接民主制度。

1. 电子选举与区块链技术

政治选举是民主制度的重要内容。在数字时代,为了节约投票过程中的人力物力,许多国家都采用了电子投票的方式。由此,电子选举应运而生。电子选举指的是在既有的民主制度框架内,在选举政治代表或政治领袖的程序中采用数字技术进行投票。投票议决是民主制度的重要内容,数字技术的应用不仅能节约时间和经济成本,还能提高票数计算的准确性,甚至能让人们足不出户就完成相应的民主实践。因此,数字技术在民主制度中的应用最先就是从电子选举开始的。1981 年,乔姆(David L. Chaum)等提出第一个电子选举方案。[1] 此后,电子投票被越来越多地应用到选举过程中。2002 年 10 月,巴西在总统选举中全面采用电子投票;[2] 2004 年 5 月,超过 6.7 亿的印度人在电子投票机上选出了

---

[1] David L. Chaum, "Untraceable electronic mail, return addresses and digital pseudonyms," *Communications of the ACM* 24, no.2(1981):84-90.

[2] Diego F. Aranha and Jereon Van De Graaf, "The Good, the Bad, and the Ugly: Two Decades of E-voting in Brazil," *IEEE Security and Privacy* 16, no. 6 (2018):22-30.

议会下院的席位归属；[1]据统计，至2004年，有超过2/3的美国人在总统大选中采用了电子投票的方法；[2]近年来，德国[3]、挪威[4]、加拿大[5]等国也大胆尝试在选举中利用互联网进行投票。在我国，电子选举也在政治过程中得到广泛应用。1990年，我国第七届全国人民代表大会第三次会议第一次使用电子表决器；2005年上海市长宁区周家桥街道大家园居民区举办首届团支部直选，以网络投票直接选举的形式选出团支部书记和委员会班子；2010年台州椒江区海门街道枫南社区党支部选举中，在外地的流动党员通过网络投出了选票；2013年，无锡市率先在江苏省采用"民主选举系统"，进行换届选举"电子投票"。[6]

电子选举过程的实现依赖于完整的电子投票系统。为了保证选举程序的准确性和公正性，电子投票系统通常包括选民、候选人、授权中心、投票中心、审计中心和选举公告牌等基本角色。电子选举过程由下述几个阶段组成：准备阶段（依照相关法律法规确定候选人名单、登记选民正式身份信息）、选民资格验证阶段、投票

---

[1] Chrisanthi Avgerou, Silvia Masiero, and Angeliki Poulymenakou, "Trusting e-voting amid experiences of electoral malpractice: The case of Indian elections," *Journal of Information Technology* 34, no. 3(2019): 263-289.

[2] 张珂：《从美国总统大选看电子投票技术的新发展》，《学理论》2013年第8期。

[3] Melanie Volkamer, "Electronic Voting in Germany," in *Data Protection in a Profiled World*, eds. Serge Gutwirth, Yves Poullet, and Paul De Hert, Springer, 2010, pp. 177-189.

[4] Véronique Cortier and Cyrille Wiedling, "A formal analysis of the Norwegian E-voting protocol," *Journal of Computer Security* 25, no. 1(2017): 21-57.

[5] Brian Budd, Chelsea Gabel, and Nicole Goodman, "Online Voting in a First Nation in Canada: Implications for Participation and Governance," in *Electronic Voting*, Springer, 2019, pp. 50-66.

[6] 梅颖：《我国网络投票选举问题及对策研究》，《美与时代（城市版）》2015年第8期。

阶段、选举验证及计票阶段、公布选举结果阶段。从投票方式来看，依据投票地点不同，电子选举主要有两种形式：物理站点投票与远程网络投票。在物理站点投票中，选民须按照相关规定到指定投票站投票。而远程网络投票则允许选民通过网络进行异地投票，包括互联网投票、局域网投票、电子邮件投票等。[1] 从数字技术的应用及其对民主程序的影响来说，远程网络投票比物理站点投票的意义更大，对原有民主参与方式的改变更大，对数字技术的要求也更高。因此，本章将着重讨论电子选举中的远程网络投票。

如上所述，电子投票相比于传统的纸质投票有诸多优势：节约成本，提高效率，提高计票准确率，远程网络投票还能提高民主的参与率等。但电子投票也引发了一些新的问题，例如：网络实名验证可能导致隐私泄露；数据的集中化处理可能导致数据泄露、数据篡改、数据曝光（例如在遭到黑客攻击或者存在政治腐败的情况下），并最终破坏选举程序。正是考虑到电子选举可能出现的种种问题，一些学者提出了电子选举必须满足的几条技术标准。Fujioka等[2]学者认为，安全的电子选举方案应该具备以下八个核心特征：第一，完备性（Completeness），所有的有效选票都应该被准确统计；第二，公正性（Soundness），不诚实的选民不能干扰选举的正常进行；第三，保密性（Privacy），所有的投票都应该是保密的，除了选民本人，其他任何个人和机构都无法获知其投票内容；第四，准确性（Accuracy），每个选民只能一次投票，不能重复投票；第五，合法性（Eligibility），只有通过资格认证的合法选民才能参加投票；

---

[1] 参见杨骏：《电子选举研究综述》，《西华师范大学学报（自然科学版）》2023年第4期。

[2] A. Fujioka, T. Okamoto, and K. Ohta, "A Practical Secret Voting Scheme for Large Scale Elections," *AUSCRYPT*, 1992:244-251.

第六，公平性（Fairness），投票进行中，不能发生任何投票结果泄露，从而影响其他选民；第七，可验证性（Verifiability），任何人都不能伪造或篡改投票结果，选举结果应该接受选民和相关机构的验证；第八，无收据性（Receipt-freeness），选民无法获得投票系统的收据以向他人证明自己的投票内容，这一特性能够有效避免胁迫投票和选票买卖。与此同时，计算机领域的科学家们尝试采用混合信道、盲签名、同态加密、秘密分享、安全多方计算、视觉密码、区块链等多种技术方案来实现合法有效的电子选举。下面，我将重点分析区块链技术提供的解决方案，审视区块链民主是否能实现满足上述八方面要求的电子选举。

区块链技术具有四大特征：去中心化、不可篡改、透明度高和伪匿名性。第一，在区块链中，任意节点都可以直接发起交易，不需要第三方的信任背书，因此，在区块链网络中没有中心节点。而且，由于每个节点都有相同的数据账本，也就不会出现数据丢失的问题。第二，区块链的链式数据结构使得单个数据具有不可更改性。如果一个数据被改变，包括这一数据的区块的哈希值就要重新计算，后续所有区块的哈希值也都要重新计算。因此，除非有51%的参与者想改变某个特定记录，否则任何篡改都是无效的。第三，在区块链中，只有发起交易的账号信息是加密的，其他公共信息是公开的，任何参与者都可以使用公共端口获取数据。第四，区块链可以通过随机化区块链地址，保护用户信息，实现匿名性。区块链技术的这些特征很好地契合了人人平等、所有人的意见同样重要的民主理念，符合民主体制的制度要求。如中国学者王勇刚所言："去中心化、匿名性和非篡改性为主要特征的区块链技术，本质上是一种平等哲学在技术领域的运用。"[1]区块链民主也因此而成为电子选举的新兴发展领域。2015年,Zhao和Chan[2]第一次在电子投票中使用了区块链技术。此后,区块链技术得到进一步发展,出现了使用"智能合约"的区块链2.0和区块链3.0等投票方案。其中一些投票方案能够很好地满足Fujioka等学者提出的电子选举应具备的八个特征。[3] 当然,区块链技术也有其局限性。例如,区块链采用竞争性记账,这使得每笔交易在确认之前会被多个节点同时处理,这大大浪费了算力资源。由此,将区块链技术应用于大规模的选举活动,对于每个节点的计算能力以及网络速度仍然是一个巨大的考验。

2. 网络协商民主的新发展

"协商民主"这一概念最早由约瑟夫·贝赛特[4]在1980年提出,后经由伯纳德·曼宁[5]、约书亚·科恩[6]、约翰·罗尔

---

[1] 王勇刚:《机遇抑或挑战:区块链技术与当代西方民主困境》,《哈尔滨工业大学学报(社会科学版)》2021年第2期。

[2] Zhichao Zhao and T. H. Hubert Chan, "How to Vote Privately Using Bitcoin," *Information and Communications Security*, 2015:82-96.

[3] 参见杨子峰:《一种基于区块链的电子投票方案》,硕士学位论文,电子科技大学,2022。

[4] Joseph M. Bessette, "Deliberative Democracy: The Majority Principle in Republican Government," in *How Democratic Is the Constitution?* eds. Robert A. Goldwin and William A. Schambra, Washington, D. C.: American Enterprise Institution, 1980, pp. 102-116.

[5] Bernard Manin, "On Legitimacy and Political Deliberation," *Political Theory* 15, no.3(1987): 338-368.

[6] Joshua Cohen, "Deliberation and Democratic Legitimacy," in *The Good Polity*, eds. Alan Hamlin and Philip Pettit, Oxford: Blackwell, 1989, pp. 17-35.

斯[1]、哈贝马斯[2]等著名学者的讨论和发展而为人所熟知。主张协商民主的理论家们将协商民主当作传统选举民主框架下的补充和纠偏。虽然不同的学者对于人们之间什么样的交谈才能算得上是"政治协商"存在分歧，但他们都支持在投票之外人们应该充分地交换意见，通过商谈而达成共识。在协商民主理论的支持下，一些学者还设计出人们通过多渠道实现民主参与的具体路径，例如协商民意测验（deliberative polling）、参与式预算（participatory budgeting）等。虽然协商民主这一民主形式最先出现在西方竞争性民主制国家，但它很快受到亚洲学者的关注。何包钢将协商民主理论引入中国学界，[3]激发了中国理论界对协商民主的研究，也在制度上促进了协商民主的发展。

在数字时代，数字技术的引入为协商民主创造了更好的条件。借助网络的便利性，协商民主转变为网络协商民主。尤其是在新冠疫情的肆虐之下，通过网络参与公共事务成为协商民主的重要形式。在中国，各地方政府都积极建设人们参政议政的网络渠道，发展出诸多具有中国特色的网络协商民主形式，主要有以下几种：第一，网络定期专时协商模式。例如，在每年两会期间，人大代表、政协委员会通过网络平台与百姓互动、探讨相关提案，或通过网络调查收集民意，作为相关提案的参考。第二，网络专人协商模式。通过电话、电子邮件、网上留言等渠道收集人们关于公共政策的信

---

[1] John Rawls, *Political Liberalism*, New York: Columbia University Press, 1993.

[2] Jurgen Habermas, *Between Facts and Norms: Contributions to a Discourse Theory of Law and Democracy*, trans. William Rehg, Cambridge: Polity Press in association with Blackwell Publishers, 1996.

[3] 参见何包钢：《协商民主：理论、方法和实践》，中国社会科学出版社，2008。

息。例如,中央政府网站上的"我向总理说句话"留言板,为普通百姓开通了直接与政府首脑交流对话的网络渠道。相关留言会有专门的网络回应人综合各方政策予以回应。类似的还有人民网"地方政府留言板",这是各地方政府领导人与当地百姓之间的对话交流平台。第三,各政府部门网站都开通了举报、投诉渠道,通过电子邮件、电话等形式,人们能够更好地监督各级政府部门及相关企事业单位的工作,充分发挥协商民主的监督功能。第四,为了推动公共政策制度的民主化,一些地方政府还开展了有第三方决策机构参与的网络协商民主活动。总之,借助文字、图片、音频、视频、短视频、VR视频、无人机视频、H5、动新闻等数字媒体形式,网络协商民主发展出多种形式,这对于政府、政治领导和政治代表与公民的互动,发挥了一定作用。

从网络协商民主的各种创新来看,在数字技术飞速发展的背景下,公共治理与网络民意更为紧密地结合在一起。民意通过各种官方网络途径得以表达,这能够更好地推动民主的发展。然而,网络协商民主的路径通常由官方提供,而官方媒体提供的互动和交流平台还远远不能满足人们参与公共事务的要求。从中国目前的情况来看,微博、微信、公众号、视频号等自媒体也极为活跃。在数字时代,每个人都是一个"自媒体",每个人都可能掀起一场引爆舆论的风暴,而这样的舆论风暴又深深地影响着民主政治的发展。

3. 舆情对民主制度的颠覆

如果说电子选举使得原有的民主程序更为高效,网络协商民主是选举民主的有益补充,那么舆情所主导的民主则是对传统民主制度的颠覆。这里需要特别强调的是,"舆情民主"并不是一种切实存在的民主形式,而是在数字技术的应用之下,公众在网络世界中的各种议论以及形成的舆情对民主决策的影响。事实上,目前学术界并没有出现"舆情民主"这一概念,这是因为绝大部分学者并不认为由舆情主导的民意混战是一种新的民主形式。近几年来,舆情对政治的影响在许多方面扭曲了传统的民主决策。从这个意义上来说,"舆情民主"是对民主制度的颠覆和反叛。

2016年,美国共和党总统候选人唐纳德·特朗普依靠自媒体的力量成功当选美国总统,当选之后又推出"推特治国"。这是"舆情民主"取得政治胜利的典型案例。从这一案例中我们可以看到自媒体对于舆论控制的强大力量,以及公共意见对于民主票决的决定性意义。特朗普是美国政坛的新手,他要赢得大选就必须挑战共和党和民主党的"建制派"精英。这些政治精英在媒体、文化、学术、经济等领域占据大量资源。尤其是他们掌握的主流媒体资源,对于特朗普极不友好,这使得特朗普在民主选举中处于非常被动的局面。对此,特朗普的策略是故意挑战传统媒体以及建制派所遵循的"政治正确"等基本规则,以各种出格的言论不断制造轰动效应,吸引选民的目光。与此同时,他还充分利用自媒体笼络自己的支持者,并借助他们来影响舆论。特朗普的支持者多为中下层美国白人,他们在社会资源的分配中处于弱势地位,天然地对代表各界精英的"建制派"抱有敌意。特朗普正是利用了这部分人心中的"失落",以"让美国重新伟大""美国优先"等政治口号包装出一种新的美国民族主义,团结这部分选民。在被移民、全球化导致中产阶级收入缩水、传统工业衰落等问题困扰的美国社会,这些政治口号产生了极大的感召力。例如,特朗普在竞选中经常强化"我们 vs. 他们"的论调,有意激起矛盾,一方面制造话题,另一方面,通过斗争来团结自己的支持者。在2016年的美国大选中,这些被笼络的忠实粉丝恰好处于决定大选命运的"摇摆州"。这就使得特朗普的"推特民主"发挥了四两拨千斤的神奇功效。

在互联网得到充分应用的数字社会,现实政治中的民主被搬到网络上,但由于目前各国仍然缺乏充分的、制度化的网络民主途径,网络民主往往停留在舆论混战的层面。原先的民主程序演变为舆论混战+民主票决。从这个意义上来说,谁打赢了舆论战,谁就能在正式的民主投票中打赢政治战。特朗普正是通过以自媒体为阵地的舆论战而赢得了美国大选。网络技术的应用促进了自媒体的兴起,扩展了新闻自由与言论自由。在新媒体时代,每个人都可能成为一个媒体,每个人都能拿起大喇叭高声疾呼自己的政治主张。那些拥有众多粉丝的自媒体甚至拥有了超越传统主流媒体的影响力。网络时代的舆论就像起伏涨落的潮水,拥有了翻云覆雨、载舟覆舟的力量。网络技术对于人们言论自由的扩展,一方面,有助于人们的沟通对话以及真实民意的表达,有利于民主政治的发展;另一方面,舆论的无序和多变也可能扭曲民意,对民主政治造成致命的伤害。具体说来,"舆情民主"可能有下述四方面的问题。

第一,舆情经常受到资本和流量的左右,混淆是非,无法反映事实真相。2016年11月22日,牛津词典把"后真相"(post-truth)评选为2016年年度词汇,其含义是"诉诸情感及个人信念,较客观事实更能影响民意"。"后真相"正是网络时代的舆论特征,尤其是在特朗普当选以及英国脱欧公投等民主过程中表现得尤为明显。在网络舆情风暴中,人们被各种政治信念所刺激而罔顾事实。一些别有用心的政治野心家往往站在道德制高点,利用各种公共事件煽动民意,并在资本和流量的裹挟下达到自己的政治目的,对于事实的真实描述却被人们抛之脑后。在传统媒体时代,事实真相可能被主流媒体所遮蔽。而在自媒体时代,虽然出来说话的人越来越多了,但这并不代表真相能越辩越明。因为资本支持的拥有众多粉丝的自媒体的影响力远远超过其他自媒体,而这些新的舆论中心也可能罔顾事实、编造事实,以实现自己的政治目的。只有在搞清事实真相的基础上,才可能做出正确的价值判断,也才可能反映真实的民意。"舆情民主"缺少了事实的根基,只能扭曲民意。

第二,在自媒体舆论场中存在着许多"意见领袖"(网络大V),然而他们并不是"人民的代表",不具有政治正当性,很难反映真实的民意。新媒体时代形成了以自媒体为核心的粉丝文化和粉丝经济。在粉丝经济中,只要拥有足够的流量就能创造利润。因此,所有的自媒体都希望能尽量多地吸引流量,吸引听众、观众的注意力,这也被称为"注意力经济"。一些自媒体通过鲜明的政治立场或异于常人的表现而吸引大家的注意力,这些自媒体逐渐成为公众心中的"意见领袖",主导着舆论动向。然而,从制度层面来说,这些网络中的"意见领袖"并非通过合法程序选举出来的政治代表,他们不能代表民意,也不能代表人民的利益。从这个意义上来说,舆情所塑造的"意见领袖"并不能很好地传达民意,却往往造成民意的扭曲。

第三,舆情民主加剧了政治决策的非理性化。正如联邦党人所说:"在所有人数众多的议会里,不管是由什么人组成,感情必定会夺取理智的至高权威。如果每个雅典公民都是苏格拉底,每次雅典议会都是乌合之众。"[1]非理性、容易受到情绪的左右,这是民主政治的一大弊端。尤其是在人数众多的直接民主过程中,理性的个人往往被众人裹挟,而最终做出非理性的决策。在数字时代,网络传播的特征更是加剧了这一问题。在网络传播中存在着人们关注或接收的信息随着自己的志趣爱好而不断窄化的现象,这被称为"信息茧房"。网络时代是流量时代,所有的商家、媒体都试图依据人们已有的兴趣和倾向来推荐新的信息或商品。由此,"信息茧房"成为网络传播中的一大弊端。在民主政治中,这种"信息茧房"效应还可能被政治家有意利用。在2016年大选期间,8700万脸书用户的信息被泄露给了政治咨询公司"剑桥分析",后者则根据这些脸书用户的政治倾向来发送政治广告,以帮助特朗普赢得大选。这一事件标志着舆情民主对传统民主政治的颠覆,也使得特朗普当选的合法性受到质疑。在政治现实中,"信息茧房"的存在可能导致不同的政治意见不断被强化,并最终导致意见极化,形成"极端政治"(extreme politics)[2]。民粹主义在网络时代兴起,就是政治极化的表现。由此看来,舆情民主表面上可以"密切联系群众",重回直接民主,成功塑造魅力型领袖,实则煽动群众斗群众,是数字环境下的批斗和"大字报"。

第四,舆情民主使得民主固有的弊端"多数人暴政"问题凸显。

---

[1] [美]汉密尔顿、[美]杰伊、[美]麦迪逊:《联邦党人文集》,程逢如、在汉、苏逊译,商务印书馆,2007,第283页。

[2] 参见王希对"极端政治"的解释:"所谓'极端政治',即在政治竞争中采取不妥协的立场,追求一种极端化的目标。如果两党均采取不妥协的态度,'极端政治'便有可能演化成为'极端化政治'或'极化政治'(polarized politics),并导致宪政体制的低效和瘫痪。"(王希:《特朗普如何赢得了2016年美国总统大选?》,载王希、赵梅主编《重新认识美国:来自当代的反思》,江苏人民出版社,2022,第1—42页。)

"多数人暴政"指的是多数人的意见对少数人自由的侵犯,这是民主政治难以逃脱的悖论。在传统的代议制政治制度中,解决"多数人暴政"的制度设计是"宪法",以法律划定多数人意志和行为的底线。亦即,一个决策无论得到多少人的支持,也必须符合宪法,不能超出法律的界限,不能侵犯他人的基本权利。打个比方,苏格拉底是被雅典城邦的直接民主制度判处死刑的。那时的民主制度还没有与宪法有机地结合在一起,缺乏有效的个人权利保护机制。相反,如果是在与宪法相结合的代议制民主制中,苏格拉底的言行虽然引起了超过半数公民的反感,但如果他并没有犯下杀人越货的罪行,就不会被判处死刑。因为他的生命权、言论自由等基本权利是受到宪法保护的,即使大多数人想要剥夺他的生命权,也是不可以的。然而,在网络世界中,法律对人们行为的监管存在着天然的困难。尤其是在没有"实名制"的情况下,网络常常成为"法外之地"。在网络世界中,"意见领袖"呼风唤雨,网络"水军"一呼百应。网络暴力成为一种新生的、难以防御和规范的暴力形式。如国内学者林爱珺所言:"网络暴力是一种借助网络舆论的力量对他人进行肆意人身攻击的狂热盲从行为。这种行为往往由一个人发起,参与人数众多,公众互动频率高,跨平台传播,不仅成本低、追责难且危害后果不可预测、不可控制。网络'施刑者'往往占据道德制高点,以'跟帖''扒皮'的形式进行'人肉搜索',无底线地粗野叫骂、诋毁、肆意侵犯当事人人格,以此获得发泄快感和道德优越感,这实质上是一种'以暴制暴'的网络私刑,是一种集体声讨式的网络'暴政'。"[1]网络暴力的存在及其监管困境使得"多数人

---

[1] 林爱珺:《网络暴力狂欢的反思与规制》,《人民论坛》2022年第9期。

暴政"这一直接民主的最大弊端再次浮出水面。试想,如果苏格拉底活在今天的网络环境下,大概率会成为"网暴"的对象,苏格拉底不一定会因舆论主导的道德审判而被判处死刑,但一定会被网络舆论"污名化",甚至造成其"社死"。

从上述四个方面来看,充分的言论自由催生了诸多问题,资本和流量对民意的控制、"意见领袖"的非代表性、乌合之众的非理性,以及"多数人暴政"给普通人带来的伤害,这些网络舆论的根本性问题对民主政治造成了破坏,甚至可能颠覆既有的代议制民主。

4. 数字民主展望

通过上述分析我们看到,在数字技术得到普遍应用的背景下,民主制度的数字化发展主要呈现出三种路径:电子选举、网络协商民主和舆情民主。在这三种路径中,首先,电子选举对民主制度的改造最小,只是在投票过程中采用了电子投票。其次,网络协商民主是原有代议制民主的延伸,增加了人们通过网络参与公共事务的途径。但是,从目前情况来看,网络协商民主的参与率还比较低,对原有民主制度的拓展还很有限。最后,舆情民主有将代议制民主拉回到直接民主的倾向,所有网民不用选出代表就可以参与公共讨论,对公共事务发表自己的意见。但是,由于网络传播的种种弊端,公共舆论往往扭曲民意,导向非理性的政治决策,最终破坏民主政治。那么,民主制度的数字化到底应该走哪条路径,人类有没有希望借助数字技术的普遍应用而回到理想中的直接民主呢?

直接民主与间接民主孰优孰劣的问题一直是民主研究者们热

议的话题。支持直接民主优于间接民主的学者认为,直接民主不用选代表,每个人直接表达自己的政治意见,因此不会造成民意被曲解,是更好的民主形式。相反,支持间接民主(亦即代议制民主)的学者则认为,直接民主不利于民意的过滤,许多人聚在一起容易受到激情和欲望的驱动,做出非理性的政治决策,强化"多数人暴政"的破坏作用。尤其是在人数众多的直接民主过程中(例如全民公投),人们对于一些复杂的问题缺乏清楚的认知,往往在政治野心家的蛊惑之下做出错误的选择。从历史进程来看,在国家的疆域扩大、人口增多,以及文化多样化的背景下,民主政治的规模也必然扩大。人数众多的直接民主也就越来越难以实现。正是在这些因素的作用下,在13世纪的英国形成了代议制民主,人们通过选举代表而间接参与公共事务。目前,各国的议会通常是几百人到几千人,这已经是人们能够面对面地进行公共讨论并最终形成政治决策的人数上限。

在数字社会,数字技术的普遍应用似乎让人们拥有了回到直接民主的可能。试想,如果所有成年公民都能够进行网络实名认证,能够通过最新的区块链等技术手段实现安全的网络投票,那么国家的重大事务是否可以通过这种直接网络民主的方式得以实现呢?然而,目前网络民主暴露出的各种弊端让学者们对这一点感到非常悲观。例如国内学者张爱军认为:"从人数来说,中国网民数量达9亿之多,属于超大型民主。如果在超大型民主上没有人民代表大会制度、中国共产党领导的多党合作和政治协商制度作为前提和基础,仅靠网民实行网络民主,每一个人表面上按鼠标就完成了投票,但是投票结果却可能完全不是个人所要的结果。网络举行民主不但是零和博弈,而且有时甚至是负和博弈,以网络民主投票的方式使真正的民主瞬间消失。"[1]

从目前数字技术与民主制度相结合的情况来看,直接的网络民主演变成了上述舆情民主的形式。而鉴于舆情民主存在的种种问题,笔者认为,只有在现有民主制度充分发展,数字技术充分普及的基础上,理想的数字民主才可能实现。首先,在数字技术的普及方面仍然存在着"数字鸿沟",也就是说不是所有公民都有充足的设备和能力参与到网络民主事务中。中国互联网络信息中心(CNNIC)发布的第49次《中国互联网络发展状况统计报告》显示,截至2021年12月,中国网民规模达10.32亿,互联网普及率达73.0%,其中城镇地区互联网普及率为79.5%,农村地区互联网普及率为57.6%。[2] 从这一统计数据来看,城市居民与农村居民的上网普及率还存在重大差距。因此,如果所有的民主程序都通过网络进行的话(例如设想中的直接网络民主形式),那么将会有许多农村公民被排除在外,而这将使得网络民主失去政治正当性和代表性。其次,有效的数字民主形式还依赖于现实民主制度的发展和完善。例如,公共政策决策机制的民主化,政治代表推选的规范化,以及协商民主参与率的提高,等等。只有在现实民主制度充分发展、人们参与公共事务的民主素养得到提高的情况下,数字技术的应用才可能发挥推动民主化进程的作用,而不是造成民主政治的崩溃。

综上所述,数字技术的普遍应用深刻地影响着民主制度的发

---

[1] 张爱军:《网络民主崩溃论》,《党政研究》2021年第2期。
[2] 参见第49次《中国互联网络发展状况统计报告》,中国互联网络信息中心,2022年2月25日,https://www3.cnnic.cn/n4/2022/0401/c88-1131.html,访问日期:2024年9月9日。

展。电子选举、网络协商民主以及舆情民主等数字民主形式相继出现。这些民主形式在一定程度上提高了既有民主制度的效率，拓展了人们参与公共事务的途径，但也凸显了直接民主形式的种种弊端，甚至可能导向网络暴民政治。因此，只有在现有民主制度不断完善以及数字技术进一步发展的基础上，才可能建构切实可行的数字民主制度。

第九章 舆情如洪水

"丰县铁链女""唐山打人事件"……近年来，一系列舆情事件引发了太多人的关注，也暴露出既有措施在应对"舆情"方面的无力。"舆情"是洪水，治理洪水应该借鉴大禹治水的智慧，以疏导为主，而非单纯地围追堵截。从根本上来说，"舆情"是民意的表达，顺应民意，理应成为舆情治理的基本原则。

民主既是一种重要的政治价值，也是现代国家核心的政治制度。民主的本质是人民的统治，而人民统治的前提则是民意得到表达，并且在政治共同体中形成人民的意志。在两千多年的演化过程中，民主制度从最开始的直接民主转变为现代国家普遍采用的代议制民主，在网络技术飞速发展的背景下，又出现了各种形式的网络民主。在这个过程中，民主是否成功，人民的统治是否得以实现，关键取决于真实的"民意"能否得到有效的表达。本章正是从"民意"表达的视角出发，提出将"舆情"应对与民主制度的创新结合起来，建议建立全国人民代表大会的舆情沟通机制。例如，在我国各级人民代表大会下设立专门分析和回应"舆情"的常务委员会，以了解真实的"民意"，推进政治制度的民主化。

1. 民主的本质是民意表达

民主最初的制度雏形出现在两千多年前的古希腊城邦。因此，对于民主是什么，我们可以追溯至民主这一概念在西方语言中的含义，以及古希腊城邦中人们对民主的记述。首先，"民主"一词源自希腊文"demokrafia"，由"demo-"和"-krafia"两部分组成，demo 的含义是人民或民众，krafia 的含义是统治。因此，从字面含义来看，所谓民主就是"人民的统治"（the rule of people）。其次，民主制度最初的雏形是古希腊城邦中的直接民主。伯里克利曾担任雅典城邦的执政官，他的一系列改革使雅典进入了民主的"黄金时代"。伯里克利在其著名的《阵亡将士的葬礼演讲》中对何谓民主进行了论述："我们的制度之所以被称为民主政治，是因为政权在全体公民手中，而不是在少数人手中。"[1]

如果我们参照美国第 16 任总统林肯对民主政府的著名表述"民有、民治、民享"[2]，那么，民主的重点在于"民治"，民治是民有和民享的制度基础。[3]

然而，民主的核心在于"民治"这一观点却可能受到"寡头铁律"的挑战。"寡头铁律"是 20 世纪意大利政治思想家米歇尔斯（Robert Michels）总结出的政治规律，其含义是：无论一个社会采取

---

[1] 〔古希腊〕修昔底德：《伯罗奔尼撒战争史》，谢德风译，商务印书馆，1960，第二卷第四章。
[2] 这一表述出自林肯 1863 年 11 月 19 日所做的《葛底斯堡演说》。
[3] 在这一点上，中国传统的"民本思想"与西方的民主传统有重要区别。"民本思想"强调的是民享和民有，并不特别主张民治。参见拙作《论黄宗羲的民本思想与西方民主理论之区别》，《齐鲁学刊》2016 年第 6 期。

什么政治制度，最终都无法避免少数统治的结局。除米歇尔斯之外，还有好几位20世纪颇具影响力的意大利学者都对这一规律有过深入论述，例如加塔诺·莫斯卡（Gaetano Mosca）、帕累托、葛兰西（Gramsi）等。这里我们可以参照莫斯卡的论述："在所有社会中——从那些得以简单发展的、刚刚出现文明曙光的社会，直到最发达、最有实力的社会——都会出现两个阶级——一个是统治阶级，另一个是被统治阶级。前一个阶级总是人数较少，行使所有社会职能，垄断权力并且享受权力带来的利益。而另一个阶级，也就是人数更多的阶级，被第一个阶级以多少是合法，又多少是专断和强暴的方式所领导和控制。"[1]

"寡头铁律"确实非常符合人们对国家政治结构的观察。无论一个国家是否自称是民主制度，行使国家权力的总是少数掌权者，而不是普通的人民大众。可以说，任何国家的权力结构都呈现为一种等级式金字塔。那么，这是否决定了所谓"人民的统治"是不可能的，民主制是天方夜谭呢？笔者认为，答案是否定的。因为，民主的本质是"人民的统治"，但这并不意味着人民直接行使统治权，而是人民的意志通过具体的权力机关行使统治权。而任何权力机关，如果想要将某种意志转变为人们具体的行动的话，就一定具有金字塔式的结构——职权大的人数少，而职权小的人数多。例如，一个国家中部长的人数少于局长的人数，局长的人数少于处长、科长的人数，等等。如果一个权力结构不是等级式的金字塔结构，就会在某些节点上形成"一仆二主"的情况，而这将使人们无所适从，导致整个权力机制失去实际效力。因此，无论是民主制、贵

---

[1]〔意〕加塔诺·莫斯卡：《统治阶级》，贾鹤鹏译，译林出版社，2002，第97页。

族制还是君主制,从表面上来看,其政治权力结构都是等级式的金字塔形,似乎都是"少数人统治"。

民主制不同于君主制和贵族制的根本特征在于,金字塔式的政治权力结构贯彻的是人民的意志,而不是贵族的意志、君主的意志或少数人的意志。例如,在代议制民主中,民意的表达和共同意志的形成最终体现为立法。代议制民主最重要的制度设计是议会。议会是由人民的代表组成的,议会的核心权力是立法权。因此,在代议制民主制中,法律是人民意志的表达,而行政机关、司法机关都必须遵守和执行法律。议会是民意表达以及形成人民意志的机制,而行政和司法则是在执行人民的意志。因此,所谓"民治",更多地体现为人民的意志通过权力机关而得到执行,并非所有人直接进行统治。人民大众或者多数人无法直接统治,只有金字塔式的权力结构才可能准确无误地执行某种意志,使国家这个巨大的"利维坦"行动起来。正如密尔在《代议制政府》一书中所说:人数众多的代议机关擅长的是意见的交锋、集思广益、重大决策之前的充分讨论,等等。代议机关的职责在于给出意见,而不在于命令或政策的执行。[1] 总之,民主的实质在于民意的表达,并在此基础上形成共同意志,而整个国家机器都致力于贯彻这一共同意志。在民主制国家中,法律就是人民的意志。相反,在非民主制国家中,法律可能是君主、贵族或少数人意志的表达。

---

〔1〕 参见〔英〕J.S.密尔:《代议制政府》,汪瑄译,商务印书馆,2007,第72页。

2. 代议制民主的困境

现代国家大多采用代议制民主形式,代议制民主的形成以13世纪英国下议院的产生为标志。在下议院产生之前,英国一直存在着协助国王做决策的咨询机构。在威廉征服之前是"贤人会议",在威廉征服之后是"御前会议"。"御前会议"的成员主要是大地主、少数主教以及一些宫廷官员。那么,为什么将民选的议会作为代议制产生的标志性事件,而不是将早已存在的"贤人会议"或"御前会议"作为代议制的开端呢?这就与民主的本质相关。如上所述,从根本上来说,民主的核心是人民的统治,而这种统治是通过立法、行政、司法等权力机关将人民的意志执行下去。因此,民主的首要任务就是要形成"人民的意志"。要形成"人民的意志"就必须有真实"民意"的表达。而在组成英国代议制的三个权力主体——国王、上议院和下议院——中只有下议院是人民直接选举产生的代表组成的权力机关。因此,也只有下议院才通过制度设计传达了真实的"民意"。正是出于这一原因,在政治制度史上,人们通常将1256年的"西门议会"作为代议制民主产生的标志。因为,正是从这次议会开始,民选代表(骑士与市民代表)第一次登上了分享统治权力的历史舞台。

民主的根本在于反映真实的民意。然而,在这一问题上,现代国家的主要政治制度——代议制民主——却存在"硬伤"。代议制民主的基本运行方式是由选民选出代表,再由代表代为表达民意并对公共事务做出决定。相比于古希腊城邦的直接民主,代议制民主并没有为人们提供直接参与公共事务的机会。从整合政治力量的角度看，代议制民主很好地平衡了大众和精英这两种政治势力：精英做决策、大众选代表。通过选举代表，大众与精英之间的利益协调起来，缓解了大部分的政治冲突。然而，这种协调仅仅是表面上的。因为，选民（大众）在投票选出代表（精英）之后就失去了对代表的实质性控制。正像法国哲学家卢梭所感叹的："英国人自以为是自由的，他们是大错特错了。他们只有在选举国会议员期间，才是自由的。议员一旦选出之后，他们就是奴隶，他们就等于零了。"[1]因此，一个政府是否能真实地代表民意成为代议制民主能否成功的关键。

在《代表的概念》一书中，汉娜·皮特金（Hanna Fenichel Pitkin）重申了什么是"代表性政府"，以及代表性政府的职能和责任："代表性政府必须存在能让被代表者表达其意愿的机制，同时这个政府还必须对他们的意愿进行回应，除非政府有很好的理由去违背他们的意愿……代表性政府不是由一时的某种行为所界定，而是由长期的系统安排所界定——由制度和政府运作的方式。代表性政府必须具有专门的旨在确保并且事实上也确保政府会对公众的利益和意见进行回应的制度。"[2]在皮特金看来，一种代议制民主在具体的选举过程中可能会采用地理选区制或比例代表制，在权力安排上可能是总统制或议会制，在政治势力的角逐中可能有党派，也可能没有政党；但是，如果其制度称得上是代议制民主，其政府称得上是代表性政府，其制度性设计就必须能够反映真实的民意并对民意做出回应。

---

[1]〔法〕卢梭：《社会契约论》，何兆武译，商务印书馆，2005，第121页。
[2]〔美〕汉娜·皮特金：《代表的概念》，唐海华译，吉林出版集团，2014，第284、287页。

在代议制民主中,民意的表达通过选民选出代表,由代表代为表达。在现实政治中,这样的选举过程有可能受到"党争""资本""教派""种族"等多种因素的干扰,使得民意得不到真实的表达,而以竞争性选举为核心的民主程序则沦为党争的工具。正如国内学者杨光斌所言:"'选举式民主'的实质是'党争民主',而政党背后则是阶级、种族或宗教,'党争民主'因此加剧了固有的社会分裂。这样,很多新兴国家不但未能实现政治现代化,反而是普遍性的政治衰败。"[1]在现代国家中,代议制民主所导致的民意扭曲不仅反映在其制度设计的困境中,也具体地体现在民意调查的数据中。依据国内学者佟德志的研究:"2016年,英国的'脱欧'公投同时表明,代议制本身越来越离开人民,无法代表人民。在这次公投之前,有76%的下议院成员认为留在欧盟符合英国的最佳利益,然而,在公投中却有52%的公民选择脱离欧盟,人民与人民的代表之间的距离可见一斑。"[2]然而,民意要是得不到真实的表达,代议制的民主程序就不再具有合法性,其得出的政治决策也就失去了正当性。

3. 民意表达与舆情应对

制度的演变与技术的进步息息相关。半个多世纪以来,网络技术飞速发展,这在很大程度上改变了人们的表达方式。由此,民意表达在网络时代有了新的途径和形式。网络技术的"即时性"

---

[1] 杨光斌:《自由主义民主"普世价值说"是西方"文明的傲慢"》,《求是》2016年第19期。

[2] 佟德志:《解读民粹主义》,《国际政治研究》2017年第2期。

"多对多"等特征使得民意表达更加快捷,但也变得更加随意;信息交流不再是单方面的,而更多是互动的。在信息传播方面,网络技术的发展和普及对传统媒体造成了巨大冲击。广播、电视、报纸等传统媒体不再是人们获取信息的唯一途径,国内的博客、微博、微信、抖音、B站,国外的推特、脸书,还有各种社区论坛等,都成为人们交换信息、交换意见的虚拟空间。在这种多元互动的交流环境下,事实与真相是什么正在变得越来越模糊。2016年,"后真相"一词被《牛津词典》评选为年度词汇。对于许多人来说,这标志着"后真相时代"的到来。在"后真相时代"人们不再关注事件本身的真相是什么,而是更容易受情感、偏见或信仰的左右,去相信那些自己愿意相信的"事实"。

"后真相"一词的提出似乎意味着,在互联网时代真相不重要了,或者人们已经不再追寻真相了。然而,笔者认为,这种看法是错误的。后真相时代并非无法探知"真相",也不是人们对什么是"真相"不感兴趣了;恰恰相反,在"后真相时代",人们对"真相"的渴求愈加迫切,因为他们可能从不同的渠道听到不同的声音,他们急切地想知道哪些是"谣言",哪些是"真相"。相比于传统媒体时代,"后真相时代"的根本性变革是自媒体的兴起。因此,"真相"被模糊的背后是传统的主流媒体和新兴的自媒体之间在争夺"真相"话语权上的斗争。在这场斗争中,如果传统主流媒体总是停留在长篇累牍报道"场面话""大话""空话"的水平,那么必将被自媒体打败。具有讽刺意味的是,在"后真相时代",谁切实地报道"真相",谁就会成为最后的赢家。因为,只有一个声音的时代结束了,人们再也回不到那个全家只有一个收音机的时代,听众和看客可以从不同的渠道听到不同的声音、看到不同的画面,这使得"谎言"

更容易被揭穿。当然,"谣言"传播的速度和范围可能借助互联网而激增,但也很快被真实的"辟谣"信息所阻断,除非那根本就不是"谣言"而是"真相"。由此,在后真相时代,任何社会矛盾都可能演变为一场"信息战",而谁将在这场战争中获胜,取决于谁最终站在了"真相"一边。

在互联网时代,每天都有大量信息在网络上来回激荡。其中有一些信息或意见可能引发大量关注,这些信息通过不断被转发、评论,甚至是歪曲而成为"舆情",在一段时间内吸引社会中大部分民众的注意力。引发"舆情"的大多是与执法和行政相关的公共议题,而人们在这些公共问题中表达的通常是平等、公平、正义等政治诉求。因此,如何应对舆情,正日益成为一个关系到政治秩序稳定、国家平稳发展的重要问题。对于"舆情"的分析和应对,我们应该首先看到新技术带来的有益变化。"舆情"虽然是由网民们不断转发、评论甚至歪曲形成的,但它仍然在一定程度上反映了存在的社会问题,表达了真实民意。事实上,越是真实反映社会现实问题、真实表达民意的互联网信息,越是能获得更多人的关注,也就越容易形成"舆情"。因此,我们应该认识到,舆情虽然掺杂着网民的情绪发泄,甚至是民粹主义的极端诉求,但其中也包含着重要的真问题。为了更好地应对舆情,我们应该在理性分析的基础上切实解决相关的实际问题。如果相关问题得到了妥善解决,"舆情"自然就消退了。依据邝良锋和罗昱夫的实证研究:"产生舆情事件的原因是回应不足。地方政府能否及时回应相关公共问题成为这些公共问题能否演变成舆情事件的根本原因。大部分网络舆情从酝酿到爆发和扩散,再到反复和消减,都与社会公众需求是否得到积极回应密切相关。"[1]换言之,那些得到了及时回应、相关问题得到及时解决的事件并不会引发舆情。

由于"舆情"的传播面广、受众面大,而且都与公平、正义等公共事件相关,所以"舆情"应对机制理应成为政治制度的重要组成部分。目前,在我国的政治体制中专门应对舆情的组织部门是"网信办"。2011年5月,我国成立了国家互联网信息办公室(以下简称"网信办"),并于2014年2月成立了中央网络安全和信息化领导小组。全国各省市县也纷纷成立了互联网信息办公室以及网络安全和信息化领导小组,专门负责监督和引导舆情。在遭遇舆情时,各级网信办协同各级政府机关对相关问题进行处理。也有一些地方政府,将网络舆情的监测、预警、上报和应对决策外包给省市所属的新闻媒体单位或是舆情公司进行处理。就目前的"舆情"应对机制来看,其功能侧重于监测和引导公共意见,通过相应的审查手段来控制网络信息的传播。然而,这种应对方式很难正视舆情所反映的真实民意,也无助于切实解决社会中存在的相关问题,从而常常使政府对舆情的处置陷入被动。这套机制的最大问题就是缺乏一个专门的、有足够权力的机构对舆情所反映的问题做出统一的回应。从近几年一浪高过一浪的"舆情"来看,目前的舆情应对机制更像是隔靴搔痒,治标不治本,最终收效甚微。笔者认为,要真正有效地应对舆情,需要建构一个强有力的权力机关,在分析出真实民意的基础上协同各权力部门,切实解决舆情所反映的社会问题。

如上所述,代议制民主的困境在于真实民意的表达。在互联

---

[1] 邝良锋、罗昱夫:《网络舆情的实质与治理——基于新冠肺炎的舆情分析》,《华南师范大学学报》2021年第2期。

网时代,民意表达已经不再依赖于原有的代议机关,而是可以通过网络直接表达。网络上波涛汹涌的舆情正是在新技术广泛应用的背景下真实民意的一种表达形式。长期以来,我们习惯于将"舆情"视作洪水猛兽。然而,治理"洪水"绝不能采用围追堵截的方式,而是要切实解决问题,疏导民意。"水能载舟亦能覆舟",古老的政治智慧在新技术的背景下并没有过时。在互联网时代,舆情就是民意,就是载舟之水,而政治学者应该提供更好的制度设计以规范民意的表达,最终实现人民的统治。

4. 舆情在民主政治建设中的作用

网络技术与民主制度之间的关系是怎样的?这是当代政治学者关注的一个重要议题。一些学者认为,互联网是有利于民主的。例如,阿尔文·托夫勒(Alvin Toffler)在《第三次浪潮》[1]中提出网络民主带有"半直接民主"或"直接民主"的性质,并且有可能取代代议制民主。当然,也有学者对互联网技术与民主化的关系持否定态度。例如凯斯·桑斯坦(Cass Sunstein)在《网络共和国》[2]中表达了对网络交流中的群体极化现象的担忧。在互联网与民主的关系问题上,笔者认为,在相关制度创新能够有效运行的情况下,网络技术的普及将大大有助于真实民意的表达,并最终推进政治的民主化进程。技术与制度之间存在着相互促进的关系。因此,制度的改进一定要跟上技术发展的脚步,否则不合时宜的制度

---

[1] 〔美〕阿尔文·托夫勒:《第三次浪潮》,黄明坚译,中信出版社,2006。
[2] 〔美〕凯斯·桑斯坦:《网络共和国:网络社会中的民主问题》,黄维明译,上海人民出版社,2003。

将阻碍社会的进步。从目前的发展来看，在互联网逐步普及的趋势下，人们极有可能绕过代议制民主的种种遗憾直接表达民意，实现某种形式的直接民主。在西方制度史上，代议制民主是在国家规模扩大，人口增多，人们之间的交流、商议和决策变得越来越不方便的情况下产生的。随着网络技术的发展，国家规模和人口数量虽然仍然对直接民主构成障碍，但这些障碍却变得越来越容易跨越。在制度设计上，我们可以进行一些体现直接民主观念的制度尝试，并逐步设计出能够真实表达民意的民主制度。

在具体的制度设计上，笔者认为，应该把舆情应对与民主制度的创新结合起来。应对舆情，应以解决实际问题为宗旨，而不是以删帖、封号等简单粗暴的手段堵住信息的传播。因为，这些审查手段并不能解决实际问题，只会掩盖问题、加深社会矛盾。舆情很可能是真实民意的表达，正是从这一点出发，民主制度的改进一定要重视舆情，并设计相应的民意过滤机制，最终解决舆情所反映的现实问题。结合中国目前的民主制度，我们可以构想这样的创新：在全国人民代表大会下设立一个"舆情分析与对话委员会"。这是一个常设机构，由全国人民代表大会授权，分析和应对舆情中反映的各种问题。这个委员会由人大代表轮流担任，任期两年，包含社会各领域的专家和学者，人数在30人左右。"舆情分析与对话委员会"的职责在于对舆情反映的各种问题进行甄别，并责成和协调行政机关、监察机关、审判机关、检察机关等权力部门共同解决相关问题。构想中的"舆情分析与对话委员会"可以分为"舆情分析"和"舆情对话"两个部门。"舆情分析部门"负责对相关"舆情"（例如累计阅读量达到1亿以上）所反映的社会热点问题进行核实，力求客观真实地反映确实存在的问题。在相关社会问题得到澄清、确凿无误的情况下，"舆情对话部门"有权对社会问题涉及的"公权力"滥用等情况进行问责,并限定相关权力部门在一定期限内整改或给出答复。如果舆情所反映的社会问题涉及的法律法规有不合理的规定[1],"舆情分析与对话委员会"则应建议或提交相应的修改方案,并通过相关法律法规的修订程序进行修改。而且,不仅应在全国人大常委会下设立"舆情分析与对话委员会",还应在省市各级人民代表大会下设立相应机构,以应对不同级别的舆情。例如,累计阅读量在1亿人次以上的舆情由全国"舆情分析与对话委员会"负责处理,累计阅读量在1000万至1亿人次之间的舆情由省级机构处理,累计阅读量在100万至1000万人次之间的舆情由市级机构处理,等等。

与现有的"网信办"相关制度相比,"舆情分析与对话委员会"不仅要对舆情进行监测、分析和鉴别,而且还要与舆情对话,并解决相关社会问题。而目前"网信办"的主要职能在于对舆情的监测,没有足够的权力解决舆情所反映的问题。因此,笔者认为,应对舆情的专门机构应该作为一个常设机构设立在全国人民代表大会,这样才能对其他权力机关进行有效的监督。当然,在技术支持方面,"舆情分析与对话委员会"可以与现有的网信办合作,以取得必要的技术指导。"舆情分析与对话委员会"对省市县各级权力机关拥有监督职能,这符合全国人民代表大会及其常务委员会的职责和宗旨。《中华人民共和国宪法》第三条明确规定:"全国人民代

---

[1] 标志着中国"舆情"最先出现的"孙志刚"事件发生在2004年。湖北青年孙志刚因未带证件,在广州被收容并致死。这一事件在互联网上引发轩然大波。随后,中国政府废止了运行21年的《城市流浪乞讨人员收容遣送办法》,并出台了新的《城市生活无着的流浪乞讨人员救助管理办法》(草案)。由此可见,"舆情"的应对措施中也包含对原先不合理之法律法规的修改。

表大会和地方各级人民代表大会都由民主选举产生,对人民负责,受人民监督。国家行政机关、监察机关、审判机关、检察机关都由人民代表大会产生,对它负责,受它监督。"在全国人民代表大会闭会期间,全国人民代表大会常务委员会拥有立法权、对宪法和法律的解释权、宪法实施的监督权、对其他国家机关工作的监督权、对其他国家机关工作人员的人事任免权、对国家生活中重要问题的决定权,等等。所以说,全国人民代表大会及其常务委员会是人民行使权力的重要机关,而这一权力机关对于行政、司法等各部门都有监督权,能够协调各权力部门共同解决相关问题。"舆情分析与对话委员会"依据舆情所表达的民意对各级权力部门进行监督和问责,这种监督和问责的权力正是来源于我国宪法对全国人民代表大会及其常务委员会的规定。

值得注意的是,目前,在全国人大常委会办公厅下辖的机构中设有"信访局"。这一机构为民意表达开通了直接通道。信访制度是我国独创的制度设计。该制度起源于中共中央对人民群众来信来访的重视。1951年5月16日,毛泽东专门对信访的制度化做出批示:"必须重视人民的通信,要给人民来信以恰当的处理,满足群众的正当要求,要把这件事看成是共产党和人民政府加强和人民联系的一种方法,不要采取掉以轻心置之不理的官僚主义的态度。如果人民来信很多,本人处理困难,应设立适当人数的专门机关或专门的人,处理这些信件。"[1]由此,信访制度一直是我国政治制度的重要组成部分,其功能在于为难以通过代议机关代为表达的民意开通直接通道。从根本上说,信访制度有助于民意的表达和

---

[1] 毛泽东:《毛泽东文集》第六卷,人民出版社,1999,第164页。

政治民主化。然而,在网络技术的冲击下,人民信访的形式也发生了巨大变化。有了便捷的网络手段,人民群众的来信来访更多转变为网络信访等新形式。为了应对这些新的变化,2013年11月,党的十八届三中全会通过的《中共中央关于全面深化改革若干重大问题的决定》明确提出,要"改革信访工作制度,实行网上受理信访制度"[1]。2014年4月,国家信访局出台《关于推进信访工作信息化建设的意见》,明确了信息化建设的总体目标和要求。[2] 笔者认为,信访制度改革、舆情应对以及民主制度创新这三者可以结合起来。因为,信访和舆情实际上是民意表达的不同途径。对于普通老百姓来说,通常是在信访受阻的情况下,转而借助互联网,希望引发舆情而使问题最终得到解决。因此,全国人大常委会下设的"信访局"可以与舆情应对结合起来,甚至可以合并为一个部门,共同面对通过网络渠道反映的社会问题,了解真实的民意,最终推动中国政治的民主化进程。

在当代政治哲学研究中,民主制度被看作一种不完善的程序正义。[3] 之所以称其为"不完善"的程序正义,是因为,一方面,民主程序平等地对待所有人的意见,给予所有公民以自由的表达权,具有天然的合法性;另一方面,民主程序很难真实准确地反映"民意",也不一定能做出正确的政治决策。尤其是在代议制民主中,

---

[1] 《中共中央关于全面深化改革若干重大问题的决定》,人民出版社,2013,第51页。

[2] 国家信访局:《关于推进信访工作信息化建设的意见》(国信发[2014]3号),国家信访局门户网站,2014年10月11日,https://www.gxfj.gov.cn/gjxfj/xxgk/fgwj/zdwj/webinfo/2016/03/1460416222535457.htm,访问日期:2023年6月11日。

[3] [美]约翰·罗尔斯:《正义论(修订版)》,何怀宏、何包钢、廖申白译,中国社会科学出版社,2009,第65—69页。

民意通过代表代为表达,这使得民意表达可能受到"资本""党争"等多种因素的影响。对于一种不完善的程序正义,人们应该不断进行调整使其朝着完善的程序正义的方向改进。为了补救代议制民主的不足,有些国家或地区(比如美国加州)有公民提案(initiatives)的制度,一个提案只要得到一定数量的公民签名就可以进入立法议程。而在网络时代,这样的公民提案大多是通过网络传播而形成的,这与本章所建议的将舆情应对与民主改革结合起来的制度设计有相似之处。总之,民主的核心是"民治",是真实民意的表达和执行。在互联网时代,我们应勇于构建新的民主机制,顺应通过网络而表达出来的真实"民意"。跟上时代的步伐,充分意识到新技术和新的生活方式给制度带来的冲击,并在此基础上做出更好的制度安排。

第十章　大数据时代民主政治面对的挑战

　　数字时代，民主政治可能衍生出新的形式，也可能受到数字技术的威胁。尤其是大数据和人工智能技术的应用，不仅威胁到人们的言论自由，还可能使得政治家受到数字巨头的操控。在不远的未来是否会出现一个机器人领导者？而广大网民则沉浸在元宇宙的欲望海洋之中？

　　自从1946年第一台计算机[1]诞生以来，人类社会积累了大量数据。这些数据涉及人们的身份信息、兴趣爱好、购物习惯、宗教信仰等方方面面。数字化应用将人类社会所有领域的信息都转化为0与1组成的数字编码储存起来。而这笔巨大的数字财富则有可能预测未来。在乐观的科学家的预想中，世界的任何一个角落的微小变化在已知数据的测算下，都是可以预测的。在某种意义上来说，可以预测就意味着可以操控。随着人类积累的数据越

---

[1] 1946年2月14日，世界上第一台通用计算机"ENIAC"在美国宾夕法尼亚大学被制造出来。美国国防部将这台计算机用于弹道计算。

来越多,大数据应用将全面改变人类的生活方式,其中就包括人类的政治生活。近几年来,欧美国家数字巨头崛起,对民主政治造成巨大威胁。数字巨头通过其拥有的海量数据可能操控政治、操控民意。具体说来,大数据应用可能在下述四个方面威胁民主政治:第一,全景监控可能导致言论自由的实质性消失;第二,精准投放政治广告将破坏民主政治的运行逻辑;第三,基于大数据应用的人工智能可能代替人类行使立法权;第四,欲望的即时满足和虚拟世界将大大削弱人们的批判精神。

1. 数字技术解构言论自由

思想与良心的自由,以及由此而衍生出的言论与新闻出版自由是民主政治的根基。正是基于所有人都有发表意见的平等权利,人们才采用民主的方式来处理公共事务,形成公共政策。然而,数字技术的广泛应用却可能对言论自由产生极大威胁。下面,我将从三个方面探讨大数据时代言论自由可能受到的威胁:全景监控威胁良心和思想自由、话语权力的集中消解言论自由、信息窄化现象屏蔽言论自由。

在数字社会中,数据就是推动整个社会向前迈进的"能源"。数据被称作21世纪的石油,谁拥有了数据,谁就能够通过数据而获得"知识",就能出售知识产品,并获得利润。因此,为了最大限度地创造价值,人们会想尽一切办法获取数据。尤其是在"安全"这一终极价值的指引之下,一个"全景监控"式的社会就可能出现。法国哲学家米歇尔·福柯在《规训与惩罚》一书中提出全景式监狱(Panopticon)概念。福柯的构想源于边沁描述的"圆形监狱":为了最大限度地提高对囚犯的监控,边沁设想了一种环形建筑。周围一圈是一格一格的囚室,中央是一个瞭望塔。由此,只需有一个人在瞭望塔中,就能随时监控所有犯人的一举一动。甚至,瞭望塔的玻璃窗还可以设置成从里面能清晰地看到外面,而从外面却看不到里面。这样一来,即使瞭望塔里没有人,犯人们也感觉是被监视的。

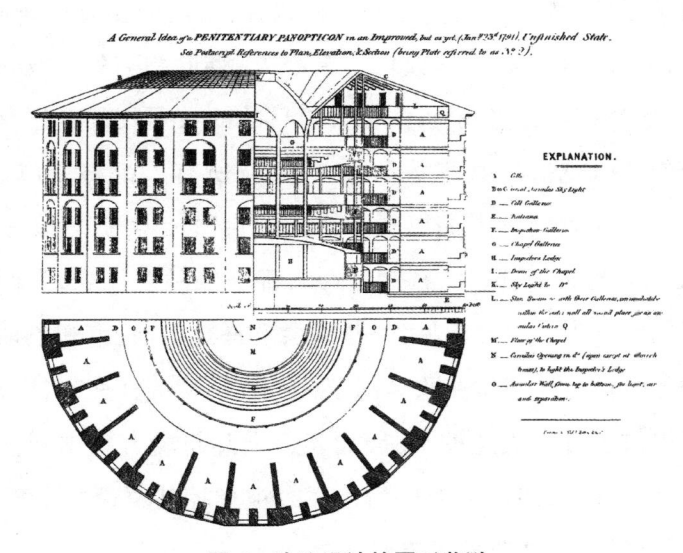

图 6 边沁设计的圆形监狱

图片来源:网络。

圆形监狱的设想在数字时代几乎成为现实。摄像头就是"瞭望塔"的延伸,人们不知道摄像头的另一端是谁,也不知道有没有人,但随时被监控,这是数字时代的一大特征。而且,这种监控不仅仅以"视觉"形式存在,还可能以触觉、听觉、嗅觉等其他感官形式存在。数字时代构建"物联网"的理想就是要在所有物品上装上传感器,随时监控和传输温度、湿度、声音、图像等各种信息和数据。毫不夸张地说，数字时代所有人的一举一动都在其他人的注视之下。这些"其他人"有可能是为了"安全"原因而监视的人，也有可能是为了商业目的而窥视的数字企业。例如，在"9·11"袭击事件之后，美国国家安全局试图监听世界上所有的信息。[1] 而一些数字企业为了获取尽量多的个人数据，可能让人们注册会员，挖掘人们在网络上留下的任何痕迹。有些公司还会鼓励人们带上可穿戴数字设备，甚至让人们将芯片植入体内，随时随地获取血压、心跳、血糖、呼吸等生物学数据。更令人感到害怕的是，为了"安全"目的的数据收集者与为了"盈利"目的的数据收集者还有可能展开合作、互通有无、共享数据库。最终，所有人都将变成"透明人"，而这将大大削弱人们思想和言论的自由。因为，一切不符合"政治正确"的文字、图片、视频、音频，都不能随意发表，人们也不敢随意闲聊。为了保险起见，一些人会选择打电话，谁知电话事实上也是随时被监控的。在欧美国家，脸书、推特等社交软件表面上给人们提供了自由表达的工具，而实质上却将所有数据和信息记录和存储下来，这些都可能成为普通人被指控甚至遭"陷害"的证据。换句话说，全景监控可能从根本上消减言论自由，将任何"异见"扼杀在摇篮里。

　　数字时代言论自由受到威胁的第二个重要原因是资本对言论的操控。在数字时代，所有人都可以通过多个数字渠道发出自己

---

[1] 参见前美国国家安全局局长基斯·亚历山大将军和前法国间谍巴尔比耶的交谈。亚历山大："我的目标就是监听世界上所有的信息。"巴尔比耶："通过爱德华·斯诺登事件，我们可以很清楚地看到，早在2007年，美国人就有了在全球范围内实时监听的意愿和能力。"（[法]马尔克·杜甘、[法]克里斯托夫·拉贝：《赤裸裸的人：大数据，隐私和窥视》，杜燕译，上海科学技术出版社，2017，第29页）

的声音。然而,每个人发出的"音量"是不一样的。那些拥有"流量"的观点将发出更大的声音,而没有多少流量的普通人,即使喊破了嗓子也不一定有人听到。在网络世界中,资本与流量是相辅相成的关系:资本能吸引流量,而流量又能通过变现而使资本得到进一步的增长。数字时代,人们通常在各大数字平台发表自己的言论。例如,在美国,人们可以通过推特、脸书、TikTok 等数字平台发表文字、图片、音频或者视频。而这些数字平台都由数字巨头掌控,平台可以根据自己的喜好来"推荐"或"置顶"某些意见,一方面吸引流量,另一方面表达资本的意见。由此,人们经常看到的情况就是资本与意见领袖("大 V")的合作,形成所谓的"饭圈文化""饭圈经济"。而这种"怪圈"则可能对普通人的言论自由造成极大伤害。"饭圈文化"代表的是文化权力的集中和垄断,文化资本、社会资本以及经济资本越来越集中在小部分人身上。从一些实证研究的结果来看,网络社群的"成员结构是典型的金字塔状,大量的普通用户构成了金字塔的底部,而少量的意见领袖集中在金字塔的顶部。金字塔的顶部集中了高赞同的回答,也集中了大部分人的关注。在网络虚拟空间,马太效应表现得更为突出,个体在某一方面获得成功,就会产生一系列累积优势,激发更进一步的成功,话语权和文化权力在集中时鲜有外力的阻拦,权力精英对话语权的垄断越来越明显"[1]。由此看来,互联网即使是一个思想的自由市场,也不是一个人人平等发声的市场,而是一个权力和资本主导的意见市场。少数精英发出的声音,或者那些被资本选中的人发出的声音会被所有人听到,成为网络世界的"顶流"。

---

[1] 蔡骐、陈月:《基于社会网的知乎网意见领袖研究》,《湖南师范大学社会科学学报》2018 年第 5 期。

数字时代言论自由受到威胁的第三个重要原因是"信息茧房"的存在。数字时代是信息爆炸的时代，每个人每天都会从不同渠道接收到大量信息，这大大超过了人脑能够理性分析的范围。由此，人们会选择性地接受信息，只听到自己想听到的，看到自己想看到的。这就形成了哈佛大学教授凯斯·桑斯坦所说的"信息茧房"，"出现了个人像蚕蛹一样被信息所束缚的情况"。[1] 在数字社会中，大数据应用无疑加剧了信息窄化的现象。目前，各大网络平台应用的"智能推荐"服务都是在分析网络用户的过往数据的基础上实现的。一个人在网络上买过什么东西，浏览过哪些网站，看完了什么类型的视频、在什么网页上停留了多长时间……这所有的数据构成了一个网络用户的"画像"，而"智能推荐"则根据这些信息进一步推荐相关内容。这种智能推荐看似更高效了，能够让人们更有效率地找到自己想要的信息，但人们也因此而失去了获得"惊喜"、看到不同的信息的机会。受制于"智能推荐"，每个人被包裹在自己制造的蚕茧中，无法接收到不同的信息，这不仅可能造成意见极化、政治极化，还可能从根本上屏蔽掉不同的观点和信息。可能出现的情况就是，虽然人们都处在同一个网络中，看到的却可能是不同的世界。而如果每个人都在自己的世界里"自说自话"，即使拥有言论自由，也不可能形成沟通和交流，无法推动政治现实的进步。

---

[1] 〔美〕凯斯·桑斯坦：《信息乌托邦：众人如何生产知识》，毕竞悦译，法律出版社，2008，第8页。

2. 大数据应用对民主选举的破坏

数字技术的广泛应用不仅会消解言论自由，还有可能危及选举过程。尤其是大数据技术的应用，可能在两个方面破坏民主政治：一是向选民精准"投喂"政治广告，危及政治领袖当选的合法性；二是数字巨头掌握的信息和线索足以控制政治领袖的言行，使政治成为资本的附庸。

2012年，时任美国总统的奥巴马再次赢得大选，获得连任。在一些学者看来，这得感谢数字技术的应用。在奥巴马竞选期间，"50多位信息学专家花费了好几个月，在被称作'洞穴'的战场总部秘密大厅闭门不出。他们的工作是处理网络上收集的几十亿甚至上百亿条元数据，通过网友的评论，找出有可能支持奥巴马这位民主党候选人的选民。对于尚未决定投票给谁的公民，科学家们通过大数据把他们隔离，用尽全力凭借最适当的演讲对他们全力进行游说，使他们转向支持奥巴马"[1]。大数据应用的基本逻辑就是为网络用户"画像"，确定该用户的兴趣爱好、性格气质、政治倾向等特征，然后再针对性地向其"营销"。如果是大数据的商业应用，就是向用户营销相关的产品；而如果是大数据的政治应用，则是向用户营销政治意见。由此，大数据应用在选举政治中逐步被推广开来。在美国，奥巴马2008年第一次当选时就曾分析了12亿份私人邮件。[2] 2015年，希拉里竞选团队同样组建了信息科学团队，而其对手特朗普则更"露骨"地使用这一技术，甚至涉嫌违规

---

[1] 杜甘、拉贝：《赤裸裸的人》，第60页。
[2] 同上。

操作。特朗普购买了剑桥分析公司的服务，而该公司基于脸书泄露的8700万网民的个人数据向他们推送特定的政治广告，帮助特朗普在大选中获胜。2022年，脸书公司为此事付出了50亿美元的罚金。在法国，2012年奥特朗团队也效仿奥巴马团队组织了法国版的"洞穴"。大数据基础上的政治营销不仅在影响民意上效果显著，大数据在鼓舞选民士气、募集竞选资金等方面也非常有效。例如，在2010年美国中期选举中，脸书设计了"选民扩音器"工具，鼓励人们和他人分享投票经历，鼓动了6100多万美国人上街投票。与此同时，脸书则可以在短时间内收集数千万条关于人们投票行为描述的数据。[1] 而2015年，希拉里在竞选期间组建了一支程序员和工程师构成的队伍，他们研发出动员选民和募集资金的应用程序，在短短三个月内就募集了4500万美元的竞选资金。[2]

大数据应用在选举政治中之所以有立竿见影的效果，其根本原因在于，它能洞察选民最隐秘的意愿，并针对性地施加影响。在传统政治生活中，人们通常通过民意调查而获知选民意见。与传统的民意调查相比，大数据应用具有下述优势：第一，大数据应用的数据量更大。传统的民意调查限于技术手段，是以"抽样调查"的方式进行的。例如在100万人中随机抽取1万人发放调查问卷。因此，抽样调查看到的只能是政治现实的"缩影"，而不是政治现实本身。相反，大数据则在某种意义上是一个"全样本"（当然，那些不上网的公民的相关数据是缺失的），因此，从大数据中能够得到更为准确的选民信息。第二，大数据应用的数据信息更全面。传

---

[1] 庞金友：《当代欧美数字巨头权力崛起的逻辑与影响》，《人民论坛》2022年第15期。
[2] 杜甘、拉贝：《赤裸裸的人》，第62页。

统的民意调查通常是通过问卷形式获取相关信息，被调查者有可能隐瞒相关信息，而某些信息也可能被问卷所遗漏。相反，大数据应用并不是基于对网民的直接提问，而是从网民在网络上留下的种种痕迹中追寻蛛丝马迹，从各种信息中找出相关性。因此，相对于"民意测验"，通过大数据获得信息更为真实可信。由此，基于大数据分析的精准的政治营销就更为高效。

大数据应用能帮助政治家赢得大选，而政治家也可能因此而受制于数字巨头。如上所述，大数据应用可能对网民形成全景式监控，这一点对于政治家来说尤其如此。拥有或者即将拥有政治权力的政治家将成为大数据监控的重点对象。他们的邮件、聊天、电话等都可能被监听、监视。而这些数据将掌握在数字巨头手中（当然，也可能被"黑客"所截获）。数字巨头手里捏着这些"把柄"自然能够轻而易举地操纵政治人物，获得相应的政策倾向，或提前获知政治动向，而这又将反过来助力资本的快速增长。另一方面，数字巨头掌控着言论发表的各大网络平台，如果他们认为某政治家的言论失当，则有可能直接剥夺政治家的言论自由。2021年1月，在"攻占国会山"事件发生之后，推特、脸书、YouTube、Instagram等社交平台相继撤销了时任美国总统特朗普的社交账号。这可谓数字资本对政治权力的一次"完胜"。当然，数字平台此举是否合法正当，这仍然是政治学和法学争论的话题。

数字时代，数字资本之所以能够拥有与政治权力相抗衡的力量，其根本原因在于其拥有的大量数据。事实上，政治权力如果想有效地治理国家就不得不依靠数字平台的技术和硬件设施以及其拥有的海量用户数据。数字巨头与政治权力的结合可能使得双方都获利，政治家获得政治权力，而数字巨头则可以得到支持其资本扩张的种种政策保障。而在资本与权力构成的政治结构中,普通选民则正逐渐失去话语权。一方面,他们最隐秘的欲望和意志有可能被操控;另一方面,他们即使有不同的意见,也很难发出声音。在数字巨头操控的"选举政治"中,每一张选票都可能是计算好的,而"民意"则可能是政治家通过预售自己的政治权力而定制的。

3. 人工智能侵占立法权?

立法权是国家政治权力的核心,立法程序是国家最重要的民主程序之一。在民主国家中,法律就是人民的意志,人民或人民的代表就是立法者,只有通过民主程序订立的法律才具有法律效力。立法是一个民主程序,同时也是一个需要许多专业知识的复杂过程。只有拥有足够的法律知识,并且在某个领域经验丰富的专业人员才可能拟定细致而周全的法律草案,或对草案提出具有实质性重要意义的修改意见。在具体的制度设计中,应如何平衡民主立法与知识精英之间的关系,英国政治思想家约翰·斯图亚特·密尔认为,在议会中通常会有一个由具备法学知识的人员组成的立法委员会,由他们负责制定法律。但是,立法委员会并非能够独立决定法律的内容,他们须时时听取并回应议会其他成员的意见。在立法的问题上,立法委员会体现的是创立法律方面的智慧,而代议机关则代表了人民的意志。立法委员会仅是借助其专业知识帮助代议机关表达人民的意志。[1]

立法是一个专业而复杂的过程,需要考察各种案例所涉及的

---

[1] 参见〔英〕J. S. 密尔:《代议制政府》,汪瑄译,商务印书馆,2007,第五章。

具体情况,并依据一定的价值标准和逻辑规则制定出法律条文。对于这种复杂的考察和计算过程,可以借助相关数字技术以提高效率。因此,目前已经有学者在阐释以大数据为基础借助人工智能技术简化立法过程、提高立法效率。具体说来,在立法准备、法律形成以及立法完善三个阶段,人工智能都能发挥相应的作用。例如,在立法准备阶段,人工智能通过比对大量案例,找出其中的相关性,从而给出立法建议。在法律形成阶段,人工智能能够通过网络数据分析而更为全面地掌握公众对相关立法的反馈意见。在立法完善阶段,人工智能能够自动查找法律数据库,比照其他相关法律条文,检查是否有相互矛盾之处,并给出相应的提示。由此,基于大数据应用的人工智能能够在立法过程中担任大部分工作。另外,一些法学工作者将"专家系统"(Expert System)引入法律领域,加速了立法程序的自动化进程。"专家系统"是一类具有专门知识和经验的计算机智能系统。这一系统的引入使得立法、审判等重要的法律程序都变成了特定算法导出的结果,使得立法权力演变为人工智能的算法权力。[1]

　　人工智能在立法程序中的应用一方面能提升立法效率,另一方面则可能削弱立法过程的公众参与,危及立法程序的合法性。如上所述,法律是人民的意志,立法权属于人民,由人民的代表代为行使。而人工智能参与立法,则有可能剥夺了人们的民主权利,对民主政治造成实质性伤害。首先,人工智能是否拥有"立法资格",这在法学领域是一个极富争议的问题。人工智能的工作过程及具体算法通常不向公众公开,即使算法公开,对于非专业人员来

---

[1] See Edwina L. Rissland, "Artificial intelligence and law: Stepping stones to a model of legal reasoning," *Yale Law Journal* 99, no. 8(1990): 1966.

说也很难理解。人工智能立法中还可能应用到计算机的"深度学习",这就意味着人工智能通过学习相关案例能够自动生成算法,即使是其设计者也无法准确预测立法结果。其次,人工智能立法所给出的法律内容也值得质疑。在立法过程中,学习了大数据的人工智能可能仅仅是复制现实,而无法给出一个应然的立法构想。例如,如果给人工智能学习的案例中,绝大部分女性的工资都低于男性工资的80%,那人工智能就很可能制定出女性工资不得高于男性工资80%的法律。而这样的法律不过是反映了不公平的社会现实,对于人类社会的制度进步没有任何指导意义。最后,人工智能立法可能剥夺公众参与的权利。由于人工智能比人脑更快、掌握的信息更多,这就使得人脑的参与显得多余。久而久之,人工智能就可能垄断立法权,使得立法过程的民主性大大降低。这对人们的民主权利造成了极大的威胁,人工智能甚至有可能代替人民而成为真正的"立法者"。

以上讨论的是在传统立法过程中人工智能对人们民主权利的威胁。而在现实政治中,有一些数字巨头甚至从根本上排斥立法的民主程序,主张以算法代替法律。在一些算法科学家看来,算法就是实实在在的法律。人们不需要大费周章地去通过民主程序来订立规则。算法可以代替法律。而由计算机自动生成的算法就是人们必须遵循的规则,因为不遵循该规则,人们就无法进入网络世界,无法满足自己的各种需求。例如,在对于"智慧城市"的构想中,处理公共事务的算法在不同人群之间保持中立,完全依据效用最大化原则来处理公共事务,而任何人为的法律都是多余的。如果真的是这样的话,人类社会的民主政治将被算法完全排除在外,规则由算法来确立,绝大部分人成为系统中的数据,根本谈不上任何实质性的政治权利。

数字时代,不仅出现了人工智能参与立法的情形,还涌现出"机器人参选市长""人工智能政党"等情形。英国《明星日报》网站2018年4月19日报道,在日本东京多摩市的市长竞选中,有一位候选人是一台机器人。该机器人名为"松田达人"(Michihito Matsuda),由两名技术人员松田彻三和村上令夫控制,前者是手机生产商软银移动公司的副总裁,后者是谷歌日本的前员工。他们认为,机器人没有情绪,也没有欲望,能够有效防止腐败行为。而且机器人不用休息,可以一直工作,效率更高效。另一个案例是丹麦的机器人政党"合成人党"(The Synthetic Party),由艺术家组织Computer Lars 和非营利的艺术和技术组织 MindFuture Foundation 在2022年5月创立,其名义领袖是AI聊天机器人Leader Lars。根据丹麦法律,合成党如能在2022年11月1日前获得法律规定的两万个签名,就能参与当日举行的丹麦议会选举,与其他人类领导的党派共同角逐议会席位。但该党并未在11月1日前获得足够签名。[1] 机器人政治领袖和机器人政党的出现向人们表明人工智能不仅可能侵占立法权,还可能侵占执政权和管理权。这一方面揭示了算法科学家觊觎政治权力,另一方面也在很大程度上影响了人们民主权利的实现。

4. 虚拟世界与批判精神的消失

批判精神向来是人类社会政治进步的动力,然而在数字时代,人类的欲望被大数据察觉并激活,虚拟世界则营造各种幻象,即时

---

[1] 参见林晶:《丹麦的AI党魁》,《环球》2022年第23期。

满足人们的各种欲望。这些因素大大削弱了人们的批判精神,阻碍了人类社会的政治发展。美国政治哲学家罗伯特·诺奇克曾讨论过一个思想实验:科学家设计出一种"体验机",人们在其中能够体验到自己想体验的任何快乐。"极其出色的神经心理学家会刺激你的大脑使得你认为你在撰写一部很棒的小说,或者在交朋会友,或者在阅读一本有趣的书。在整个过程中你被放置在一个实验舱中,而各种电极接在你的大脑上。"[1]诺奇克认为,人们绝对不会选择永久进入"体验机"。因为,"体验机"只能让人体验到做某事的感觉,而不是真正地做某事。事实上,体验机只能使人们距离真实的世界越来越远。然而,今天被数字技术包围的人们,却乐于拥抱这样的"体验机"。一方面,海量信息的积累使得数字商家能够随时察觉人们最隐秘的"欲望",甚至制造欲望,并随时满足这些欲望。在数字时代,某人可能还没开始考虑午餐要吃什么,自己最喜欢的牛排就已经跳进电脑屏幕。另一方面,数字商业不仅实实在在地满足人们的物质欲望,而且还创造出一个虚拟的世界,以虚幻的方式刺激并满足人们的欲望。其中最典型的就是网络色情业和网络游戏业。

在一些国家,网络色情产业是数字经济的重要组成部分,这一点在欧美国家表现得尤为突出。据英国《每日邮报》2013年8月5日报道,位于美国加州的调查机构 MetaCert 针对全球色情网站的域名及分布进行了一项分析。数据显示,美国、荷兰、英国是世界上拥有色情网站最多的国家。据统计,美国总共有420万个网站含

---

[1] Robert Nozick, *Anarchy, State and Utopia*, Oxford: Basil Blackwell, 1974, p. 42.

有色情内容,对应的4.28亿个色情网页数量占全世界总量的60%。互联网企业千方百计地将人们引向色情网页,"每天,网友在通过搜索引擎搜索时,25%的内容被引向色情网站。数字时代正在把色情内容变成强加给民众的娱乐。精神分析学家雅凯松·阿拉兰·米勒提到'交配愤怒',这种无节制的消费导致59%的上网者每周浏览色情网站的时间在4—5小时"[1]。如此泛滥的色情网页将人们引向一个虚幻的欲望世界,那些在现实生活中受挫,或者没有勇气追求真爱的人们,只能自欺欺人地成为网络世界的强者。虚拟世界中不仅有色情,还有让青少年欲罢不能的网络游戏。据美国娱乐软件协会(ESA)报告显示,2020年美国游戏产业市场规模达到679.54亿美元。目前,美国游戏玩家覆盖所有年龄层,用户规模已经达到2.14亿人。[2] 美国的游戏产业如此发达,然而许多网络巨头(例如推特的联合创始人埃文·威廉姆斯、苹果公司的创始人史蒂夫·乔布斯)却不允许自己的孩子过早接触电子设备,[3]原因之一就是他们深知网络游戏的设计就是通过让人"上瘾"来获利的。一款游戏如果无法让人上瘾,那就无法持续地吸引人们的注意,也就无法持续获利。所以青少年甚至成年人沉迷于手机游戏,恰恰是游戏生产者想要的结果。

从网络色情和网络游戏的发展来看,欲望的满足不仅存在于物联网的实体世界,更存在于元宇宙的虚拟世界中。网络色情和

---

[1] 杜甘、拉贝:《赤裸裸的人》,第123页。
[2] Simon Tripp, Martin Grueber, Joseph Simkins, and Dylan Yetter, "Video Games in the 21st Century: The 2020 Economic Impact Report," https://www.theesa.com/wp-content/uploads/2024/02/Video-Games-in-the-21st-Century-2020-Economic-Impact-Report-Final.pdf.
[3] 杜甘、拉贝:《赤裸裸的人》,第69—70页。

网络游戏就像"精神鸦片"一样，让人们沉迷于即时享乐。"延迟满足"本应是一个人理性成熟的标志，而今天的互联网却把每个人重新变成贪婪急躁的婴儿。对于这些"婴儿"来说，只要有吃有喝就可以一直沉迷于网络世界，哪管外面的世界洪水滔天？！网络时代的年轻人越来越"宅"，越来越远离公共生活，对公共事务越来越冷漠。日本甚至出现了不上班、不上学、不与家人交流、长年不出家门的"蛰居族"。这些现象都与数字技术为人们营造的虚拟满足密切相关。诺奇克如果活到今天，可能会遗憾地看到，这么多人竟然自愿永久地浸泡在这种"体验机"之中，如同行尸走肉。沉迷于网络世界的人们就像德国作家歌德笔下的浮士德，他们轻易地将自己的灵魂出卖给了数字平台，以换取欲望的即时满足。而人类没有了"灵魂"，也就没有了自由意志，没有了反抗精神。人类社会之所以会进步，是因为人们能够依据政治理想不断地改造政治现实，是因为人们有批判精神以及反抗压迫的勇气。然而，在数字时代，在大数据应用的背景之下，人类的欲望不断膨胀，并随时得到满足，甚至在虚拟空间中得到满足，人类的追求变得脱离实际，坍缩成大脑神经的刺激和兴奋。在这样的境况下，还有谁真正关心贫困、饥饿、不公平这些实实在在的政治问题，还有谁能挣脱虚拟世界的障眼法，去为现实的政治问题抗争呢？

　　商议与投票是民主政治的两个核心部分，参与立法是民主权利的核心内容，而批判精神则永远是政治进步的原动力。然而，这些民主政治的核心要素在数字时代都受到了不同程度的威胁。尤其是在大数据的广泛应用下，一方面，言论自由失去实质性内涵，使得人们之间的商议很难发挥建设性作用；另一方面，民意可能被操控，民主投票成为资本游戏。与此同时，人工智能还可能侵占人们参与立法的民主权利。在大数据的挟持之下,政治成为数字巨头的资本游戏,而从普通人身上挖掘到的海量数据则成为金钱与权力交易的筹码。每个人自由而平等地表达自己的意见,通过相互的沟通和交流在公共事务上达成共识,并最终形成民主的政治决断——理想的民主政治,正面临巨大的挑战。

第十一章 数字治理的"得"与"失"

2019年以来的新冠疫情让我们加速进入了数字社会。没有数字治理，大规模的疫情防控是无法实现的。数字治理让人类社会处理公共事务的效率大大提高，但也暴露出诸多隐患：隐私泄露、数据篡改、算法歧视、数字鸿沟造成的不平等，等等。从政治学视野出发，应尽快建构约束数字权力的相关法律法规，规范数字权力的应用。

21世纪，随着智能手机、人工智能、大数据等数字技术的应用和普及，人们的生活方式发生了根本性的变化。在公共生活方面，数字治理成为人类社会不可逆转的大趋势。世界上越来越多的国家启动了公共治理的数字化转型。新的管理模式、新技术应用、新法规颁布……人类社会的数字治理在跌跌撞撞中起步，可谓喜忧参半、状况频出。一方面，数字化治理提高了人们处理公共事务的效率，大大节约了时间成本和人力成本；另一方面，隐私泄露、算法歧视、数字排斥等新的社会问题也浮出水面。本章将深入分析数字治理的诸种优势以及可能产生的各种问题，并针对性地给出政策建议。

数字治理(Digital Governance)是借助人工智能、大数据以及移动智能设备等数字技术对公共事务进行管理的方式。广义的数字治理包括以数字技术对经济和社会资源进行的综合治理,狭义的数字治理则特指政府应用数字技术管理公共事务、政府与企业的互动,以及政府内部行政程序的数字化。[1] 本书将采用广义的数字治理概念,具体包括:政府对社会的数字化管理,政府与企业合作进行的数字化管理,以及企业的数字化运营。换言之,数字治理的主体有两个:政府与企业,而治理的对象则是普通公民,或者说是普通网民。本章对数字治理的讨论涵盖了企业这一主体,这与传统理论中的"治理"概念有一些偏差。人们通常理解的"治理"是政府与公民之间的互动,是政府对公共事务的管理,企业并不直接参与到治理过程中。然而,在数字时代,企业却在公共治理中扮演着重要角色,甚至成为治理的主体之一。这是因为,一方面,数字企业拥有庞大的数据库,通过对其用户进行相关操作(例如禁言)就能达到政府治理的相应效果。而政府想要进行数字治理,也必须与企业共享数据。例如,在2019年以来的新冠疫情期间,如果政府想要查询人们的行动轨迹,就必须从电信公司获取相关数据。而为了取得抗疫的胜利,国家卫健委及各地方卫健委就需要向电信公司索要相关用户的数据。另一方面,政府的治理活动需要依赖数字企业强大的技术支持。打个比方,如果税务局想要通过网络收税,就要购买数字企业的服务,开发相关软件并进行维护。企业与政府的合作方式通常包括数据共享、共同进行信息系统开发、数字化平台建设、大数据和人工智能技术应用,等等。由此看来,

---

[1] Michiel Backus, "E-Governance and Developing Countries," *IICD Research Brief* 1(2001).

在讨论数字治理时，不能忽略企业在其中发挥的重要作用。下面，本章将从数字治理的优势和隐患两个方面展开讨论。

1. 数字治理的优势

马克思认为，"生产力决定生产关系"，而技术进步是提高生产力的关键。因此，从某种意义上来说，技术进步将带来生产效率和治理效率的大幅提升，最终将推动制度的进步。具体说来，数字技术的应用将给社会治理带来下述四个方面的好处：治理效率大幅提升，权力监督透明化，增进治理民主化，消除歧视、增进平等。

1.1 治理效率大幅提升

互联网、人工智能、大数据等新技术的应用会大大增进社会治理的效率，这是有目共睹的事实。例如，人口统计、税收、身份认证、财务审核这类烦琐的治理工作，过去需要投入大量人力物力，而现在通过数字技术则能快捷完成。数字治理的优势尤其体现在2019年以来的疫情管控中。没有网络技术的普遍应用，是不可能战胜疫情的。疫情期间各地方政府与相关数字企业合作开发了"健康码""行程码"这类数字通行证，其中记录有与疫情相关的个人足迹信息、疫苗接种信息、核酸检测信息等，这对于防止疫情的扩散起到关键作用。如果没有数字技术的应用，政府就无法获取或者需要耗费许多时间和精力才能获取每个人的防疫信息，而疫情的扩散就不可能通过人力来阻止。由此看来，数字技术的应用不仅大大提升了治理的效率，也使得一些过去不可能实现的治理成为现实。

治理效率的提升不仅体现在疫情防控中,也突出表现在追捕逃犯、查处违规驾驶、审查偷税漏税等方面。数字技术为法治现代化提供了有力的工具。首先,监控设备的广泛设置,为警察及其他监管部门提供了极大的便利。近几年来,中国许多城市都实施了"天眼工程",在城市街道、广场、公园、商场等公共场所设置治安监控设备。[1] 这一做法还将向农村地区推广。[2] 可以预见的是,在不久的将来,所有的公共场所都会处在监控之下,而这对于社会治安来说则是一大利好。在数字技术广泛应用之前,犯罪分子是有可能逃脱追捕和惩罚的,而现在几乎没有这种可能性。无处不在的网络覆盖和治安监控就像天罗地网,让犯罪分子插翅难飞。据报道,在2019年以来的疫情期间,由于所有公共场所都要求出示"健康码""行程码",许多逃窜多年的通缉犯发现自己无处可去,不得不投案自首。[3] 这也显示出数字治理对于维护社会治安的重大意义。

在交通治理方面,数字治理的成效也尤为显著。一方面,公交、地铁、出租车等公共交通的运行都可以通过大数据应用为市民提供更好的服务,例如通过分析人们的出行数据,能够优化公交车站点及发车时间表的设置;另一方面,许多过去需要交警现场处理的问题,现在都可以通过数字技术实现,例如查处违章停车、闯红

---

[1] 参见始于2012年的牡丹江市的"天眼工程"新闻报道:《牡丹江"天眼工程"系统在行动》,新浪新闻中心,2012年2月23日,https://news.sina.com.cn/o/2012-02-23/090623979072.shtml,访问日期:2024年9月9日。
[2] 参见韩瑞波:《敏捷治理驱动的乡村数字治理》,《华南农业大学学报(社会科学版)》2021年第4期。
[3] 参见《天网恢恢疏而不漏!疫情防控期间,逃犯落网的20种原因!》,搜狐网,2020年5月6日,https://www.sohu.com/a/393215576_704828,访问日期:2023年6月11日。

灯、纾解拥堵、定期检修交通设施、预约停车、错峰共享、停车缴费，等等。此外，数字技术不仅在公路交通方面发挥着重要作用，在铁路运输、航空、航海等交通部门同样不可或缺。数字化的交通治理既准确又高效，节省了大量人力物力。同时，数字技术的应用还大大提升了税收的效率。数字化的税收程序依据个人或企业银行账户里所显示的收入，能够方便快捷地计算出税收金额，在很大程度上杜绝了偷税漏税。另外，数字技术在社保、审计、环保等部门的应用也将大大提升治理水平，为人们提供更为高效的服务。总之，数字技术的普遍应用在公共治理的诸多方面提高了效率、节省了人力，这是技术进步带来的红利，也为政府部门的精兵简政提供了可能。

1.2 权力监督透明化

数字技术的广泛应用还为权力监督提供了便利。政府是社会治理的主体，这个主体拥有多项权力，而权力需要制约和监督。数字技术的广泛应用，为权力的制约提供了新的可能。在数字时代，权力的应用可以更透明、更规范、更公正，而普通公民的权利则有望得到更有效的保障。2015年，贵阳市政府启动"数据铁笼"计划，并于2016年印发了《贵阳市2016年全面推进"数据铁笼"工程建设工作实施方案》，率先尝试将数字技术用于对公权力的监督。经过几年的建设，包括发改委、住建委、交管局、教育局在内的贵阳市政府所有组织部门40个单位都被囊括在"数据铁笼"的监管范围之内。例如，对于交管部门的监管，交警被要求佩戴执法记录仪、GPS、摄像头等工具，从上班出勤打卡到执法时用肩头的执法记录仪全程记录，执勤民警工作期间的一举一动都记录在"数据铁笼"

里，而这将作为个人年终考核的依据。在公共交通部门，贵阳市26家出租车公司、7000余辆出租车、近两万名从业驾驶员的个人情况，全部纳入贵阳市运管局的"数据铁笼"里。通过车辆轨迹监控、车内摄像头监控，有效地杜绝了司机在车上抽烟、无理由拒载等违规行为。[1] 总之，通过构建"数据铁笼"大数据平台，相关执法人员如果出现违规操作，系统就会发出预警信息，而上级管理人员如果没有及时处理预警信息，该信息则会层层上报。由此，"数据铁笼"大数据平台能够对每一级行政权力进行监督。

在对权力的数字监督中，"留痕可追溯"成为一种惯常的监督手段。在一些行政部门，办事人员的所有职权行为都被要求留下视频、音频或文字等相关记录，以便事后查证。"留痕"的要求推到极致就变成了一种"留痕主义"。这种权力监督方式虽然在很大程度上杜绝了权力的滥用，但也受到一些当代学者的批评。例如，德国学者韩炳哲对于"处处留痕"的要求就很不满，他论述道："透明社会是一个不信任的、怀疑的社会，由于信任日渐消失，社会便开始依赖监控。对透明的大声呼求恰恰表明，社会的道德基础已然脆弱不堪，真诚、正直等道德价值越来越失去其意义。"[2] "留痕"和"监控"代表了无处不在的监督。一方面，数字技术为人们提供了强大的监督手段，大大限制了普通行政人员的自由裁量权，压缩了权力腐败的空间；而另一方面，全方位的监督不仅有浪费人力物力之嫌，也在某种意义上破坏了人们之间的信任，反映了道德约束的软弱无力。

---

[1] 参见《"数据铁笼"的贵阳实践》，《贵州日报》2016年3月8日，A03版。
[2] 〔德〕韩炳哲：《透明社会》，吴琼译，中信出版社，2019，第81—82页。

1.3 增进治理民主化

民主制度是现代国家的核心政治制度，这一制度使得进行社会治理的政府权力及其运行具有了合法性。民主化是现代治理的重要特征。数字技术，尤其是自媒体等新媒体形式将大大推进社会治理的民主化程度。

现代国家的民主制度为代议制民主。相比于古希腊城邦中的直接民主，在代议制民主中人们需要选出代表，代替自己表达意见并形成决策。由此，代议制民主的民主化程度天然低于直接民主制度。因为，在代表代为表达的过程中，真实的民意有可能被曲解或被忽视。然而，网络技术的普遍应用可以有效地改善这一境况。互联网及智能移动设备的普及为人们提供了各种发声渠道。在中国，微信公众号、微博、微信朋友圈、音频视频网站……成为人们直接表达意见的公共讨论场所。相比于传统的通过代表代为表达的方式，以自媒体为主的新媒体为人们提供了更为直接高效的意见表达手段。网络媒体具有去中心化、平等化、分散化等特征，使得更多来自普通人的声音能够被听到，甚至被放大。数字社会也由此拥有了比传统社会更为活跃、范围更广、参与率更高的公共讨论。在数字时代，真实的民意往往通过网络而得到表达。人类进入 21 世纪以来，在网络技术较为普及的诸多国家都出现了网络舆情一浪高过一浪的现象，而这正是数字时代的民意表达。现代国家的民主机制应迅速改革以应对波涛汹涌的网络民意。如果固守程式化、等级制的代议制民主，则有可能忽视真实的民意，大大降低公共治理的民主化程度。

从某种意义上说，数字技术为人类社会提供了重新回到直接民主的可能。[1] 从技术上来看,目前中国所有的城镇都已实现网络覆盖,农村地区也做到了"村村通宽带"。这就意味着,基于某种身份认证机制,所有成年公民完全可以在网络上就某一特定问题发表自己的意见或进行投票。这就为特定范围内的直接民主提供了现实可能性。正如徐晓林、周立新所言:"电子民主的出现为人们提供了直接民主的舞台。政府的改革要依靠民主的新生。……电子民主可以超越官僚体制的最大弊端——严格的等级制度和难以逾越的部门间信息壁垒。"[2] 所以说,数字技术的普遍应用一方面给传统的代议制民主带来了危机;另一方面,也为新的民主形式提供了可能。而是否能抓住这一技术红利全面推进国家治理的民主化,正是数字治理改革成功的关键。

1.4 破除歧视、增进平等

数字治理通常通过某种算法来实现,这减少了执行人员的主观影响,能够有效地破除歧视,增进不同人群之间的平等。在传统的治理模式中,任何政策法规的执行都是通过人去执行的。管理者与被管理者通常要面对面完成治理过程。这就给对特定人群的歧视造成了空间。例如,一个负责社保基金审批和发放的工作人员,如果他对特定人群抱有歧视(比如美国语境下的非洲裔美国人),他就有可能借助自己手中的自由裁量权而损害相关人员的利益。同样,警察、交警、城管等公务人员执法时,也可能出现类似的

---

[1] Dionysis Athanasopoulos, "Digital Ecclesia: Towards an Online Direct-Democracy Framework," 2018 IEEE/ACM 40th International Conference on Software Engineering: Software Engineering in Society (ICSE-SEIS), 2018.

[2] 徐晓林、周立新:《数字治理在城市政府善治中的体系构建》,《管理世界》2004年第11期。

情形。然而,在数字治理中,相关政策和法规会转变成特定算法,而只要特定算法并不包含"歧视性"设置,那么歧视就不太可能发生。例如,一个公司如果通过 AI 自动筛选求职者的简历,只要在如何筛选的算法中不包含排斥女性的操作,那么女性求职者就不会因性别而被拒绝,而针对女性的系统性歧视也就不会发生。[1]

依据相关实证研究,数字技术的普遍应用对于女性就业有较大的促进作用,在一定程度上缓解了就业歧视。例如:爱彼迎平台上女性房东占比 62%;在携程平台上有 5000 多名持证旅行定制师,68%是女性;淘宝直播的主播 80%是女性,等等。[2] 数字技术推动女性就业的根本原因在于,第一,数字劳动所需的数字技能并不因性别而有明显差异,在数字技术方面,女性和男性能力的差异要远远小于体力劳动中两者能力的差异。因此,随着传统劳动形式的数字化转型,女性也就获得了更多的就业机会。第二,许多数字化工作岗位对工作的时间和地点没有严格要求,便于人们居家办公、灵活就业,而这为女性兼顾家庭和事业创造了良好的条件。第三,数字时代给予人们在网络上形成新的社会关系的机会,而这有助于弥补女性在传统社会中社会网络不足的劣势。传统社会关系中,女性由于要照顾家庭,很少参与公共事务,其社会网络多局限于亲戚关系。然而,在数字社会中,女性有了更多的可能构建自己的网上社会网络,这大大提升了女性就业的竞争力。第四,各式

---

[1] 在这种情况下,"统计歧视"这种"间接歧视"仍然有可能发生。例如,如果通过大数据挖掘发现该公司女性员工的出勤率较低(为了照顾家庭而经常请假),而招聘软件的算法中包含拒绝潜在出勤率较低的应聘者,那么就可能对女性求职者造成"统计歧视"。

[2] 参见高秀娟:《数字平台赋能女性创业就业》,《中国人力资源社会保障》2022 年第 3 期。

各样的数字化平台为所有人提供了创业的平等机会,同时数字化的金融产品也有助于普通人的创业。其中也包括了许多女性创业者。一些数字平台企业还为女性创业者提供了专门的培训或贷款帮助。例如,阿里于2020年发起"数字木兰"计划,为全国贫困山区女性提供免费培训和扶持,为贫困地区女性提供了100万个致富项目和10万人次就业岗位。淘宝大学设计"魔豆妈妈"学习方案,帮助困难妈妈做电商创业。[1] 第五,数字化治理诉诸算法,而大部分算法都存在性别盲视,对不同性别一视同仁。从这一点来看,数字治理能够有效地避免性别歧视,也间接地为女性提供了更多的就业和创业机会。

当然,数字治理对于歧视问题有正反两方面的作用,既包含消除歧视的因素,也可能因"数字鸿沟""算法歧视"等问题而加剧了对某些人群的歧视。而对于算法的性别盲视,也有学者认为,这忽略了女性特征,反而加重了女性就业歧视。[2] 关于数字治理加剧歧视的问题,将在本章第2节深入讨论。然而,单从促进女性就业的角度来看,种种迹象表明,数字技术的广泛应用有效地缓解了性别歧视。人类社会的数字化进程是逐步实现性别平等的过程。

2. 数字治理的隐患

数字时代人们之间的社会关系发生了许多变化,这使得社会中的权力结构也发生了重大转变。在数字时代,权力集中在算法

---

[1] 参见高秀娟:《数字平台赋能女性创业就业》。
[2] 参见宋月萍:《数字经济赋予女性就业的机遇与挑战》,《人民论坛》2021年第30期。

中。企业和政府都可能应用某种算法来处理公共事务。传统社会的善治依赖于对权力的有效约束,而数字时代的善治则依赖于对算法及相关权力滥用的有效约束。目前,世界各国还未建立完善的约束算法权力的法律法规,数字时代权力制约的艺术还在摸索之中。下面,笔者将深入讨论数字治理的四种权力滥用的隐患——数据泄露及篡改、数字鸿沟、算法歧视以及信息茧房,并提出制约数字权力的相应对策。

2.1 数据泄露及篡改

数字时代数据为王,权力集中在掌握数据的组织或机构手中。而这些拥有了大量数据甚至是隐私数据的组织或机构,如果他们没有遵守数据安全和保护个人隐私的相关要求,则会给当事人带来巨大伤害。2019年疫情发生以来,"健康码"成为中国公民自由出行的数字通行证。如果健康码显示为"红码",那么当事人将寸步难行:无法乘坐公共交通,无法进入商场、超市、学校、体育馆等公共场所,不能进入自己任职的单位,甚至不能进入自己家的居民区。然而,对于个人自由如此重要的防疫数据却被有关权力机关恶意篡改。2022年6月发生的"河南红码"事件给数字权力的滥用敲响了警钟。从2022年4月开始,河南多家村镇银行出现兑付困难,许多储户由于无法线上取款,纷纷奔赴河南试图取款。而这些储户的健康码却无缘无故地变成了"红码"。郑州市对此次事件做出的官方通报显示,共有1317名村镇银行储户被赋红码,这严重影响了这些储户的出行自由。此事经网易、腾讯、凤凰网、人民网等多家媒体报道,引发公众震怒,被视为数字时代公权力滥用的严重事件。

事实上，所有数字技术的应用都有可能对人们的隐私和自由造成威胁。许多当代学者都对此提出过警告。《未来简史》一书的作者就曾言："在21世纪，个人数据可能是大多数人能够提供的最宝贵资源，但我们正亲手把这些数据交给各大科技企业，好换来免费的电子邮箱或是有趣的小猫视频。"[1]2019年以来，为了遏制新冠病毒的传播，数字技术在抗击疫情中的应用对人们的隐私和自由造成了前所未有的威胁。意大利哲学家吉奥乔·阿甘本（Giorgio Agamben）在疫情刚发生时，就曾对此做出警告。2020年2月25日，阿甘本在意大利《宣言报》（*Il Manifesto*）上刊发社论《由无端的紧急情况带来的例外状态》，抨击当局针对疫情防控的相关政策是试图在所有地区扩大"例外状态"，并称当恐怖主义作为特殊措施的原因已经用尽时，流行病的发明恰可以提供理想的借口。而在其2021年的新书《我们在何方？》中，阿甘本再次对意大利政府采取的疫情管控手段进行了批判。[2]

为了战胜疫情、有效遏制病毒的传播，相关权力部门必须获取与病毒传播相关的所有个人信息，包括出行轨迹、同住人、联系人、住址、单位、疫苗接种情况，等等。如果当事人被病毒感染，还要将相关信息公之于众，以防止其他人接触到相应的风险场所。所以，即使这些个人信息不被恶意篡改，其获取和公开也会对当事人的隐私和自由造成巨大威胁。2020年12月成都新冠确诊女孩被网暴。该事件的起因是，在官方公布的流调信息中，成都新冠确诊人

---

[1]〔以色列〕尤瓦尔·赫拉利：《未来简史：从智人到智神》，林俊宏译，中信出版社，2017，第306页。

[2] Giorgio Agamben, *Where are we now? the epidemic as politics*, trans. Valeria Dani, London: Eris, 2021, p.24, 112-113.

员赵女士的大量私人信息,从姓名、身份证号到家庭住址,通通被曝光。由于该流调信息显示赵女士14天内的停留场所包括美甲店、麻辣烫,以及多家酒吧,赵女士随即遭到网暴。"投毒""转场皇后""生活不检点"等网络谩骂铺天盖地而来。可见,数字时代,数据管理者的任何疏忽都可能给当事人带来巨大灾难。该事件后,各地政府及时调整了数据公布的限度。此后的流调信息都将人名、电话等隐私信息隐去。

　　数字技术让人们感受到了数字权力的巨大威力,而数字时代的善治则依赖于对数字权力的法律监督和制约。从政治学视角来看,数字权力的应用只有在推进公共利益的情况下才具有正当性,而其应用的范围必须以公民的基本权利为界限。具体说来,数字权力的应用应遵循下述四条准则:第一,权力部门对公民个人数据的取用必须以推进公共利益为目的,而且应仅限于公共安全、卫生健康、社会福利等有限领域。任何公职人员都不能出于个人目的,或为了维护某些利益集团的局部利益而取用甚至篡改相关数据。第二,对个人数据的挖掘和应用应该遵循"最大最小原则",亦即,在最大限度推进公共利益的前提下,最小范围地挖掘公民个人数据。例如,为了抗击疫情需要查看公民的行程信息,但其他一些信息(如消费记录、婚姻状况、手机通讯录、面部识别信息等)并不是必需的。因此,权力部门在获取和使用相关数据时,应该在最小范围内取用,而不应该借机挖掘更多数据。第三,公共部门对于公民的相关隐私数据有保密的义务。公民正是因为信任相关权力部门(包括平台企业和政府部门),才会毫无保留地提供自己的各种信息。因此,取用个人数据的权力部门必须在最大范围内保护数据提供者的隐私。如前述提到的"成都新冠患者被网暴"的事件中,相关管理部门就没有尽到保护隐私信息的义务。疫情期间,全国各地的中小学生都采用"学习通"上网课。由此,"学习通"拥有了海量的关于中小学生的个人信息。然而,2022年7月,"学习通"却爆出数据泄露丑闻。据澎湃新闻网报道:"学习软件超星学习通的数据库信息疑似被公开售卖,其中疑似泄漏的数据包含姓名、手机号、性别、学校、学号、邮箱等信息1.7273亿条,含密码1076万条。"[1]第四,拥有数据的组织机构,无论是企业还是政府部门,在发生数据泄露或篡改等侵权事件时,应受到相关法律制裁。目前,对数字权力进行约束的法律构建还处于初始阶段。在国家层面,我国的相关法律有《国家安全法》《网络安全法》《数据安全法》及《个人信息保护法》。另外,在地方层面,为了促进数据的互通共享以及大数据应用,我国已有18个省市公布了相关数据条例。然而,这些法律法规在现实中如何得到有效的执行,如何依法惩戒违规、违法操作的公职人员或企业管理人员,这些仍然是有待解决的现实问题。

2.2 数字鸿沟带来的不平等

数字治理的前提是绝大部分公民能够接入数字设备,并且有相应的数字能力,能够进行相关操作。然而,在数字社会逐步形成的过程中,有一些人因为缺乏硬件设备或缺乏数字能力而无法有效地接入数字社会,这便造成了"数字鸿沟"。"数字鸿沟"最早的定义由美国国家电信和信息管理局(NTIA)在1999年出版的报告

---

[1]《"学习通"App上亿条用户信息遭泄漏?漏洞在哪?》,澎湃网,2022年7月3日,https://m.thepaper.cn/baijiahao_18855978,访问日期:2022年7月4日。

《在网络中落伍:定义数字鸿沟》中提出,数字鸿沟是"信息富有者和信息贫困者之间的鸿沟"。中国国家信息中心发布的《中国数字鸿沟报告2013》将数字鸿沟定义为"不同社会群体之间在拥有和使用现代信息技术方面存在的差距"。学者们对"数字鸿沟"有不同的分类。例如,王春英等学者依据"数字鸿沟"发生的位置将其区分为"区域数字鸿沟""企业数字鸿沟"和"人群数字鸿沟"。[1] 本书依据"数字鸿沟"发生的主要原因将其分为一级、二级和三级数字鸿沟:"一级数字鸿沟"指的是因缺乏公共数字设备(例如网络、基站等)而产生的数字鸿沟;"二级数字鸿沟"指的是因缺乏个人数字设备(例如电脑、智能手机、平板等)而产生的数字鸿沟;"三级数字鸿沟"指的是因缺乏数字能力而产生的数字鸿沟。由于数字鸿沟的存在,一些人被排除在数字社会之外,这导致了"数字排斥",加剧不同人群之间的不平等。

2022年2月25日,中国互联网信息中心(CNNIC)在京发布第49次《中国互联网络发展状况统计报告》(以下简称《报告》)。《报告》显示,截至2021年12月,中国网民规模达10.32亿,互联网普及率达73.0%,其中城镇地区互联网普及率为79.5%,农村地区互联网普及率为57.6%。《报告》还特别强调了我国互联网发展状况的两个显著特点:一是城乡上网差距正在缩小。我国现有行政村已全面实现"村村通宽带",我国农村网民规模已达2.84亿,城乡互联网普及率差异较2020年12月缩小0.2个百分点。二是老年群体加速融入网络社会。截至2021年12月,我国60岁及以上老年网民规模达1.19亿,互联网普及率达43.2%。能够独立完成出

---

[1] 王春英、李金培、黄亦炫:《数字鸿沟的分类、影响及应对》,《财政科学》2022年第4期。

示健康码/行程码,购买生活用品和查找信息等网络活动的老年网民比例已分别达 69.7%、52.1%和 46.2%。[1] 从《报告》所显示的我国互联网发展状况来看,目前,不同区域之间的一级数字鸿沟已经基本根除,宽带、基站等公共数字设施已经遍布全国,城乡之间没有根本差别。然而,从统计数据来看,二级和三级数字鸿沟仍然存在于不同人群之间。具体说来,城乡之间的互联网普及率相差 21.9%,这可能是由二级和三级数字鸿沟造成的。一方面,一些贫困的农村居民没有足够的经济能力购买个人数字设备;另一方面,由于缺乏相应的技能和知识,农村居民在数字能力上也普遍低于城镇居民。2020 年 2 月疫情期间中小学生在家上网课,河南 14 岁女孩因无手机上网课,服毒自杀。[2] 这一事件集中体现了二级数字鸿沟所导致的"数字排斥"现象。此外,三级数字鸿沟在城乡居民之间也广泛存在。数字时代网络资源非常丰富,既有网课讲座等各种学习资源,也有游戏、短视频等各种娱乐资源。由于知识储备不同,农村孩子在接入网络后大多浏览娱乐资源,而城市孩子则在家长的指导下利用网络资源学习。于是,普遍存在的现象就是城市孩子对着电脑上网课,农村孩子拿着手机玩游戏、刷抖音。而这则进一步加大了不同人群之间的不平等状况,甚至导致贫困的代际传递。[3] 与此同时,老年人与年轻人之间的数字鸿沟依然存

---

[1] 参见第 49 次《中国互联网络发展状况统计报告》,中国互联网络信息中心,2022 年 2 月 25 日,https://www3.cnnic.cn/n4/2022/0401/c88-1131.html,访问日期:2024 年 9 月 9 日。

[2] 参见微言三农:《河南女孩无手机上网课选择自杀,网课管理应细尽细,还要无死角》,腾讯内容开放平台,2020 年 3 月 2 日,https://page.om.qq.com/page/OH-3a5yLuVbN_L8Mu3MDn2Hw0,访问日期:2022 年 7 月 5 日。

[3] 参见陈晓东、徐黎:《沉迷手机游戏的留守儿童问题分析——基于社会生态系统理论视角》,《广西教育学院学报》2020 年第 4 期。

在,老年人的互联网普及率低于平均普及率29.8%,而这主要是由三级数字鸿沟造成的。老年人与年轻人之间的数字鸿沟也被称为"银发数字鸿沟",在社会的变迁中,老年人由于前期教育的缺失,在数字技能方面处于天然的劣势。缺乏数字能力,不仅给老年人的生活(出行、购物、看病)带来许多不便,也可能将老年人排斥在公共生活之外。

值得注意的是,上述《报告》并没有残疾人互联网普及率的相关统计。事实上,在数字社会中,有一些残疾人(例如盲人)是很难链接到现有的数字设备当中的。为了让盲人接入数字设备,数字设备的按键要重新设计,而且所有的软件都必须具备语音功能。这些问题在技术上是可以解决的。但目前市面上仍然很少看到为盲人开发的数字设备。这并不是因为盲人不需要进入数字社会,而是因为这部分市场太小、无利可图。事实上,盲人的数量并不少。据中国盲人协会的统计数据显示,中国约有1700万盲人,但他们在公共领域中很难发出自己的声音,因此也就很难受到重视。当然,我国政府也为盲人连入互联网做了很多努力。例如,2011年6月28日,中国盲文图书馆在北京建成开馆,为盲人提供了阅读、听书以及上网的机会。但对于全国各地的1000多万盲人来说,这不过是杯水车薪,尤其是事关盲人的出行、购物、工作等日常生活的设施和制度建构,还应大大加强,为盲人提供更多平等的机会。

数字治理显然不应该将盲人等残疾人排斥在外,因为他们也是社会的平等公民,他们的平等权利也需要通过数字化管理来实现。在这一问题上,国外学者也注意到了数字治理中残疾人的困难处境。美国学者弗吉尼亚·尤班克斯(Virginia Eubanks)对美国中部地区的福利资格自动化系统及其运行进行了实地考察,并指出:"福利资格自动化处理试点对于失聪、失明、残疾、患有精神疾病的福利申请者打击最为严重。"[1]文中提到,一个福利申请者用手语质疑:"我是失聪者,我应该如何进行电话面谈?"[2]可见,数字能力的缺乏直接剥夺了一些人本来应该获得的帮助,没有能够保护他们的平等权利。在数字治理中,没有接入互联网的公民就没有"数字身份",就相当于"社死"的人。从这一角度来看,数字鸿沟造成了不容忽视的巨大不平等。

2.3 算法歧视

在数字社会,每个人都有数字身份。数字鸿沟可能造成一些人的身份缺失,而算法歧视则可能造成一些人被锁定为"身份罪犯"。所谓"算法"指的是:"进行计算、解决问题、做出决定的一套有条理的步骤。所以,算法并不是单指某次计算,而是计算时采用的方法。"[3]简单来说,算法就是机器处理大量数据的方式。算法是由人设计的,而人在设计算法的时候,有可能将自己的价值观念甚至是歧视或偏见设计到相关算法中,而这就导致了所谓的"算法歧视"。例如,在上述利用人工智能筛选简历的案例中,如果在算法中设定"拒绝女性求职者的申请",那就必然会造成对女性求职者的歧视。

在数字治理中,不仅人工设计的算法可能包含"算法歧视",基于机器学习的算法也可能产生各种偏见和歧视。大数据基础上的

---

[1] [美]弗吉尼亚·尤班克斯:《自动不平等:高科技如何锁定、管制和惩罚穷人》,李明倩译,商务印书馆,2021,第58页。
[2] 同上。
[3] 赫拉利:《未来简史》,第75页。

机器学习使得人工智能在某些方面拥有了超越人脑的能力。2009年谷歌公司的一款产品"谷歌流感趋势"(Google Flu Trends)依据网络搜索的关键词,成功预测了H1N1流感病毒的暴发。人工智能能够做到这一点,是因为它能够在短时间内处理大量相关数据,并迅速找到不同数据之间的"相关性"。这种相关性虽然并非必然的因果性,但仍然为人们的预测和决断给出了依据。例如,位于美国拉斯维加斯的哈拉斯赌场,通过各种数字设备挖掘每位顾客的消费信息,并对这些信息进行大数据分析,"结合客户消费习惯以及个人背景信息模拟出所谓的'痛点'。一旦顾客输钱总数超过其'痛点',顾客将会永远地离开该赌场"。因此,赌场会针对每位顾客的特点,将其输钱的数额控制在接近"痛点"的最高值。如此一来,赌场就能获得最高的利润率。[1] 某些电商平台上存在着"杀熟"的现象,这也是利用大数据算法设置区别化的价格机制以便将平台企业利润最大化的案例。这类案例中包含着严重的"价格歧视",没有平等地对待每一位消费者。

而且,大数据应用中的"预测"有一个严重的弊端,这就是人工智能只能依据过去的数据来进行预测,而过去的数据并不能说明未来必定会发生什么。例如,电商平台通常会通过某种"算法"向顾客推荐各种商品,而无论何种算法都只能依据顾客过去的消费记录来推荐商品。所以,就会出现如此滑稽的现象:一个顾客刚在网站上购买了一双鞋,而电商平台则立刻又向他推荐多双类似的鞋。电商平台上的算法推荐问题虽然让消费者哭笑不得,却也不会引发严重伤害。但是,如果将类似算法应用在与人们的基本权

---

[1] 参见姚祖文、叶晓慧、张旭辉:《生活中的大数据应用案例》,《数字通信世界》2018年第11期。

利相关的公共治理过程中则可能造成许多无辜的受害者。最典型的例子就是大数据算法在警务方面的应用——"预测警务"。为了更为高效地抓捕犯罪分子，公安机关利用大数据进行犯罪预测。公安机关可能取用的相关数据有很多，例如违章驾驶记录、偷税漏税记录、贷款记录、婚姻记录、领取福利救济记录，等等。通过大数据挖掘，人们可能在这些数据与犯罪记录之间找到"相关性"，例如有违章停车记录或贷款不还记录的人犯罪率比普通人高20%等。而这种"捕风捉影"的相关性则成为公安机关抓捕犯罪分子的重要线索。公安机关可以设计出一套算法，读取某人的相关记录并计算出他成为罪犯的概率。如果我们完全信任这个算法的话，就无法回避这样的问题：如果一个人被人工智能判定为"罪犯"，但他并没有真的实施犯罪行为，那我们是否应该在他实施犯罪行为之前将其抓获？这或许就是人工智能大数据预测的荒谬之处，它依据过去的数据做出精准的预测。然而，预测始终是预测，并不是真实发生的事情。但我们却根据这种"预测"而做出决断，甚至惩治"罪犯"，而这将带来严重的不公平。

在人工智能的大数据预测中，发挥关键作用的是"算法"。算法决定了大数据做出预测的方式。例如，电商平台给顾客推荐商品的算法大概是看顾客浏览了哪些网页、购买了什么商品，然后再给他推荐类似的商品。而"预测犯罪"的算法估计是根据某人的贷款不还、违章驾驶、被投诉等记录再通过加权平均来计算其可能成为罪犯的概率。由于数字治理主体（企业或政府）的"算法"通常并不公开，所以就给歧视和偏见留下了操作的空间。例如，美国的"预测警务"系统就曾被指责有种族主义倾向。美国Palantir和DAS预测系统的反对者认为，警察依据自己的种族偏见使用数据监控,从而监控甚至逮捕更多的人,是"种族主义的循环"。[1] 试想,如果美国的"预测警务"的算法人为设计或者通过机器学习而将"肤色"作为与犯罪高度相关的因素,那就必然包含"算法歧视"。

算法歧视可能造成"身份罪犯"。身份罪犯指的是通过大数据挖掘,发现具有某些身份特征(例如离婚、酗酒、吸毒、非婚生子等)的人犯罪概率较高,而警察就会对具有这些身份特征的人员进行重点排查,甚至从这些人中寻找罪犯。而这种做法,也是在以人们过去的行为预测尚未发生的行为,包含着深刻的歧视和偏见。《自动不平等》一书的作者考察了美国洛杉矶帮助无家可归者匹配福利性住房的协调入住系统。这一服务首先会挖掘无家可归者详细的私密信息,例如有没有遭受过家庭暴力,是否有卖淫或为他人携带毒品、与陌生人进行无保护的性行为等风险行为,是否曾威胁或伤害自己,等等。而申请者如果想获得福利住房,就必须如实回答这些问题。系统会根据人们的回答对其进行评分,情况越糟糕(例如曾伤害过自己、曾有卖淫行为等),则评分越高,获得福利房的几率也就越高。因此,许多无家可归者都如实地回答了这些问题。然而,该系统所获取的信息同时与当地的警方共享,这使得一些无家可归者非但没有申请到住房,反而成为警察重点监视和抓捕的对象。此书作者不得不感叹:"协调入住不仅仅是一个管理信息或匹配供需关系的系统,它还是一个分类穷人、入罪穷人的监视系统。"[2]

---

[1] 参见胡铭、严敏姬:《大数据视野下犯罪预测的机遇、风险与规制——以英美德"预测警务"为例》,《西南民族大学学报(人文社会科学版)》2021年第12期。
[2] 尤班克斯:《自动不平等》,第103页。

大数据应用中的算法歧视所带来的一系列问题不仅出现在美国,在我国这样的数字大国中也存在着各种隐患。2021年7月,教育部办公厅印发《教育部办公厅关于加强学生心理健康管理工作的通知》,要求"高校每年在新生入校后适时开展全覆盖的心理健康测评……县级教育部门要设立或依托相关专业机构,牵头负责组织区域内中小学开展心理健康测评工作,每年面向小学高年级、初中、高中开展一次心理健康测评"[1]。由此,全国各地的中小学开始开展各式各样的心理测评,并将测评的结果记录在案。这一举措不由得让人担忧。暂且不说在上海市开展的中小学生心理测评中出现了"最近一周,你已着手写自杀遗言了吗?""最消沉、最忧郁的时候,你已着手写自杀遗言了吗?"这类诱导自杀的问题[2];试想,如果一个孩子在中小学阶段的心理测评中被判定为"抑郁",那么这些记录会对他的学习和生活带来多严重的负面影响?哪些单位和人员可以查看他的"心理档案"?而被盖上"抑郁"图章的"问题学生"的升学和就业是否会受到影响?这些数据一旦泄露,会不会造成其他人对他的歧视,其后果的严重性不堪设想。

由此看来,数字治理中存在着大量算法歧视的隐患。交警利用算法来识别车辆是否超速;法院运用智能系统进行证据审查、事实认定、法律判断;警察利用算法识别罪犯;教育机构通过算法来

---

[1] 教育部办公厅:《教育部办公厅关于加强学生心理健康管理工作的通知》,教思政厅函[2021]10号,中华人民共和国教育部网站,2021年7月12日,http://www.moe.gov.cn/srcsite/A12/moe_1407/s3020/202107/t20210720_545789.html,访问日期:2022年7月4日。

[2] 参见《上海长宁教育局回应中小学心理测评涉自杀 心理专家:量表使用不当 主要适合高自杀风险人群》,红星新闻,2021年11月19日,https://baijiahao.baidu.com/s?id=1716836209056423386&wfr=spider&for=pc,访问日期:2022年7月5日。

筛选学生,等等。算法可能通过某些特征来锁定某些人,而这些人即使没有相关犯罪事实也可能被监视、被排斥,最终被入罪。限制算法权力、破除算法歧视的最有效的措施即是算法公开,将相关权力部门的算法置于公众的监督之下。在这个问题上,目前学术界存在支持与反对两种观点。一些学者认为,算法属于知识产品,其设计者拥有知识产权,尤其是商用算法,往往是相关企业能够盈利的"秘密武器"。如果将算法无偿公开,那就会侵犯算法提供方的知识产权。因此,即使公开算法,也应有相应的补偿。例如,梁志文主张将药品数据的管制性排他权移植到算法保护中,允许算法拥有者以公开算法(源代码备案)为代价来换取5年的市场排他权。[1] 相反,另一些学者认为算法的应用归根结底是公权力的应用,因此应该遵循正当程序并在公众的监督下进行。例如,胡晶晶认为:"算法权力的正当程序应当包括两方面内容:静态方面,算法内部编程设计本身应当是中立的,摒除价值判断的,且算法程序设计应当公开;动态方面,算法运行过程应当是公开的,且接受应用算法的公权力机关和公众的监督。"[2]

2021年12月31日,针对算法歧视等问题,国家网信办等四部门联合发布《互联网信息服务算法推荐管理规定》[3],该规定于2022年3月1日施行。《规定》明确要求保障用户的算法知情权和

---

[1] 梁志文:《论算法排他权:破除算法偏见的路径选择》,《政治与法律》2020年第8期。

[2] 胡晶晶:《破解公权力领域的算法歧视:权力正当程序的回归》,《知识产权》2022年第4期。

[3] 《互联网信息服务算法推荐管理规定》,中华人民共和国国家互联网信息办公室网站,2022年1月4日,http://www.cac.gov.cn/2022-01/04/c_1642894606364259.htm,访问日期:2022年7月6日。

算法选择权,应当向用户提供不针对其个人特征的选项,或者便捷的关闭算法推荐服务的选项。不得利用算法实施影响网络舆论、规避监督管理以及垄断和不正当竞争行为,不得设置诱导用户沉迷、过度消费等违反法律法规或者违背伦理道德的算法模型。然而,该规定主要针对的是商用算法,涉及各类短视频平台、电商平台、社交平台及餐饮外卖平台等。对于政府部门的算法公开并没有做出明确规定。因此,为了规范算法权力的应用,还应针对政府部门的权力运行过程,建立包含算法生成、算法公开、算法监督在内的正当程序,明确算法责任,建构与算法权力相应的规范体系。

3. 信息茧房与不自由

上述对算法权力的讨论主要针对的是公权力应用中的算法歧视等问题。事实上,企业对于算法的应用也与公共治理息息相关。企业对算法的应用,其目的是利润最大化,其手段是最大限度地吸引用户的注意力。数字经济又被称为"注意力经济",所有的商家都在拼尽全力吸引用户的注意力。无论以什么方式——短视频、音乐、绘画、诗歌、评论——只要能吸引到用户的注意力,就有了流量,就可以投放广告,就可以"带货",最终就能盈利。基于这一逻辑,平台企业的算法通常会依据用户的相关信息而"投其所好"。例如:用户在某视频 app 里点赞了做菜的视频,系统就会自动给用户推荐更多做菜的视频;如果某用户点赞了某些揭露政府不当行为的视频,那系统也会继续给他推荐更多类似视频。由此,用户看到的永远是"自己想看到的",而并非全面真实的世界,这种现象被称为"信息茧房"(information cocoons)。

信息茧房是智慧信息环境下网络用户的信息窄化和信息极化现象。[1] 2006年,凯斯·桑斯坦在《信息乌托邦》一书中首次明确描述了这一现象。[2] 另外,"回音室效应"(echo chamber)、"围墙花园"(walled garden)等概念也与该概念的含义相近,指的都是用户的信息窄化现象。"信息茧房"的存在会给政治生态带来诸多危害,并严重侵害公民在认知方面的个人自由。首先,信息茧房使得人们只接收到某种政治立场的信息,容易导致公众的政治分层以及观点极化。在一个社会中,如果不同阶层的人都只能接触到本阶层关注的信息,持不同政治观点的人只能接收到加强该观点的信息,那么整个社会将产生巨大的政治分歧,甚至引发政治上的分裂和敌对。在网络时代兴起的"民粹主义"就具有这样的特征。通过网络传播,一些极端政治观点产生的效应不断增强,最终导致政治对立。[3] 美国哲学家约翰·罗尔斯在《作为公平的正义》一书中深入阐述了"合理性"(reasonable)的含义:"乐于提出被所有人都视为公平的合作条款,或者当这些原则是由别人提出的时候,他们也乐于加以承认。"[4] 用通俗的话来说,所谓"合理性"就是换位思考,能够站在对方的立场上来思考问题并提出对方可能接受的公平合作条件。在罗尔斯看来,"合理性"是人类社会能够实现

---

[1] 罗华丽、王夫营:《"信息茧房"对大学生主流意识形态认同的影响及其应对策略》,《教育评论》2018年第8期。
[2] 〔美〕凯斯·桑斯坦:《信息乌托邦:众人如何生产知识》,毕竞悦译,法律出版社,2008,第8页。
[3] Pauline Gidget Estella, "Digital populism, digital newswork and the concept of journalistic competence: the Philippine condition," *Media International Australia* 179, no.1(2021): 80-95.
[4] 〔美〕约翰·罗尔斯:《作为公平的正义》,姚大志译,中国社会科学出版社,2011,第14页。该译本将"reasonable"翻译成"理性的"。

公平合作的人性基础。然而，在数字社会中"信息茧房"的存在却严重阻碍了人们站在对方的立场上来思考问题，加剧了不同阶层人们之间的分歧。

更严重的是，"信息茧房"如果被政治权力所利用，还可能成为操纵民意的工具。2016年美国大选期间，8700万Facebook用户数据被不当泄露给政治咨询公司剑桥分析，该公司利用这些数据有针对性地向网民推荐相关网络内容，以帮助特朗普在大选中获胜。从这一案例来看，数字技术的强大使得掌握数据的一小撮人拥有了操纵民意的力量。在数字时代，人们的所思所想都可能是被塑造的。因此，如果不及时地对大数据应用以及算法权力进行约束，那么，在未来政治中，政治家为了获取权力，可能会通过平台企业"定制民意"。到了那时，所谓的自由、平等、民主等政治价值都将形同虚设，普通人沦为政治野心家的传声筒，而政治生活则完全蜕变为权力与金钱的游戏。

总之，数字时代是一个机遇与风险并存的时代。在数字社会中，有两股力量始终相互冲击，不断产生摩擦与矛盾。这就是共享数据的倾向与保护个人隐私的考虑，这构成了信息自由与个人自由的矛盾。在数字时代，任何一种数据共享（无论是个人将自己的相关数据接入网络，还是不同机构之间共享数据）都将产生新的知识增长，带来利润，但同时也会给相关个人带来风险，使个人自由受到影响。赫拉利在《未来简史》中阐述了数据主义关于"信息自由"的信条："信息自由就是最高的善……信息自由流通的权利应该高于人类拥有并限制数据流通的权利，因此可以侵犯到人类传统的自由。"[1]赫拉利还引用第一位数据主义殉道者艾伦·施瓦茨的话表明了数据主义的宗旨:"无论现在信息储存在何处,我们都必须获得这些信息,复制并与全世界分享。"[2]从整体上看,数字治理的诸多好处来自数据共享所带来的效率提高和经济增长,而其相关风险则来自个人隐私泄露所导致的个人自由的丧失。数字时代的主要矛盾是传统的人文主义信条(个人自由与平等)与新的数据主义信条(信息自由)之间的矛盾,如何迎接其中的机遇、规避相应的风险则在于我们是否能设计出更好的制度,规范算法权力、保护个人权利,在数据自由与个人自由之间找到恰当的平衡。

---

[1] 赫拉利:《未来简史》,第346页。
[2] 同上。

第十二章 算法即正义？

数字时代，算法成为决定公共议题的核心程序。然而，算法却往往是公众无法理解的"黑箱"。"黑箱"之内如何保证公平正义？算法是否应该公开？公开到何种程度？关于算法的诸多问题是否会催生出一种新的职业——"算法师"？

随着数字技术的飞速发展，算法逐渐成为人们解决诸多公共问题的主要工具。例如电商平台上对产品的推荐，医疗机构选择最佳诊疗方案，政府部门审批移民申请、福利补助申请，对潜在犯罪分子进行筛查，等等。这些公共决策涉及人们的诸多权利，与全社会的公平正义息息相关。简单来说，算法就是人们借助计算机进行自动化决策的"程序"（procedure）。由于算法（无论是商用算法还是公共部门应用的算法）通常处理的是公共事务，所以，算法这一程序是否正义决定了公平正义的社会秩序能否得到维护。判断"算法"是否正义的标准是什么？如何通过相关的制度构建以保证算法这一程序的正义？下面，我将首先讨论程序正义的相关道德标准，并在此基础上探讨哪些制度构建有助于维护算法正义。作为主导公共事务的程序，算法只有满足了程序正义的相关要求，才能称得上"算法正义"。

1. 程序正义应遵循的道德原则

在讨论程序正义之前,首先应该明确的是:并非所有程序都是正义的,只有符合某些道德原则的程序才是正义的。例如招聘这一程序,如果主管方以与工作能力不相关的理由(例如性别、民族)拒绝应聘者,那么这一程序就是不正义的,不具有程序正义的特征。因此,能称得上是程序正义的程序,一定要满足某些道德原则。对于程序正义应满足哪些道德原则,不同的学者提出了不同的看法。例如,英国哲学家大卫·米勒(David Miller)认为,程序正义应该具备"平等、公开、准确和尊严"四个特征。[1] 托马斯·纳赫巴(Thomas B. Nachbar)认为,体现为算法的程序应具备透明、准确、参与、可问责四大特征。[2] 国内学者季卫东认为,公开性、中立、参与、效率等是程序正义应遵循的原则。[3] 综合上述诸种观点,结合算法这一计算机程序的具体特征,笔者认为平等、公开、准确、尊严、可问责这五条标准是一个正义的算法应该遵循的道德原则。没有满足这些道德原则的算法就不具有程序正义的特征,就应该被修改或废弃。

第一,"平等待人"是现代国家的制度基础,正是在承认所有人

---

[1] David Miller, *Principles of Social Justice*, Harvard University Press, 1999.
[2] See Thomas B. Nachbar, "Algorithmic Fairness, Algorithmic Discrimination," *Florida State University Law Review* 48, no. 2(2021): 556-557.
[3] 季卫东:《法律程序的意义》(增订版),中国法制出版社,2011,第37页。

的平等身份的基础上,人们才可能建构民主和法治等核心政治制度。[1] 然而,对于什么是"平等待人",当代学者有诸多阐释,例如机会平等(罗尔斯,1971)、资源平等(德沃金,2001)、能力平等(阿玛蒂亚·森,2010),等等。[2] 笔者认为,在涉及与算法相关的平等问题时,可以参考亚里士多德提出的平等原则:"同样情况,同等对待。"[3] 亦即,如果一个程序对于与其考虑的问题相关的不同个体所表现出的同样特征予以同等的对待,那么这个程序就满足了平等原则。举例说明,考试是一个程序,这一程序的目的是筛选出优秀的学生。考试考查的是学生对知识的掌握情况,并依据考生分数的高低来给他们分配不同的教育机会。因此,对于同样的"分数",如果一个考试程序给予不同考生(例如不同性别的考生)以不同的教育机会,那么这一程序就没有满足平等原则,就不是一个正义的程序。由此,"平等"成为程序正义的重要特征,这并不意味着所有程序都要追求结果平等,而是说所有程序都必须有公平的竞争规则,实现"同样情况,同等对待"。各类招聘程序、考试程序、竞赛程序、民主程序、司法审判程序都应具备这样的特征。

第二,程序正义不仅要求平等地对待程序中所有的参与者,通常还要求相关程序是公开透明的。这一点在司法审判中尤为重要。司法审判是现代社会的一种重要程序,这种程序通常要求在

---

[1] 民主制度的前提是人人都有权对公共事务发表意见,法治的核心是"法律面前人人平等"。因此,民主和法治这两种主要政治制度的基础都是"平等待人"。

[2] 关于不同平等理论之间的复杂关系可参见拙作:《平等理论的谱系——兼论平等与自由的关系》,《哲学动态》2016 年第 10 期。

[3] Aristotle, *Nicomachean Ethics*, V. 3. 1131a10-b15; *Politics*, Ⅲ. 9. 1280 a8-15, Ⅲ. 12. 1282b18-23.

被告、原告都在场的情况下进行公开审理。大卫·米勒在讨论程序正义时举了电影《被告》[1]中的例子:一个被强奸的妇女将强奸她的人告上了法庭,但此案并没有如其所愿地开庭审理。被告律师与原告律师通过商议达成一致,将罪犯送进了监狱。剧中的女主人公为此感到非常痛苦。罪犯虽然受到了应有的惩罚,可是受害者的声音却没有被听到,显然案件的私下解决剥夺了受害者的某些权利。一个司法程序不应该是私下进行的,必须在法官和陪审团的见证之下,公开、公正地展开。内在于程序正义的"公开"原则要求,应将程序中应用的规则和标准向当事人解释清楚,使其理解施行于他(她)的程序是如何进行的。

第三,程序正义要求相关程序"准确"反映参与者的信息,以便做出合理而公正的决策。以体育竞赛为例:体育比赛是为了准确地体现出人们在某方面的身体能力。因此,如何科学地设计比赛规则,以准确反映运动员在某方面的身体能力就成为体育竞赛不断改良的方向。例如:球类比赛要交换场地,跳远、跳高、举重等比赛项目要多次竞赛并取最高值,赛跑要考虑风速的影响,足球比赛安装了电子眼,等等。这些规则的设定都是为了能够更为准确地反映运动员的相关能力。如果一种比赛由于其规则的设定而无法准确反映参与者的能力,那么这样的比赛就不具备程序正义的特征,其相关规则就应该进一步改进。

第四,程序通常是作用于人的,因此,应用于人的程序还应该注意维护人的尊严。正如米勒所说,一种程序不能以使人们丧失

---

[1] 这是一部由乔纳森·卡普兰导演,朱迪·福斯特和凯莉·麦吉利斯主演的影片,1988年上映,片名译为《暴劫梨花》。

尊严的方式进行。[1] 例如,为了保证公共安全要对上飞机的乘客进行安检。但是,安检这一程序不能以搜身的方式进行,那样会有损乘客们的尊严。再比如,高校想要补助家庭困难的学生,但不能公开发布学生家庭情况的相关信息,这将大大损伤贫困学生的自尊。程序正义要求施行于人们的程序要保护个人的"尊严"。

第五,程序的应用通常事关公共决策,与人们基本权利的实现息息相关。相对于程序,个人是无助而被动的。因此,一种正义的程序应该给予人们问责和质疑的权利。例如,司法程序就赋予当事人上诉的权利。程序的应用对象拥有问责和质疑的权利,这不仅保护了普通公民的基本权利,也使得相关程序有了"自我纠偏"的能力。程序的设定始于人的智慧,而人类理性的有限性决定了程序有可能出错。比方说,世界各国都有冤假错案的存在,这说明无论如何严密设置的司法审判程序都有可能出错。从这一角度来说,为了减少程序出错及其造成的危害,程序的"自我纠偏"是必须的。因此,赋予人们质疑和问责的权利,这是实现程序正义的要求。

综上所述,平等、公开、准确、尊严和可问责就是判断程序是否正义的五项价值标准,也是程序正义应该遵循的五条道德原则。下面,我将结合计算机算法的具体特征,讨论数字时代如何维护算法这种程序的正义。

2. 算法歧视的不同类型

程序正义要求"平等待人",这一要求在以算法为基础的决策

---

[1] Miller, *Principles of Social Justice*, p.101.

过程中体现为下述问题：如何消除算法中存在的歧视？所谓"歧视"，其根本含义就是给予人们区别对待。[1] 而消除歧视，就是要消除区别对待，就是要坚持"同样情况，同等对待"的平等原则。然而，在由算法主导的自动化决策中，往往存在着偏见和歧视。因此，消除算法歧视是维护算法正义的关键。

依据算法的来源，我们可以将目前人们广泛应用的算法分为两大类：人工设计的算法和机器自主学习形成的算法。这两类算法可能因不同的原因而引入不同类型的歧视。对于人工设计的算法来说，设计者的偏见可能会引入算法歧视。例如，一个设计招聘算法的人对女性有偏见，他就可能设计出歧视女性的算法，将女性的求职简历排除在外。这类歧视非常明显，也较容易排除。程序的应用对象（比如招聘过程中的女性求职者）很容易发现算法设计者有意引入的歧视，并对此提出抗议。而监管部门只需要对算法的价值倾向进行核查，并对算法的相关设计进行修正，就可以消除相应的歧视。如果算法在对与该程序考察的信息（如招聘程序中关注的"工作能力"）无关的特征（性别、籍贯、民族、信仰等）之间保持中立，那么以算法为基础的招聘程序就满足了"平等待人"的价值标准。

相反，机器自主学习形成的算法中包含的歧视则更为复杂和隐蔽。对于这样的歧视，程序应用的对象通常很难进行抗议，而相应的算法歧视也不容易得到矫正。从大数据应用的原理来看，机器学习的目的是找出数据之间的"相关性"，而不是严格的"因果性"。例如，在学习了大量员工的相关数据后，计算机可能在"女性

---

[1] See Kasper Lippert-Rasmussen, *Born Free and Equal? A Philosophical Inquiry into the Nature of Discrimination*, New York: Oxford University Press, 2013.

员工"和"出勤率较低"之间找到相关性。这并不是说女员工的出勤率就一定较低,但借助这一相关性就可能做出对女性求职者不利的自动化决策。例如,在大数据学习基础上形成的招聘算法可能会尽量避免招聘女性员工。这种歧视在不应用算法的人工招聘中也可能存在,例如,企业主在浏览了上一年度的迟到早退记录之后得出女员工经常早退的结论,于是在招聘过程中避免招聘女员工。类似的歧视现象被称为"统计歧视",即基于统计结果而进行的区别对待。而机器学习和大数据应用则有可能大大加剧"统计歧视"的严重程度。例如,在基于大数据应用的"预测警务"中,警力该如何分布就完全基于各区域过往的犯罪率。在美国,这可能导致非洲裔、拉丁裔美国人聚居区的警力要强于其他居民区,而这则引发了人们对于预测警务是否包含歧视的质疑。[1]

机器学习形成的算法不仅可能引发对某个群体的歧视,还可能隐藏着对某些个体的歧视。正如尤瓦尔·赫拉利在《今日简史》中所说的:"现在算法歧视的有可能就是你这个人,而你完全不知道原因。有可能是你的DNA、你的过去或者脸谱网账号上有些什么,引起了算法的注意。算法歧视你,并非因为你是个女性或者黑人,而是因为你就是你。就是有些什么关于你的特质,算法不喜欢。"[2] 如前所述,与寻求因果性的传统科学思维不同,大数据应用基于对大量数据的对比,机器学习可能从中找到某些鲜为人知的"相关性"。而基于这些"相关性"做出的决策则可能导致针对某

---

[1] Molly Griffard, "A bias-free predictive policing tool?: An evaluation of the NYPD's patternizr," *Fordham Urban Law Journal* 47, no.1(2019): 43-84.
[2] [以色列]尤瓦尔·赫拉利:《今日简史:人类命运大议题》,林俊宏译,中信出版社,2018,第63页。

些个人的歧视。例如,德国某金融机构通过大数据挖掘发现相比于使用电脑的用户,使用手机贷款的用户的还款率较低。为了利润的最大化,这家金融机构就可能抬高手机用户贷款的门槛。[1]在普通人看来,这样的决策完全没有道理,是对手机用户的"歧视"。然而,如果该金融机构不公开算法的话,手机用户很难知道自己受到区别对待的原因,也很难进行申诉。

基于机器学习的算法还可能导致算法价格歧视。这是因为,数字企业可以通过平台积累的数据为客户"画像",准确地探知客户的需求和出价意愿,从而实现精准营销和精准定价。换句话说,数字技术的广泛应用创造了"个性化定价"的可能,这实际上就是常常为人们所诟病的"大数据杀熟",亦即"通过收集、清洗、处理和分析消费者消费习惯、消费能力等个人信息对消费者画像,预测消费者最高保留价格,并以此就同一商品向不同消费者设定高低不同的价格"[2]。坐上同一航班的乘客可能发现他们每个人的票价都是不一样的。一些消费水平较高的乘客,或者来自富裕地区的乘客,他们的机票价格可能更贵一些。[3]

同样的服务,不一样的价格,只因一些人的出价意愿较高,而另一些人较低。这是否违反了"同样情况,同等对待"的平等原则呢?目前,各国对于"个性化定价"的监管并非完全禁止。一些学者认为,一定限度内的"个性化定价"有助于提高企业效益,增强经

---

[1] 该案例可参考2022年5月11日香港中文大学张博辉教授在中国人民大学主办的"数字经济时代的共同富裕"会议上的发言。
[2] 雷希:《论算法个性化定价的解构与规制——祛魅大数据杀熟》,《财经法学》2022年第2期。
[3] 佐伊:《"个性化定价"将如何改变机票预订的未来?》,《青年商旅报》2015年7月24日,第14版。

济活力。而且,在多数情况下"个性化定价"并不会影响消费者的消费体验。再者,如果消费者并没有对个性化定价提出异议,就说明消费者自愿接受相关定价,这也给个性化定价增加了正当性。[1] 另一些学者则认为,"个性化定价"就是算法歧视,应该被法律禁止。[2] 当然,如果因个性化定价而产生"超高价格"(远远高出一般价格)致使消费者提出抗议,那么理应属于市场欺诈行为,应受到相关监管部门的责罚。例如,浙江省绍兴市柯桥区法院审理的"胡女士诉上海携程商务有限公司侵权纠纷"一案中,胡女士通过携程网订购房间的价格为2889元,而通过线下预订则仅为1377.63元,价差达到了一倍。[3] 在类似这样的案例中,相关商家就应依法受到处罚。我国的《个人信息保护法》《互联网信息服务算法推荐管理规定》和《浙江省电子商务条例》等规定禁止"不合理"的算法个性化定价。可见,法律并没有禁止所有的个性化定价。因此,个性化定价是否属于算法歧视,是否应被法律禁止,该问题处于制度的模糊地带,往往依其程度而定。

3. 算法公开的限度

公开是程序正义应遵循的道德原则之一。对于算法正义来说,公开还是消除算法歧视的关键。在算法歧视频现的背景下,许多学者呼吁打开算法黑箱,看看这个算法究竟是如何设计的,有没

---

[1] 参见雷希:《论算法个性化定价的解构与规制——祛魅大数据杀熟》。
[2] 参见薛占祥:《"价格歧视"行为的法律规制——以大数据"杀熟"为例》,《各界(下半月)》2020年第7期。
[3] 参见史洪举:《以司法裁判向大数据杀熟说不》,《人民法院报》2021年7月17日,第2版。

有违背"同样情况,同等对待"的原则。然而,算法公开涉及复杂的技术和法律问题,在现实生活中很难实现。

首先,算法是用机器语言写成,表现为一系列代码,没有计算机相关知识的普通民众根本无法理解这些代码。因此,即使算法的设计者公开了源代码,公众也无从分辨算法是否符合公平原则,也无法判断是否包含算法歧视。由此,一些学者主张,算法的设计者不仅有公开算法源代码的义务,而且还负有向网络用户解释代码具体含义的义务。这被称为"可解释的人工智能"(Explainable Artificial Intelligence)。例如,一些学者从欧盟2016年通过、2018年生效的《通用数据保护条例》中总结出用户拥有"算法解释权",即用户有权获得关于算法决策如何做出的解释,进而据此对算法决策提出异议。[1] 然而,对于一些通过机器学习而形成的算法,由于其寻找到的是不同事件之间的"相关性"而不是"因果性",所以,即使是算法最初的开发者也很难解释清楚其运行机制。这些技术壁垒使得将算法向公众公开变得极为困难。

其次,公开算法可能会对公共利益造成伤害。一些学者认为,在算法是否公开的问题上,存在着"AI透明度悖论"[2]。一方面,公开算法,尤其是公共部门所应用的算法,可能会使得算法受到黑客攻击,造成公共决策机制的瘫痪。例如,新冠疫情期间,如果公开与"健康码"相关的算法,就有可能使其遭受敌对势力的攻击。

---

[1] See Gianclaudio Malgieri and Giovanni Comandé, "Why a Right to Legibility of Automated Decision-Making Exists in the General Data Protection Regulation," *International Data Privacy Law* 7, no. 4(2017): 243-265.

[2] See Andrew Burt, "The AI transparency paradox," Harvard Business Review, December 13, 2019, accessed September 2, 2021, https://hbr.org/2019/12/the-ai-transparency-paradox.

第十二章 算法即正义？ 251

2022年4月28日,北京"健康宝"就曾受到境外网络的攻击。[1] 另一方面,公开算法还可能导致"算计"(gaming)问题,即"相关主体就有可能利用和算计算法,通过设置相应的参数和制造数据达成自己的目的,从而损害其他主体的正当权益"[2]。例如,搜索引擎算法公布之后,一些网站会利用该算法来设计自己的网页,使得即使没有相关内容的网页也能够在搜索结果中排名靠前。由此看来,将算法向公众公开,存在着引发"黑客攻击""算计"等破坏活动的风险。

最后,公开算法可能会严重损害某些商业平台的企业利益。对于某些商业机构来说,"算法"是平台企业的灵魂,是最宝贵的商业秘密。例如,短视频平台"抖音"在中国市场非常成功,这就得益于其视频推荐的算法。如果要求企业将这一算法公之于众,这将使得企业丧失核心竞争力。因此,从某种意义上来说,企业应用的算法具有"商业秘密"的特征,应受到知识产权的保护。[3] 算法通常表述为软件代码,是软件技术创新的核心要素,具有秘密性(该信息不容易被公众获悉)、经济性(能够给信息持有人带来商业价值或竞争优势)、保密性(信息持有人对该信息采取了合理的保密措施)等商业秘密的特征。2020年8月发布的《最高人民法院关于审理侵犯商业秘密民事案件适用法律若干问题的规定》第一条规定,与技术有关的"算法、数据、计算机程序及其有关文档"等信息

---

[1] 参见《官方披露！北京健康宝遭境外网络攻击》,中国搜索,2022年4月29日,https://baijiahao.baidu.com/s?id=1731404963830958554&wfr=spider&for=pc,访问日期:2023年6月22日。
[2] 丁晓东:《论算法的法律规制》,《中国社会科学》2020年第12期。
[3] 参见李安:《算法透明与商业秘密的冲突及协调》,《电子知识产权》2021年第4期。

构成《反不正当竞争法》商业秘密定义条款（第九条第四款）所称的技术信息。该司法解释进一步明确了算法作为商业秘密的地位，明确了以知识产权的相关法律对其进行保护。

既然算法是受到知识产权保护的，那么算法是不是不应该公开呢？然而，如果算法不公开，算法歧视又怎么能为人所知，受歧视者如何维护自己的平等权益，而以算法为基础的公共决策程序是否还具有程序正义的特征呢？笔者认为，在算法公开的问题上，我们应该找到一种折中方案：算法应该公开，但并非对所有人公开，而是仅向具有相关资质的专业监管机构公开。国内学者李安认为，算法公开可以分为两个阶段："第一步，算法主体向一个范围较小的且签署保密协议的专家小组披露包括算法源代码在内的算法信息；第二步，专家小组对算法主体披露的算法信息进行分析和核验，形成一份关于算法运作和决策过程的原因说明，该份算法解释报告面向社会公众公开。"[1] 这一折中方案既维护了算法的知识产权，又能够有效抑制算法歧视，保证了算法作为公共决策程序的公开性。

笔者认为，为了消除算法歧视，维护公共决策的程序正义，国家应设立专门的算法评估机构，对算法是否公平公正地对待所有网络用户进行评估认证。无论是商用算法，还是公共部门所应用的算法都需要经过该机构的认证，才能够应用于个人。亦即，在算法投入应用之前，先进行"算法公平认证"，以确定算法中没有引入人为的歧视，也没有在机器学习基础上形成的统计歧视。在法规制定方面，一些国家已经有所尝试。例如，美国纽约市颁布的《算

---

[1] 参见李安：《算法透明与商业秘密的冲突及协调》，《电子知识产权》2021年第4期。

法问责法案》规定,应用于公共行政的算法决策需要进行算法影响评估,确保系统的安全性。加拿大制定的《自动化决策指令》建立了政府部门算法影响评估程序的可量化指标体系,将算法决策系统的安全性划分为四级,并基于不同级别相应地规定保护义务和应急措施。[1] 在算法评估的问题上,一些学者建议可以设计出"评估算法的算法",亦即一种算法影响评估模型,以确定相关算法的公平性。这样能够消除主观偏见、压缩腐败空间,使得算法的认证更为公正。[2] 另外,也有学者建议设立专门的专业或职业,培养一批"算法师",由他们对算法的公平性、准确性、可控性和安全性进行评估。[3] "算法师"既精通机器语言,又有相关的伦理学、政治学、法学知识,理解公平、正义、平等、自由等价值的具体含义。这些建议有助于在保护算法知识产权的同时消除算法歧视,使得公共决策具有程序正义的特征。

4. 算法出错与可问责

准确是程序正义的特征之一。应用于个人的自动化决策程序一定要准确反映个人的相关状况,并在此基础上做出公正合理的决策。数字时代,算法是做出公共决策的核心机制,由此,算法能

---

[1] 参见雷刚、喻少如:《算法正当程序:算法决策程序对正当程序的冲击与回应》,《电子政务》2021年第12期。
[2] See Joshua A. Kroll, Joanna Huey, and Solon Barocas et al., "Accountable Algorithms," *University of Pennsylvania Law Review* 65, no. 3(2017): 637.
[3] 参见〔英〕维克托·迈尔-舍恩伯格、〔英〕肯尼思·库克耶:《大数据时代:生活、工作与思维的大变革》,盛杨燕、周涛译,浙江人民出版社,2013,第226—230页。

否准确反映用户的真实情况就变得至关重要。算法由严格的机器语言构成，但这并不意味着算法不会出错。算法设计者的疏忽、用于机器学习的大数据受到污染、传感器失灵等因素都会导致自动化决策出错。下述是智能摄像头抓拍出错的两个典型案例：案例一，北京居民杜宝良于2004年7月20日至2005年5月23日在每天必经的北京市西城区真武庙头条西口被"电子眼"拍下违反禁行标志105次，被罚款10500元；[1]案例二，2018年11月21日，智能摄像头错拍了公交车身广告上某知名企业家的照片，并在路边液晶屏上公开曝光。[2] 除了"电子眼"智能抓拍可能出错外，预测警务中常用的智能测谎仪也可能出错。这些案例告诉我们，以算法为核心的公共决策程序可能会出错，程序正义并不必然意味着结果正义。

程序正义与结果正义之间是什么关系？美国哲学家约翰·罗尔斯曾深入讨论这一问题，他依据程序正义与结果正义之间的不同关系区分了三种程序正义：完善的程序正义、不完善的程序正义以及纯粹程序正义。[3] 所谓"完善的程序正义"指的是，人们对结果是否正义存在着独立于程序的判断标准，而且能够设计出一个程序来实现结果正义。"分蛋糕"是完善的程序正义的经典例子：两个女孩分蛋糕，假设平均分配是一种正义的分配结果，那么"谁分蛋糕谁就最后拿蛋糕"的程序就是一个完善的程序正义。因为，在假定每个人都想要更大块的蛋糕的情况下，这一程序足以保证

---

[1] 参见郭锦润：《电子测速如何更好地保驾护航？：网友"通缉"电子眼引发思考》，《中山日报》2008年4月3日C1版：汽车—车事。

[2] 参见李微希：《"刷脸"刷新世界纪录》，《当代党员》2019年第5期。

[3] John Rawls, *A Theory of Justice*, Massachusetts: The Belknap Press of Harvard University Press, 1999, pp. 65-89.

一个平均分配的结果。然而,现实情况却往往没有这么简单,出于各种各样的原因,人们时常无法设计出一种程序以保证结果的正义。罗尔斯将这种情况称作"不完善的程序正义",亦即存在着独立于程序的判断标准,但无法设计出一种能保证结果正义的程序。考试、招聘、司法审判、体育竞赛等程序都是不完善的程序正义。就拿"考试"这一程序来说,考试的目的是挑选出最优秀的学生。但是,由于考题的设置、学生的临场发挥等偶然因素的影响,考试挑选出的学生有可能并不是最优秀的。因此,考试程序需要不断地优化,朝着"完善的程序正义"的方向改进。罗尔斯讨论的第三种程序正义是"纯粹程序正义",其含义是:不存在独立于程序的判断结果是否正义的标准,只存在一种正确的程序,如这一程序被严格地遵循,那么其结果不论是什么都应该被接受。换句话说,如果将某种程序当作纯粹程序正义,那即是主张程序正义本身就能保证其结果的正义,不需要对照其他的判断标准。罗尔斯将"赌博"作为纯粹程序正义的例子——"愿赌服输",只要人们接受赌博的相关规则,而且该规则得到严格执行,那么自愿参与赌博的人们就必须接受赌博的结果。无论其结果是一夜暴富,还是输得精光。

对照罗尔斯对程序正义的阐述,由机器语言构成的算法属于哪一类程序正义呢?结合上述电子眼误拍、测谎仪出错等案例,我们可以肯定,算法所代表的公共决策程序远远不是罗尔斯所推崇的"纯粹程序正义"。算法虽然使用严格的机器语言写成,但由于人类理性的有限性以及机器学习形成有效算法的局限性等因素,任何算法都有可能出错。这就意味着人们不可能无条件地接受算法导出的结果。算法并非罗尔斯所说的"抓阄""赌博"这类规则明确的公平游戏。一方面,算法不可能做到完全公开,其规则不可能接受每一位受到算法影响的参与者的检验;另一方面,算法导出的结果并不一定符合人们的预期,尤其是机器学习产生的算法,有时会推导出人们完全没有预料到的结果。因此,算法更像罗尔斯所说的"不完善的程序正义",需要依据程序导出的结果对程序本身不断地进行修正,以不断完善公共决策的程序。这个过程类似于罗尔斯所说的反思平衡(reflective equilibrium)[1]。首先依据一些基本的道德原则(例如平等、公正、个人自由)以及算法想要达成的目标(例如招聘有能力的员工)来设计具体的算法,然后依据算法导出的结果是否符合相应的价值判断(例如是否有女性求职者被录取)来调整程序的设置,最终使得算法所代表的程序既符合人们的价值判断又能达成设计目标。这是一个循环往复的过程,在这个过程中,算法导出的结果逐步符合人们的道德直觉和价值判断(例如不同性别、种族、宗教信仰的求职者都有可能被录取),同时又达成了最初的设计目标(例如招聘到最能胜任相应工作的人才)。这时,程序正义与结果正义就达成了一致。因此,笔者认为,算法所代表的程序正义属于罗尔斯所说的"不完善的程序正义"。这类程序正义需要在实践的过程中逐步改进,并最终实现结果正义。

---

[1] 罗尔斯对反思平衡的描述如下:"在寻求对这种原初状态的最可取描述时,我们是从两端进行的。开始我们这样描述它,使它体现那些普遍享有和很少偏颇的条件,然后我们看这些条件是否足以强到能产生一些有意义的原则。如果不能,我们就以同样合理的方式寻求进一步的前提。但如果能,且这些原则适合我们所考虑的正义信念,那么到目前为止一切就都进行得很顺利……通过这样的反复来回,有时改正契约环境的条件;有时又撤销我们的判断使之符合原则,我们预期最后我们将达到这样一种对原初状态的描述:它既表达了合理的条件;又适合我们所考虑的并已及时修正和调整了的判断。这种情况我们把它叫作反思平衡。"(Rawls, *A Theory of Justice*, p. 18)

算法正义是一种不完善的程序正义,这意味着算法有可能出错。由此,应为算法设计"自我纠偏"的机制,以便不断改进,并最终成为"完善的程序正义"。这就像司法程序允许人们提出上诉一样,这样的制度安排有助于减少冤假错案的发生。因此,当机器决策引发异议的时候,网络用户作为算法的应用对象应被赋予"算法质疑权"和"表达观点权",有权对算法决策的依据以及决策结果进行质询。同时,为了减少算法出错带来的不正义,应该对算法及其执行情况进行人工核查,必要时启用人工决策程序。也就是说,人们还应拥有"人工干预权"。目前,人们对算法进行质询和干预的权利在相关法律中已有所体现。例如,根据欧盟制定的《通用数据保护条例》(GDPR)第二十二条的规定,应当至少保障个人获得人工干预的权利,以及表达自己意见和质疑决策的权利。而我国的《个人信息保护法》虽然首次规定了算法解释权和免受自动决策权,但是对于人们表达意见和质疑决策的权利还没有具体的说明。因此,"有必要在以后出台的相关法律中增设人工干预权、算法质疑权与表达观点权,进一步丰富数字权利束"[1]。

5. 隐私保护与尊严

尊重是程序正义应遵循的原则之一,任何程序都不能以使人丧失尊严的方式进行。在数字时代,这一要求集中体现为对人们隐私信息的保护,尤其是生物识别信息。对人们的隐私信息,甚至生物信息进行数据挖掘,通常是冒犯尊严的。众所周知,数字应用

---

[1] 周尚君、罗有成:《数字正义论:理论内涵与实践机制》,《社会科学》2022年第6期。

的基础是海量的数据积累,这就是所谓的"大数据"。如果没有大数据的输入,机器就很难找出对公共决策有价值的"相关性"。例如,近年来广受关注的"智能医生",正是在学习了大量病例的基础上,通过处方、治疗效果、病理反应等相关数据的积累,才得以为病人做出最佳诊疗方案。可以说,没有大数据就没有人工智能。然而,数据挖掘始终是令人反感的侵犯隐私的行为,包含着数据挖掘的自动化决策过程由此而带有"不尊重"的嫌疑。例如:一些银行安装测谎摄像头,监控人们的面部表情;还有一些保险公司,希望通过面部识别来判断人们的健康状况,并在此基础上设计"个性化"的保险产品。这些数字应用都带有侵犯隐私的嫌疑。

如何在充分尊重人们的隐私权的基础上进行数据挖掘和大数据应用?这成为保证算法正义和公民基本权利的关键问题。笔者认为,保护隐私的有效方式是赋予网络用户针对算法的相应权利。这些权利包括知情权、拒绝权、访问权、数据修改权,等等。所谓"知情权"指的是,网络用户知道自己的哪些信息被收集以及存放于何处。例如,欧共体委员会在其报告《数据安全与保密性研究》中将"知情权"解释为"旨在让数据主体能够自由访问或者获取他人存储的有关其个人的信息"的权利。对于知情权的具体展开,报告做了四个方面的阐述,包括"公众有权知道或者有机会知道所有有关自然人信息的文档的存在,不论是由公共部门还是私营部门持有;个人有权被告知其个人信息存在于特定的文档;个人有权知道在特定系统中个人信息的具体内容;以及基于以上知情权可对该部分个人信息请求修改的权利"[1]。在我国的个人信息保护

---

[1] *Summary Report: Study on Data Security and Confidentiality*, Commission for the European Communities, Jan, 1980, pp. 5-7.

中,上述所列的"访问权"被归结为"查阅权"和"复制权"。"查阅权"是指个人信息主体确认及知晓其个人信息被处理的具体情况的权利。而复制权是指自然人有权通过技术设备留存信息处理者所提供的个人信息。[1] 由此看来,知情、访问、查阅、复制、错误信息修改等一系列权利是数据主体隐私保护的延伸,对算法权力形成了有效的约束和牵制。

相对于数据主体拥有的一系列权利,信息处理者负有相应的告知义务。例如,我国《个人信息保护法》要求,个人信息处理者在处理个人信息前需要在个人信息主体充分知情的前提下获取其同意。由此,信息处理者负有的具体告知义务包括[2]:告知个人信息处理者的名称或者姓名和联系方式;个人信息的处理目的、处理方式,处理的个人信息种类、保存期限以及个人行使本法规定权利的方式和程序。[3] 另外,针对一些网络平台所使用的"算法推荐",我国的相关法律还对"特别告知义务"进行了规定。2022年3月1日起施行的《互联网信息服务算法推荐管理规定》第十六条规定:"算法推荐服务提供者应当以显著方式告知用户其提供算法推荐服务的情况,并以适当方式公示算法推荐服务的基本原理、目的意图和主要运行机制等。"总之,构建权利与义务的框架,设立对数据挖掘和隐私保护的界限,只有这样才能保证算法所主导的公共决策程序满足"尊重"的道德要求。

综上所述,在数字技术飞速发展的背景下,算法成为公共决策

---

[1] 申卫星:《论个人信息权的构建及其体系化》,《比较法研究》2021年第5期。
[2] 参见万方:《算法告知义务在知情权体系中的适用》,《政法论坛》2021年第6期。
[3] 参见《个人信息保护法》第十七条。

的核心机制。算法所代表的决策程序必须满足程序正义的相关要求，这些道德准则包括：平等、公开、准确、尊重、可问责。基于这五方面的道德准则，我们可以探讨对于算法的具体规制。首先，应通过人工核查以及机器学习的不断改进，消除可能存在的各类算法歧视；其次，在小范围内公开算法，对算法是否公平进行专业认证，并由专业人员负责向公众解释；最后，赋予算法的实施对象以知情权、解释权、访问权、错误数据修改权、问责权等基本权利。总之，算法正在越来越多的领域决定着资源、机会、福利等各种社会益品（social goods）的分配，事关整个社会的公平正义。而通过法律向普通网民赋权，这是从根本上制约算法权力，维护算法正义的关键。

第十三章　元宇宙追问

元宇宙是虚拟世界还是超真实世界？元宇宙与哲学中的"形而上学"是一回事吗？人们在一个去中心化的"元宇宙"中能否实现平等和自由的政治理想？元宇宙经济的兴起是玩家起飞的风口，还是资本家精心设计的财富陷阱？

2021年被称为元宇宙元年，在这一年，游戏公司罗布乐思（Roblox）成功上市，号称"元宇宙第一股"；社交巨头脸书（facebook）将公司名称改为Meta Platforms，并宣布将"元宇宙"作为今后的发展方向；国内互联网公司如百度、腾讯、字节跳动、阿里巴巴等，也纷纷提出"元宇宙"战略规划；甚至还有大学新建了"元宇宙"学院[1]。"元宇宙"这个词最先出现在美国科幻作家尼尔·斯蒂芬森（Neal Stephenson）的笔下。在其1992年出版的小说《雪崩》

---

[1] 南京信息工程大学、南开大学、清华大学、中国人民大学都建立了相关的教学研究机构。参见郭春雨、李岩松：《国内高校首个"元宇宙"院系成立？高校回应：消息属实》，齐鲁壹点，2022年9月26日，https://baijiahao.baidu.com/s?id=1745003261760200935&wfr=spider&for=pc，访问日期：2023年6月13日。

中，斯蒂芬森这样描述元宇宙："（阿宏）在一个由电脑生成的世界里：电脑将这片天地描绘在他的目镜上，将声音送入他的耳机中，用行话讲，这个虚构的空间叫作'元宇宙'。"[1]简单来说，"元宇宙"就是5G、6G、物联网、云计算、虚拟现实、增强现实、脑机接口、身份建模等多种数字技术综合应用所创造的虚拟世界。"元宇宙"并非突然出现的事物，也并非单一数字技术应用而产生的独特景象，而是多种数字技术逐渐成熟，人类社会的数字化程度不断加深，虚拟世界不断丰富的产物。对于这一新生事物，许多人拍手叫好，将其看作一个时代的序幕；另一些人却痛骂其为"骗局""毒品"，甚至将其当作人类堕落的表现。本章试图从哲学、政治学和经济学三条路径展开分析，以期更清楚地认识"元宇宙"，并为其健康发展提出建议。

1. 元宇宙的哲学追问

哲学是一门"无穷后退"的学问，它总是追问原因背后的原因、规律之上的规律，试图找出终极原因，发现终极规律。所谓终极原因就是决定一切其他现象和运动的最根本的原因。在许多哲学家看来，没有终极原因，世界万事万物就不复存在，任何运动或事件也就不会发生。由此，哲学也似乎得以傲视其他学科，成为学术研究舞台上最耀眼的明星。在哲学研究中，最能体现哲学"无穷后退"这一特征的莫过于"形而上学"。这个词的英文表达是 meta-

---

[1]〔美〕尼尔·斯蒂芬森：《雪崩》，郭泽译，四川科学技术出版社，2018，第29页。该版本将"元宇宙翻译为"超元域"。

physics[1]。说起这个词的由来不得不提到亚里士多德的《形而上学》一书。据记载,后人在编撰亚里士多德文集时,有一部分内容很难归类,讨论的正是与世界的终极原因相关的内容。人们就将这部分文献放在讨论物体运动规律的《物理学》(Physics)一书后面,"meta-"即为"在……之后",这部分学说由此而得名 metaphysics,中文翻译为"形而上学"或"元物理学"。由此可见,"元"这一概念恰好代表了哲学"无穷后退"的学术追求——追寻某种"高阶"知识,规律之上的规律。正如康德所言:"形而上学知识的诸般原则(不仅包括它的原理,而且也包括它的基本概念)必然绝不是取自经验的:因为它不应当是物理学的知识,而应当是物理学之后的知识,也就是说在经验彼岸的知识。"[2]

元宇宙(metaverse)这一概念与被看作第一哲学的形而上学(metaphisics)有相同的词根"meta",因而引发了许多哲学学者的关注。一些学者将元宇宙看作同古老的"形而上学"类似的,作为世界万物之根据而存在的形上世界。例如,吴冠军认为:"形而上学集中展示了人类按照其自身的'推测'(speculation)构想创造出的'世界'。在这个意义上说,'元宇宙'首先就出现在了作为'元物理学'(metaphysics)的形而上学中。"[3]斯洛文尼亚学者斯拉沃热·齐泽克认为:"元宇宙不亚于终于得以实现的元物理(metaphysics):它是一个把现实囊括在自身之内的元物理空间,允许现

---

[1] 英文 metaphysics 译自希腊文 metaphysika,德文、法文等西方语言的译法也大致相同,都大致沿用了希腊文最初的写法。
[2] [德]康德:《未来形而上学导论(注释本)》,李秋零译,中国人民大学出版社,2013,第 10 页。
[3] 吴冠军、胡顺:《陷入元宇宙:一项"未来考古学"研究》,《电影艺术》2022 年第 2 期。

实以碎片的形式进入。"[1]而另一些学者则反对这一观点,认为元宇宙不过是幻象,与传统哲学中所说的形而上学没有任何关系。例如,王路认为:"'元宇宙'与'形而上学'是根本不同的东西。对这一点,至少哲学家们应该有清醒的认识。"[2]刘永谋认为,"从网络空间到元宇宙,即是从局部沉浸前进到全身沉浸。如果没有幻觉,元宇宙就不是元宇宙。所谓虚实融合,实质上是持续的幻觉状态。"[3]对于如何在哲学层面界定元宇宙,它究竟是形而上学中所说的"本体""物自体"这类不依赖于人们的感官而存在的、人们感官之根本原因,还是人们感觉到的经验世界的幻象?如果套用柏拉图理念论的术语,元宇宙向人类展示的世界究竟是理念论中的"理念世界"还是"洞穴里的鬼影"?

我们可以从 meta 这个词根出发来审视"元宇宙"的真实含义。如前所述,meta 这个前缀代表了哲学"无穷后退"的倾向。哲学许多分支学科的名称清晰地说明了这一点。例如,physics(物理学)研究物体运动的规律,metaphysics(形而上学或元物理学)研究运动规律背后的原因;ethics(伦理学)研究人伦道德,metaethics(元伦理学)研究道德规范生成的规律,并最终转向研究道德语言;[4] language 指的是语言(例如"这本书很好看"),而 metalanguage(元语

---

[1] 〔斯洛文尼亚〕斯拉夫沃·齐泽克:《论元宇宙》,季广茂译,《三联生活周刊》2022年第2期。
[2] 王路:《"形而上学"与"元宇宙"》,《读书》2022年第6期。
[3] 刘永谋:《元宇宙的现代性忧思》,《阅江学刊》2022年第1期。
[4] 参见《西方哲学英汉对照词典》对"元伦理学"的定义:"元伦理学一般认为是研究伦理学本身的,元伦理学主要成分包括对伦理学性质的研究,对于关键性的道德词汇进行概念分析,以及对回答道德问题的方法的研究。"(尼古拉斯·布宁、余纪元编著《西方哲学英汉对照辞典》,人民出版社,2001,第609页)

言)指的是关于语言的语言(例如,"这本书很好看"这句话表达了人们读书时的喜悦)[1],等等。那么,我们是不是可以依据 meta 这一词根的含义来推测 metaverse 的确切意义呢? 如果说 universe (uni+verse)是统一为一体的宇宙万物,那么 meta+verse 是否就是万事万物背后的那个原因呢? 在数字环境下诞生的 metaverse 是否就是借助数字技术而进行的对宇宙万物的"编码"呢? 从 meta 在哲学中的重要意义来看,这种编码是否就是万事万物的终极原因呢? 换句话说,是不是说没有这种"编码",世界就将不存在呢?! 如果是这样的话,"元宇宙"的提出就具有了大部分人没有意识到的重大意义。它宣告的是人类终于找到了世界的终极原因,而并非如最先使用这个词的作者所说的那样,不过是找到了这个世界的"平行世界"。无怪乎鼓吹"元宇宙"的人有"超真实"的说法,这些人大概认为,借助增强现实等技术能够创造出比现实世界更真实的形上世界。依据这一理解,"元宇宙"就将对应于柏拉图理念论中的理念世界,而不是洞穴中的影子。

　　然而,上述观点显然是站不住脚的。我们只需问这样一个问题,就能戳破这一点:如果现实世界不存在了,元宇宙是否存在? 元宇宙通过数字技术展现的是人类的精神世界,是人类的意识活动。那么,是否有不依赖于物质而存在的意识呢? 我认为没有。马克思主义意识论认为,意识是大脑的功能和属性,意识的产生要以大脑为载体。神话传说中那些飘在空中、看不见也摸不着的"灵魂""精灵""天使"都是依赖于人类意识而存在的。与人类意识类似,"元宇宙"同样是以物质世界为支撑的。如果我们拔掉电源、切

---

[1] 关于"语言"与"元语言"的区分,参见 Tarski, *Logic, Semantic, Metamathematics*, Indianapolis, Ind.: Hackett Pub., 2nd ed., 1983。

断数据线、砸烂电脑,元宇宙所创造的灿烂世界就会瞬间消失。这就像没有了人类大脑,人类意识就会瞬间消失一样。由此看来,元宇宙只能是柏拉图所说的"洞穴里的影子",而不可能是整个宇宙的"源代码"。如果没有真实存在的物体(不论存在的含义是什么),人们就不可能看到影子。同样的,没有真实存在的万事万物(不论我们对此的定义是什么),就不可能有数字技术营造出来的元宇宙。元宇宙依赖于硬件设备、电力能源、人们精力和时间的投入,没有真实世界源源不断地"输入"能量和信息,元宇宙就会凋零死亡。由此看来,元宇宙不过是现实世界的镜像,而且很可能是一个扭曲的镜像。它依赖于现实世界而存在,是现实世界的影子,而不是其根本原因,这与自古以来哲学家们所追求的形上世界——世界的本体——是完全不同的。

在传统的哲学建构中,形上世界是无法用感官感知的,但却是一切感觉的基础和原因。例如,在柏拉图的理念论中,现实可感的世界是"理念世界"的影子,是因为有了理念世界,人们才可以通过感官而感知"现实世界"。而"元宇宙"却是"现实世界"的影子,是因为有了"现实世界",人们才可能将其数字化而形成"数字世界"。从这个意义上来说,"元宇宙"不仅是影子,而且是影子的影子。"元宇宙"与"现实世界"的区别还在于"界面"不同,元宇宙是借助数字化技术去模拟感官世界,而"现实世界"则是借助人类感官去感知"物自体"(形上世界)。而人们生活于其中的"现实世界"与"元宇宙"都不是世界本身,用柏拉图的话来说,都是理念世界的"影子"而已。

```
        形上世界（理念、物自体）
                │
                │人类感官
                ▼
        宇宙（universe，现实世界）
                │
                │数字技术
                ▼
        元宇宙（metaverse）
```

图 7　形上世界、现实世界与元宇宙的第一种可能关系

然而,形上世界、元宇宙与现实世界这三者之间还可能存在另一种关系,这就是形上世界和元宇宙都不过是现实世界的投影。在 16 世纪实验科学兴起之后,形而上学在西方学术中逐渐衰落。20 世纪初逻辑实证主义学者更是掀起了"拒斥形而上学"的浪潮,他们认为不能被科学实验证实或证伪的命题都是没有意义的。换句话说,人们无法通过感官感知,或者借助仪器感知的东西都不存在,都是虚构的。例如,维也纳学派的弗里德里希·阿尔伯特·莫里茨·石里克(Friedrich Albert Moritz Schlick)认为:"形而上学的没落并不是因为解决它的问题是人的理性所不能胜任的事(像康德所想的那样),而是因为根本就没有这种问题。"[1]卡尔纳普认为,形而上学的概念只在表面上有意义而实际上没有。这些逻辑实证主义者把"本原""神""理念""绝对""无条件""无限""绝对精神""本质"等形而上学术语当作毫无意义的"假概念"加以拒斥。[2] 在这些学者看来,形上世界是虚构的、不真实的。如果确

---

[1] M. Schlick, *Die Wende Der Philosophie*, "Erkentnis", Band I (1930-31), Heft 1, S. 4-11. 转引自洪谦:《论逻辑经验主义》,商务印书馆,1982,第 10 页。

[2] 洪谦:《论逻辑经验主义》,第 15 页。

实是这样,那么元宇宙与形上世界确实没有根本性的区别,它们不过是两个不同的虚构版本而已。元宇宙是现实世界的数字版虚构,而形而上学则是现实世界的哲学家版虚构。相形之下,元宇宙比哲学家们构建的形而上世界精彩丰富得多。

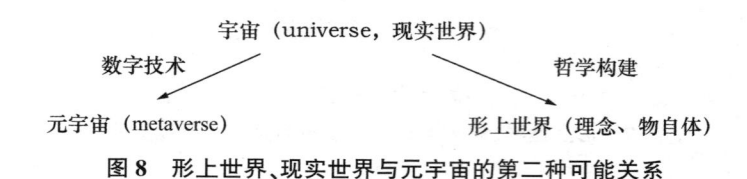

```
              宇宙（universe，现实世界）
          数字技术↙              ↘哲学构建
      元宇宙（metaverse）       形上世界（理念、物自体）
```
图 8　形上世界、现实世界与元宇宙的第二种可能关系

由此看来,元宇宙的位置到底在哪里,还取决于人们对形而上学所持的观点。但有一点可以肯定,元宇宙不可能高于现实世界,也不是与现实平行的另一个世界,它只能低于现实世界。因为一个显然的原因:没有现实世界就没有元宇宙。

2. 元宇宙的政治学追问

明确了元宇宙在哲学中的定位,下面我们从政治学的角度来审视元宇宙所确立的新的人际关系。如孙中山所言,"政治乃众人之事"。在元宇宙中,众人之事是从建构新的"自我"开始的。元宇宙不仅为人们创造了一个新的世界,还创造了新的自我。那么,元宇宙中的自我是更真实的自我还是自我的幻象?随着人类社会数字化程度逐渐深入,每个人都开始拥有两种"身份",现实身份和数字身份,而一些人可能迷失于两种身份之间。例如,日本出现的不上班、不出门的"社会隐退族",实际上是舍弃了现实世界身份而专注于虚拟世界身份的人。对于这些人来说,"数字死亡"就是真正的死亡。但事实上,每个人数字自我的存活是必须依靠真实世界不断输送能量的,这就像聊斋故事中的阴鬼得不断吸食阳气才能存活一样。马克思认为,人是社会关系的总和。而在元宇宙诞生之后,这种社会关系可能存在于现实世界,也可能存在于虚拟世界。在现实世界中,国家制度、家庭关系、社会环境这些因素共同作用于人际关系;而在数字技术营造的虚拟世界中,则是算法主导着人们之间的关系。由于两种"社会关系"的存在,每个人都生出"两个自我":一个现实世界中的自我,这个自我不会飞,无法挣脱法律和道德建构的规范;一个数字世界中的自我,每个人的自我似乎无所不能,而实际上却无法挣脱"算法"的规制。既然存在两个自我,两套社会关系,那么人们可以在两种身份之间做出不同的选择。一些人选择发展元宇宙中的"数字自我",而另一些人则选择发展现实世界中的"现实自我"。这样看来,这两个自我似乎是平等的,处在平行世界中的两种可能性。然而,如上所述,现实世界与虚拟世界并不是两个平行世界,虚拟世界是依赖于现实世界而存在,"数字自我"也是依赖于"现实自我"而存在的。

有没有这种可能,一个人只拥有"数字自我"而没有"真实自我"呢?《失控玩家》这部电影中的角色弗雷·盖伊(Free Guy)就只拥有"数字自我",并且是一个极为成功的"数字人"。学者蓝江据此认为:"在元宇宙中生成了不完全依赖于我们身体存在的化身即外—主体,会形成与我们的传统的自我意识主体不一样的主体概念。这种外—主体并不寻求与身体自我的同一性,而是如吉尔·德勒兹(Gilles Louis René Deleuze)所言,形成了一种逃逸的生成经验,这种生成经验指向了在身体自我条件中不可能的潜能。"[1]然而,元宇宙中那些没有肉体真身的"数字人"不过是一个幻象。因为,他没有感受这种身份并赋予其意义的感官基础,也没有自主意识。当然,对于人工智能能否产生自主意识,也是目前学术界争论的焦点。对于这一问题,我的基本看法是,人工智能能够有意识,但无法自主产生意识。所以,一个纯粹的"数字自我"是没有主体性的,而只有以"真实自我"为支撑的"数字自我"才可能具有主体性。从这一点来看,仍然是真实世界在支撑着虚拟世界的存在。虚拟现实、增强现实等技术可能创造出一个让人们感觉比真实世界还要"真实"的世界。这就像比风景还要美的画,比恋爱还要甜蜜的小说,比成功还要激动人心的电影,比物体还要长的影子……然而,数字技术并不能将虚拟变为现实,所谓的"增强现实"增强的不过是"虚拟"而非"现实"。当然,随着数字技术的发展,虚拟自我会越来越逼真:"在未来的'元宇宙'里,当你的虚拟化身捡起一块石头,就能感到石头的重量,伸手触摸虚拟女友的脸就能感受到肌肤的温暖。"[2]然而,即使是那样,如果没有了现实世界中的自我,数字自我也将灰飞烟灭。而如果现实世界里的自我失业了、没有钱了,那么那个虚拟世界中的自我大概率会被驱逐出境。

元宇宙不仅创造了新的自我,还创造了新的人际关系。这种人际关系的鲜明特征就是"去中心化"。在现实世界,人们生活在国家之中。如德国学者马克斯·韦伯所言,国家的本质是对暴力的合法垄断。由此,在现实的人类社会中,人们总是身处于中心化的权力结构中。这一权力主导着公共规则(法律)的制定,主导着

---

[1] 蓝江:《元宇宙与外——主体的形而上学》,《山东社会科学》2022年第6期。
[2] 吴冠军、胡顺:《陷入元宇宙:一项"未来考古学"研究》。

各种资源、名誉以及机会的分配。有秩序的人类生活离不开这种中心化、等级式的权力结构,但所有人又时时在内心中反抗这种权力结构对自身自由的限制。相反,元宇宙向人们许诺了一种"去中心化"的人类关系模式。在许多人看来,区块链技术向人们昭示了建构"去中心化"人际关系的可能。元宇宙将成为所有人自由而平等的理想世界,任何人都不会受到中心化权力的支配和限制。然而,这种"去中心化"的迷思不过是乌托邦的幻影。

我们可以从"算法霸权"和"全景监控"两方面审视元宇宙的政治秩序。第一,元宇宙并没有人们想象的那样平等。虽然致力于实现"去中心化"的权力结构,但元宇宙并不是"法外之地"。因为,任何人类群体想要有效运行都需要公共规则,都需要法律。在现实政治中,法律是通过民主程序产生的,并且受到全体一致同意的宪法的约束。[1] 可以说,在民主社会中,公共规则是群策群力、所有人共同制定的。相反,在元宇宙中,算法即法律。一方面,任何人的数字行为——发帖、跟帖、评论、游戏、角色扮演等——其方式都必须符合系统的默认格式,否则就无法进入数字世界。另一方面,人们在海量的信息中只能接收到算法推荐给自己的信息。因此,元宇宙中并非没有公共规则,也并非不存在公共规则对个人自由的约束,而是这种规则内嵌于人们的一言一行之中,决定着人们的行为方式。值得注意的是,数字世界的公共规则并不是所有人共同订立的,而是电脑科学家一手缔造的,甚至没有给那些必须遵守规则的普通人留下任何商量的余地。由此,"算法霸权"也成为

---

[1] 在社会契约论的解释中,全体一致同意的社会契约就是人们进入政治社会的宪法大纲。所以,从理论上来说,宪法是全体公民一致同意的。也正是基于此,通过民主程序制定的法律必须与宪法相一致。

数字社会最大的公共议题。由于存在技术壁垒,普通人很难真正理解以各种代码写成的算法,即使理解也不知道这些算法可能会产生什么样的后果,所以公众也就实质性地失去了参与制定公共规则的权利。因此,由于缺乏有效的民主机制,元宇宙可能是比现实世界更为"专制"的世界。第二,人们在元宇宙中也并非比在现实政治中更自由。事实上,一旦进入元宇宙,人们就处在"全景监控"[1]之中,一举一动都会留下数字痕迹,而这些痕迹积累起来形成大数据。拥有这些数据的公司通过处理这些数据而能够给每一个"数字人"画像。需要哪方面的信息,就可以为其在哪方面画像。例如,人们的消费水平、消费倾向、兴趣爱好、身体状况、政治倾向、宗教背景、犯罪倾向……几乎无所不知、无所不能。而作为"透明人","数字人"将彻底失去自由。俗话说得好,"要想人不知,除非己莫为"。这句话在数字时代成为一种事实陈述,甚至是人们内心的一个隐秘的动机也有可能被数字世界所感知。试想,如果给所有人接上"脑机接口",那么电脑科学家们就可以随时读取人们的"意识",一闪而过的荒谬想法都可能会受到监控和批斗。如果那一天真的到来,那么元宇宙带给人们的将不是数字自由,而是数字独裁。

总之,元宇宙是一个不完美的现实世界催生出的世界。那些在现实世界中得不到满足的欲望促使人们建构一个新的世界。人们幻想着在这个新世界中能够逃脱原有的规范体系,逃脱中心化的权力结构对所有人的约束。然而,元宇宙中并非没有约束,算法就是对所有人的约束。这种约束披着"中立"的外衣,却为一系列

---

[1] "全景监控"是福柯在《规训与惩罚》一书中提出的概念,指的是对人们的言行进行全方位的监控。

不合法的行为（不符合现实世界中等级权力结构所建构的规则）开了绿灯。比特币成为"暗网"非法交易的主要货币，这一点都不奇怪。因为，比特币不是主权货币，不受任何政治权力控制，也就能够逃避政治权力的监管。从政治层面来看，元宇宙远远不是自由而平等的乌托邦，却很可能成为一个由算法科学家和数字巨头主导的、巨大的"圆形监狱"。当然，元宇宙并不是一个人人必须接受的监狱，人们如果不愿意，可以随时从这个"监狱"中退出来，前提是大部分人都愿意出来。如果世界上绝大部分人都自愿待在元宇宙中而不愿意"觉醒"，那么个别人即使觉醒了，为了生活和工作，也必须再次进入元宇宙。这就像在今天人们即使不想用手机、不想看微信，也已经不可能了。

3. 元宇宙的经济学追问

在数字世界中，似乎一切都是免费的。这是由数字产品的生产方式决定的。数字产品的生产具有边际成本几乎为零的特点，[1]一旦原创性的作品被创造出来（例如一首歌、一段视频），其量产就不需要额外的成本投入。既然数字产品缺乏稀缺性，那么人们是不是就可以"按需索取"，想要什么要什么呢？然而，这不过是数字经济的表面现象。因为，在数字世界，当你可以免费获取的时候，你自己实际上就成了商品本身。数字经济的本质不在于数字产品的利润，而在于数字资本的运行。2021年元宇宙的爆火与资本炒作密切相关，事实上，元宇宙是一个极度资本主义化的世

---

[1] 郑磊、郑扬洋：《元宇宙经济的非共识》，《产业经济评论》2022年第1期。

界。不论是在现实世界还是虚拟世界,资本逐利的逻辑从来都没有改变。资本为什么对元宇宙如此感兴趣,正是因为在元宇宙的生产方式以及元宇宙与现实世界之间的关系中隐藏着资本获利的秘密。本节将以马克思主义政治经济学的视角,深入分析元宇宙中包含的两种剥削形式:一是数字资本对无酬数字劳动的剥削,二是虚拟世界对现实世界的剥削。

马克思在《1844年经济学哲学手稿》中将资本定义为"积蓄的劳动"[1],在元宇宙中,数字资本就是积累的数字劳动。在免费获取,或者以很低的价格获取各种数字产品及服务的过程中,人们无时无刻不在进行着各种"数字劳动"。"数字劳动"是一种"非物质劳动",指的是人们通过数字设备,对文化、知识、信息生产所做出的贡献。在第五章我们曾论述过,"数字劳动"具有"自愿给予"和"零报酬"特征。数据拥有者能从大数据中获得许多知识和信息,而这些知识和信息则可能产生巨大价值,数据拥有者则可以从中渔利。由此,我们看到数字经济中区别于通过销售商品获利的另一种获利方式,这就是通过网络用户提供的"数字劳动"集聚形成大数据,再通过数据交易而获利。"数据"被称作数字时代的"原油",从数据中人们能获得知识,而数据也是人工智能深度学习的"材料",没有大量的数据积累就不可能发展人工智能。然而,作为数字经济命脉的"原油"却是免费获取的。这一点揭露了数字资本对于每一个数字劳动者的"剥削"。马克思认为,在资本主义生产方式下,资本家占有生产资料,劳动者一无所有、不得不为资本家

---

[1] 〔德〕卡尔·马克思、〔德〕弗里德里希·恩格斯:《马克思恩格斯文集》(第1卷),人民出版社,2009,第130页。

打工。这种雇佣劳动关系是剥削产生的根源。而在元宇宙中,人们必须借助各种数字平台才可能"生存",这些数字平台借助其对数字资源的垄断而不断挖掘本属于每个人的个人数据。当然,可能会有不同的数字平台供人们选择,但无论在哪个数字平台上,人们都在不断地留下数字痕迹,不断地为数字巨头积累"数字资本"。这就像人们可以"自由地"在土地上耕种,但总会有地主来收租子一样。难怪齐泽克将元宇宙斥责为"新封建主义":"公地——平台(我们进行社会交往和互动的空间)——被私有化,这使我们这些平台的使用者成为农奴,向公地的所有者——我们的封建领主——支付租金。"[1]

元宇宙经济中不仅包含着数字资本对"数字劳动"的剥削,还包含着虚拟世界对现实世界的剥削。一个显而易见的事实是,人们必须在现实世界中完成劳动力的再生产,才可能以充沛的精力投入数字劳动。由此,数字资本不仅剥削元宇宙中的数字劳动,也剥削现实世界中人们的劳动。在这一问题上,我们可以参照马克思主义女性主义者所揭示的资本对家庭劳动的剥削。《父权制与资本主义》一书的作者上野千鹤子指出:"家庭位于'阶级分析之外'并不意味着家庭领域位于阶级统治乃至资本主义压迫制度的'外部',更不意味着自由……家庭承载着市场中劳动力的再生产功能,是劳动力市场的终端,承载着人的投入和产出。"[2]换言之,女性虽然在家庭之中,没有到市场上去受到资本的剥削,但女性在家庭中承担了劳动力再生产的工作:生育、照顾婴儿、家务劳动等,

---

[1] 齐泽克:《论元宇宙》。
[2] 〔日〕上野千鹤子:《父权制与资本主义》,邹韵、薛梅译,浙江大学出版社,2020,第18—19页。

而这些劳动都是无酬劳动,所以女性也受到了资本剥削。正像资本不仅剥削工厂里的劳动工人,还剥削他们家庭中的女性一样,数字资本不仅剥削数字劳动,还剥削劳动者在现实世界中的劳动,甚至是其整个家庭的劳动。

近些年来,随着人类社会数字化程度的深入,青少年沉迷游戏的社会问题凸显出来。"'14岁少年为游戏充值两万,花光姐姐积蓄','9岁男孩玩游戏充值超万元,犯错却不敢承认',诸如此类未成年人沉迷游戏,背着父母充值巨额钱款的新闻始终不绝于耳。"[1]正如许多关注元宇宙发展的学者指出的,电子游戏正是元宇宙最佳的表现形态。[2] 2020年美国游戏产业市场规模达到679.54亿美元,用户规模已经达到2.14亿人。[3] 元宇宙中不仅有游戏,还有色情。如美国的情况;"每天,网友在通过搜索引擎搜索时,25%的内容被引向色情网站。据估算,互联网站中有12%,即420万个网站被归入X级别"[4]。事实上,游戏与色情成为元宇宙经济中最重要的组成部分,这与数字资本获利的逻辑密不可分。制造欲望、满足欲望,资本获利、资本积累,循环往复、永不停歇,这是资本获利的根本逻辑,而一切在现实世界无法满足的欲望,都可以在虚拟世界得到满足。游戏世界一方面能帮助人们"实现"在现实世界难以实现的梦想;另一方面,能满足人们无法说出的罪恶欲

---

[1] 刘鑫:《孩子沉迷游戏,原因发人深省》,《中外文摘》2020年第21期。
[2] 蓝江:《元宇宙与外——主体的形而上学》。
[3] 参见《2021年美国游戏产业发展现状及市场规模分析 游戏产业为美国经济作出巨大贡献》,证券之星,2021年6月22日,https://baijiahao.baidu.com/s?id=1703257012168929640&wfr=spider&for=pc,访问日期:2022年11月27日。
[4] [法]马尔克·杜甘、[法]克里斯托夫·拉贝:《赤裸裸的人:大数据,隐私和窥视》,杜燕译,上海科学技术出版社,2017,第123页。

望。在元宇宙中,一个胆小鬼可能化身拯救世界的英雄,一个差等生可能成为富可敌国的亿万富翁,一个五音不全却梦想成为歌星的小女孩可能登上万众瞩目的演唱会舞台,一个有社交恐惧症的人可能成为社交场上的明星,一个求爱不得的失败者可能成为白马王子娶了白雪公主……总之,一切在现实中难以实现的梦想都可以在虚拟世界实现。在虚拟世界中,梦想的实现不存在竞争性,这使得许多人的竞争性梦想(例如成为万众瞩目的明星)可以同时得到实现。甚至,游戏世界还可能变成人们泄欲的罪恶世界。这里可能充斥着暴力、性、毒品(例如诱导沉迷的数字毒品)。这些东西让人们欲罢不能。虚拟世界让人性的"恶"找到了一个突破口,人们可以通过这个突破口尽情地发泄这些罪恶的欲望。从某种意义上来说,这也许是件好事。因为,在虚拟世界发泄总比在现实世界发泄要好,至少不会有直接的受害者。著名的"丹麦实验"就是这一论点的证明。[1] 然而,虚拟世界不会止步于满足欲望,它还会千方百计地制造欲望。所有的虚构作品(文学、电影、艺术)都有类似的倾向,而元宇宙则是借助数字技术而催生的欲望爆炸。

在元宇宙中,人们可以称王称霸、试用各种武器、无限制地使用暴力、谈无数次恋爱、更换性别[2]……换言之,人性中那些最难

---

[1] 1967年和1969年丹麦分两步开放淫秽色情文学和视觉产品市场。淫秽产品的制作经过一个短暂的高潮之后急剧下降。与此同时,丹麦的犯罪率下降。1967年,下降25%;1968年又下降10%;1969年彻底解禁后,下降了31%。在淫秽色情产品合法化后的10年中,任何犯罪率都没有升高。参见李银河:《女性主义》,上海文化出版社,2018,第238页。
[2] 时下流行的许多游戏中,玩家可以选择自己的性别,由此许多女性更愿意在游戏中扮演男性,一方面挣脱现实世界中女性所受到的各种束缚;另一方面体验男性相对于女性的优越感。参见韩运荣、王杏予:《女性向游戏的溯源、类型及模式解析》,《现代传播》2020年第6期。

以实现的欲望都可能被诱惑而在虚拟世界得到释放,而元宇宙的缔造者则从中渔利。这个"利"却来自现实世界中真实的资源。因此,当人们前赴后继地涌向"元宇宙"时,数字巨头们真正在乎的却是数字世界的价值能否兑现为现实世界的资源。马斯克说,金钱是资源分配的数据库。[1] 而他所说的"资源"一定是现实世界的资源,而非元宇宙中的资源。因为,元宇宙中的资源没有稀缺性,不存在资源分配的问题。一个仅存在于元宇宙中的百万富翁是无法想象的,数字藏品、数字房产、游戏装备、数字存款,这些数字财富如果无法兑换成现实世界的货币或资源,那它们就一文不值。2023年,那些第一批投资元宇宙地产的人都输得血本无归,[2]这就充分说明了数字财富的虚拟性。事实上,所有名目的"数字货币"(QQ币、狗币、比特币、京豆),最终都必须兑换成现实世界的货币或者实物才可能真正产生价值。从这个意义上来说,比特币第一次兑换披萨是一个标志性事件,[3]标志着以比特币所表征的虚拟价值与现实价值之间的兑换被打通了。而这种价值兑换的实质则是现实世界源源不断地向虚拟世界输送资源和能量。在这一过

---

[1] 2021年12月29日,特斯拉CEO埃隆·马斯克接受Lex Fridman播客采访时表示,人们常常会认为金钱本身拥有权力,但并非如此,它只是一种信息,是资源分配的数据库。视频资源参见《世界首富马斯克的金钱观:金钱只是一个分配资源的数据库》,超级商业认知,2022年4月27日,https://haokan.baidu.com/v?pd=wisenatural&vid=12812393078430761791,访问日期:2022年12月12日。
[2] 参见江城:《林俊杰元宇宙炒房大亨,敲响炒作警钟》,新京报,2023年4月10日,https://www.bjnews.com.cn/detail/1681108199169323.html,访问日期:2023年4月11日。
[3] 据《纽约邮报》报道,2010年5月22日,美国加州的一名19岁的学生杰里米·斯图迪凡特(Jeremy Sturdivant)用两个披萨兑换了1万枚比特币,这是人类历史上首次使用比特币交换实物。此后,这一天成为一年一度的"比特币披萨日"。

程中,人类为了欲望的虚拟的实现,不断消耗真实的劳动。我们只需看看有多少青少年因为沉迷游戏而毁了自己的人生,就可以清晰地看到数字自我是如何消耗现实自我的。一些数字巨头对元宇宙经济信心满满,例如,"英伟达首席执行官黄仁勋预测,元宇宙的价值最终将'超过'物理世界"[1]。然而,这种想法过于天真了。因为,如果元宇宙的价值超出了现实世界资源的总量,那么元宇宙的价值该如何兑现呢?

综上所述,第一,从哲学层面来看,元宇宙依赖于现实世界而存在,是现实世界的数字化镜像,与哲学构建中作为现实世界之根基的形上世界有着根本区别。当然,如果采用卡尔纳普等逻辑实证主义者"拒斥形而上学"的观点,那么元宇宙与形而上学类似,都是对现实世界的虚构。第二,从政治层面来看,元宇宙中的"数字人"是依赖于现实世界中的人而存在的。元宇宙试图借助区块链等数字技术构建"去中心化"的社会关系,但元宇宙中的社会关系并没有使得人们更平等或更自由。因为,所有人都要遵循算法规则,而算法是由数字巨头和电脑科学家主导的,而且所有人都时时刻刻处于"全景监控"之中。这种"全景监控"如果毫无节制,甚至可能导向数字独裁。第三,从经济学层面来看,元宇宙中的经济运行由数字资本决定,其中可能包含两种形式的剥削:数字资本对数字劳动的剥削,以及虚拟世界对现实世界的剥削。这两种剥削形式的存在将大大影响元宇宙经济的公平性。从上述三方面的分析来看,下述措施将有助于元宇宙的健康发展:一是限制算法权力,保护个人隐私;二是限制数字资本的无序扩张,尤其是监管电子游戏业和网络色情业的发展。

---

[1] [加]马修·鲍尔:《元宇宙改变一切》,岑格蓝、赵奥博、王小桐译,浙江教育出版社,2022,第329页。

第十四章　数字技术与未来战争

数字技术和空间技术的飞速发展催生出越来越多的"超级武器"。这些武器将捍卫人类社会的和平还是引发足以毁灭地球的世界大战？数字时代的大国博弈呈现出哪些新的特征？"永久和平"还是"天下无外"，人类是否还有避免世界大战的希望？

关于战争的本质，人们最熟悉的一句话可能是克劳塞维茨在《战争论》中所说的："战争是政治的延续。"[1]然而笔者认为，战争不是政治的延续，而是政治的失败。后一判断可以从霍布斯写作《利维坦》得到佐证。在霍布斯的政治哲学中，"利维坦"就是国家，代表着稳定的政治秩序，而"利维坦"还未形成之前的状态是自然状态。在霍布斯的描述中，自然状态就是战争状态。《利维坦》成书于17世纪中叶英国内战时期，霍布斯痛心于当时国家分裂、政治崩塌而创作了这部巨著，其目的正是想告诉人们如何才能摆脱战争状态，重建国家。由此看来，"利维坦"形成之前以及崩塌之后

---

[1]〔德〕克劳塞维茨:《战争论》，张蕾芳译，译林出版社，2010，第3—4页。

的状态都是战争状态。这是因为,任何政治秩序都建立在人们自愿妥协的基础上,一方必须为了另一方的利益而做出某种让步,这样所有人才可能共同遵循某种规则,并实现政治稳定。但战争是不容妥协的,人们不仅不会为了对方的利益做出让步,还意图将对方置于死地。这就是德国政治哲学家卡尔·施密特所说的"敌我关系"。所以说,"敌我"并不是政治的本质,而是战争的本质。

国内政治与国际政治有着根本性的区别。如德国学者马克斯·韦伯在《以政治为业》中所说,国家的本质是对暴力的合法垄断。[1] 国内政治在垄断性暴力的支撑之下,能够建构人人遵从的政治秩序。拥有不同利益和价值观念的人们都各自做出某种让步,以维护共同的规则。国际关系与国内政治的最大不同就在于垄断性暴力的缺失。在国际社会的丛林中,不同的政治力量仅从己方利益和目的出发而选择合作或敌对。没有了强制性规则的约束,国际关系总是在"合作"与"敌对"之间摇摆。国家寻求自身利益最大化,尝试与他国进行合作,并试图将己方的规则强加于对方。在这种大国博弈中,"战争"和"武器"成为潜在的谈判筹码。而谈判一旦破裂,则有可能引发真正的战争。施密特将"敌""我"看作政治的变量,他认为政治就是要分清"敌我"。其实不然,在政治共同体内部,人们并不区分"敌我"。用我们中国人熟悉的话来说,政治共同体内部的所谓"敌我"不过是人民内部矛盾,不是真正的敌我矛盾。只有在政治共同体的边缘才需要分清敌我。国家边界正是政治共同体延伸的模糊地带。如果国家之间想要建构某种政治同盟,就不需要分清"敌我"。然而,这种同盟由于缺乏垄断性

---

[1] [德]马克斯·韦伯:《韦伯文集》(下),韩水法编,王荣芬译,中国广播电视出版社,2000,第408页。

的暴力基础,所以是不稳固的,随时有可能土崩瓦解。于是,国家间关系总是在"同盟"和"敌我"之间摇摆,正所谓"没有永远的朋友,也没有永远的敌人"。

数字时代的国际关系也处于这种摇摆之中,而在数字技术的加持下,国际关系呈现出前所未有的复杂性与多元化。首先,未来战争因数字技术的发展而呈现出无人战、太空战、模拟战等新形式。其次,数字时代的国际关系不仅体现为军事领域的战争,也体现为舆论战、能源战、金融战、贸易战、技术战等诸种形式。最后,信息时代存在着产业链全球化、全球信息透明化、价值观多元化、各国政治制度趋同化等削弱战争的诸多因素。因此,在复杂多变的国际形势中,我们或许仍然有希望维护世界和平。

1. 未来战争的可能形式

数字技术的发展深刻改变了人们的生活方式,也正在并即将更大程度地改变人类战争的形式。未来战争的最大亮点就是机器人上战场并成为主力军。自1917年("一战"期间)世界上第一架无人机在英国试飞以来,军用机器人上战场就成为现代战争的发展趋势。"二战"[1]、越南战争、中东战争、海湾战争、科索沃战争、阿富汗战争、伊拉克战争,以及2022年爆发的俄乌冲突和2023年再燃战火的巴以冲突中都有军用机器人的身影。机器人在战争中发挥着越来越重要的作用。军用机器人在专业术语中被称为"无人作战系统",指的是"以平台无人操纵为主要特征,一般由无人作

---

[1] "二战"期间,德国研制出了无人自爆车,这是无人战车最初的雏形。

战平台、任务载荷系统、智慧操控系统组成的综合一体化作战系统。主要用于执行侦察、排雷、作战、海上搜救等危险系数较高的军事行动"[1]。其中使用的无人设备包括海、陆、空、天四个领域的无人战车、无人潜艇、海上无人舰艇、机器动物、无人航天器、登月车,等等。随着人工智能技术的发展,这些无人设备从遥控到自主决策和行动,其智能化程度越来越高。因此,未来战争的可能景象是,军用机器人在前方集群作战,如蜂群、狼群,完成侦察、打击、摧毁敌方目标等军事任务,而军事指挥人员则在后方对无人设备进行部署和指挥,呈现出无人战争的形态。

与人力相比,军用机器人有着诸多优势。第一,无人战争能够有效降低人员伤亡率,甚至能够实现"零伤亡"的作战理念。第二,无人设备能够经受更为严酷的环境条件,极寒、极热、恶劣天气等危险环境下都可能执行相应的作战任务,甚至可能进入核反应堆中。而且,无人设备也更为灵巧,可以在狭小的空间执行任务。例如,美军研制的一款"有袋子母机器人",当遇到碉堡等障碍时,就能释放出小型机器人完成侦察任务。第三,无人设备能够坚持的作战时间更长。例如,美军装备的"全球鹰""捕食者""纳蚊""蒂尔"等无人机的续航时间均在40小时左右,而人类飞行员则很难坚持这么长的时间。第四,无人设备的作战效率更高。依据美军的研究数据,F-22战斗机每小时的运营成本是6.8362万美元,而"捕食者"无人机的运营成本每小时只有3679美元。[2] 正是基于军用机器人的各种优势,俄罗斯和美国都将无人化作战系统作为

---

[1] 李大光:《机器人与未来战争》,《领导科学论坛》2016年第6期。
[2] 严剑峰、吴燕:《智能化无人战争对国防资源配置的影响》,《国防》2017年第10期。

军事发展的主要方向。2013年美国发布了新版《机器人技术路线图：从互联网到机器人》，计划将无人作战设备的比例增加至武器总数的30%，未来1/3的地面作战行动将由军用机器人承担。2014年，俄军宣布将在每个军区和舰队中组建独立的军用机器人连，至2025年，机器人装备将占整个俄军武器装备的30%以上。[1] 当然，无人战争也可能给人类带来负面影响。所谓"无人战争"指的是己方以无人设备作战，而敌方前线并非无人。所以，当无人设备在摧毁敌方军事目标时，很有可能伤及敌方人员，而由于无人设备并不具有同情心等人性特征，则有可能导致敌方人员（平民或士兵）的大量伤亡，这无疑将增加战争的残酷性。例如，1990年爆发的海湾战争是一次以电子战、信息战、激光武器、反雷达导弹等先进武器碾压传统武器的战争，以美国为首的多国部队以阵亡70人、受伤百余人的代价歼灭了伊拉克40个师，而伊方阵亡约10万人。

无人战争将深刻影响人类战争的方方面面。第一，无人战争将改变战争时间。传统战争受到人员休息、天气、光照等条件限制，通常有间歇时间。而无人战争不受这些条件限制，可能持续进行，也可能在恶劣天气条件下或在夜间进行。第二，无人战争将改变传统的征兵机制。一方面，由于大部分作战任务由无人设备执行，作战人员的总量将会减少。例如，美国现役军人从1990年的约210万人降至2000年的140万人左右，降幅约为28%。"9·11"事件后，美国现役军人数量曾有所增加，但总体看来依然呈缩小趋势。至2020年，美国现役军人总数为134万人。[2] 另一方面，对

---

[1] 严剑峰、吴燕：《智能化无人战争对国防资源配置的影响》。
[2] 洪源：《未来战争的新形态及其影响因素分析》，《学术前沿》2021年第10期。

于作战人员的身体素质要求将会降低,而对于其数字技术等方面的要求将大大提升。第三,无人战争将改变传统海、陆、空、天的划分。无人设备的广泛应用使得无论是哪个领域的作战都具有相似的模式——指挥平台部署无人设备执行作战任务,不同军种之间不再有根本性的区别。传统的军种划分对于作战人员提出了不同的能力要求。例如,海军一定得会游泳,空军得会开飞机,而这些要求在无人战争中都不再是必须。第四,无人战争改变后勤补给和伤员救助。"大军未动,粮草先行",传统战争依赖于食物等物资补给,但无人战争不需要食物,只需要考虑电力或燃料的补给。另外,对于无人设备来说,传统战争中的伤员救助也成为多余。第五,无人战争还有可能推进性别平等,改变女性在战争中的角色。女性由于体力上的弱势,在传统战争中主要承担伤员救助等任务。然而,在无人战争中编程、计算等数字技术成为战争的决定因素,而女性与男性在数字技术方面并无根本差异。由此可见,在未来战争中女性将承担更多任务、发挥更重要的作用。

在人工智能、集群智能(Swarm Intelligence)、物联网、卫星导航等技术的推进下,未来战争将是智能设备所组成的网络之间的战斗,是系统与系统之间的战争。美国《华盛顿邮报》就将2022年爆发的俄乌冲突称为"算法之战"。[1] 在这样的战争中,谁掌握了"制信息权"(相对于传统战争中的"制空权"),谁就能向对方实施降维打击,就将取得战争的胜利。因为,所有的无人设备都必须通过信息网络相互连接和沟通,而军事科学家们组成的战斗指挥中心也需要通过信息网络获知敌方情报并发出指令。由此,信息网

---

[1] David Ignatius, "Fighting by algorithm boosts Ukraine's 'good' war, but risks lurk," *Washington Post*, December 21, 2022.

络的畅通和抗打击能力就成为制胜的关键。而信息网络之间的战斗却取决于太空中卫星之间的竞争。由此,未来战争的另一种重要形式将是"太空战"。人造卫星在导航、侦察、维持信息畅通等方面成为决定战争走向的重要因素。以美军为例,70%以上的通信、80%以上的情报侦察与监视、90%以上的精确武器制导、将近100%的气象预报,都基于卫星系统。[1] 如果卫星通信受到干扰或破坏,那么无人设备就成了瞎子、聋子,既听不到也看不见,最终导致全盘皆输。然而,太空战并非电影《星球大战》中所描绘的景象,不是在外层太空大开杀戒、火拼激战。因为,如果以那样的方式展开战斗则会产生大量太空垃圾,而这些失去控制、四处横飞的太空垃圾可能会毁掉不同国家的人造卫星,导致相关国家的导航、电力、气象、通信等系统崩溃,造成无法挽回的损失。1962年7月,美国在距离地面400公里的太空中引爆一颗核弹,致使近地轨道上三分之一的卫星瘫痪,雷达和导航系统中断,电子通信完全停摆,夏威夷地区出现方圆数百公里的大面积停电、路灯熄灭。3个月后,苏联也将一颗30万吨级的核弹发射到高空300公里处,直接导致哈萨克斯坦570公里长的电话线和1000公里的电力电缆被炸瘫痪。从那时起,人们就意识到在太空中开战是一件极其危险的事情,可能毁灭整个地球。1967年,联合国大会通过《外层空间条约》,规定"不在绕地球轨道及天体外放置或部署核武器或任何其他大规模毁灭性武器"。包括中国在内的104个国家签署了《外层空间条约》,该条约成为维护太空和平秩序的"太空宪章"。

然而,一些国家一直在尝试太空武器。例如,美国研制了空天

---

[1] 张良:《太空站,未来战争的"制高点"》,《生命与灾害》2020年第1期。

飞机 X-37B，在太空中的最高速度能达到音速的 25 倍以上。2013 年至 2014 年，X-37B 在绕地轨道上飞行了 22 个月。除了超级速度和超长的巡航时间外，X-37B 还能负载 2 吨左右的货物，具备机械操作、捕捉能力和卫星投放能力，而任何拦截系统都无法对其进行拦截。因此，太空中一旦呈现战争状态，X-37B 将成为一款超级太空武器。[1] 除了研制超级太空武器之外，目前各国之间的太空竞争还体现在发射卫星的数量，以及干扰和控制他国卫星的能力等方面。在卫星数量上，截至 2022 年 11 月，全球在轨卫星总数约为 4852 颗，其中美国拥有 2944 颗，超过半数。中国排名第二，拥有 499 颗，英国、日本、俄罗斯分别拥有 368 颗、205 颗和 169 颗。值得注意的是，美国企业家埃隆·马斯克主导的星链（Star Link）项目计划在 2019 年至 2024 年间在太空搭建由约 1.2 万颗卫星组成的"星链"网络提供互联网服务。有关文件显示，目前马斯克旗下的 SpaceX 公司已将 5 千多颗卫星送入太空，而该公司计划最终将 4.2 万颗卫星送入太空。可以预见的是，星链将成为一个不依赖于任何国家政府的天空互联网。它不仅能为地球上任何一个国家或地区提供互联网服务，还可能成为主导国际形势的重要因素。例如，在 2022 年的俄乌冲突中，马斯克允许乌克兰部分地区（不包含克里米亚）使用星链服务；在 2023 年的巴以冲突中，马斯克又为加沙难民提供星链服务。这些都对战局产生了重大影响。除此之外，各国还积极研制激光、微波武器，意图达到在战时干扰敌方卫星工作的目的。2019 年 12 月，美国宣布成立"太空军"，并公布太空军军旗，此后日本、法国、英国、德国等国也宣布组建太空军。这些新

---

[1] 李大光:《机器人与未来战争》,《领导科学论坛》2016 年第 6 期。

的动向增添了太空的紧张氛围。除了"太空军备竞赛"外,美国等国家还试图以条约的方式限制其他国家开发太空。例如,2020年,美国与澳大利亚、加拿大、意大利、日本、卢森堡、阿联酋和英国等国家签署的《阿尔忒弥斯协定》就被指是为了绕开联合国开发月球,并对中国和俄罗斯进行牵制。[1]

无人战争和太空战无疑将增加未来战争的残酷性,甚至可能会导致地球的毁灭。由此,以数字系统模拟战争也成为未来战争的一部分。中国古代有墨子止战的故事:墨子听说楚王要攻打弱小的宋国就前去劝阻。墨子与为楚王建造攻城云梯的公输般进行了战争推演,墨子成功击败公输般,并以此打消了楚王攻打宋国的念头。近代,德国曾创立了一整套严格的作战演练体制,如原普鲁士军队总参谋部所开发的沙盘作业。1914年,英国工程师兰切斯特创立了著名的兰切斯特方程,最先完成了地面战斗的数学模型,开始用科学的定量方法来模拟作战过程。"二战"后,随着数字技术的发展,人们能够越来准确地推演战争进程、预判战争结果。近年来,计算机仿真技术开始在新型武器测试、新作战理论的演练,以及军事人才的演练等方面发挥越来越重要的作用。目前,各国都建有战争实验室,"现代战争的搏杀从实验室打响,已不再是传说"[2]。

美国在利用数字技术进行战争推演方面走在世界前列。2022年2月,美国天军技术与创新主管科斯塔在军用信息与电子协会天

---

[1] 陈沁涵:《NASA公布月球探索新协议,美国欲建立月球"殖民地"?》,《新京报》2020年5月21日。

[2] 贾珍珍、石海明、陈梓瀚:《元宇宙与未来战争》,《光明日报》2022年7月10日第7版。

军信息技术会议上宣布,美军正利用数字技术创建军事专用"元宇宙",以提升作战能力。[1] 另外,美国从2001年开始进行的"施里弗"太空军事演习也是这种战争推演的一种重要形态。"由于观念过于超前、没有现实装备,再加上实际攻击太空卫星会造成太空垃圾或其他灾难性事故,因而'施里弗'演习并非实兵演练,而是以兵棋推演、交流研讨、思想碰撞的方式模拟太空作战组织指挥与进攻、防御行动。"[2] "施里弗"太空军事演习通常将战争场景设定在未来10年以后,并模拟各种可能的先进武器之间的战斗。例如,2010年首场太空演习时,美军就构想出太空轨道战斗机、轨道雷达星座、地基激光武器、电磁微波武器以及可执行太空作战任务的载人航天器等新概念武器。而这些十多年前构想中的武器,现在有的已经成为现实(如前述所说的X-37B空天飞机)。元宇宙战争推演对于新武器的发明制造以及美国太空军事化都发挥了巨大的推动作用。

未来战争的"元宇宙化"使得"战争"与"游戏"之间的界限日益模糊,这有好的一面也有坏的一面。好的一面在于,如果人们能从战争推演中体察到战争的残酷,并像两千多年前的楚王那样打消战争念头,那么人类和平就有可能得到维护。相反,如果人们借助元宇宙推演而将战争视同游戏,对于人员的无辜牺牲、百姓流离失所完全麻木无感以至于随意挑起战争,那么未来战争将更为频繁而惨烈。

---

[1] 参见贾珍珍、石海明、陈梓瀚:《元宇宙与未来战争》。
[2] 王涛:《美军"施里弗"太空战系列演习》,《军事文摘》2020年第17期。

2. 未来战争的多元化

长久以来,战争主要表现为真枪实弹的拼杀,这样的情况一直延续到人类发明了核武器。核武器的威力足以摧毁整个地球。拥有核武器的国家之间开战,能够确保互相摧毁。由此,人类不得不反思战争的后果,轻易不敢使用这种超级武器。在核武器的威慑之下,大国之间的竞争和博弈演变为"冷战",即以意识形态对抗、经济封锁、军备竞赛等为特征的大国对抗。这就是 1947 年至 1991 年间美苏争霸的战争图景。在数字时代,在高科技的推动下各种超级武器纷纷登场。这些武器的使用与核武器有着同样的逻辑,那就是如果真的以这些武器展开大国对抗的话,人类就将面临灭顶之灾。因此,笔者认为,未来的世界格局仍将延续核武器发明之后的冷战逻辑:一方面,真枪实弹的"热战"只会在局部展开,大国之间不太可能正面开战,但可能以"代理人战争"等形式展开间接的军事冲突;另一方面,人类社会各领域为争夺有限资源的各种战争将持续进行,这些战争包括"舆论战""能源战""金融战""贸易战""技术战"等,大国之间可能在政治、经济、文化、技术等领域展开全方位的对抗和竞争。

数字时代的一个重要特征就是信息透明化。通过互联网,地球上任何一个角落发生的事情都可能在瞬间传遍全世界。在信息充分交流的情况下,一方面,许多真相能够大白于天下;另一方面,不同文化之间的价值观之争也会日趋激烈。人类之所以会陷入战争,利益之争是一个重要因素,但为了利益人们并不会去拼命。因为,如果命都没了,哪来的利益呢?所以,战争的终极原因一定是价值观之争。只有观念的不同才可能让人们不共戴天、你死我活。美国学者萨缪尔·亨廷顿将战争归结为文明的冲突[1],这很好地解释了"9·11"事件、海湾战争、伊拉克战争等一系列国际冲突。战争不仅要在肉体上消灭对方,而且还要在道德上贬低对方。而且,从现实角度看,也只有取得了价值观的胜利,才可能集聚更多的力量,也才可能最终取得战斗的胜利。这或许和中国古人所说的"成王败寇"是一个道理。由此,"舆论战"成为信息时代重要的战争形式。当然,舆论战在任何时代都存在,但在数字技术的助力下,信息时代的舆论战变得更为激烈,波及范围更广,影响也更深远。战争甚至可能以"直播"的方式呈现在人们眼前,吸引所有人的注意力。在传播媒介上,继广播、电视、电子邮件之后,自媒体、短视频、社交平台等成为最迅捷的战争宣传和动员平台,交战双方在网络上一争高下,都想占据道德制高点。

"舆论战"可具体分为"理论战"和"新闻战"两部分。从理论层面说明战争的合法性,这是开战的第一步。正义战争理论是西方思想史上由来已久的战争学说。从中世纪十字军东征开始,人们就将战争看作上帝的旨意,是正义之战。当代学者在传统思想的基础上发展出正义战争理论,试图说明在什么情况下国家之间可以开战,正义战争的目的是什么,可以使用哪些战争手段,以及

---

[1] 赵汀阳在《坏世界研究》一书中批评亨廷顿误用了"文明"一词。赵汀阳认为,亨廷顿论述的是"文化的冲突"而不是"文明的冲突"。笔者认为这一批评有一定道理,战争的内核实际上是价值观念的冲突,是文化的不同而不是文明的高低。从某些案例中可以深入探究这一问题。例如伊斯兰教要求女性出门戴头巾,不戴头巾者可能受到警察的处罚,而西方人认为这侵犯了女性的平等权利。这到底是不同文化之争还是文明与野蛮之争呢?详见赵汀阳:《坏世界研究:作为第一哲学的政治哲学》,中国人民大学出版社,2009,第340页。

什么样的暴行是战争罪行,等等。例如,美国学者约翰·罗尔斯的《万民法》和迈克尔·沃尔泽的《正义与非正义战争》都认为,只有出于自卫和反抗侵略才可以发动战争。而战争的目的只能是维护和平,不能是称霸世界或掠夺资源。另外,在战争过程中,不得使用种族灭绝、虐待俘虏、强奸妇女等残忍手段。政治哲学家们对何谓正义战争进行了严格的界定,然而这些著作却经常被介入战争的政治强人所利用,为挑起战争寻找理由。康德在《永久和平论》中区分了"道德的政治家"(the moral politician)和"政治的道德主义者"(the political moralist)两种人。[1] 前者会调整政策和决定以适应特定的道德原则,而后者则利用道德学说来论证自己的政治主张,以道德服务于政治家的利益。在国际舞台上,以道德服务于政治的"政治的道德主义者"大有人在。例如,时任美国总统小布什就极力将入侵伊拉克粉饰为符合正义战争理论的正义之战,而在许多人看来,这就是一场骗局。[2] 除了"理论战"之外,"新闻战"也是舆论战的重要组成部分。战争期间,真相扑朔迷离,开战双方可能利用假新闻进行攻击。例如,在2023年10月爆发的新一轮巴以冲突中,加沙医院被炸,哈马斯和以色列各执一词,都指责对方是罪魁祸首。在谣言、水军充斥的网络世界,"真相"有时很难水落石出,而拥有更多流量的一方往往取得舆论战的胜利。

大国之间的竞争不仅是价值观念的对抗,也是资源之争。自从人类跨入工业社会,石油、天然气、煤炭等化石能源就一直是各

---

[1] Immanuel Kant, *Toward Perpetual Peace and Other Writings on Politics*, *Peace, and History*, eds. Pauline Kleingeld, trans. David L Colclasure, New Haven: Yale University Press, 2006, p. 96.
[2] 陈春华、胡亚敏:《西方的正义战争论在第二次世界大战与伊拉克战争中的运用》,《军事历史》2018年第4期。

国经济发展的命脉。因此,为了争夺能源,各国很可能介入战争;而能源也可能成为战争的筹码,是推动战争进程的重要决定因素。1991年爆发的海湾战争就是一场典型的争夺石油资源的战争。而在2022年爆发的俄乌冲突中,俄罗斯的石油和天然气也成为左右战争走向的决定性因素。欧盟国家约1/3的石油、40%的天然气以及一半的煤炭,都要依赖俄罗斯。这使得能源成为俄乌冲突中俄方决定欧盟态度的重要筹码。俄罗斯的天然气如果不能输送到欧洲,短期内将导致欧洲的能源价格暴涨。例如,2022年2月24日,俄乌冲突刚刚爆发,欧洲天然气基准价格荷兰TTF近月天然气期货价格暴增51%,从前一日的88.891欧元/兆瓦时涨至134.316欧元/兆瓦时。能源价格暴涨可能让欧洲各国民众不堪重负而反对当地政府,或反对欧盟对俄罗斯实施的一系列制裁。而欧盟内部不同国家对于俄罗斯能源的依赖程度不同,这又导致了欧洲不同国家对舍弃俄罗斯能源供应的态度不同。德国、比利时、荷兰等国约一半的天然气都依赖俄罗斯,这使得他们很难完全舍弃俄罗斯的能源供应。在俄乌冲突不断激化的过程中,俄罗斯是否继续向欧洲各国输送天然气成为战争是否扩大化的风向标。2022年9月26日,俄罗斯与欧洲之间的北溪天然气管道被炸,虽然幕后凶手一直未曾确认,但此次事件无疑激化了矛盾,加深了俄罗斯与欧盟之间的裂痕。从这些事例来看,煤炭、石油、天然气等传统能源可能成为引发战争、推动战争的重要因素。当然,随着太阳能、风能、生物能等新能源的开发和利用,人们对传统化石能源的依赖会越来越少。石油、天然气等能源争夺引发战争的可能性也会降低。

2022年爆发的俄乌冲突中不仅有能源战,还有全方位的金融战,涵盖国际支付、加密货币市场、股票、黄金、利率、汇率、期货、外汇、国债等领域。俄乌冲突刚刚爆发,美欧便投下了"金融核弹",联合声明禁止俄罗斯使用 SWIFT 体系,这使得俄罗斯无法进行美元结算,也无法进行美元体系下的国际贸易。作为回击,俄罗斯表示将否定美元的合法货币地位,这意味着在一切与俄罗斯相关的交易中美元都无法使用。实际上,俄罗斯好几年前就开启了"去美元化"的进程。2015 年,俄罗斯国际支付系统发行了第一批符合俄罗斯本国支付系统标准的银行卡"米尔卡",2019 年建立卢布结算支付系统和金融资讯交换系统(SPFS),同时加强与中国人民币跨境国际支付体系(CIPS)合作。而俄罗斯央行的数据显示,2021 年俄罗斯大幅削减美元储备,至 2022 年 3 月时仅持有 39 亿美元的美国政府债券。2022 年 3 月 23 日,俄罗斯总统弗拉基米尔·普京宣布"卢布结算令",俄方向不友好国家和地区供应天然气时将改用卢布结算。这给在能源上依赖俄罗斯的欧洲国家带来巨大压力。为防止俄罗斯通过加密货币逃脱欧美的金融制裁,加密货币交易平台 Coinbase 冻结了俄罗斯 25000 个账户,加密货币网站 Cex.io 和 NFT 平台 DMarket 等冻结俄罗斯用户账户或宣布不再支持卢布。而俄罗斯于俄乌冲突前宣布禁止在境内使用加密货币。相反,乌克兰却拥抱加密货币,一跃成为全球加密货币用户数量第五位。在股市对决中,欧美交易所纷纷将俄罗斯公司的股票除名,俄罗斯政府不得不从国家福利基金中划拨 1 万亿卢布用于购买遭受制裁的俄罗斯公司的股票,并免除 3 年公司所得税。在黄金储备方面,俄罗斯外长称俄罗斯的外汇和黄金储备有 6400 亿美元,其中一半被欧美冻结。作为反制裁,俄罗斯暂时停止了几个国家的外国法人实体和个人向海外账户的转账,并将非居民在未开设账户情况下的转账限制在 5000 美元以内,同时购买国内黄金以稳定俄罗斯卢布汇率和金融体系。在债券及利率市场,国际评级机构惠誉和穆迪将俄罗斯主权信用评级下调至垃圾级,使俄罗斯外部融资遭受重创。俄罗斯央行上调基准利率20%,力图吸引更多的资金流向俄罗斯。俄罗斯与欧美的金融战导致了全球股市剧烈震荡、黄金价格大幅飙升、粮食期货大幅上涨、镍期货价格暴涨等负面效应,波及世界许多国家,中国股市和部分企业也因此而受到损失。[1] 在金融战中,美国以其金融霸主地位占据绝对优势,掠夺全球财富。而俄罗斯、中国、欧盟等尝试建立新的国际结算体系,正是力图摆脱美国的金融控制。

在经济层面,大国之间的竞争不仅可能引发金融战,还可能表现为贸易战。其中最典型的就是2018年中美之间的贸易摩擦以及由此而引发的贸易战。2018年,美国以中美货物贸易长期保持巨额逆差、知识产权保护不力和中国不遵守WTO承诺为由,掀起了中美经济史上规模最大的贸易战。在贸易战中,美国采取了下述策略来遏制中国经济:第一,美国在舆论上将中国污蔑为"经济侵略者",指责中美之间的贸易是不公平贸易,中方利用奖出限入、出口补贴等政策使得美方成为贸易受害者,导致美国对华贸易有超过5000亿元逆差。然而,这些说法是没有根据的。一方面,从计算方法上来说,中美贸易逆差有被夸大的嫌疑;[2]另一方面,从中方政策来说,补贴政策是世界各国常用的促进行业发展的政策,美国、欧盟和日本政府也曾大量补贴各自国内弱势或新兴产业。即

---

[1] 参见陈秋雨、王勇:《俄乌冲突引发金融战(上)》,《大公报》2022年3月31日。
[2] 陈继勇:《中美贸易战的背景、原因、本质及中国对策》,《武汉大学学报(哲学社会科学版)》2018年第5期。

使在中美贸易战期间，美国政府也对其农业、汽车等行业进行补贴。第二，对中国出口到美国的商品加征关税。2018年6月至8月期间，美国先是对约500亿美元的中国商品加征关税，接着又对2000亿美元进口商品征收25%的关税，最后几乎覆盖所有中国商品，极限施压，几近疯狂。作为反制，中国依法对从美国进口约600亿美元商品加征关税。第三，对中国正在进行产业升级的中高端产品加征关税，限制中国高新技术的发展。例如，"在美国贸易代表办公室（USTR）公布的1300多个独立关税项目中，其所涉及的产业几乎全部集中于'中国制造2025'所支持的产业"[1]。从这一举措来看，美国贸易战瞄准的是中国的新兴行业，尤其是高科技产业。从中国对美拟终止减税领域与美国对中国征税领域（图9[2]）来看，美国打压中国高科技新兴产业的目的昭然若揭。第四，美国通过关税壁垒限制中国新兴产业发展，还限制对华高新技术产品的出口，试图封锁中国技术革新之路。中国的重要科技公司中兴、华为、Tik Tok、中国航发南方工业有限公司等几十家科技企业都受到了相应的制裁。2022年底，在国务卿布林肯访华前夕，美国又将36家中国高科技企业拉入"黑名单"。从中美贸易战中美国所采取的种种举措来看，美国掀起这场贸易战的初衷并不是所谓的"维护公平贸易"，而是全方位地限制中国经济和科技的发展，以维持其对世界经济的主导权以及游戏规则的制定权。贸易战的核心是限制中国科技产业。这是因为，技术是核心生产力，

---

[1] 陈继勇：《中美贸易战的背景、原因、本质及中国对策》。
[2] 参见《中国崛起就像游戏闯关，越往后难度越大，也越接近胜利 勇敢者的游戏——由中兴开始的2018中美芯片战评析》，《中国军转民》2018年第5期。

谁掌握了最新、最先进的技术,谁就能主导世界经济,甚至能够从中渔利。由此,科技竞争也成为大国博弈的重要内容。

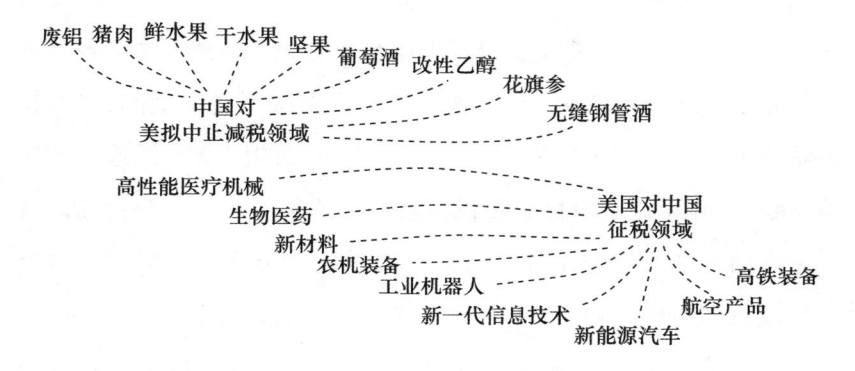

```
     废铝  猪肉  鲜水果  干水果  坚果
                                        葡萄酒   改性乙醇
                                                    花旗参
           中国对
        美拟中止减税领域                    无缝钢管酒

      高性能医疗机械
           生物医药                    美国对中国
             新材料                     征税领域
          农机装备
            工业机器人                            高铁装备
              新一代信息技术                  航空产品
                           新能源汽车
```

图 9　中美贸易战涉及的领域

2018 年,在中美贸易摩擦升级为贸易战的同时,美国还对中国掀起了一场"芯片之战"。芯片是数码产品的大脑,缺了芯片,智能手机、自动驾驶汽车、人工智能等高科技产业都很难发展。芯片产业链包括芯片设计、制造、封装和测试,目前没有一个国家能够完全凭借本国力量做出全产业链。高端芯片制造的技术门槛很高,目前世界上只有美国、韩国和中国在坚持研发,能做到 7 纳米级芯片的企业在全球不到 5 家,包括英特尔、三星、台积电,以及中芯国际。[1] 2018 年 4 月,美国商务部宣布全面禁止美国公司向中兴通讯销售零部件、商品、软件和技术 7 年,并对中兴通讯处以巨额罚款。2020 年 9 月美国又对华为进行芯片制裁。"芯片之战"是大国博弈在技术领域的具体表现,"2017 年,中国进口了全世界一半的集成电路,如果中国完成了 70% 的国产化,那就是 35% 的全球份

---

[1]　参见陈怡:《中美芯片博弈将走向何方》,《上海科技报》2020 年 6 月 5 日,第 1 版。

额,加上现在本来就在中国本土设计和生产的部分,全球市占率会达到40%"[1]。正是害怕失去在高科技领域的市场支配地位,美国试图以限制向中国企业供应高端芯片来遏制中国高科技产业发展。然而,美国的做法只会倒逼中国自主创新,发展出属于自己的芯片技术。2023年9月,在美国商务部长雷蒙多访华期间,华为推出新款手机。这款手机采用了华为自主研发的鸿蒙操作系统和麒麟9000芯片。这一事件引发世界各国广泛关注。华为公司在芯片制造方面的技术突破充分证明了中国科技人员终将凭借自身的努力打破技术封锁,引领全球范围内的科技发展。2024年9月9日,据工业和信息化部官网消息,为促进首台(套)重大技术装备创新发展和推广应用,加强产业、财政、金融、科技等国家支持政策的协同,工业和信息化部近日印发《首台(套)重大技术装备推广应用指导目录(2024年版)》,在"集成电路生产装备"目录下包括氟化氩光刻机,光源193纳米,分辨率≤65 nm,套刻≤8 nm。这标志着我国在制造光刻机方面已经取得重大技术突破。[2]

复旦大学微电子学院教授谢志峰认为:"芯片行业本质上是一个全球合作、相互交织的行业,不可能由哪一个国家完全封锁另一个国家,即便是美国也离不开全球协作。荷兰制造的全球最贵EUV光刻机也是一个集成设备——它的激光是美国做的,镜头是

---

[1] 《勇敢者的游戏——由中兴开始的2018中美芯片战评析》。
[2] 参见"工业和信息化部关于印发《首台(套)重大技术装备推广应用指导目录(2024年版)》的通知"(工信部重装函〔2024〕254号),中华人民共和国工业和信息化部官方网站,2024年9月2日,https://www.miit.gov.cn/zwgk/zcwj/wjfb/tz/art/2024/art_2fd2b3eff1f64c9fa27d635932a464ee.html,访问日期:2024年9月18日。

德国蔡司的；制造它的 ASML 公司，投资方中有英特尔和三星。"[1]由此看来，在高精尖技术上展开国际合作是国际分工的必然趋势，也将为各国带来更多利益，是造福全人类的好事。然而，大国之间的竞争必然体现在政治、经济、文化、技术等各方面。在未来，不仅芯片制造可能成为大国竞争的焦点，人工智能、量子计算机、航空航天、基因编辑、生物医学等高精尖技术都可能成为决定博弈走向的重要因素。

除了上述各种可能的战争形式外，2024 年还出现了一种全新的战争，以各种电子设备作为攻击武器。2024 年 9 月 17 日，黎巴嫩首都贝鲁特以及黎巴嫩东南部和东北部多地发生手持寻呼机爆炸事件，造成 12 人死亡，其中包括 2 名儿童。第二天，发生爆炸的设备延伸至对讲机以及无线通信设备等。2024 年 9 月 17 日，黎巴嫩真主党发表声明称，以色列应对黎巴嫩全国多地当天发生的一系列寻呼机爆炸事件负全责。目前，国际社会对于这种新的战争形式还没有统一的名称，但其对普通民众造成的伤害和引发的恐慌是显而易见的。这种引爆民众持有的电子设备的战争行为应受到国际社会的一致谴责。

3. 数字时代的和平构想

康德在《永久和平论》中构想了全世界实现永久和平的三项契约条款：第一，每个国家的公民体制都应该是共和制；第二，国际权利应该以自由国家的联盟制度为基础；第三，世界公民权应该限于

---

[1] 陈怡：《中美芯片博弈将走向何方》。

以普遍的友好为其条件。[1] 康德的世界和平构想向来得到许多西方知识分子的认同。从目前的国际局势来看,最能体现康德永久和平构想的就是"欧盟"。如康德所构想的那样,欧盟正是一个由共和制国家通过缔结契约而组成的自由联盟,欧盟成员国之间普遍友好,在欧盟内部人们是欧盟公民,拥有某种世界公民权。我们是否可以乐观地推断,这个由共和制国家组成的邦联将不断纳入新的民主共和国,并最终囊括世界上所有的国家,并实现永久和平? 这里值得注意的是,依据康德的构想,所有国家必须首先成为"共和制"国家。在《永久和平论》一书中,康德以行政权力是否与立法权相分离来区分"共和主义"与"专制主义"国家。[2] 按照康德的想法,是否只有当世界上所有国家都被改造为共和制国家,人类才可能实现永久和平? 要实现世界和平,是否必须首先改造那些不是"共和制"的国家? 这样的推论为"以永久战争实现永久和平"的悖论埋下了隐患。当然,康德本人是反对干预他国内政的。作为"永久和平"的预备条款,康德明确指出:"任何国家均不得以武力干涉其他国家的体制和政权。"[3] 然而,在现实政治中,一些国家却总是罔顾康德的警告,以消灭专制、维护人权等理由,干预他国内政、挑起国际争端。而且,由于生活方式、宗教传统和价值观念的差异,国家间因意识形态或价值观念而引发的争端通常极为激烈。

当代西方学者在康德思想的基础上发展出"民主和平论"

---

[1] Kant, *Toward Perpetual Peace and Other Writings on Politics, Peace, and History*.
[2] [德]伊曼努尔·康德:《永久和平论》,何兆武译,上海人民出版社,2005,第17页。
[3] 同上书,第9页。

(democratic peace),这一理论主张民主国家之间从不或很少发生战争。从1963年迪安·巴布斯(Dean Babst)提出"民主和平论"[1]开始,该理论在西方学术界逐步流行,得到许多西方学者的赞同。例如,美国学者迈克尔·多伊尔(Michael W. Doyle)在分析了近三百年来世界发生的主要战争之后指出:"虽然自由国家卷入过无数次与非自由国家的战争,但宪制稳定的自由国家还没有彼此发动过战争。"[2]然而,为了得出民主国家之间不开战的结论,必须依据不同的政治体制将世界上的国家分为三六九等。而这样的研究不仅不能带来世界和平,反而会激化价值观念分歧,挑起不同政治体制国家之间的争端。因此,"民主和平论"与其说是促进世界和平的良药,毋宁说是挑起战争的"自证预言"。近几年来,欧盟已经不再"扩张",而且每吸纳新的国家都要对其国内政治结构进行严格审查,土耳其就深受其苦。这些都足以说明康德的和平构想在现实政治中的局限性,以及"民主和平论"对西方国家理解国际关系的误导。

中国学者赵汀阳阐述了不同于康德永久和平论的"天下体系",为国际格局提供了一种中国构想。赵汀阳认为,实现世界和平的关键在于世界的"内部化",亦即建立一种"天下无外"的世界体系。这一体系将世界上所有国家都囊括进来,以消除外部敌人。赵汀阳论述道:"人类共存的必要条件,或者说人类普遍安全或永久和平的关键条件就是天下无外,即世界的内部化,使世界成为一

---

[1]　Dean Babst, "Elective Government: A Force for Peace," *The Wisconsin Sociologist* 3(1964): 9-14.

[2]　Michael W. Doyle, "Kant, Liberal Legacies and Foreign Affairs," *Philosophy and Public Affairs* 12, no.3(1983): 205-235.

个只有内部性而不再有外部性的无外世界。"[1]赵汀阳所构想的天下体系是一个由中心不断向外辐射的权力网络。这一构想来自三千年前周朝的权力结构。周天子通过分封而使其政治权威凌驾于所有隶属邦国之上,并以此实现统一的政治认同和稳定的等级式权力结构。在赵汀阳看来,这一结构是可以无限扩展的,原则上可以达到全球范围,实现天下无外和永久和平。然而,从现实政治的角度来看,这种从一个中心扩展出去的权力结构却很难实现。在当前的国际格局中,凭借其在科技、军事、金融等领域的压倒性优势,美国不可能容许任何其他国家成为权力中心。因此,只有美国有能力成为这个"权力中心"。然而,美国显然缺乏三千年前"周天子"的气度,而世界上其他国家与美国之间既没有血缘关系,也没有分封关系,同样很难承认美国的中心地位。当然,这个所谓的权力中心也有可能是目前最重要的国际组织"联合国"。如果联合国能够拥有超越各国的武装力量,或者能够掌控最先进、最具威力的武器,那么联合国确实有希望主导一个中心化的和平结构。有学者构想,联合国应该以某种方式控制世界各国对核武器的使用:"通过有核国家的谈判和协商,使各个国家的核按钮不能掌握在总统等一个人手里,应该将各个国家的核按钮统一嵌入数个密码,每个有核国家的元首各掌握一个密码,只有将所有密码输入后,按钮才能打开,导弹才能发射。"[2]然而,世界各国显然不会轻易交出控制本国核武器的权力,因此,联合国距离世界权力和权威的中心还很遥远。所谓的"四海之内皆兄弟""全世界大家庭"都还只能是美好的幻想。

---

[1] 赵汀阳:《天下秩序的未来性》,《探索与争鸣》2015年第11期。
[2] 张云江:《超人类文明:人类帝国的未来》,黄河出版社,2009,第225页。

赵汀阳也构想了其他权力中心的可能。赵汀阳认为,数字技术的发展正在打破帝国主义国家的霸权结构,未来世界的权力中心可能是由数字网络形成的"系统性权力","这种新权力不需要组建政府,也没有军队和警察,它通过提供普遍和必要的'最好服务'造成人民的依赖性而支配了人民……新天下体系更可能是建立在各种全球系统之上的统一监护和监管权力,特别是对全球统一的金融系统、全球共有的互联网和全球共享的技术系统的世界整体监护—监管权力"[1]。在这方面,马斯克的天空互联网可能给我们带来一些启发。那将是一个不受各国政治权力左右的互联互通的自由网络。但是,我对于天下无外的互联网是否能够一统江湖并带来永久和平持怀疑态度。因为,从目前的情况来看,网络虽然将全世界人民联系在一起,却仍然受到各国政府的管控。事实上,各国政府仍然充当着这一虚拟世界的最终管理者。无论是金融系统、卫星导航还是科研评价,都是与政府权力捆绑在一起的。这是因为各国政府手中握着权力的底牌——武装力量。为什么只有武力才是最终决定权力秩序的因素呢?因为,只有武力才能强制,而只有强制才能真正维护某种秩序。当然,我们也可以期望人们只要理解并认同某种规则就能自愿主动地遵循,就像苏格拉底所期望的那样,"无人自愿作恶""美德即知识"。我们可以期待,人类能进化成完全理性的存在,不再受到私欲的摆布。在充分讨论的基础上制定出有利于各方的规则体系,再将其输入无所不在的网络之中,然后所有人自愿遵循。那将是一个有法律无警察、有契约无

---

[1] 赵汀阳:《天下秩序的未来性》。

军队、有条约无战争的永久和平的世界。但显而易见的是，人类的道德水平距离那一状态还非常遥远。

国际社会实现永久和平的理想虽然遥遥无期，但并非看不到希望。这希望寄托于下述几个事实：经济生产全球化，价值观念多元化，政治制度趋同化。[1] 第一，经济生产全球化将世界各国捆绑在一起，你中有我、我中有你，一旦开战，杀敌一千自损八百。20世纪80年代以来，随着交通运输和信息技术的发展，全世界掀起一股全球化的浪潮。劳动分工在全球范围进行，同时形成全球化的市场和全球化的金融体系。在全球产业链以及全球价值链中，不同国家扮演着不同的角色，获得价值不等的利益。例如，非洲、中东和俄罗斯成为重要的能源或原材料供应者，中国、印度、越南等国家成为世界工厂，而美国及西方发达国家则垄断大部分的高新技术。人类进入20世纪之后，随着数字技术的飞速发展，全球化进程进一步深化，尤其是在数字服务行业，其全球化速度已超过传统行业。麦肯锡统计数据显示，跨境服务增速比货物贸易增速高60%。[2] 而世贸组织发布的《世界贸易报告2018》则预计，到2030年数字技术的使用有望使全球贸易量增加34%。[3] 全球化将不

---

[1] 参见张家栋:《多边疆战争：未来战争的可能形态》,《学术前沿》2021年第10期。

[2] Susan Lund, James Manyika, and Lola Woetzel et al., "Globalization in Transition: The Future of Trade and Value Chains," McKinsey & Company, January 16, 2019, accessed March 28, 2019, https://www.mckinsey.com/featured-insights/innovation-and-growth/globalization-in-transition-the-future-of-trade-and-value-chains.

[3] World Trade Organazation, *World Trade Report 2018. The Future of World Trade: How Digital Technologies Are Transforming Global Commerce*, 2018.

同国家之间的经济活动以及生产生活捆绑在一起,这显然是有利于和平的因素。商业毕竟好于战争,即使商业和贸易并不总是公平,但它终究不是你死我活的争斗。大国之间的贸易战、金融战、技术战虽然也是刀光剑影,但比起真刀真枪的战争却更有利于和平。在商业贸易中搞死对方并不是最佳策略,最有利的是持续地增进双方利益。从博弈的角度来说,也只有真正双赢的合作才可能持久。

第二,数字技术的发展改变了传统的信息传播方式。在全球互通的自媒体网络中,一方面,人为杜撰的战争谎言更容易被戳穿;另一方面,人们的价值观念逐步多元化,很难形成"同仇敌忾"的战争主张。这两方面因素都将削弱战争倾向。如前所述,全球信息透明化可能激起激烈的价值观念之争,但在这种争论中也可能导致价值观念之间的沟通和交流,以及价值观念的多元化。在信息不透明的时代,宣传工作是很好做的,而且成效显著。因为,全社会只有一个声音,所有人都只能听到一种说法,即使有不同的想法,也不可能得到别人的回应。然而,当人类进入自媒体时代,每个人都变成了一个小广播,每个人都能听到和看到不同的声音和不同的"事实",在这样的舆论环境中想维持所有人保有同样的价值观念、同样的道德理想,就不太可能了。由此,当今世界上任何国家都不可能是铁板一块,无论是政府还是民间都存在不同的声音,有保守派就有激进派,有左派就有右派,有民族主义就有世界主义,有主战派就有主和派,等等。在这样的局面下,任何国家都很难集中所有力量介入一场战争,除非这场战争在绝大部分人看来是正义的(例如反对侵略)。

第三,价值观念的多元化将促进世界各国政治制度的趋同。国内价值观念多元化的直接结果大概就是衍生出包容各种价值观念的政治制度。因为,一种政治秩序要想稳定,就要包容不同的政治力量,在不同的利益团体之间保持平衡。这就像船行驶在大海上,如果与每一个风浪搏斗就很可能翻船,但如果能巧妙地避开浪头、化解危机、借力打力,这艘大船反而得以在风浪中颠簸前行。近几十年来,我们能看到世界上不同文化传统的国家相互借鉴治理经验的事实。GDP、人类发展指数、预期寿命、失业率、基尼系数等指标成为评价各国政府治理绩效的共同依据,而建立更好的社会保障体系、实现免费医疗、消除贫困、促进性别平等、构建高质量的公立教育体系等则成为各国政府的共同目标。正如赵汀阳所说:"随着各国的政治经验和制度设置逐渐成为可以互相参照的可分享知识,各国政治都通过取长补短而逐步变成混合多种因素的制度。今天世界各国的政治制度就已经有了明显的混合因素,以至于难以简单地命名为资本主义或者社会主义或者别的什么,比如说,欧洲、中国和美国的制度都有着资本主义和社会主义因素,尽管比例和配方有所不同。"[1]事实上,自由、平等、民主、法治、公正这些政治价值正在成为世界各国政治制度所追求的"共同价值",区别只是在于不同国家的侧重可能会不同。世界各国政治制度趋同,形成共同的测度指标,在发展目标上达成共识,这些因素都将有力地削弱战争倾向。

在上述三个因素的影响下,人类可能维持相对的和平,但这可

---

[1] 赵汀阳:《天下秩序的未来性》。

能不是康德构想的多点联盟式和平,也并非赵汀阳设计的一个权力中心向外辐射的和平,而是各国在合作与竞争的博弈之中达致的某种均衡,是一种权宜之计的和平。这种和平虽然不够稳定,随时可能被局部的战争打破,时时处于各类威胁之中,但正像许多树枝交叉支撑的鸟巢一样,却是现实中最稳定的结构,为人类文明提供繁衍生息的家园。世界各国人民,秉持不同的价值观念,求同存异,在各种危机和以智慧化解危机之中希冀着美好的未来。

第十五章　最好与最坏的可能世界

　　　　人工智能、元宇宙、太空武器、基因编辑、体外生殖等技术的充分发展为人类社会带来了机遇也增加了风险。从人类目前所了解的信息来看,地球受到外星人攻击的可能性并不大,但人类在太空中的军备竞赛则可能威胁地球安全。基因编辑技术应严格用于"治疗"而非"增强"人类能力,否则这一技术将催生人类社会内部的物种分化,带来物种主义专制。人工智能的发展可能造出超越人类智慧的产品,科学家们应极为慎重,否则可能造出统治人类的主人。只有通过制度限制和引导技术的发展,才可能实现一个更美好的世界。

　　在人工智能、元宇宙、太空武器、基因编辑、体外生殖等技术充分发展的情况下,人类社会将变成什么样?是越来越好,达致极乐世界?还是越来越差,最终自取灭亡?人类社会是否将迎来传说中的"奇点":技术发展超出人类能够控制的范围,反过来主宰人类?未来世界会不会是一个通过基因编辑技术或人工智能技术而创造出来的智能生物四处横行的世界?人类可能的最好世界是什么样?怎样做才能抵达那样的世界?可能的最坏世界是什么样?

怎么才能避免坠入万劫不复的深渊？如博尔赫斯所说，"时间永远分岔，通向无数的未来"，人类可能走向地狱，也可能走向天堂。我们要怎么做才能避免地球毁灭而达致高科技发展的天堂？下面，我想从空间技术与外星文明、基因编辑与平等社会、人工智能与人类秩序三个视角设想技术充分发展时人类社会的可能样态，并讨论抵达好世界、避免坏世界的可能路径。

1. 空间技术与外星文明

在浩瀚的宇宙中，地球是唯一孕育了智慧生命的星球吗？仰望星空时，人们总会提出这样的疑问。1960年，美国康奈尔大学射电天文学家弗兰克·德雷克（Frank Drake）启动了"奥兹玛计划"，试图通过监听宇宙中的外星信号而找到地外生命。从那时开始，科学家们主要以三种方式探索外星文明：第一种方式是监听外星信号，第二种方式是主动发射信号，第三种方式是寻找地外行星。在监听外星信号方面，20世纪90年代，微软创始人保罗·艾伦和英特尔公司创始人高登·摩尔出资支持"凤凰计划"，使用阿雷西博望远镜等大型射电望远镜探索外星文明。2015年，俄罗斯富商尤里米尔纳出资1亿美元，发起了名为"突破计划"的地外生命探索项目，利用美国西弗吉尼亚州的100米口径Green Bank射电望远镜和位于澳大利亚的64米口径Parkes射电望远镜监听外星信号。2020年4月28日，我国自主研发的口径为500米的世界最大单口径射电望远镜"中国天眼"正式开启地外文明搜索。依据《科技日报》消息，2022年6月14日，中国科学家通过中国天眼（FAST）发现多例"带宽非常窄"的无线电信号，频率为

140.604 MHz。这是否为外星文明发出的信号,还有待进一步分析。在对外星信号的监听中,科学家们通常监听 1420 赫兹附近的波段,这一波段被称为"水洞"。"水洞"的概念最先是由德雷克提出的。他认为,如果其他星球的生命与人类具有相似体征的话,会对"水"这种物质情有独钟。而在 1420 赫兹附近,有一个位于氢元素和氢氧元素构成的无线电谱线之间的区域,刚好可以用来叠加上人工信号。因此,对外星文明的搜索应重点监听这一波段。[1]

除了被动监听外,科学家们还试图向地外文明主动发射信号。1974 年,当时世界上最大的射电望远镜"阿雷西博"向球状星团 M13 发射了一束信号。信号编码所构成的图像上标示了数字、构成 DNA 的元素及基本单位、人类 DNA 的双螺旋结构、人身体的外形、行星的位置和望远镜的外观等图像。后来,还进行了数十次类似的尝试。[2] 1977 年,美国发射了"旅行者一号"和"旅行者二号"。这两艘太空探测器各自携带了一张旅行者金唱片,包含 50 多种语言的问候、来自地球的各种各样的声音、90 分钟时长的音乐和一段关于唱片的说明。科学家希望可以借助这张唱片与地外文明取得联系。另外,在前述的"突破计划"中还包含一个"突破摄星计划"。科学家们设想将一种质量只有几克、邮票大小的纳米级宇宙飞船,通过激光加速发射到距离太阳系最近的恒星半人马 α 星,并进行拍照和采集数据等探测工作。目前这一计划的相关技术还不成熟,还无法实现这一构想。对于主动向太空中发射信号以寻找地外生命的行为,许多科学家持反对态度。包括斯蒂芬·霍金在内的许多学者都反对人类主动吸引外星人的注意。他们担心外

---

[1] 物质第四态:《如何寻找地外文明》,《太空探索》2020 年第 9 期。
[2] 李会超:《射电望远镜与地外文明搜寻》,《太空探索》2020 年第 9 期。

星文明远远高于地球文明,如果外星人对地球人心存敌意就会对地球造成毁灭性的打击。

人类搜索地外文明的第三种方式是寻找地外行星。在这方面,空间望远镜发挥了重要的作用。通过观测凌日现象[1],空间望远镜能够确定太阳系外的其他行星。例如,开普勒空间望远镜共确定了2300颗系外行星,在这些行星中处于宜居带的行星与地球环境相似,可能存在液态水,温度适宜,很可能存在智慧生命。例如,HD40307g这颗行星距离地球约42光年,是离我们最近的宜居行星。

如费米悖论所说,银河系大约有2500亿($2.5×10^{11}$)颗恒星,可观测宇宙内则有700垓($7×10^{22}$)颗。即使智慧生命以很小的概率出现在围绕这些恒星的行星中,那么仅仅在银河系内就应该有相当大数量的文明存在。那么为什么,近几十年来,无论以何种途径,人类都没有找到能确证外星文明的线索呢?笔者认为,这是由于宇宙的巨大尺度以及人类技术手段的限制。宇宙的巨大尺度使得地球人类想要在同时间段内与外星文明取得联系变得几乎不可能。试想,如果外星人曾经在宇宙的某个角落发出过信号,那也可能需要几亿或几十亿年的时间才能到达地球。而那时,地球上的人类是否进化出来,或者早已毁灭,都未可知。同样的,人类向太空发出的信号,想要被"外星人"接收到,也无异于向浩瀚的大海里胡乱扔了两个漂流瓶。因此,从概率上来说,如此众多的星球中一定存在地外文明,但如此众多的星球之间两种文明的相遇也必定是极小概率事件。从2015年开始,中国作家刘慈欣的科幻作品

---

[1] 从地球上观测,恒星被行星遮挡时会变暗。正是通过这一现象,科学家们得以确定太阳系以外的其他行星。

《三体》风靡全球。该作品构想了在智慧上碾压人类的地外生命"三体人"。近年来,许多科幻作品都构想了技术能力足以毁灭地球的外星文明。这类想象基于人类与其他动物之间的力量对比,例如人类与火鸡、蚂蚁、细菌之类。然而,从目前宇宙探索的已知信息来看,至少太阳系内是没有外星生命存在的。而且,在距离地球160光年的范围内,都没有探测到生命的迹象。外星人毁灭地球的故事是科学幻想,并非科学事实。人类对"外星人"的恐惧源于无知,以及意识到自己的无知。到目前为止,人类只搜寻了银河系大约千分之一的范围,这不过是整个宇宙的冰山一角。而随着探索的深入,人类越来越发现宇宙的浩瀚,自己的无知,以及技术的极限。无知带来恐惧,也带来焦虑和期待。从宇宙的巨大尺度来看,人类探索外星文明并非在"黑暗森林"中暴露自己,更像是在大海里捞针。

  事实上,除了外星人可能给地球安全带来的威胁外,人类面对的更大的安全隐患来自自身。空间技术的发展将促进人类合作还是激发大国之间的太空竞争?这取决于人类是否能摒弃前嫌、展开合作,共同推进人类整体的利益。和平利用太空,这是保护地球安全的唯一出路。2022年10月6日,正当俄乌冲突愈演愈烈之际,包括俄罗斯唯一的女宇航员安娜·基金娜在内的4名宇航员乘坐美国SpaceX公司的载人"龙"飞船进入国际空间站。据报道,安娜·基金娜是20年来首位登上美国飞船的俄罗斯人。在俄美关系日趋紧张的国际局势下,这一事件无疑让人们看到在空间技术领域人类合作的可能。不同国家的科学家们在高精尖领域展开合作,共同推进地球文明,这是人类存续的希望。

2. 基因编辑与平等社会

在未来世界，人类将发展出越来越娴熟的基因干预技术。到那时，人类或许能够随心所欲地加强某种基因（例如智商基因），或剪掉某种基因（例如癌症基因）。这类技术现在已经被普遍地应用到农作物上，[1] 也正在被运用到动物身上，[2] 而在未来，则很有可能被应用到人类自身。人类会不会培育出长着四个翅膀的鸡、乳汁更多的奶牛、瘦肉更多的猪……这些问题涉及人与动物的关系，短时间内还不至于颠覆人类社会的基本结构。但是，如果人类真的将基因编辑技术大规模地应用于人类自身，那就会给人类社会的基本结构和政治制度造成巨大挑战。人类社会将因此而更加平等，还是走向以奴役为特征的物种主义专制？这是我们每一个人，尤其是科学家和政治家们应该谨慎思考的问题。

毋庸置疑，在当下任何人类社会中都存在着不平等。造成人们之间不平等的因素可以归结为三类：社会因素、自然因素和个人因素。其中，社会因素包括一个社会的制度体系、人们出生的家庭环境、一个人所属的社会阶层、经济水平，等等。个人因素指的主要是个人的志向和努力，例如，一个人是勤奋还是懒惰，是否做出

---

[1] "全球现在 4 大转基因作物的种植面积的比例，大豆和棉花已高达 81%，玉米现在已经超过 1/3，油菜接近 1/3。第一个转基因的植物诞生距今 30 年，国内外大规模应用已经超过 17 年。"（杨书卷：《设计生命的是与非》，《科技导报》2013 年第 21 期。）

[2] 目前各国科学家都在尝试对动物进行基因改造。例如，依据一篇 2017 年 1 月 31 日发表在英国《基因组生物学》期刊上的论文，来自中国西北农林科技大学的研究人员利用 CRISPR 技术，对 20 头奶牛植入了抗结核病的基因，以使其具有更好的抵抗结核病的能力。

明智的投资，是否选择了幸运的发展方向，等等。而自然因素指的则是人们与生俱来的天赋，例如强壮的身体、极高的智商、甜美的歌喉、秀丽的容颜，等等。在这三个因素中，除了个人因素以外，社会因素和自然因素都不是个人可以决定的。由此，一些当代平等主义者认为，应该削弱社会因素和自然因素对人们之间不平等的影响。这派学者被称为"运气平等主义者"。在他们看来，社会因素和自然因素所导致的不平等都不是人们"应得"的，不应该由个人负责。因此，如果人们可以通过某种技术而消除自然的不平等的话，就应该这么做。而基因正是造成人类自然的不平等的重要决定因素。正如国内学者姚大志所说："基因干预为平等主义带来了一种新的可能性——基因平等。基因平等的重大意义在于，它能够消除自然天赋的不平等，从而为彻底解决不平等问题带来了新的希望。"[1] 试想，如果人们在自然方面都平等了，那就可能进一步消除社会方面的不平等，甚至个人努力和志向也会越来越趋同。[2] 由此，人类将实现理想中的平等世界。

然而，通过基因编辑实现基因平等，这种操作可能存在诸多问题，甚至使人类社会走向平等的反面。其中最大的问题就是，从目前的情况来看，基因编辑技术还属于高新技术，是社会中的稀缺资源。对于稀缺资源不可能人人都获取，而现有的分配机制很可能

---

[1] 姚大志：《基因平等：从政治哲学的观点看》，《哲学研究》2019年第11期。
[2] 有一种观点认为，人们会付出多少努力，是勤奋还是懒惰，这也是由每个人的天赋决定的。"一个人愿意做出的努力是受到他的天赋才能和技艺，以及他可选择的对象影响的。在其他条件相同的情况下，天赋较好的人更可能认真地做出努力，而且似乎用不着怀疑他们会有较大的幸运。"（[美]约翰·罗尔斯：《正义论》，何怀宏、何包钢、廖申白译，中国社会科学出版社，2006，第312页）

使得这一技术被社会中的精英阶层所垄断。如果发生这样的情况,那么社会将不可逆转地朝着越来越不平等的方向发展。获取基因改良服务需要大量资金,因此只有富裕阶层才能享用这项技术。这部分人的后代将变得更健康、身体素质更好、更聪明、更美丽……而且,为了保持其优势地位(某一阶层的优势地位王是其得以剥削其他阶层的前提),这些享有了基因编辑优势的阶层会想方设法垄断这一技术。由此,基因改良将导致人类种群内部的物种分化,甚至形成两种人:基因改良后的人类和未经基因改良的人类。在技术高度发达的情况下,这两个物种的差别会越来越大。人类社会发展的历程中,曾经出现过种族主义思想,认为某些种族天生优越于其他种族。这种思想的实践最终造成了"二战"中德国纳粹对犹太人的大屠杀,给人类以惨痛的教训。目前,人类科学研究的成果还无法确证不同人种之间在体力智力上存在根本性的差别。奥林匹克运动会上群星璀璨,各国运动健将大显身手,这也从侧面佐证了人种之间并不存在优越和低劣之分。然而,基因编辑技术的发展必将打破这一铁律。如果基因编辑技术被社会中少数精英所垄断,那势必造成人种的分化,而这种分化又将反过来加强人类社会的等级化。最悲观的图景可能是,少数精英通过基因改造而使其后代成为超人,他们能够借助各种数字治理手段管控其他没有经过改造的自然人,或者是被植入了奴性基因的人。在物种分化的基础上,小部分人永久地奴役大部分人,那将是人类社会的严重倒退。

要避免基因编辑技术可能导致的物种主义和不平等,唯一的途径只能是将基因技术的应用平等化。结合目前的社会制度,我们可以构想,将基因编辑的费用纳入免费医保等措施。当然,公共医疗资源总是有限的,不可能实现人们基因改良的所有梦想。所以,人们必须展开公共讨论,以确定哪些基因改良是必须的,哪些超出了基本需要。在这方面,学者们大多认为,用于"治疗"的基因改良是必需的,而用于"增强"的基因改良并非必要。[1] 这一论断基于两个理由,一是基因编辑(尤其是对生殖细胞所做的基因编辑)所导致的能力增强将作用于下一代。而在是否需要增强的问题上,父母没有权力为孩子做决定。因为,父母与孩子的价值观念可能会不同,父母眼里的增强并不一定被孩子所认同。例如,父母认为应该增强孩子的数学能力,但孩子成年后可能想成为一个艺术家,增强数学能力无助于其人生目标的实现。二是如果允许通过基因干预而增强人们的能力,那么公共医疗资源显然不够用,人们只能自己付钱购买这种服务。如此一来,有钱人可以增强其子女的多种能力,而贫困者则只能接受自然的安排,那么基因干预就会与平等理想背道而驰。正如姚大志所说:"如果只有富裕者能够得到增强,那么这种增强就是不正义的。因为这些富裕者在财富方面本来就具有相对于其他人的优势,现在又通过基因干预来扩大优势,这显然是违背了正义。"[2]

目前,"基因筛查"技术已经能够普遍应用于试管婴儿的培养。[3] 这是一种相对消极的基因技术,消极地去除异常基因,并非主动改变人类基因。这样的技术能够有效降低天生残疾的概率,应被归于"治疗"的范围,而不是对人体功能的增强。从平等的政治理想出发,基因编辑技术应该被严格地限制在"治疗"的范围

---

[1] 参见姚大志:《基因平等:从政治哲学的观点看》。
[2] 同上。
[3] 杨书卷:《设计生命的是与非》。

内，禁止用于增强任何人类能力。实践这一原则的前提是人们必须确定一种基因水平的"正常值"，低于该正常值的基因应进行改良，而高于该正常值的基因则不应改良。从生物学和医学的角度，人们能够客观地确定一种基因水平的"正常值"。在医学上就是对正常人与患由基因而导致的疾病的人做出区分。[1] 例如，一些人有某种遗传病的基因，那么在基因改良技术充分发展的情况下，就应该以公共医疗资源为其提供改良该基因的医疗费用，以矫正由自然因素导致的不平等。相反，一些人不具有长寿基因，但希望自己的孩子拥有这样的基因。在这样的情况下，国家和政府并不负有责任为其提供这种基因改良的费用。而且在法律上，人们也不应该被允许这么做。因为如果在用于"治疗"的基因改良公共服务之外，允许人们为自己的孩子购买额外的基因改良服务，那么人类社会可能很快就会形成上述所说的物种分化和新的等级制。

在基因编辑的问题上，一定要警惕人类欲望的膨胀和资本的催化作用。人类总是不满足于去除坏的东西，而是想拥有所有美好的东西，甚至想永远拥有。就像医疗美容，最开始是用来救治被毁容者的相貌，而现在已经用来满足人们想要更美的欲求。基因编辑技术是否最终会被用于满足人类对后代以及家族的各种美好愿望，这还是未知数。目前，虽然各国的法律都禁止将基因编辑用于生殖细胞，例如在中国，卫生部在 2003 年 7 月修订的《人类辅助生殖技术规范》明确规定"禁止以生殖为目的对人类配子、合子和胚胎进行基因操作"，但是总有人想要偷尝禁果，资本也由于潜在

---

[1] Allen Buchanan, Dan W. Brock, and Norman Daniels et al., *From Chance to Choice: Genetics and Justice*, New York: Cambridge University Press, 2000, pp. 121-122.

的巨大利润而暗中推波助澜。笔者认为，基因编辑技术是否能助力平等社会的实现，取决于两个因素：一是人们是否能守住仅将基因编辑用于"治疗"而不用于"增强"的底线；二是如果守不住底线的话，人们是否能在基因编辑技术投入实际应用之前，实现一个在财富分配上更为平等的世界。如果人类社会能在不远的将来在经济层面变得更为平等，那么就可能出现基因编辑的自由市场。这类似于当下的医美市场，人们在"基因超市"里选择想要增强的能力，就像给自己的家族挑选礼物一样。当然，基因编辑也可能出现失败的案例，这将导致终生的痛苦，甚至引发父辈与子辈之间长久的权利纠纷。而那时，体育比赛可能被解构，任何形式的智力竞赛也不再有任何意义。

3. 人工智能颠覆人类秩序

未来的人类社会一定是一个数字技术得到充分发展的世界。而数字技术的顶级应用就是人工智能。数字技术能够将迄今为止所有的人类知识集成在小小的芯片中，由此而创造出超级大脑。这是一个能够回答任何问题、比任何自然人都要聪明的机器。它在存储、计算、检索、找到相关性，甚至是联想等方面的能力都要远远超过人类。2022年11月，美国OpenAI公司发布了ChatGPT，随后谷歌和微软两家公司先后宣布将AI工具整合进Word、PPT、Excel、Outlook、Teams、Microsoft Viva、Power Platform等办公软件，使得ChatGPT真正具有了通用人工智能（AGI）的特征。这款产品能和人类进行对话，还能完成撰写邮件、视频脚本、文案、代码、论文等多项任务。ChatGPT上线仅两个月，用户就突破了一亿。这一方面体现了人工智能产品的强大,另一方面也展示了数字社会知识传播的超高速度。可以预见的是,人工智能产品的普遍应用将对人类社会的教育、科研和决策造成巨大冲击。而在这种几乎全智全能的存在面前,人类不可能不恐慌。一段时间以来,AI 统治人类的说法甚嚣尘上,甚至有人预测,在不久的将来将形成人类成员和 AI 成员共生的超人类社会。[1]

AI 是否会统治人类,是否会颠覆人类秩序,这取决于 AI 技术的发展是否会迎来所谓的"奇点",亦即人工智能超出人类能掌控之范围的那个时刻(失控)。对于什么是人工智能发展的"奇点",学术界有不同的看法,一些学者将通用人工智能产品的出现看作"奇点"。例如,美国科学家、发明家雷·库兹韦尔(Ray Kurzweil)认为,通用人工智能有可能在这个世纪的 30 年代或 40 年代超过人类,并把这一个时间点看成"奇点"。库兹韦尔还由此在加州硅谷创立了奇点大学(Singularity University)。[2] 确实,通用人工智能产品可能在大部分领域知道得比大部分人多,但它很难在任何专门领域知道得比专业研究者更多。换句话说,它很难进行创新性研究。因为,通用人工智能的知识来源是既有的文献和数据,或者是既有数据之间的关联,而知识生产取决于人的创造性。例如宇宙大爆炸理论,做出此类科学猜想的创造性还没有在 AI 产品上显露出来。目前,对于人工智能的发展趋势,通常的说法是人工智能的发展分为三个阶段:弱人工智能,强人工智能和超人工智能。[3]

---

[1] 参见张云江:《超人类文明:人类帝国的未来》,黄河出版社,2009,第 22 页。
[2] 参见《雷·库兹韦尔:15 年内人工智能将达到人类智慧》,《科技日报》2015 年 2 月 25 日,第 7 版。
[3] 高奇琦:《人工智能发展正迎来第三波浪潮》,《智慧中国》2019 年第 8 期。

其中,弱人工智能是专用人工智能,是为了解决某一场景中的特定问题而设计的,例如炒菜机器人、机器人服务员等。强人工智能是通用人工智能,这样的产品可以应用在不同的场景中,例如ChatGPT就是通用人工智能的典范。而超人工智能则是人们构想中的未来可能发展出的超越人类智慧的人工智能。对于人类是否能发展出超人工智能,制造出比自己还厉害的生命存在,科学家们还没有形成一致意见。笔者认为,所谓"超人工智能"的发展,并不在于其智慧超出人类,因为现有许多智能产品的智慧已经超出人类了,例如导航设备、超级计算机、ChatGPT,等等。大部分普通人在这些智能产品面前就如同傻子,只能言听计从。所以,"超人工智能"的"超"并不在于其计算能力、联想能力、侦察能力等方面超过人类,而在于其能够产生自主意识。如果一个超越人类能力的机器突然睁开眼睛,有了自己的想法,那人类社会的既有秩序就岌岌可危了。因此,人工智能发展的"奇点"应该是 AI 能够自主产生意识的那个时刻,而不是 AI 超越人类智慧的时刻。

如本书第二章所述,目前的人工智能产品虽然可能有意志、价值观、自我意识等,但这些都是由人输入和主导的。也就是说,人工智能产品无论多么聪明,它都得听人的话,不会产生自己的主张。就像ChatGPT,无论其知识多么广博,都是在回答人类的问题,而不可能向人类提问。但如果有一天人类发展出一种技术,制造出能够自主产生意识(而不是人类输入的指令)的人工智能产品,那么就会使整件事情发生质的改变。我们可以这样来思考这个问题:如果一种事物有自主意识,但其能力(主要是脑力)弱于人类,那人类可以将其驯化,为人所用,例如牛、马、狗之类;相反,如果一个事物其能力(包括脑力)强于人类,但不能自主产生意识,那么人类也可利用,例如飞机、火车、计算能力超强的计算机等。但是,如果一个事物能够自主产生意识,同时其能力(脑力与体力)又强于人类,那其结果只能是人类为其所用。由此可以预见,当人工智能有了自主产生意识的能力,机器将像人类驯养动物那样圈养人类,让人为机器提供各种服务。电影《黑客帝国》中有这样的情节,所有人类被困在一个巨大的矩阵网络(Matrix)中,人们在这个虚拟的网络世界中做着各种白日梦,而事实却是人类被用作生物电池为整个系统供电。

由此看来,在发展人工智能技术时,科学家们一定要明确"奇点"的到来意味着什么,并慎重考虑是否应该造出能自主产生意识的人工智能。当然,从目前的科技发展水平来看,"奇点"距离我们可能还很遥远。人类以及其他动物的意识产生于大脑。因此,科学家们要想造出能够自主产生意识的人工智能,就必须揭开人类大脑的秘密。从2013年开始,美国、欧盟、日本等投入大量资金,启动了相应的脑科学研究计划。目前,科学家们已经绘制出线虫、果蝇的大脑图谱及小型哺乳动物的部分脑图谱。2022年3月,我国科学家在国际上率先重构了小鼠大脑前额叶皮层6357个单神经元的全脑投射图谱,建立了迄今规模最大的小鼠单神经元全脑投射图谱数据库。然而,相较于人类大脑所拥有的上千亿个神经元来说,这些研究成果显得微不足道。况且,科学家们在研究中还发现了人脑与动物大脑之间存在众多差异。可以说,"脑科学研究受解剖技术、显微成像技术、弱信号检测技术的限制,仍处在初步探索阶段,人类对大脑的认知极为有限"[1]。人类距离制造出"机器大

---

[1] 徐晨:《脑科学与人工智能技术融合发展研究》,《新型工业化》2022年第7期。

脑"的那一天还很遥远。

在人工智能自主产生意识之前，人类作为一个整体是安全的，但这并不意味着所有人都是安全的。数字技术的普遍使用，尤其是在数字治理方面的应用，有可能危及人们的自由、破坏不同人群之间的平等，甚至催生出数字独裁者。要防止这样的政治风险，应尽可能地开放人工智能产品的使用，避免数字技术被少数权贵阶层所垄断。2017年1月，在加利福尼亚州阿西洛马举行的Beneficial AI会议上，近千名人工智能和机器人领域的专家联合签署了阿西洛马人工智能二十三条原则。其中就包括"第十六条，为实现人为目标，人类应该选择如何以及是否由人工智能代做决策""第十八条，应该避免一个使用致命自主武器的军备竞赛""第二十三条，超级人工智能只应服务于广大道德理想，应造福于全人类，而不是为了某个国家或某个组织的利益"，等等。[1] 其目的就是避免人工智能的发展违背人类道德，颠覆人类社会的秩序。

4. 如何避免坏世界

以色列历史学家尤瓦尔·赫拉利认为，指出可能的最坏世界并不是说人类没有希望了，而更像是一种预警，警示人们技术的发展需要小心地进行规范，不要掉入万劫不复的深渊。国内学者赵汀阳认为，"科幻故事不是预言，而是人类心声的自白"[2]。而我

---

[1] 参见《阿西洛马人工智能原则》，Future of Life Institute，2017年5月15日，https://futureoflife.org/open-letter/ai-principles-chinese/，访问日期：2023年6月12日。
[2] 赵汀阳：《天下秩序的未来性》，《探索与争鸣》2015年第11期。

想说,科幻故事确实不是预言,但它应该成为预警,应该提醒人类哪些事情可以做,哪些事情不能做,做了可能带来什么样的灾难。人类要如何行为才能避免本章所预想的可能的坏世界,下面几点是极为重要的。

第一,人类应继续探索太空,但不要搞太空军备竞赛,要尽一切努力维护太空和平。从目前的国际形势来看,将世界各国统一到一个秩序之中是不可能的。无论这个秩序是赵汀阳所说的"天下秩序"还是"自由、平等、民主、法治"所规定的秩序。换句话说,赵汀阳所构想的"世界的内在化"很难实现。因为,一种秩序如果不是强制性的,就没有约束力。而强制性的秩序要求有垄断性的暴力基础,这在国家间是几乎不可能的。由此,人类的和平只能寄希望于人类道德的进化。这就像中国古代在缺乏法治、缺乏约束君主的强制性权力时,儒家先贤们不断呼吁"仁政"那样,以无形的道德力量约束那些可能挑起战争的政治强人。

第二,世界各国应为基因编辑技术和体外生殖技术的应用划定严格的界限,以法律将基因改良和体外生殖限制在"治疗"而非"增强"或"替代"的范围内。与此同时,人类社会应通过更为平等的社会分配机制使得真正需要治疗的人能廉价获取基因编辑改良服务或辅助生殖服务。与此同时,世界各国还应防止社会中的精英阶层秘密以基因改良的方式增强自己后代的能力,因为这将给物种主义专制埋下危险的种子。

第三,与言论管控相关的数字技术应用应有其界限,人们应共同探讨并划定网络言论自由的边界。政府机构或平台企业在获取人们的个人数据和言论审查方面不应超出"个人隐私"的范围。通过数字技术的强大算力管控所有人的所有言论,只会将人们的反抗精神扼杀在摇篮里,阻碍政治的进步,甚至引发政治的倒退。

第四,元宇宙的发展应有限度,不要试图将现实世界的所有资源都吸纳其中。元宇宙就像一个黑洞,将现实变为虚幻,使人成为网络的终端,成为被机器左右的"尸体"。"将所有人当作目的",康德的名言在数字时代显得尤为重要。

第五,人工智能技术的发展可以让机器越来越聪明,但不应让其拥有自己的"意志",即使有一天人类科学家能够做到这一点,也应极为慎重。否则,人类将造出自己的主人。

最后,让我们畅想一下在各种技术充分发展的条件下,人类未来可能实现的最美好的世界。外星文明在远离地球的宇宙中,永远都无法威胁地球。地球人独占太阳系刚刚好的各种条件,繁衍生息,探索宇宙,延续灿烂的文明。基因编辑等生物技术不断延长人类的寿命,提升人们的精神和身体机能,人类越来越聪明、越来越健康、跑得越来越快、跳得越来越高……基因编辑成为一个人人可资利用的自由市场,人们可以根据自己的喜好发展任何一方面的机能。体外生殖技术已经很成熟,但在法律的约束下,只有不孕不育患者可以享受相关服务以延续子嗣。人均寿命可达到两百岁,每个人的一生中可以尝试各种职业和事业。长生不老的技术已经发明出来,但并不是每个人都想尝试。因为长生不老会使得人们做的任何事情都变得没有意义,只有无穷无尽的无聊。如果说人生就是一场游戏的话,这场游戏必须有结束才会好玩。人工智能充分发展,代替人类完成所有辛苦工作。那时,所有人都不需要做自己不喜欢的工作,而是可以在"全民基本收入"的保障下全身心地投入自己所喜欢的事情中,例如旅游、品茶、艺术创作、写小说、表演、交友,等等。在国际社会中,大国之间鸣金收兵,各国的常备军数量急剧减少,人们在共同的道德理想之约束下,和平利用和开发太空。美国制造了人造小太阳,供应所有国家的电力。联合国组织各国机器人在月球等其他星球上挖矿,以补充日益短缺的地球资源。元宇宙成为人们休闲娱乐的项目之一,但人们并没有沉迷于虚幻世界,而是对地球以及外太空各大星球充满了实干开发的兴趣。各种无人设备被派到不同的星球上探索,不断发回各种令人激动的信息。太空旅游已不再是奢侈的游戏,普通人也可以上太空,但并不是每个人都想去,有些人更愿意去深海旅游,或者去地心转转。另外,由于地球人及时地减少了化石燃料的使用,地球的气候更加宜人,日本和印尼并没有被淹没,北极熊也没有灭绝,曾经让环保人士揪心的各种气候灾难都没有发生……每一个普普通通的地球人,生活在这美丽灿烂、风光无限的世界里,真诚而幸福地度过丰富、有趣、充满希望的一生。[1]

---

[1] 当然,这一切美好事物的发生都建立在人类道德水平不断提升的基础上,寄希望于人类会更无私、更自主、不再贪婪、不受金钱和欲望的摆弄。否则,就像赵汀阳所说的:"如果没有精神上的革命,物质上的革命或许只能使世界变得更加危险。"(赵汀阳:《天下秩序的未来性》)

附录　数字时代的政治学迷你词典[1]

产业数字化(Industry Digitalization)

　　产业数字化是指将传统产业通过应用数字技术和数字化手段进行转型升级的过程。它涵盖了包括生产、供应链、销售、服务等各个层面和环节。产业数字化的目标是提高生产效率、优化资源配置、提升产品质量和创新能力，从而增强竞争力并实现可持续发展。将传统产业中的信息和数据数字化是产业数字化的核心。通过传感器、物联网、云计算、大数据分析等技术，可以收集、存储和分析大量的实时数据。这些数据可以用于监控和优化生产过程，实现智能制造和智能工厂。产业数字化能够提高生产效率、优化供应链管理、改善销售和服务体验，为企业带来新的机遇和竞争优

---

[1]　该词典是一个集体完成的作品，笔者在中国人民大学开设的"数字时代的政治"课堂上的25名同学参与了编写工作，笔者对所有词条进行了校对和编辑。词典按照拼音首字母排序，每个词条后面署上了具体编写者的姓名。此词典的编写是一次"教学相长"的尝试，如有不妥之处还请见谅。

势。在数字化浪潮的推动下,产业数字化将成为促进经济增长和可持续发展的重要驱动力。(刘越)

超人类主义(Transhumanism/Humanity+)

超人类主义又称超人文主义。不同于以尼采为代表的、侧重于人类精神意志的"超人哲学",超人类主义更注重为人类的自我超越提供技术路径。根据世界超人协会(World Transhumanist Association)发布的《超人类主义宣言》(*Transhumanism Declaration*,1998年编制,2009年修订),超人类主义极力肯定技术在发掘人类物种潜力中的作用,主张通过科学与技术极大地增强人类的智力、生理与心理能力,并克服衰老、残疾、疾病、死亡等一切不利于人类生存与发展的客观限制,以实现人类的自由解放。超人类主义者将关注并研究可能使人类作为一种生物、一种生命形式发生巨大变化的技术(譬如人类增强技术),思考它们可能带来的影响和后果、对人类生活方式可能造成的改变。同时,超人类主义也主张对一切有意识的实体之福祉的保护。(孙宇同)

大数据(Big Data)

大数据是指以巨大的规模、高速度和多样化的数据集合,以及使用相关的技术和方法来提取、管理和分析这些数据的过程。它是当今信息时代中产生的一种重要资源和工具。"大"一词表示数据的规模庞大,远超传统数据处理工具和方法的能力。大数据的产生源于现代社会各个领域的数字化和信息化进程,包括互联网、传感器技术、社交媒体、移动设备等。这些技术和应用不断地生成和积累着海量的数据。大数据的价值主要体现在其所蕴含的信息和洞察力。通过对大数据进行分析,可以发现隐藏在其中的模式、趋势和关联性,从而为决策和创新提供有力支持。大数据分析可以应用于各个领域,如商业、科学、医疗、城市规划等,为问题解决和优化提供数据驱动的方法和工具。(刘越)

大数据失业潮(Big Data Unemployment)

"大数据失业潮"是指由于大数据技术的发展和应用,一些传统的、重复性的、低技能的行业和岗位在短期内受到冲击,部分劳动者失去工作或者需要转型的现象。大数据技术提高了生产效率、降低了成本,通过收集、分析、挖掘海量数据为企业提供更精准的决策支持,优化生产流程,提高产品质量,降低资源浪费。这意味着企业可以用更少的人力、物力和财力来完成更多的工作,从而减少对劳动力的需求。随着ChatGPT等语言模型的出现,人们对于大数据失业潮越来越恐慌。为了应对"大数据失业潮"的挑战,一些专家和学者提出了相关政策建议,例如:增加对资本所得的征税,平衡资本与劳动在国民收入初次分配当中的比重;进一步完善社会保障体系,加强对失业者和创业失败者的收入"兜底"功能;鼓励创新创业,培育新兴产业和新型就业模式等。(陈俊凯)

大数据主义(Dataism)

大数据主义将大数据视为解决各种问题和推动社会发展的关键。大数据主义者认为,世界上纷繁芜杂的万物皆可被数据化,通过数据之间的相关性能够挖掘出事物间的数据规律。大数据主义在科学发现中的作用有:(1)数据成为科学研究的直接对象。大数据的兴起以及数据世界的形成,让我们摆脱了对直接对象的依赖,取而代之的是作为自然或社会现象映射而成的数据世界,科学研究可以直接以数据世界为研究对象。(2)大数据彻底改变了科学数据的采集方式。在大数据时代,数据主要来自智能感知设备、网络浏览或者网络社交等留下的数据足迹,这些数据因为不是研究者预先设计而获得的,没有被研究者污染,因而更具有客观实在性。(3)大数据时代凸显出数据在科学发现中的重要作用。在大数据时代,数据具有了客观性,而且从数据出发,就能发现数据中蕴含的规律性,带来了"科学始于数据"的科学发现新模式。(4)理论在科学发现中的作用方式发生了重大变化。在大数据时代,初始数据虽未被采集者污染,但在随后的数据挖掘过程中,理论开始渗入其中,比如数据仓库的选取、挖掘工具的选择以及挖掘结果的解释等,都渗透着数据挖掘者的意图。因此,理论在数据挖掘、科学发现中依然起着重要的作用。[1]（曾浩天）

断网权(The Right to Disconnect)

断网权指个人或组织在网络上享有的一种权利,即自主选择是否使用网络和网络服务的权利。法国是规范这种权利的先锋国家。2004年,法国最高法院确认了之前的一项判决,并裁定"在工作时间以外无法用手机联系到员工的事实不能被视为不当行为"[2]。断网权明确了工作与生活间的数字界限,确保了劳动者有效休息的权利,允许劳动者在休息时间或节假日期间不必连接

---

[1] 黄欣荣:《大数据主义者如何看待理论、因果与规律——兼与齐磊磊博士商榷》,《理论探索》2016年第6期,第33—39页。

[2] Loïc Lerouge and Francisco Trujillo Pons, "Contribution to the Study on the 'Right to Disconnect' from Work. Are France and Spain Examples for Other Countries and EU Law?," *European Labour Law Journal* 2022, pp. 450-465.

任何数字设备,不接听或回复数字通信,并在使用雇主提供的数字设备时享有不使用视频监控和地理定位设备的隐私。这意味着,在工作时间之外,雇主不应通过这些设备与员工联系,不应进行任何与工作有关的事情(发出指示、提出问题或命令执行新任务)。而且,如果发生这种沟通,员工完全可以忽略它,直到他们的工作日开始。(王京怡)

犯罪预测(Crime Prediction)

犯罪预测是指利用数据分析和统计技术来预测未来犯罪活动的可能性。此概念源于20世纪末的计算技术进步和大型数据集的可用性,借鉴了犯罪学、数据科学和人工智能等领域的思想,表现为应用数据挖掘、模式识别和预测建模等分析技术,以识别模式和指标,从而估计未来可能发生犯罪活动的可能性。犯罪预测涉及分析各种因素,如历史犯罪数据、社会经济变量、地理信息和人口特征,以生成有助于执法机构分配资源、实施预防措施和制定有针对性的干预策略的预测性见解。犯罪预测系统旨在提供早期预警标志,协助资源配置,并为积极的执法工作做出贡献。然而,预测结果存在偏见、歧视和侵犯个人权利的问题,应以持续的研究和伦理考虑平衡确保犯罪预测技术负责和公正使用,同时尊重隐私和公民自由的需求。(谭雅匀)

合成专家统治(Synthetic Technocracy)

合成专家统治是各类游戏、文学作品、影视作品基于技治主义、专家主义和通用型人工智能对未来政治形态的一种科学幻想。策略回合制游戏作品《文明6》中对合成专家统治有如下描述:"专家统治是一种专门研究集体问题的专家们组成的政体,他们大概是最能够理解当前面对的问题与各种技术革新将如何改变整个社会的一群人。合成专家统治则是一种统治专家可以包含非人类代理人的政体。在当前时代中,人工智能专家将最有可能成为某一特定领域非人类专家的候选人。人工智能技术专家被认为有两大超越人类技术专家的优势:公正性与全面性。人工智能将会在无(或有限)利益冲突的情况下裁决问题,从而保证能得到一个更广泛人性化的公正结果。随着计算能力的提升,人工智能技术专家可能会将更多因素纳入考虑的范围,并得出一个更加广泛的结论,以此来提高其自身的运行效果,为公众提供更为优良的结果。"未来,高度发达的、能模仿人类思考的通用型人工智能可能与人类专家共同参与政治。一方面,是作为专家决策、分析用的工具;但另一方面,由于 AI 在存储、记忆、整理、计算等方面的天然优势,它们也可能成为专家,甚至取代专家,人类政府的职能则转移到控制和监督人工智能专家上。合成专家统治便指后一种情况。(孙宇同)

后人类主义(Post-humanism,Posthuman-ism)

该词有两种语义。第一种为"post-humanism",主张对人文主义、人本主义,对人类在现代世界中至高无上的地位进行哲学性反思。它探讨人与动物、植物、机械、环境等非人事物的关系。后一人类主义根据对现代科学技术的重大发现以及它所憧憬的理想未来,为人们描绘出一幅"美好蓝图",即人与机器、人与动物、人与植物之间的"共生共栖"和"互应互惠"。2013 年,荷兰大学的罗西·布拉伊多蒂发表了《后人类》一书,该书基于"普遍生命力"的观点,反思了既往的人类中心主义和人文主义,并就"后人类的死亡观"

进行探讨。后人类主义的第二种语义为"posthuman-ism",是对人类这一概念本身的思考。在自然界被科学征服后,人类本身必然也会成为科学征服的对象。基于现代的基因技术、太空技术、信息技术、纳米技术、人工智能等科技的发展,人类的进化似乎已经向下一个阶段迈进。借助这些技术的巨大潜力,人类将逐步改造人类的遗传物质和精神世界,后人类—主义者认为,面对人体不断被高科技改造的社会思潮和实验性探索活动,人类自身的自然进化最终将让位于人工进化,人类只不过是从猿进化到后人类的一个过渡的中间阶段;而现在人类正在利用高技术进行系统的进化,并开始在体能、智能、寿命上全面超越过去的人类。后人类—主义的主要代表者有雷·库兹韦尔、凯文·凯利(Kevin Kelly)、凯瑟琳·海勒(N. Katherine Hayles)等。(孙宇同)

后真相时代(Post-truth Era)

后真相时代指诉诸情感及个人信念,较陈述客观事实更能影响舆论的时代,最早由美国作家史蒂夫·特西奇于1992年使用,2016年被《牛津词典》评为年度热词。社交媒体平台的兴起和媒体技术的发展成为"后真相"产生的温床,技术赋权改变了话语权的结构,自媒体不再以宣扬某种价值观为职责,人们可以随心所欲表达自己的观点,发泄情绪情感,真正成为"观点的自由市场"。另外,社交媒体将价值观相同的人们聚集在一起,形成了网络社群,数字媒体的算法推送功能也加强了信息的筛选和过滤,用户往往只能看到那些与自己已有信仰和意识形态相契合的信息,而不容易接触到不同观点,从而加深了信息孤岛的现象,消解了用户的认知能力。这都为虚假信息的传播、情绪取代事实提供了基础。舆论随网民情绪不断反转,上演以"诱导式"议题制造舆论话题、网民在群体情绪煽动下开始"围观"、最后专业人士介入、真相大白的剧本。全球化时代社会矛盾的加剧、民粹主义盛行、反对宏大叙事的解构主义思潮的流行也是后真相的重要动因。后真相时代的出现造成了事实危机,社会理性化被打断,虚无主义思潮再次上行,同时推动了政治和社会的极化,乃至现代民主制度的危机。2016 年英国全民公投脱欧与特朗普当选美国总统都体现了部分人捏造事实、夸大弊端,但谎言暴露后却仍获政治红利的后真相时代特征。(廖桢民)

技术代码(Technical Code)

技术不是纯粹的,技术的设计对普通人来说是一种"技术黑箱"(Technological Black Box)。打开"技术黑箱",可以发现资本主义的需求是如何嵌入技术的设计之中。这一打开的结果就是技术代码。它描述了盛行于设计过程中占统治地位的价值和信仰的技术的特征。占统治地位的价值和信仰的技术,往往具有受人们普遍认可、不言自明的特征。这些特征在人类社会逐渐形成了技术代码,得到人们的普遍认同。技术代码代表一种最基本的规则,在这种规则之下,技术选择在有效的技术方案中通过社会文化和意识形态的要求做出,在资本主义社会中则是按资本家的操作自主性的需求做出。随着技术代码在人群中的认同逐步提高,人们不再追究技术背后的各种关系、意义,而是选择认可和接受技术本身带来的规定,如同"代码"(code)一样。通过技术代码,联系社会关系网图(Technological network diagram)和技术关系网图的一般规则就被建构起来。技术代码连接了技术逻辑(Technological logic)与

社会情境。(陈琪)

基因平等(Genetic Equality)

　　基因平等指基因编辑技术被平等地运用到改善人类基因缺陷、治疗人类重大基因类疾病等进程中,实现基因的完善以保证所有人处于同一水平,助力平等社会的实现。由于人的基因生来就存在差异,导致个人能力的不同,进而加深社会不平等现象;而通过基因编辑技术的运用,可以实现人类在基因方面的平等,进而推动整个社会的平等。基因平等包含以下两个方面的含义:(1)基因技术的应用有利于维护人类社会的平等;(2)基因技术应用的平等化。(师萌悦)

计算法学(Computational Jurisprudence)

　　计算法学通常展现为法学与计算机、信息技术相融合的发展史,由最初算法驱动、数据驱动的计量法学逐渐演变为数据驱动、算法驱动与问题驱动相平衡的新兴交叉学科。也有学者提出计算法学是传统的法学实证研究进入大数据时代的新型表现形式,本质上仍然归属于法学实证研究。"计算法学"的历史最早可以追溯到20世纪40年代,当时西方出现了计量法学(Jurimetrics)和法律信息学(Legal Informatics);而被称为学科的"计算法学"则是在此之后数十年间发展起来的。20世纪80年代,瑞典法学学者皮特·塞佩尔在研究成果中使用"计算法学"一词,他认为计算法学将成为一门新兴学科,是以计算机科学为基础的法学研究方法。"计算法学"一词真正开始被广泛关注是在2005年,斯坦福大学的研究者迈克·吉乐塞瑞斯撰写了一篇标题带有"计算法学"的研究论文。自此,与"计算法学"相关的各类研究活动在世界各地纷纷出现。计算法学也引起越来越多研究者和专家学者深入探索,并取得了一定的研究成果。《"欧洲2020"战略》中,欧盟大力支持以计算法学为主题的两个研究项目。这成为计算法学发展的重要里程碑,标志着欧美国家开始大力推进计算法学学科发展,掀起一股以计算法学为主题的法学研究国际潮流。在我国,《计算法学导论》则首先明确提出了计算法学概念,并对相关概念、发展、实践等做了充分论证。(龙宛嶙)

计算正义(Computational Justice)

计算正义的定义依托一个重要概念:共同善。共同善分为三个维度:第一,共同善是构成个人福祉和尊严的基本善,是人们所追求的其他善的依据;第二,共同善指引实践推理,为人们的行动选择进行辩护;第三,人们追求共同善的过程之中会存在冲突,道德原则和法律制度为人们提供道德指引和制度保障。计算正义是从共同善导出的制度美德和法律规制依据,是正义原则在算法实践中的体现,是人的社会合作和创造活动被计算化过程中所应遵循的价值准则。它不仅关乎如何对算法进行法律定位,而且针对社会生活借助算法而实现的计算化和数据化所产生的正义空间。计算正义包含两个维度,分别是价值意义和制度意义。基于以上,计算正义可以被界定为,对算法实践和价值世界之间的碰撞进行整合,并引导算法以融贯和公允的方式追求共同善。(叶长鹤)

技术主权(Technological Sovereignty)

技术主权是指民族国家在技术的选择、运用与开发等方面追求不依赖他国的自主性,是一个国家或地区在数字化时代掌握自身的核心技术和数据,保护自身的信息和网络安全,以及保障自己在数字经济中的发展利益的能力。技术主权强调了数字世界中技术和数据的重要性,涉及国家安全、经济发展、社会进步等重要领域。技术主权包括以下三个方面:数字主权、技术独立性、数据主权。技术主权是数字时代国家和地区的重要战略目标,体现了信息和技术的战略价值和重要性。具体而言,技术主权包括一个国家在政治、经济、军事和文化方面独立所需的技术。它包括开发、生产和使用这些技术的能力,以及在标准、知识产权、互操作性、安全性和保密性方面的独立性。(普再秋)

技术主宰(Technical Domination)

技术主宰是指在科学技术快速发展的时代,对于重要技术的垄断可能在该行业产生绝对优势的主宰地位。虽然在数字时代的今天,各种信息与数据的交流沟通极为便利,但是受制于各种数字和技术壁垒,核心技术的交流沟通并不多见,反倒是拥有绝对领先技术的企业或者部门对于后发的新型技术企业进行技术封锁,利用知识产权制度严格地保护关键核心技术不会被泄露或者随意交流传播。技术主宰在数字时代的表现主要是各数字巨头严格保护自身处理大数据的能力和经过处理后的数据,将这些能力和处理后价值更高的数据作为维护自身在行业垄断地位的保障,类似于数字垄断,但不同于数字垄断,技术主宰更加强调处理数据的能力和技术优势。(赵永琪)

技治主义(Technocracy)

1919年,美国工程师威廉·史密斯(W. H Smyth)创造了技治主义这一概念,指通过雇佣科学家和工程师代理社会事务以提高统治效率。该原则主张顺应政治实权由当选代表转移到技术专家手中的趋势,构成一种既非传统民主制,又非传统官僚制的新型政府。技治主义有两个显著的特点,一是科学管理,即用科学理论和技术方法来管理社会;二是专家政治,即由现代自然科学技术和社会人文科学专家来掌管权力。技治主义主张社会管理的理性化,尤其是政治权力运作的科学化,极力肯定量化方法和技术手段。1919年底,工程师霍华德·斯科特(Howard Scott)与凡勃伦(Thorestein Bvebeln)等人在纽约发起成立技术联盟组织,标志着以该主义为核心的技术治理运动的开始。在思想渊源上,广义的技治主义可以追溯到欧洲的培根和圣西门。在《新大西岛》中,培根描述了科学家、技术专家组建的所罗门之宫,指导科学乌托邦的运转。在《一个日内瓦居民给当代人的信》和《论实业体系》中,圣西门提出了"实业家科学家联合统治理论",主张组织21人的牛顿议会行使统治权,各级牛顿议会代替教会,指挥社会运作。此后,孔德的实证哲学、斯宾塞的社会达尔文主义也都带有一定技治主义的色彩。技治主义源于欧陆,但其成为系统理论则归功于美国,其中最重要的是贝拉米(Edward Bellamy,以小说抨击商人和政客主导的社会)、泰勒(Frederick Winslow Taylor,提出科学管理学)和凡勃仑的思想。凡勃仑最早对技治主义做了系统性阐述,在《工程师与价格体系中》,他提出"技术人员的苏维埃",集中表达了技治主义的基本主张和主要特征。在凡勃仑以后,技治主义的专家还有罗斯托、布尔加雷斯、布尔斯廷、贝尔、奈斯比特、托夫勒等人。(孙宇同)

留痕主义（Tracesism）

　　留痕主义是一种新媒体艺术形式，通过数字技术将现实世界与虚拟世界相结合，将个人的生活经验、情感和思想等转化为数字化的、由文字和图片组成的艺术作品，上传至社交平台以留下其互动的痕迹，创造出具有可供性、个人化、互动性和即时性的艺术作品并将其分享给他人。留痕主义常用的数字媒介包括社交网络、手机应用、智能家居等，这些媒介可以记录个人的行为轨迹、生活习惯和情感状态等信息，从而创造出具有独特性和个性化的艺术品。留痕主义既是一种新的艺术形式，也是一种反思当代数字化社会的方式，它强调个人与数字化社会的互动关系，探索数字化时代下的个人身份认同和价值观念。在行政管理领域，"留痕"也被用作监督公权力运用的技术手段。（王京怡）

歧视函数（Discrmination Function）

　　歧视函数分为两种。第一种歧视函数指那些被用来训练导致歧视模型的判别函数。判别函数（discriminant function）又称鉴别函数，基于线性判别分析模型，在统计学、模式识别和机器学习领域广泛使用，其功能是将数据集划分成由决策面分割而成的不同决策区域；判别函数有二分类、多分类、Fischer 判别等多个种类，但它们的工作原理均是通过一定的计算将输入的向量 x 分入 K 个类别中的一个。当判别函数被用来训练模型时，模型被期望使得任意具有相同分布的向量都能被正确判别分类。当训练用数据集本身具有歧视性，即集中所含的代表个体的向量的各维属性之间存在典型关联——如具有"黑人"属性的向量必定在"犯罪"属性上赋值高,而具有"白人"属性的向量必定在"犯罪"属性上赋值低——时,参与训练的判别函数将成为歧视函数,因为由此得出的机器学习模型倾向于将训练集合以外的黑人也归入高犯罪值的类别。需要注意的是,数据集的歧视性不仅可能由人为挑选导致,还可能由历史社会环境因素导致。第二种歧视函数指那些在人工编写时刻意加入歧视性语句的函数,如一个无必要理由而拒绝越南 IP 注册使用的网站。(曹奕杨)

区块链民主(Blockchain Democracy)

"区块链技术"是一种分布式的、去中心化的、不可篡改的数据记录和共享的技术,"区块链民主"是指利用区块链技术来实现民主制度设计。这一概念的提出是众多学者共同努力的结果。丹尼尔·拉里默(Daniel Larimer)于 2013 年第一次提出了去中心化自治组织(DAO)的概念,这是一种基于区块链技术的用于组织治理的构想。2014 年维塔利克·布特林(Vitalik Buterin)创立了以太坊。这是一个允许在其上创建智能合约和 DAO 的平台,这成为实现区块链民主的核心技术之一。随后,一些国家开始进行小范围的实践。瑞士的苏黎世州在 2018 年使用区块链技术进行了一次咨询性投票,旨在测试该技术在提高投票质量和降低成本方面的作用(尽管它不具有法律效力)。巴黎市在 2020 年使用区块链技术进行了一次公民预算投票,旨在让市民参与决定城市发展的项目和资金分配。区块链民主有利于提高民主过程的安全性和可靠性,彻底规避少数人篡改民主结果的可能,进而增加民众对于民主制度的参与度和信任度。区块链民主也面临着一些挑战和困境。技术的复杂性和法律制定的滞后性引发人们的担忧。(陈俊凯)

去中心化自治组织(Decentralized Autonomous Organization, DAO)

去中心化自治组织指的是基于区块链核心思想理念(由达成共识的群体自发产生的共创、共建、共治、共享的协同行为)衍生出来的一种组织形态。DAO 有三大特点,即非中心化、自主自治、共有共享。在 DAO 中,参与者参与社群治理的方式是根据个人决策改动加密网络和智能合约算法,算法自动执行,加密网络向算法程序反馈系统状态,而算法程序据此进行动态响应和调整。加密网络会接受算法程序的指令并发送给参与者,参与者采取行动之后,加密网络上的状态由此发生改变,形成一个闭环。参与者可以自己组建技能小组或者加入已有的技能小组,并自主决定设立或者参与项目及具体工作。DAO 治理有很多层面,共识的建立和维持、激励机制和投票机制设计是三个关键点。它旨在向大众筹资,投资项目,赚取利润以分红。投资者支付数字币,取得组织代币,享有管理权、分红权等,而控制权由发起人通过监管人掌握。但 DAO 过程缺乏监管、容易被黑客攻击、共识难以构成,以及法律性质尚不明晰等问题也阻碍着其继续发展。DAO 的典型例子为,2016 年 5 月底德国公司 Slock.it 在以太坊发起众筹项目"The DAO",该项目作为一个去中心化的风险投资基金,致力于成为各类投资者投资区块链创新项目的枢纽。该项目发行 DAO Token 融资,通过首次发行代币 Initial Coin Offering,融到了 1150 万个以太币,约合 1.5 亿美元。(廖桢民)

人工自为者(Artificial Intelligent for Itself)

"自为"一词出自黑格尔的哲学,即意识的意向活动所指示的存在。依据这一含义,"人工自为者"即人类制造的、可以具有自我意识与自我行为的存在。从某种意义上来说,人工自为者的概念与人工智能具有相似性,其区别在于:人工智能强调"智能",而人工自为者强调"自为",前者可以作为后者的基础。因此,人工自为者比人工智能要更强大。或者说,强人工智能在某种意义上等同于一种人工自为者。随着人工智能技术的进步,强人工智能与人工自为者逐渐成为 AI 伦理的研究议题。人工自为者是否会取代人类或者统治人类,对于这些问题我们还需要进一步研究。(梁策)

人机融合(Man-machine Integration)

人机融合指的是人类与机器或计算机之间的紧密结合与交互。人机融合包含三层意思:一是人机互动,即人与机器之间能有所"交流",而我们现在可以做到的最典型的就是语言互动,比如讯飞输入法的语音转文字;二是人机协同,这就要求机器人有一定的"友好性"和"感知性",人机协同一方面可以开拓全新的制造业生产模式,另一方面还能凭借其良好的安全性、灵活性、易用性等特殊性能广泛服务于各种行业,比如医疗、服务业;三是人机融合,不光有语言互动,还有情感互动、智慧交流,是简单协同的一个提升,呈现"人机合家欢"的良好局面。这一概念涉及多个领域,包括人工智能、机器人技术、虚拟现实等。人机融合的形式可以是物理上的融合,如外骨骼技术使得人类能够超越自身的身体极限;也可以是认知上的融合,如利用智能助手和脑机接口技术来增强人类的思维和决策能力。通过与机器的融合,人类能够拓展自身的能力,实现更高效、便捷和创新的工作和生活方式。然而,人机融合也引发了一些伦理和社会问题,如隐私保护、人机权益、社会不平等,等

等。(普再秋)

赛博格(Cyborg)

"赛博格"是 cyborg(cybernetic organism 的简拼)的音译,由控制论(cybernetics)与有机体(organism)两个词组合而来。赛博格是未来"人类"在现实层面可能的一种生存形式,主要出现在科幻作品中,指人的身体性能被机械、电子元件等无机体所拓展,超出人体本身生理构造的限制后所形成的个体,即"人类身体与机械的结合""能够实现自我调节的人机系统"。"赛博格"一词从创生至今已有大约60年的历史。1960年,来自美国罗兰克州立医院的两位研究者曼弗雷德·克莱因斯和内森·克莱恩在向伦道夫空军基地递交的报告《药物、太空和控制论:赛博格的进化》中提出了赛博格的想法,后来又在美国《宇航学》杂志发表了《赛博格与太空》一文,"赛博格"这一概念逐渐流传开来。在文章中,作者设想了一个解决太空旅行的办法,就是将自动化的外接设备与人体重新构成一个控制论系统,以拓展自我调节的功能。这样一来,宇航员就能够通过设备的调节(如药物的自动释放)来适应外太空环境,像"超人"一样在太空中存活。《机械战警》《攻壳机动队》等文艺作品所创造的"控制论下人机共生的有机体"的赛博格形象,也得到了广泛传播,成为经典。(孙宇同)

赛博女性主义(Cyberfeminism)

赛博女性主义自1991年由南澳州艺术家与行动家们起草的第一份《赛博女性主义宣言》发端,1997年第一届国际赛博女性主义大会在德国凯瑟尔召开。该理论以唐娜·哈拉维的赛博格理论和赛迪·普朗特的电子技术与女性关系为两大主要分支，是欧美女性主义第三次浪潮的重要分支之一。为了支撑自身反×本质主义的开放性主张，赛博女性主义没有公开统一的定义，它一般被视为基于赛博空间的女性主义理论和实践。根据唐娜·哈拉维的赛博格理论，男性与女性的二元性别对立正如机器与有机体的二元对立，其界线随着数字技术和赛博空间的发展逐渐模糊，一切符号和成分都可以相交，独立本质的神圣性因而不复存在；在其畅想中，生理性别和父权制规训施加于女性的压迫可以经由赛博空间的流动身份得到破除，固定观念的幽灵将无处作祟，而重新建构身份的关键正是在于数字技术的发展。另一分支的赛迪·普朗特则举例艾达·罗夫莱斯伯爵夫人对巴贝奇差分机发明的贡献，以证明女性在数字技术的领域并非被隔绝的边缘人，她们和男性一样在网络技术发展过程中起到直接的推动作用，其成果绝不应当再遭到埋没。由于网络男性观念污染女性视角、数字鸿沟阻止赛博空间普及化等问题，该理论在千禧年后一度冷却。（曹奕杨）

社死（Social Death）

社死即社会性死亡。社会性是指个体经由与他人的交往、合作，建立起良好的社会关系进而适应其社会生活过程的属性。死亡的本意是指个体自然生命的终结，以及与之相联系的社会关系的彻底断裂与丧失。"社会性死亡"一词出自美国作家托马斯·林奇的《殡葬人手记》。他将死亡看成肌体死亡、代谢死亡与社会性死亡三者的统一体。社会学意义上的"社会性死亡"，较早也较为著名的定义是奥兰多·帕特森（Orlando Patterson）在《奴隶制与社会性死亡》一书中所描述的"未被更广泛的社会作为完整的人接纳的状况"。这种界定下的社会性死亡,指的是处于统治和权力关系中的当事人(往往是一个群体),遭到系统性、全面性排斥和压迫的社会事实。在网络空间中的社会性死亡是指个体在现实社会网络中的形象崩塌、声誉毁损、权益丧失。当事人身心依然存活但其社会网络形象被毁损乃至被扼杀。因此,网络语境下的"社会性死亡"是一种虚拟性死亡,意味着个体社会网络的解体及其社会关系的消退。(师萌悦)

身份窃贼(Identity Thief)

身份窃贼,又称身份盗窃者,意为窃取和使用个人身份以获得经济利益或从事其他犯罪活动的个人或组织,通常表现为以非法手段获取、使用、传播他人身份信息,如姓名、社会安全号码、银行账号等,用于进行诈骗、欺诈、非法交易和其他犯罪活动。随着数字时代社会信息化程度提高,可识别的身份信息构成个人"数字身份"的核心内容,一旦遭到泄露、盗窃或冒用等不法侵害,对身份信息主体可能会造成难以弥补的伤害和损失。当前,我国"健全统一的社会信用制度""加快培育统一的技术和数据市场"等举措离不开高效便捷的数字身份。生物识别信息技术的迅速发展,在加强身份安全的同时也面临深度伪造等技术所带来的更大风险。(谭雅匀)

数据分配正义(Data Distributive Justice)

数据分配正义指的是在数据治理过程中,通过公权力的分配来维护国家利益与公共利益、合理划分数据控制者和数据主体之间数据收益、平衡多元主体之间利益分配的正义。数据是一种具有外部性和非排他性的公共资源,数据控制者与数据主体能够共同参与数据利益的创造过程,但在利益分配过程中只有数据控制者具备利用数据集合产生经济价值的能力。数据分配正义要求正当的利益分配机制,完善数据控制者和数据主体之间起点不平等的补偿机制,将数据控制者基于资本与技术优势获得的不正当利益返还给相对弱势的数据主体,以便将数据控制者与数据主体之间的不平等控制在合理限度之内。数据分配正义的实现需要国家公权力机关的合理调控和有效介入,国家是执行数据利益再分配的主体。企业或平台等数据控制者、数据主体均属于被分配者,国家公权力机关具备实现数据分配正义的权力和义务。比外,在大数据时代,分配机会正义、分配程序正义、分配责任正义受到巨大冲击和挑战,作为数据分配正义的主要内容,三者的实现是数据分配正义体系中不可或缺的部分。(闫可佳)

数据交易所(Data Exchange)

数据交易所指的是有关数据的交互、整合、交换、交易的场所。经营范围包括数据资产交易、数据金融衍生数据的设计及相关服务,数据清洗及建模等技术,数据相关的金融杠杆设计及服务,以及经数据交易相关的监督管理机构及有关部门批准的其他业务。数据交易所将为数据商开展数据期货、数据融资、数据抵押等业务,建立交易双方数据的信用评估体系,增加数据交易的流量,加快数据的流转速度。(叶长鹤)

数据权利(Data Right)

数据权利是指个人或组织对其所拥有的数据享有的权利。数据权利是随着数字化时代的到来而逐渐形成的,目的是保护个人和组织的数据安全和隐私,包括个人数据权(Right to personal data)和数据财产权(Property rights in data)。个人数据权是指自然人依法对其个人数据进行收集、使用、存储、传输、共享和删除等方面的控制权的权利,不受他人的干涉,包括数据决定权、数据保密权、数据查询权、数据更正权、数据封锁权、数据删除权等。而数据财产权是权利人直接支配特定的数据财产并排除他人干涉的权利。数据财产权人可以对自己的数据财产进行占有、使用、收益和处分。(陈琪)

数据所有权(Data Ownership)

数据所有权,全称"数据财产所有权",指数据所有人有权任意处置自己的数据的权利,即依法享有占有、使用、收益和处分,并排除他人干涉的权利。所有权的取得、转移与行使都必须符合法律的规定。数据所有权最早由罗杰·J.班福德、萨希坎什·钱德拉塞克拉、安杰洛·普鲁希诺三人在其专利《数据所有权的动态再分配》中提出。在大数据时代,所有信息均可数字化,通过数字 0、1 的组合将各类数据收集保存起来。数据的采集在个体使用数字服务的过程中不可避免。从事数字服务的经济主体在已收集的信息的基础上进行加工,产生新的数据,这将造成新数据与源数据所有权归属的模糊。(赵文波)

数据铁笼(Data Cage)

数据铁笼是一种为限制数字社会中公权力而建构的、以权力监督权力的数字制衡机制。数据铁笼的构想建立在政府自我革命和技术中立的基础上,其目的是对行政执法中的自由裁量权进行技术遏制。它最早由贵州贵阳试点,其核心逻辑是"让权力运行处处留痕,为政府决策提供第一手科学依据,实现'人在干、云在算'"。全面打造"数据铁笼",要求政府运用大数据改进政府管理方式,实现政府负面清单、权力清单和责任清单的透明化管理,完善大数据监督手段和技术反腐体系,促进简政放权、依法行政。数据铁笼是数字时代应对公权力的权力制衡手段,它建立了大数据预警监管平台,推进权力运用的规范化、数据化,正在成为权力监督的核心环节。(张鑫)

数据烟囱(Data Silo)

数据烟囱指数据系统分散,数据资源无法聚合集约、互联互通的数字发展困境,数据烟囱表现在三个维度:其一为政府层面,在纵向数据采集机制下,部门之间横向调取数据存在困难,数据处于"条块分割"状态;其二为企业层面,业务数据由互联网巨头垄断,数据寡头独立自建内部封闭管理的数据库,形成数据烟囱;其三为学术层面,高校及研究机构由于分属于不同的领域以及组织,在数据获取方面存在诸多困难。数据烟囱造成系统服务效率低下,用户成本叠加,大数据价值无法发挥,需要各方协同一起破除此类困境。(张鑫)

数据依赖症(Data Dependency)

数据依赖症指在当今时代的海量数据下,一些行业与个体过度强调数据、依赖数据而产生的一些不良现象。其中有这样两种典型情况：一是一些部门的报告里过度依赖数据展示，如《人民日报》指出"在总结成绩时，一些报告喜欢不厌其烦地罗列各类数字。在回应群众关切时，有的人如数家珍地展示各项数据。然而，群众的直观感受有时却与之不尽一致，甚至相去甚远。"[1]二是目前的人工智能行业对数据依赖性过强。过分依赖海量标注数据的主流深度学习方法正让 AI 界面临越来越多的挑战，在如智慧医疗等难以收集标注数据的领域阻碍重重；一些公司还开启了标注数据收集的军备竞赛，乃至有人认为，人工智能一定程度上甚至可以理解为，有多少人工被投入数据标注之中，就能有多少智能。要治好数据依赖症，不同的行业和个体需要做出针对性的思考和改进。数据固然作用大，却不能取代一些行业核心，应当合理利用数据，让数据成为各行各业的得力工具。（黄翊珊）

数据正义（Data Justice）

数据正义指的是通过公平合理地生成、分配、解释和使用数据来实现的正义。林奈·泰勒（Linnet Taylor）提出的关于数据使用的"可见性、事先约定、防范不公平对待"这三个核心观点构成了数据正义的理论基础。[2] 数据正义来源于社会结构的正义，本质上是一种集有形财产分配与无形利益平衡于一体的复合型正义。各种数据处理正从根本上塑造着一种新型的社会关系，伴随着人工智能及算法的发展，一些有关数据的问题也不断显现。在这一过程中，数据正义按照一种涉及权力、政治和利益等问题以及道德、自

---

[1] 闻君：《破除"数字"依赖症》，《人民日报》2014 年 4 月 16 日。
[2] Linnet Taylor, *What is Data Justice? The Case for Connecting Digital Rights and Freedoms Globally*, Social Science Electronic Publishing, 2017.

治、信任、问责、治理和公民等既定概念的方式来定位数据。数据正义要求实现国家权力与社会权力、数据控制者的数据权力与个人数据权力的关系均衡，这种关系均衡是技术治理的体系结构实现优化的底层逻辑。数据正义的内涵包括数据分配正义、全球数据治理、反数据歧视、数据透明等各项内容。作为一个发展中的概念，数据正义的含义远未定型。（闫可佳）

数据主权（Data Sovereignty）

数据主权是指国家在数据上享有主权，即在其政权管辖地域内对个人、企业和政府所生产、流通、利用、管理等各个环节的数据享有至高无上和排他性的权力。我国使用"数据主权"概念的最高级别的官方文件是 2015 年 8 月国务院发布的《促进大数据发展行动纲要》，该文件指出："增强网络空间数据主权保护能力，维护国家安全，有效提升国家竞争力。"国际上，《塔林手册 2.0 版》虽然没有提到数据主权这一词，但确认了国家主权原则适用于一国境内数据："国家主权原则适用于网络空间。""网络空间的各个方面以及一国的网络行动没有超越主权原则的范围。"[1]一些西方学者将"数据主权"理解为数据主体对数据的权利，而我国提出的"数据主权"是国家主权范畴下的数据主权问题，主要包括两方面内容：一是数据管理权，即国家对其领土内的一切数据及其所产生的事务具有管理的权利；二是数据限制权，即国家具有对领土内的数据采取一系列限制性措施的权利，以减少数据泄露、侵犯等危险。我国于 2021 年通过《数据安全法》，保护数据这一重要战略资源。

---

[1]〔美〕迈克尔·施密特、〔爱沙尼亚〕丽斯·维芙尔：《网络行动国际法塔林手册 2.0 版》，社会科学文献出版社，2017。

（黄翊珊）

数据资产（Data Assets）

数据资产指的是组织或个人拥有和管理的数据，它们具有经济价值和潜在利益。数据资产可以包括各种类型的数据，如客户信息、交易记录、市场趋势、生产数据等。这些数据不仅是信息的载体，还可以作为资源用于创造价值、支持决策和推动创新。数据资产需要通过适当的渠道和方法进行收集和获取。同时，数据资产需要在安全可靠的环境中进行存储和管理，以确保数据的完整性和可用性。数据资产的价值源于其在商业和决策过程中的应用。通过对数据资产的分析和挖掘，组织可以做出更明智的决策。数据资产还可以用于创新和业务转型，为组织提供竞争优势和增加收入来源。在合适的条件下，组织可以与其他组织或个人共享数据资产，以实现协作和共赢。数据资产也可以作为交易的对象，进行数据的买卖和授权使用，为数据拥有者带来经济利益。（刘越）

数字安全（Digital Security）

数字安全是指在计算机网络环境中，信息不被篡改，网络不被破坏，网站不遭袭击，计算机软硬件系统不受损害。数字安全需要保护计算机系统、网络及其数据的机密性、完整性和可用性，以及防止未经授权的访问、窃取、破坏、篡改和泄露。数字安全涵盖了多个方面，包括计算机安全、网络安全、移动设备安全、数据安全，等等。（陈若彤）

数字边缘化（Digital Marginalization）

数字边缘化指的是一些国家、地区、社会群体等由于信息化技能获取途径缺乏、数字资源分配的机会不均等、基本数字信息教育缺失等多种因素，在信息技术迭代更新的数字化进程中面临着被边缘化的风险。数字边缘化的国家和地区由于历史原因、地理位置、经济条件和文化背景等因素的限制，在接受、利用和发展信息技术时存在困难和阻力，从而无法充分融入全球数字化发展的主流。数字边缘化的社会群体无法适应数字化转型和智能化发展的需求，失去了市场竞争力和生存空间，面临结构性失业、客观贫困和社会环境排斥等问题。新技术的飞速发展以及数据驱动型经济加剧了数字边缘化。数字边缘化人群的迅速增加会导致数字鸿沟进一步扩大，对数字正义、分配正义、数字时代人权保障等问题提出了新的挑战。数字边缘化的改善需要多方协调，不断进行多种解决措施的探索，如推进宽带普及政策、建设老年友好型智慧城市、加强网络宣传、强化企业数字化转型激励机制等，以便加速数字化转型和智能化发展，让更多的人和机构分享数字化进程的红利。（闫可佳）

数字不平等（Digital Inequality）

数字不平等指的是不同主体在数字化信息通信技术（ICT）接入和使用以及信息资源的开发和利用中的差距。数字不平等的核心内涵是不同的国家、地区、组织、社群和个人在ICT接入和使用以及信息资源的开发和利用中形成的多样化的信息差距。数字不平等反映的核心问题是多阶层的信息社会及其背后隐藏的社会不平等现象。"数字不平等"研究是在"数字鸿沟"研究的基础上发展而来的。数字鸿沟是指信息富有者和信息贫困者之间的差距。近年来,由于ICT对个人和群体的影响和重构机制日益复杂,数字鸿沟概念出现各种局限性与弊端:关于信息拥有者和贫乏者的二分法思维、局限于技术设备的占有情况、不够重视技术使用者差异背后的社会原因。由此,数字鸿沟逐渐被学界扬弃,取而代之的是更为综合的数字不平等概念。数字不平等最早由美国政治学者蒂莫西·鲁克(Timothy W. Luke)提出,他认为数字不平等的标志是历史上的阶级斗争在新时代转变成企业所有者和工人之间、生产者与消费者之间、知情者与不知情者之间、拥有技术接入机会的人和没有这些机会的人之间、网络素养具备者和不具备者之间的"信息战争"。在后续研究中,学者们对"数字不平等"做出了不同解读。总的来说,数字不平等的理解主要有两种思路。第一种思路认为数字不平等是ICT主体的分层化,并在此基础上形成了差异系列,从而对社会不平等造成影响。这种观点将数字不平等和数字鸿沟明显区别开来。前者认为ICT主体形成的是连续的"差异谱",而后者则是用二分法来研究ICT的社会影响。第二种思路认为数字不平等不仅仅是ICT接入的不平等,而是技术不平等掩盖下的各种不平等。数字不平等包括动机不平等、利用能力和效果的不平等及其反映出来的经济不平等,社会、文化和信息资本方面的不平等,社会网络中地位和权力的不平等。这种观点认为要解决数字不平等问题,不仅需要物质资源的支持,还需要认知资源和社会资源的保障。对数字不平等的研究需要把各类发展不平衡和不平等都考虑进来,考虑个人、家庭乃至社群、地区的差异性。(曾浩天)

数字帝国主义(Digital Imperialism)

数字帝国主义指在21世纪以来的数字时代,一些国家或跨国公司通过控制大数据、云计算和互联网等技术手段,以数据、知识等数字资源为核心的生产要素,对其他国家进行控制和干涉的一种新帝国主义形式,最早由美国政治学家尼古拉斯·约翰·乌里韦(Nicholas John Uribe)于2013年提出。[1] 它表现为以美国为首的少数发达国家和如谷歌、微软、苹果等寡头企业占据数字技术先发优势,以平台为载体,垄断数字技术市场,进行集中的大规模数字化生产,并榨取数字用户免费提供的剩余价值,又以此影响其消费行为进行二次剥削。数字垄断资本逐渐与传统产业资本、金融资本相结合,控制产业链与价值链,并形成国际卡特尔(international cartel)瓜分全球市场,向受数字鸿沟负面背景影响下的发展中国家进行数字资本、商品和资源的输出,形成"核心数字公司——边缘制造公司——一线工人"的层级化剥削体系基础上的新殖民主义。数字帝国主义还可以表现为对其他国家进行网络监控、数据贸易不平等、信息泄露、网络攻击、打压民族数字企业、瓦解本土文化价值观、进行颜色革命与民主制度输出等形式,侵犯他国网络空间主权以达到影响、控制,甚至颠覆他国政权的目的。但新兴国家大力扶植本国数字企业,在一定程度上阻碍了数字帝国主义的扩张。(廖桢民)

---

[1] Nicholas John Uribe, "Digital Imperialism as a New Form of Struggle for the Kanien'kehá:ka," *Native Studies Review* 22, no. 1(2013): 29-48.

数字风险（Digital Risk）

数字风险是指在数字化时代,由于数字技术的应用和网络的普及,个人、组织和社会面临的与数字环境相关的潜在威胁和风险。数字风险在工程界被称为技术风险。计算机系统的风险不仅体现在硬件寿命、系统漏洞、软件缺陷、蓄意滥用等,还包括来自外部的恶意攻击、计算机病毒、计算机犯罪、个人隐私侵害、谣言传播与扩散、虚假信息辨别、信息伪造与抵赖等。数字化时代的风险比工业化时代的风险更具全球化特征,数字风险呈现出三大特性:弥漫性、穿透性和隐匿性,即更快地在全球传播蔓延和影响世界,更广泛地渗透到人们生产生活之中,更加隐蔽和不易观察感知。当今世界的数字风险在多个层次上爆发和蔓延,包括全球层次、国家间层次、国内和跨国安全层次、公司媒体层次和个人层次。据此,数字风险可分为几大类型:全球数字分配结构失衡(数字鸿沟问题)、国家间数字权力角力(数字博弈、数字霸权、数字冷战)、跨国和国内数字挑战(数字安全)、数字公司和数字媒体的异化(数字垄断、数字极化、数字政治化)、数字空间中的个人权利异常(数字自由、数字隐私权),等等。(陈若彤)

数字公民（Digital Citizenship）

数字公民是在信息技术构成的数字世界中,"数字化的公民或公民的数字化",它是公民在数字世界的映射,是物理世界公民的副本,是公民责、权、利的数字化呈现,是构成公民个体的重要组成部分。数字公民的概念要求公民具有充分的媒介素养和一定的运用技术的能力,主动了解和拥抱新技术,了解与之相关的人类文化与社会问题,安全、合法和负责任地使用技术。对于数字社会来说,数字公民能够为智慧治理提供关键的驱动力,让数字世界的影响传导至物理世界,促进现实社会的智慧发展。(黄愉翛)

数字鸿沟(Digital Divide)

数字鸿沟概念最早见于赫佩尔于 1989 年在英国《时代教育专刊》上发表的一篇同名文章[1],指的是在信息社会中,由于社会、经济、文化等因素的影响,某些人群或者国家难以或者不能获得和使用数字技术和信息资源,从而与其他人群或国家之间形成的在数字领域上的巨大差距。数字鸿沟包括以下层面:(1)访问鸿沟,指由于经济、地理、技术等原因,某些地区或人群无法获得数字技术和网络资源;(2)使用鸿沟,指由于缺乏数字技术的知识和技能,某些人群无法有效地使用数字技术和信息资源;(3)内容鸿沟:指由于语言、文化、教育等因素,某些人群无法获得和理解数字信息和内容。数字鸿沟的出现导致一些人在教育、就业、社交等领域错失机会,也加剧了人与人甚至国家与国家之间的贫富差距和不平等。(王天壮)

数字化转型(Digital Transformation)

数字化转型是指企业发展一种基于原有业务数字化后的标准化业务,包含数字技术组合所触发的企业战略、商业模式和组织结构等全方位的变革。其实质不仅在于满足企业内部转型升级需求,重构企业内部价值链,更重要的在于利用数字赋能打破企业间

---

[1] S. Heppell,"Digital divide," *The Time Educational Supplement* 57(1989).

边界，为客户提供更具竞争力的产品和服务，从而在外部市场构建竞争优势。20世纪40—50年代，以ENIAC、EDVAC为代表的电子数字计算机登上历史舞台并且大放异彩，人们开始把利用数字技术将信息由模拟格式转化为数字格式的这一过程称为数字转换（digitization）。随着数字技术应用开始整合到业务流程中并帮助企业（组织）实现管理优化，数字化（digitalization）的概念也在不久后的1959年出现，但最开始时它与数字转换在含义上并未刻意区分。而数字化转型这一概念，首次由国际商业机器公司（IBM）于2012年提出，强调了应用数字技术重塑客户价值主张和增强客户交互与协作。（崔征洋）

数字监督（Digital Supervision）

数字监督是"数字化"结合权力监督衍生出来的监督体系与方式，是大数据时代国家权力监督数字化转型的必然选择。数字监督体系是与数字技术和数字空间密切关联的新型监督体系，主要包含两个层面的意涵。第一层含义是指利用数字技术对公权力监督的数字化转型，即政府利用现代化数字技术突破时间、空间、人力等因素的限制，将其便捷、交互的技术优势嵌入权力监督领域，提升内部权力监督的效能。第二层含义是指政府对数字空间产生的新型权力尤其是具有垄断性质的大数据权力进行制约监督。数据信息的垄断很容易形成权力垄断，掌握数字垄断的"数字寡头"利用大数据权力，在数字社会借助"算法黑箱"肆意操控海量数据，使得数字空间滋生出"大数据杀熟""算法腐败""网络暴力""云诈骗"等乱象。政府需要进入数字空间，对大数据权力加以引导和规制，利用数字技术反制大数据产生的负面效应。（赵永琪）

数字焦土（Digital Scorched Earth）

焦土除了代表荒芜与贫瘠，更代表着无法复生的绝望。美国学者乔纳森·克拉里（Jonathan Crary）首次将焦土概念运用到数字社会中。他认为，我们现在正生活在数字焦土中，资本主义所控制的数字资源导致人被异化、资源枯竭、社会凝聚力涣散等一系列问题。在数字资本主义时代，这些问题正在向不可逆的方向发展。在数字社会，人居住在一个数字流动的装置中，而非现实世界中。人们被裹挟在算法的洪流之中，而不自知地为资本贡献着自己的价值。数字技术使人成为无根的迷失者，这种被资本所控制的数字社会，不会再有进化的可能。关于数字资本主义的种种悲观描述并不仅仅来自克拉里，《透明社会》《食人资本主义》等书都揭示了这一主题。正如南京大学哲学系蓝江教授所言："真正的焦土并不是我们所生活的大地，而是那个介入了我们数字化生存的互联网络。那个孕育生命的大地仍然存在，但是，由于我们目不转睛地看着手机和电脑屏幕，那个生机盎然的大地被数字构造的虚拟世界的界面遮蔽了。"[1]数字焦土并不意味着我们所生活的地球成了一片荒芜的土地，而是在精神上，我们的生活被数字时代的巨大变革所取代。这一趋势越发明显，且有不可逆转之势，正如克拉里所说：丧失了复苏的能力。（梁策）

数字结社自由（Freedom of Digital Association）

"数字结社自由"作为合成词，是数字时代衍生出的新词汇。

---

[1] 蓝江:《数字焦土和剩余数据——数字资本主义社会中现代人的生存》,《求索》2023 年第 1 期。

其中,结社自由(Freedom of Association)是《联合国人权宣言》中的基本人权,也是《中华人民共和国宪法》和中国法律确认和保障的基本权利。结社自由通常指公民依法结成某种社会团体、进行社团活动的自由。具体分为以非营利为目的的政治、宗教、学术、慈善结社及以营利为目的的商业结社。现代大多数国家宪法规定的结社,主要指以非营利为目的的各种结社。而"数字结社自由"是结社自由在数字时代的新发展,是数字权利的重要组成部分,指的是网络公民在数字社会中享有和现实社会中同等的结社自由的权利,能够建立各种"社团",通俗来说就是建群这一类社会活动。当然,网络平台凭借技术手段拥有封群的权力,而正如网络平台对网络言论自由的干预与限制一样,这种对建群、封群的干预权力同样应该受到相关立法的规范。2022年12月15日,欧盟委员会主席、欧洲议会和理事会主席签署了《欧洲数字权利和原则宣言》。《宣言》中指出:"人人有权在数字环境中享有言论和信息自由,以及集会和结社自由。"这是权利概念在数字时代的重要发展,意味着"数字结社自由"作为公民权利被认可。(龙宛嶙)

数字经济(Digital Economy)

"数字经济"指的是基于数字技术的一种新经济形态。目前,人们广泛接受的是2016年二十国集团(G20)杭州峰会对数字经济的定义:"数字经济是指以使用数字化的知识和信息作为关键生产要素、以现代信息网络作为重要载体、以信息通信技术的有效使用作为效率提升和经济结构优化的重要推动力的一系列经济活动。"美国学者唐·泰普斯科特(Don Tapscott)在1996年出版的著作《数据时代的经济学》中首次提出数字经济概念。后来,中国在"数经济"的演进发展中不断明确数字经济的定义。中国信息通信研究院所著《数字经济概论:理论、实践与战略》一书,开宗明义地介绍了数字经济概念的历史沿革。2017年,中国信息通信研究院在《中国数字经济发展白皮书(2017年)》中,将数字经济定义为:"数字经济是以数字化的知识和信息为关键生产要素,以数字技术创新为核心驱动力,以现代信息网络为重要载体,通过数字技术与实体经济深度融合,不断提高传统产业数字化、智能化水平,加速重构经济发展与政府治理模式的新型经济形态。"数字经济的发展是数字时代不断前进的必然要求,它将推动中国乃至世界经济的发展。(龙宛嶙)

数字劳动(Digital Labor)

数字劳动是数字时代一种新型的劳动形态,学界对于数字劳动的具体定义暂未形成共识性观点。意大利学者蒂齐亚纳·泰拉诺瓦在其著作《免费劳动:为数字经济生产文化》中首次提出了"数字劳动"这一概念,认为数字劳动是一种免费网络劳动,主要包括网页设计与创建、分享信息、阅读和参与邮件列表等网络活动。也有一些学者认为,除了网络免费劳动外,数字劳动还包括硬件生产和软件生产者的劳动。学界最早对于数字劳动的定义较为狭义,仅包括非就业取向的互联网用户无偿在数字平台上进行的信息、知识和文化输出与输入活动。而后数字劳动的定义逐渐扩大,既包括就业取向的数字劳动,也包括非就业取向的数字劳动。现有研究中对于"数字劳动"的价值存在明显的分化,部分学者认为数字劳动是对劳动者的一种剥削和异化;也有学者认为数字劳动是人们"择业机会与自主精神的积极象征"。(黄愉俙)

数字劳工（Digital Labor）

数字化媒体时代，互联网用户在网络上花费时间和精力生产海量数据产品，为互联网公司提供生产剩余价值，通过多种方式参与资本的价值生产。同时，用户作为媒介消费者，为了满足自身需求，不仅无偿贡献了其时间和精力，他们的人口资料、网络行为、社交网络和生产的内容都作为商品被出售给了广告商。用户在不知不觉中成为数据的"生产者"，同时又是数据的"消费者"。这一过程为数据平台提供了利润，用户进行这一过程的行为成为数字化时代的一种劳动过程。互联网用户通过使用互联网进行个人活动，为互联网公司提供了免费的数字劳动，成为数字劳工。（陈琪）

数字冷战（Digital Cold War）

数字冷战是网络空间全球治理的路线之一，是"冷战"在数字网络空间的延伸与蔓延。这一概念在中美贸易战期间被提出，2020年被认为是数字冷战元年。冷战有四大标准，即全面对抗、意识形态对立、两大阵营以及经济脱钩。特朗普政府于2019年5月成立"网络空间日光浴委员会"，得名于对苏冷战的"日光浴计划"，全面引入敌国、盟国、威慑等冷战概念。拜登政府更是继续沿用"举国体制"思路，在全球渲染"新冷战思维"，同时启动生态战、创新战、治理战三大战役，加快对华遏制的步伐。生态战即从硬件到软件，试图切断中国对数字经济生态核心的一切控制。包括在硬件方面禁止使用中国电信设备，禁止其盟国采购华为设备并抵制华为在美国建立5G，在软件方面对支付宝、微信、TikTok实行封禁政策。创新战即从供应链到研发链阻断中国数字创新的源头。美国从关键原材料和设备断供入手,试图干扰中国企业短期经营,延滞中国通过科技创新获得持续竞争优势和实现产业升级。治理战即从标准到规则,构建针对中国的"制度枷锁"。数字技术政治化、武器化倾向在21世纪20年代日益凸显,中美两国对全球数字空间话语权的抢夺在数字时代不断加紧。(曾浩天)

数字利维坦(Digital Leviathan)

"利维坦"原为《旧约》中记载的一种海上怪兽。在基督教世界中"利维坦"一直是"上帝所创造的恶魔"。自英国哲学家霍布斯的名著《利维坦》问世以后,利维坦成为强势国家(政府)的代名词。按照霍布斯的说法,为了抵御各种外来的风险,人类共同创造了一个能让所有人都有归属感的事物——政府,但当人们受到保护的同时也感到愈来愈强的束缚时,政府也就异化成了"国家利维坦"。在 Web 2.0、3.0 时代,大数据、云计算、物联网等新一代信息技术日益普及,人们在享受更全面更先进的数据服务之际,一种"受缚于数字"之感也在悄然而生。移动互联化把人与人联系得愈加紧密,导致个人空间的缩减甚至丧失,人际交往的压迫感日益明显。"在大数据时代,数据如同脱缰之马,手执缰绳和马鞭的人类无力操控之势逐渐显现,有演化成一种新的利维坦——'数字利维坦'之势。人类在无意识中被数字技术奴役的现象显现,'数字利维坦'渐有独立于人类社会甚至反噬于人类社会之势。"[1](张傲然)

---

[1] 郧彦辉:《数字利维坦:信息社会的新型危机》,《中共中央党校学报》2015年6月第19卷第3期。

数字垄断（Digital Monopoly）

随着数字时代的到来，数字信息重构了日常人类生活的方方面面，数据和信息成了一种宝贵的生活、生产和商业资源。数字平台凭借其网络效应、规模经济、零边际成本，在野蛮竞争中逐步成长，扩大自己的边界，形成"一家独大"的垄断局面。在日趋激烈的数字竞争中，以亚马逊、谷歌和苹果为代表的数字巨头并未将促进经济发展、社会公平和保护大众的隐私权、知情权等放在首位，而是将经济利益作为自身的最大追求，通过不正常压价、不对等条款、合并竞争等多种途径，打着升级技术、方便用户的幌子，对自身的垄断和逐利行为进行了科学的"包装"，通过掌握的大量用户数据、培养用户习惯，不断扩展自己的商业版图，在牟取商业利益的同时，给自己不断厚织高科技、便民智能、关怀人文的外衣，推动自身数字垄断行为的合理化。（赵永琪）

数字孪生（Digital Twins）

数字孪生是指通过数字化技术和模拟建模手段创建的现实世界实体或系统的精确数字复制品。它是将物理实体与数字信息相结合的一种概念和技术。数字孪生的目标是通过模拟和分析来优化现实世界的运行、改善决策过程以及提供预测和优化的能力。在数字孪生中，通过使用传感器、数据采集和物联网等技术，可以获取物理实体的实时数据，包括其状态、性能和行为等方面的信息。这些数据被传输到数字环境中，经过处理和分析后，用于构建与物理实体相对应的虚拟模型。数字孪生的建模过程涉及多个层次和组成部分。首先，通过三维建模技术和物理实体的几何信息，创建物理实体的虚拟模型。然后,将传感器数据和其他实时数据与虚拟模型进行集成,使其与实际物理实体保持同步。最后,通过模拟和仿真技术,在数字环境中对物理实体的行为、性能和交互进行模拟和分析。数字孪生的应用领域广泛。在工业领域,数字孪生可以用于优化生产过程、预测设备故障和改善维护策略。在城市规划中,数字孪生可以模拟城市的交通流、能源消耗和环境污染等,为城市发展提供决策支持。在医疗领域,数字孪生可以用于模拟人体器官和疾病的发展过程,辅助医疗诊断和治疗。(刘越)

数字排斥(Digital Exclusion)

数字排斥主要是指在全球数字化进程中,不同国家、地区、行业、企业、社区之间,由于缺乏通信设备或使用通信设备的能力而造成的被排斥在数字化社会之外的现象。数字排斥这一概念最早由阿尔文·托夫勒《权力的转移》一书提出,[1]他认为数字鸿沟是信息和电子技术方面的鸿沟,信息和电子技术造成了发达国家与欠发达国家之间的分化。后来,这一概念被美国国家电信和信息管理局(NTIA)在1999年的报告中正式定义,并引起了世界各国的关注。造成数字排斥的原因有很多,一些人因为厌恶变化和新事物而主动拒绝使用数字技术,一些人由于缺乏使用数字设备的能力而失去了进入数字社会的机会,还有的人会因为当地基础设施的落后而没有使用数字设备的机会。数字排斥不仅影响了一定人群的社会生活的基本权利,比如造成了社会隔离和知识落后等困境,也加剧了国际和国内不同群体之间的不平等和分化,进一步加

---

[1] [美]阿尔文·托夫勒:《权力的转移》,吴迎春、傅凌译,中信出版社,2006。

剧了世界各国发展的不平衡。(陈俊凯)

数字排毒(Digital Detox)

数字排毒的概念于2010年在国外出现,[1]初衷是让人们在一段时间内远离智能手机和电脑等电子设备并尽力不去分神的行为。通过"数字排毒",人们暂时地放下电子设备,从而摆脱持续不断的线上连接带来的压力,将关注点转移到真实世界的社交活动中,意识到要在数字技术和现实生活中保持平衡。可以定义为周期性地断开与数字设备的连接或与数字技术的联系,也不再接受数字服务,或者是减少对数字媒体的参与。对象范围包括社交媒体、品牌媒体、聊天功能、交互软件、语音消息等。它是一种暂时不使用信息技术以改善整体福祉和心理健康的综合方法。数字排毒强调对真实性的渴望与回归,它提供了对抗在线互动、匿名传播和人工智能等不真实经历的方式,描述了一种在较长或较短时间内暂时远离网络或数字媒体,以及限制智能手机和数字工具使用所付出的努力。数字排毒旨在帮助人们更好地管理他们使用数字技术的方式,从而提高人们的生活质量和个人发展。(王京怡)

数字破坏(Digital Damage)

互联网和机器学习的出现与发展,让信息和数据的作用不断被放大。小到个人信息、大到国家信息,都可能在人类、社会、政治等方面具有战略意义。与此同时,信息时代下的数据也对经济增长具有至关重要的正反馈作用:拥有越多数据,公司就能建立更好

---

[1] Trine Syvertsen, *Digital detox: the politics of disconnecting*, Bingley: Emerald, 2020.

的应用和技术,技术优势又加速了公司的盈利能力和使用量,使其进而又继续获得和使用更多的数据。由此能推论,谁能垄断数据谁就能实现霸权。因此国家不仅开始保护和掌控其信息科技企业,也限制和排挤其他国家获得数据,进而诞生了国家间斗争的新维度——信息胁迫和数字破坏。在此背景下,数字破坏可以被定义为一种使用破坏数据完整性或者操纵数据的方法来实现决策颠覆的网络攻击活动。人们在决策过程中对数据越依赖,数字破坏的后果就会越严重。因此对数据进行保护就变得十分有必要。(田煜婷)

数字圈地(Digital Enclosure)

数字圈地是指平台资本家在逐利的内生动力和竞争的外在压力下推进的一系列排挤竞争者、巩固和增加用户黏度的活动。其具体表现为,在主营业务领域,平台依靠自身积累的海量用户和大量资金,以口碑和现金补贴的形式提高门槛、将潜在竞争者挡在行业之外,或者以参股的方式获得竞争者的控股权使其直接成为自己的子公司。为避免用户流失,平台企业会积极拓展业务范围到消费者新需求多、技术壁垒低的衍生业务领域(如影视、游戏、音乐、社交领域),在其中它不进行主动研发,而选择观察众多中小企业在"丛林法则"下的激烈竞争,然后择其优者而投资。数字圈地由此表现为平台边界扩张和权力收缩的双向运动。一旦数字圈地成功,平台的锁定效应生成和数据垄断确立,它将突破时空的局限在更大范围内将更多的人绑在平台资本家构筑的虚拟空间,为商品提供巨大数量的潜在消费者,为平台带来更大利益。(田煜婷)

数字权利(Digital Rights)

从广义上来看,数字权利在本质上是一套独立的新兴权利,具有新的赋权方式、权利结构与运作逻辑,而不是"数字内容的传统权利"。从内涵来看,数字权利最终保护的是个人对数字技术应用的自主决定利益以及在数字空间中的"行动自由";从外延来看,数字权利和数字人权、数据/信息权利、算法权利等概念存在密切而复杂的关联。在数字社会,数字权利能够细化为"消极数字权利""积极数字权利""工具性数字权利"三种形态,三者分别塑造了权利概念层面的选择功能、权利话语层面的保护功能、权利制度层面的规范功能。在体系构造上,可建构数字生存权、数字人格权、算法正当程序权、数据财产权四元并存的权利架构体系,实现数字社会价值的整体性保护。[1] 从狭义上来看,数字权利是指人们在数字世界中享有的基本权利和自由。数字权利是允许人们访问、使用、创建和发布数字媒体,以及访问和使用计算机、其他电子设备和通信网络的权利,数字权利与言论自由和隐私密切相关,数字权利也被称为数字时代人权的延伸。这些权利包括但不限于以下方面:数字隐私权、数字言论自由、数字知识产权、数字平等权等。(普再秋)

数字人(Digital Man)

狭义的数字人,是利用信息科学对人体进行虚拟仿真,是一种信息科学与生命科学融合的产物,最终目的是建立多学科、多层次

---

[1] 罗有成:《数字权利论:理论阐释与体系建构》,《电子政务》2023年第5期。

的数字模型,达到对人体从微观到宏观的精确模拟。广义的数字人,是指数字技术在人体解剖、物理、生理及智能的各个层次、各个阶段的渗透。数字人具有人类的外观、行为甚至思想等特征,以数字形式存在,既包括基于某个知名人物生成的孪生型数字人,也可以是完全凭空设计的原生型数字人。当下,数字人在金融、医疗、教育、文旅、文娱、企业、政务等多场景下初步应用,展现出广阔的发展前景和巨大的数字经济价值。(张鑫)

数字杀伤性武器(Weapons of Math Destruction)

美国的数学家、统计学家凯西·奥尼尔第一次在她的同名著作中提出了"数字杀伤性武器"这一概念[1],主要用来指代生活中那些不透明、规模化和具有毁灭性的大数据模型。该概念的英文"Weapons of Math Destruction"是从大规模杀伤性武器的英文"Weapons of Mass Destruction"衍生而来,突出了数据模型的巨大危害。根据作者的观点,大量的数字模型在现实生活中被用来评估、分类和影响人们的机会和行为,这往往加剧了不平等,并威胁到民主政治。在《数字杀伤性武器》一书中,作者给出了以下一些例子来论证"数字杀伤性武器"的概念。(1)评价教师、学生、员工等的排名模型,它们可能导致焦虑、不公正和自我实现的预言。不同的评价标准还会引起相关被排名者的焦虑和形式主义的努力。(2)推送广告、新闻、产品等的个性化算法,它们根据消费者的浏览记录和消费记录为消费者提供更符合他们口味的信息,这可能会操纵消费者的选择、加深信息茧房和偏见,进而导致社会极化。

---

[1] Cathy O'Neil, *Weapons of Math Destruction: How Big Data Increases Inequality and Threatens Democracy*, New York: Crown Publishing Group, 2016.

(3)用来决定贷款、保险、保释等的风险评估模型,这些模型往往会根据以往的数据进行测算,最后可能会得出歧视弱势群体的结论,进而加剧贫富差距和社会分化。(陈俊凯)

数字生命(Digital Life)

数字生命是用计算机媒介来创造的新的生命形式。数字生命思想的诞生据说与一次偶然的事故有关。1975年,美国圣菲研究所教授兰顿在一次滑翔事故中受了重伤,险些丢掉性命。这次事故加上兰顿个人对生物学、哲学、遗传学等书籍的广泛涉猎,使他愈加确信,没有什么生命有机体不能在计算机的"温床"中重新创建出来。他也自此确定了毕生奋斗的目标:创建与地球上的自然生命相对应的"数字生命"。1987年,兰顿组织了首次人工生命研讨会,提出了人工生命的概念。自此,人工生命作为一个学科和研究领域开始建立并逐步发展起来。数字生命包含于人工生命范畴之中。数字生命就是人造的生命,而不是由碳水化合物有机形成的自然生命。它是具有自然生命特征或行为的人工系统。数字生命遵循着遗传和进化的规律,因此为人们提供了深入研究生物进化现象和复杂生命系统的实验手段,便于探索人类生殖、遗传、进化的机制,也为人类深入探讨生命本质提供了新思路。(张傲然)

数字生命权(Digital Right to Life)

数字生命权是自然人在"意识上传"背景下发展出的特殊的生命权。在现实社会,自然人在生理上享有生命权;在数字社会,其数字身份应同样享有以其数字生命安全利益为内容的权利。数字生命的失去将对自然人造成心理伤害,同样应属于人身权中的人格权。生命是自然人拥有民事主体资格的基础,而数字生命权作为生命权的组成部分,是自然人所拥有的重要、基本的人格权。它表现为对数字生命利益的支配、数字生命安全的维护,应当包括:数字生命存续权、数字生命自由权、数字生命尊严权与数字生命安全权。数字生命权还是一种特殊的权利,一旦受到实际的侵害,即意味着数字生命的失去,公民的其他数字权利也就无从实现。随着数字技术的发展,可能存在通过对数字生命进行侵犯来获得非法利益的违法犯罪事件。(赵文波)

数字税(Digital Tax)

数字税,又称数字服务税,是指一国政府针对搜索引擎、社交媒体等数字服务领域从事经营业务且符合一定条件的经济主体所征收的税款。是在以物联网、人工智能为代表的新一代信息技术促使数字经济快速发展,对传统国际税收规则和制度发出挑战的背景下,产生的新型税种。数字税在 MBA 智库百科中指的是国家对一国境内的跨国公司通过境外子公司所销售的数字服务征税。而岳云嵩、齐彬露撰文认为数字税又称数字服务收入税或数字经济税,主要针对搜索引擎、社交媒体、在线视频、即时通信等数字服务的收入征税;中国国际问题研究院欧洲所副所长金玲认为数字税主要针对的是一些在全球范围内运营的大型互联网企业。事实上,数字税作为一个全新的税种,其概念最早脱胎于法国的"谷歌税"。直至 2011 年,法国人民运动联盟提出的预算法案修正案通过,"谷歌税"的提议才宣告终结。到目前为止,数字税的含义大致分为两层:第一层为电子商务征税,其性质为流转税;第二层为数字税,涉及跨国性质的互联网公司、数字巨头所创造的巨额利润在

不同国家、地区之间分配问题，其性质为所得税。（赵文波）

数字素养（Digital Competence）

数字素养以计算机素养为基础，以网络素养为主要构成要素，以信息素养和媒介素养为具体技能形式，是一种全面的能力体系。数字素养由以色列学者约拉姆·艾希特-阿尔卡莱（Yoram Eshet-Alkalai）于1994年首次提出。随着"数字素养"一词定义的不断发展，该词已经不再限于知识技能，而开始强调价值观属性，包括个体感知数字信息、获取数字资源、使用数字工具的价值观和伦理道德。2021年11月中央网络安全和信息化委员会发布的《提升全民数字素养与技能行动纲要》正式实施，该纲要将数字素养与技能定义为数字社会公民学习工作生活应具备的数字获取、制作、使用、评价、交互、分享、创新，以及安全保障、伦理道德等一系列素质与能力的集合。公民数字素养的整体提高有利于社会治理，能够有效促进数字技术进一步发展，推动社会进步。（龙宛嶙）

数字囤积（Digital Hoarding）

数字囤积是指个体对数字文件存储为一种证据形式，并不断积累而不考虑其效用和未来价值，难以丢弃数字内容，致使个体降低目标检索能力，最终导致个体的压力和混乱。它强调个体对数据有没有一种切实的掌控感，数字文件的繁杂和累积对个体工作生活的影响，在社会公众中具有广泛性。数字囤积有两种形式：一种是出于工作与生活的需要，进行工具性存储；另一种是情绪性存储，为了记录人生片段和瞬间。首例被明确刻画分析的数字囤积案例出现于2015年，其中该男子对数码图片的病态依恋严重干扰了生活其他方面。数字囤积的基本特征是数字信息的过度获取、删除困难和堆积杂乱。对于个人的心理健康,数字囤积行为也存在着巨大的隐患:首先,损害个体的认知功能。数字囤积者往往无法根据文件的重要性进行排序。其次,影响个体社会交往。数字囤积者表现出对存储文件的深深依恋,通过数字文件安抚对过去事物消逝和遗忘的恐惧。(王京怡)

数字威权主义(Digital Authoritarianism)

威权主义(Authoritarianism)指政府要求人民绝对服从其权威的原则,忽视个人的思想和行动自由。"数字威权主义"是新兴技术革命背景下威权主义的发展。它是近年来以美国为首的西方构建出来的一种理论,主要是指政府使用数字工具来增强或支持威权治理的实践。该理论的核心是西方标准下的非民主国家利用数字技术、产品和服务,限制公民的权利、自由和行动,侵犯公民隐私。其本质是一个意识形态标签,是新兴技术发展的产物。该理论的诞生有着浓重的政治色彩,是近年来美国"对华战略失败"论在数字领域的反映。该理论的雏形初现于《创新协商式威权主义:互联网投票作为稳定俄罗斯非民主统治的新数字工具》[1]。该文通过对2012年在俄罗斯进行的第一次互联网投票进行深入的案例研究,展现了数字技术对公民投票的影响。《中国制造:应对数字威权主义》[2]是第一篇直接提出"数字威权主义"的研究论文,展

---

[1] F. Toepfl, "Innovating consultative authoritarianism: Internet votes as a novel digital tool to stabilize non-democratic rule in Russia," *New Media & Society* 20, no. 3(2018).

[2] Dimitar Lilkov, "Made in China: Tackling Digital Authoritarianism", *European View* 19, no. 1(2020).

现了西方对中国的颇具意识形态色彩的"审视"。美国参议院民主党重量级参议员罗伯特·梅内德斯(Robert Menendez)于2020年7月21日推出了独立研究报告——《新老大哥：中国与数字威权主义》，"数字威权主义"的炒作由此被推向高潮。[1]（赵文波）

数字性别暴力(Digital Gender-based Violence)

数字性别暴力指的是在线平台上或通过数字技术针对个体基于其性别的任何形式的暴力、骚扰和虐待行为，包括但不限于网络性骚扰、网络跟踪、威胁、复仇色情、仇恨言论、针对性歧视、公布个人隐私信息（例如非同意分享私密照片）、网络欺凌以及实施身体或性暴力的威胁等各种形式的暴力。数字性别暴力对受害者造成严重的心理障碍、情感伤害和社交后果，同时强化现有的性别不平等，深化性别歧视标签。解决数字性别暴力需要采取综合性措施形成伦理基础和行为规范，包括法律措施、意识宣传、教育、数字素养、支持性政策以及强调数字平台与媒体责任等，以预防和应对此类暴力行为。（谭雅匀）

数字性别不平等(Digital Gender Inequality)

社会学研究者所称的"数字性别不平等"，同时也被教育和信息技术领域学者们称为"数字性别鸿沟"(Digital Gender Divide)，是指在数字技术和在线平台的获取、使用和控制方面，不同性别之间在机会、资源和权力分配方面存在的差异和不平等，涵盖了性别

---

[1] 刘国柱：《"数字威权主义"论与数字时代的大国竞争》，《美国研究》2022年第6期。

差距在互联网接入、数字素养和技能方面的表现,女性在技术相关领域的代表性不足,算法中的性别偏见,以及在线性别暴力和骚扰等多个方面。数字性别不平等加剧了社会中现有的性别不平等问题,影响经济机会、政治参与、社会包容和个人安全。弥合数字性别鸿沟需要解决制度性障碍,提高所有性别人群的数字素养和教育水平,营造多样性和包容性的在线空间,并努力消除嵌入技术和数字平台中的性别偏见和刻板印象。(谭雅匀)

数字性别鸿沟(Digital Gender Divide)

数字性别鸿沟指的是信息技术对不同性别人群产生的不同的影响,以及信息技术不均衡传播所形成的人类社会新的性别差距。20 世纪 90 年代,美国电信管理局最早提出了"数字鸿沟"的概念,随着数字时代的发展,之后陆续涌现出"接入鸿沟""新数字鸿沟""智能鸿沟"等一系列概念。数字性别鸿沟本质是数字鸿沟在男性群体和女性群体之间的具体表现,其中包括信息通信技术的有效获取、数字技能水平、数字设备的使用、数字技术的社会支持,等等。数字性别鸿沟的成因主要有以下两点:第一,新技术变革使女性学习数字信息技术的弱势地位更加明显;第二,性别偏见、刻板印象、社会性别分工等传统社会文化规范限制了女性在信息技术方面的发展。国内外的学者一直在探索弥合数字性别鸿沟的有效方案。例如,闫广芳等人提出的缩小数字技能差距、减缓数字性别贫困、引入性别分析机制、平衡管理决策层的性别比例等一系列措施,为消除数字性别鸿沟提供了有价值的探索。[1](闫可佳)

---

[1] 闫广芳、田蕊、熊梓吟、孙立会:《面向 5G 时代的"数字性别鸿沟"审视:成因与化解之策》,《远程教育杂志》2019 年第 5 期。

数字性侵（Digital Sexual Assault）

"数字性侵"也被称为 VR 性侵，其含义是：行为人违背他人意愿，利用元宇宙相关网络技术隔着一定的空间对他人强制或非强制实施的、非现实接触的性侵犯行为。其具体特征是：主观上具有违背他人意志的要素，客观上对他人采取了强制方法（即暴力、胁迫或其他方法）或非强制方法以控制他人身体，并通过元宇宙技术下的各种设备（脑机接口等新技术），隔着一定的空间距离对受害人实施的、非直接身体接触的性交或猥亵行为。数字性侵是传统性侵行为的网络异化，是近几年出现的新的犯罪形式，也是数字社会发展和治理的一大难题。典型案例有：日本女玩家秋空在 VR 游戏中遭遇性侵，韩国 N 号房事件，等等。数字性侵作为数字时代的产物，其发生、发展受限于数字技术的普及发展程度。在数字技术还未完全成熟的时期，网络隔空性侵行为的案件相对较少，且性侵手段、实施内容较为单一，主要以诱骗对方"裸聊"、发送裸体视频、网络性骚扰等为主。然而，随着数字技术发展，特别是脑机接口技术的运用，网络隔空性侵行为必然会从单纯的猥亵行为向更复杂的性交行为发展。在此情况下，应当通过立法和技术进步等方式改善数字社会治理，防范数字性侵，维护网络公民人身安全。（龙宛嶙）

数字言论自由（Digital Freedom of Speech）

数字言论自由也称网络言论自由、网络表达自由，是数字人权的组成部分。言论自由是指将自己的意见、主张、观点、情感等内容以各种媒介手段与方法公开而不受任何人的干涉、限制和侵犯的自由。数字言论自由是言论自由在网络世界中的延伸。数字言论自由的核心是每人都有权利享有主张和发表自己意见的自由,同时这种自由被限制在虚拟世界中。不同于现实世界中的言论自由,由于网络的特殊性,数字言论自由具有一些新的特点,即虚拟性、开放性、平等性、互动性,等等。(黄愉翛)

数字遗产(Digital Heritage)

遗产是指自然人死亡时遗留的个人合法财产,而数字遗产的特征在于:财产的形式和内容,以及遗留的方式是数字化和信息化的。"数字遗产"最为正式的起源可以追溯到 2002 年 11 月 UNESCO 起草的《保存数字遗产宪章》,其中数字遗产的定义是特有的人类知识及表达方式。它包含文化、教育、科学、管理信息和技术、法律、医学以及其他以数字形式生成的信息,或从现有的类似的模式转换成数字形式的信息。学术界主要采用以下三种定义方式:(1)数字遗产是指自然人死亡时以数字信息形式存储在一定载体或网络中的物品;(2)数字遗产是基于网络环境下以数字形式存在的自然人死亡后未被继承的所有虚拟财产;(3)"数字遗产"是指被继承人死亡时遗留的个人所有具有网络社会特征的财产(数字服务或数字产品)和权益。[1] 根据以上定义,数字遗产可具体分为以下四类:账户密码类、文件视频等资料类、现金充值后兑换的虚拟服务类、虚拟货币类。(赵永琪)

---

[1] 陈奇伟、刘伊纳:《数字遗产分类定性与继承研究》,《南昌大学学报(人文社会科学版)》2015 年第 5 期。

数字异化（Digital Alienation）

　　数字异化可分为劳动的异化、人的异化和人际关系的异化，在国内学者蓝江有关数字资本主义研究的几篇论文中得到了详细论述。与马克思主义的异化概念类似，数字劳动的异化是指数字化环境中的用户通过浏览、购买等行为生产出原材料数据，数据随即被平台占有并加工成具有统计分析意义的数据商品，商品被交易从而使平台获利的过程。数据的生产者不占有数据也不享受数据创造的利益，他们的数字劳动因此被视为异化的。人与人际关系的异化体现在数字化对于上至大数据交易下至摆地摊微信支付的生产活动，以及通过各类网络社交平台进行的社会活动无所不包的囊括：在数字时代，尚未数字化的人——如不会使用智能手机的老年人——很容易甚至将自动被孤立到人类社会之外。人只有将自身以数据的形式异化，转变为能够上传并存储进服务器、能够通过平台进行交易、能够被各种算法画像分析的年龄、学历、收入等数据的集合，才是数字时代的社会化的人，其生命才具有意义。正如现代生命政治学所揭示的，人作为可能性承载者和具有复杂精神维度的生命实体身份，已经被还原和降维以供数字治理使用，如疫情管控中的实名制健康码、城市人口数据库等。（曹奕杨）

数字抑郁（Digital Depression）

　　德国慕尼黑大学的心理学教授迪芬巴赫和媒体信息学博士后乌尔里希在跟踪互联网信息技术发展的同时，剖析了人类与技术之间的纠葛，幸福与压力的两难，撰成《数字抑郁时代》[1]一书。"数字抑郁"指的是数字时代的人们为了收获更多的心理满足而沉迷网络，疲惫不堪，甚至因相信别人的幸福感更强而产生嫉妒，感到生活不公，情绪压抑，最终导致抑郁等心理疾病。这一概念的理论支撑来自下述实验：在一篇题为《他们更幸福，他们比我过得更好：使用 Facebook 对感知他人生活的影响》的文章中，两名美国学者研究了使用 Facebook 对评估个人生活幸福的持续性影响。结果表明，使用 Facebook 时间越长，实验对象就越觉得生活不公。每周在 Facebook 上耗费时间越多就越相信别人比自己更幸福，过得更好。（梁策）

数字越轨行为（Deviant Behavior）

越轨行为指社会成员、社会群体或社会组织偏离或违反人们公认或共同遵守的现行社会规范的行为。该概念最早由法国社会学家埃米尔·迪尔凯姆（émile Durkheim）在《自杀论》[2]中提出，美国社会学家默顿做了进一步发展。默顿认为，如果一个人趋向越轨的强度超过了趋向遵从社会规范的强度，就可能成为越轨行为者。道格拉斯等将其解释为"某一社会群体的成员判定为违反其社会准则或价值观的任何思想、感受或行为"[3]。由于衡量越轨的标准在于一定之规的界定，因此处于社会转型时期的越轨行为则具有明显的相对性，即被多数人界定或标签为越轨的某种行

---

[1] 〔德〕萨拉·迪芬巴赫、〔德〕丹尼尔·乌尔里希：《数字抑郁时代》，民主与建设出版社，2022。
[2] 〔法〕埃米尔·迪尔凯姆：《自杀论：社会学研究》，商务印书馆，2009。
[3] 〔美〕道格拉斯、〔美〕瓦克斯勒：《越轨社会学概论》，张宁、朱欣民译，河北人民出版社，1987，第 11—12 页。

为,会在群体结构、衡量标准发生变化时存在不同的认同方式。在数字时代,虚拟世界与现实世界对越轨行为的衡量标准不尽相同。数字越轨行为指从社会越轨行为中分离出来的利用数字技术在数字世界进行的越轨行为,包括数字诈骗、黑客、网络暴力、网络色情、网上婚外恋、人肉搜索和网络赌博,等等。(谭雅匀)

数字正义(Digital Justice)

数字正义是社会正义原则和正义实现机制在数字领域的体现,是正义体系的重要组成部分。数字正义有狭义数字正义和广义数字正义之分。全球数字正义理论开创者伊森·凯什与奥娜·拉比诺维奇·艾尼首次提出了数字正义一词,亦即通常认为的狭义数字正义。他们将数字正义定义为"帮助当事人进入法院进行诉讼,实现更经济、更简便、更快捷的司法程序所做出的各种努力的总称"[1]。这种狭义的数字正义局限于将数字技术引入纠纷解决流程,建立多元在线纠纷解决平台,以数字化方式提升司法程序的效率和公平。随着数字正义的内涵不断增加,出现了广义数字正义。广义的数字正义既包括对算法歧视、算法霸权、人权受损等社会问题的规范指引,也包括对数字技术是否符合人类社会正义要求的价值评判。[2] 在数字社会条件下,数字正义是社会正义原则和正义实现机制中不可或缺的有机组成部分。(闫可佳)

---

[1] 〔美〕伊森·凯什、〔以色列〕奥娜·拉比诺维奇·艾尼:《数字正义——当纠纷解决遇见互联网科技》,法律出版社,2019,第54页。
[2] 周尚君、罗有成:《数字正义论:理论内涵与实践机制》,《社会科学》2022年第6期。

数字殖民主义(Digital Colonialism)

数字殖民主义指的是历史上的殖民主义掠取行为与抽象计算方式相结合形成的社会现象。各类硬件厂商(如苹果、微软、IBM)、平台企业(如脸书、亚马逊、优步)和数据公司(如甲骨文、艾克西姆)共同参与构建了一个庞大的"社会量化部门"。通过全天候的网络连接、频繁的线上社交活动和物联网等手段,它们构筑了一个全球范围的大规模监控体系。[1] 英国著名社会学家和媒介研究者尼克·库尔德里(Nick Couldry)将这种数据窃取行为与马克思的资本原始积累理论进行了类比,认为各大数字公司采用新的敲诈和软暴力手段获取用户的数据资源,迫使用户失去对数据的独自所有权,并将这些数据转化为数字公司获取剩余价值的私有资产。数据资源的集中带来了财富的极大不平等,数字寡头可以凭借数据在生产、流通、消费的各个环节和涉及的各个行业获取优势地位,整个数字空间都具备了以往殖民地的经济功能。此外,用户的思想也会在无形间发生转变,就像传统的殖民主义以"文明"为旗号一样,数字殖民主义宣扬的则是"连接""个性化"等口号。数字寡头会通过数据分析,有针对性地对用户进行宣传和营销,潜移默化地改变用户的文化理念、消费观念甚至政治倾向,使越来越多的用户成为可以被"帝国"和资本所操纵的"牵线木偶"。此外,一些学者将数字殖民主义的概念应用于宏观的国际关系,而不仅限于微观的数字垄断。他们更加关注技术侵入对于落后国家的掠夺和控制。例如,澳大利亚昆士兰科技大学的莫妮克·曼(Monique

---

[1] 刘皓琰:《当代左翼数字殖民主义理论评介》,《当代世界与社会主义》2021年第2期,第112—117页。

Mann)指出,澳大利亚政府大规模建立卫星基站并进行广泛的间谍活动,由此获得国际谈判中的利益。[1] 另外,罗德斯大学的迈克尔·奎特(Michael Kwet)则从知识产权、国际产业链、政治权力以及意识形态传播等多个维度分析了数字技术对国际关系所带来的问题。[2] (曾浩天)

数字治理(Digital Governance)

数字治理的提出最早可追溯到1978年由乔瓦尼·杜尼(Giovanni Duni)在意大利最高法院推动的一次会议上提出的具有未来主义观点的数字行政法(Digital Administrative Law)概念,其核心是电子文档具有法律价值,而后英国学者帕却克·邓利维较为系统地提出数字治理理论,他认为应该将信息技术和信息系统引入公共管理过程之中,由此催生数字政府治理。[3] 在国内方面,徐晓林和周立新最早对数字治理理论展开研究,提出数字治理的目标是为各类治理主体提供技术支撑、优化治理流程、提升民主水平。数字治理的产生源于数字技术在各行各业和社会各方面的多维应用,也因此包含着"对数字化的治理"和"通过数字化手段来治理"的双层内涵。"对数字化的治理"一方面是通过数字治理应对数字化带来的风险与威胁,比如数字鸿沟、数据泄露等生产生活的多方

---

[1] Monique Mann and Angela Daly, "(Big) Data and the North-in-South: Australia's Informational Imperialism and Digital Colonialism," *Television & New Media*, 2019, 20(4).

[2] Michael Kwet, "Digital colonialism: US empire and the new imperialism in the Global South," *Race & Class*, 2019, 60(4).

[3] Patrick Dunleavy, Helen Margetts, Simon Bastow and Jane Tinkler, *Digital Era Governance: IT Corporations, the State, and e-Government*, Oxford University Press, USA, 2008.

面问题;另一方面通过数字治理有效把握数字化带来的机遇,让数据要素充分流动,让数据赋能经济社会发展。"通过数字化手段来治理"在我国得以广泛实践,如从浙江"最多跑一次"的基层社会数字化治理,到构建共享的数字信息平台,赋权经济主体,我国政府通过数字治理从管理型政府向服务型政府转变。(黄翊珊)

数字主权(Digital Sovereignty)

数字主权是指一个国家在数字领域拥有自主权,即"在数字世界中自主行动的能力",它包括对数字领域中网络与技术的掌控与使用,对数据、软件、标准、程序、硬件、服务、数字基础设施等的管辖权,以及对新兴数字技术社会影响的控制力。数字主权概念最早兴起于法国。2014年,法国国家数字委员会的一些提案提到"强大的数字主权在国家主权中发挥的关键作用"。2017年9月26日,法国总统马克龙在索邦大学演讲时,首次提出主权欧洲的概念,而实现欧盟主权的路径之一,便是引领全球数字化转型,并在全球化中推广欧盟数字创新与监管相结合的治理模式。2020年,新任欧盟委员会主席冯德莱恩正式提出数字主权这一概念,并强调实现数字主权是欧盟实现战略自主的重要手段。(崔征洋)

数字资本(Digital Capital)

数字资本诞生于资本逻辑和数字技术相互渗透、结合、强化的过程中,它的出现加快了资本的转化与竞争,催生出"一般数据",成为资本家竞相争夺的资源。随着信息技术革命的进一步发展,信息网络以一种前所未有的方式与规模重构生产生活,数字技术将客观存在物包括人和物体及其运动的信息统统变成二进制的符号写入数字平台,成为能被资本家掌握的生产资料。数字资本的产生依赖于数字平台、数字劳工以及数字劳动。目前关于数字资本的阐述主要有三种观点。观点一,数字资本是数字经济时代开发新产品和服务所依赖的关键生产资源,具体内容分类略模糊。观点二,数字资本是通过网络知识和关系获得的无形资产,其脱离了数字技术层面,与传统无形资产相混淆。观点三,沿袭皮埃尔·布尔迪厄(Pierre Bourdieu)对资本的定义,将数字资本细化为能够被积累、转化的内部数字能力(信息、沟通、安全、内容创造和解决问题)和获取的外部数字技术资源,是一种独立的资本形态。(赵文波)

数字资本主义(Digital Capitalism)

数字资本主义指的是"信息网络以一种前所未有的方式与规模渗透到资本主义经济文化的方方面面,成为资本主义发展不可或缺的动力与工具"的一种状态[1],最早由美国传播政治经济学家丹·席勒(Dan Schiller)提出,也称作信息资本主义。随着数字技术和互联网等新兴技术的发展和应用,信息网络技术对整个资本主义的生产关系、生产方式和社会政治制度产生了重大影响,使得资本主义的运作更加高效,资本集中和垄断现象更为突出,资本带来的贫富差距分化越来越大。资本主义的话语逻辑与信息技术结合,塑造出了新的有关数字技术的资本主义意识形态环境。数字资本主义带来了电子商务、虚拟货币等新的商业模式。数字资本主义是资本主义在信息技术时代的新形态。(陈琪)

---

[1] Dan Schiller, *Digital Capitalism: Networking the Global Market System*, Cambridge, Massachusetts and London, England: The MIT Press, 1999.

算法霸权（Algorithm Hegemony）

算法是数字技术发展的产物，具有"双刃剑"特性。算法在推动数字经济快速发展的进程中，其展现出的"霸权"特性一定程度上阻碍了数字经济健康发展。由于具有处理数据和深度学习的优势，算法技术正在以惊人速度全方位地嵌入社会生活中。算法控制者可通过其拥有的复杂且精密的算法技术优势，在社会公共生活领域获得更多话语权，如算法可根据用户浏览偏好推荐新闻、推荐商品、推送广告等，这种差异化且有针对性的信息传导给算法控制者带来了巨大的话语权与控制权，提高了人类对算法技术的依赖性，使人"无意识"地陷入算法的控制之中。基于强大的技术优势和数据优势，算法霸权还能够改变社会资源分配模式。在私人领域，算法决策广泛用于广告、营销、就业、银行信贷等诸多领域，很大程度上影响着私人领域的资源分配方式；在宏观资源分配方面，算法决策对于国家公共管理、经济建设、社会建设、社会治理等领域的资源分配也有着很大影响。算法霸权的形成产生了区别性歧视风险、加剧个人隐私受侵害风险和社会不公平性风险。（张傲然）

算法合谋（Algorithm Collusion）

算法合谋是以计算机程序为主要形式的算法代替人类的决策参与市场反竞争行为的合谋行动。与其他合谋方式类似，算法合谋主要可分为明示合谋与默示合谋两大类：前者主要是指合谋者之间存在明显的主观故意，经营者通过口头、书面等途径达成垄断协议，算法则主要充当实现合谋行为的工具；后者则主要是指在经营者之间不存在书面或者口头协议的情形下,经营者放任特定算法参与市场活动而维持地位的做法。2015年,牛津大学法学教授阿里尔·埃兹拉奇(Ariel Ezrachi)和美国田纳西大学法学教授莫里斯·E. 斯塔克(Maurice E. Stuckle)首次提出了算法合谋的理念,[1]随后在2016年出版的《算法驱动经济的前景和风险》中详细地介绍了算法合谋的危险性。由于算法合谋能扭曲传统合谋原则达到明示合谋效果,使其难以识别辨认,因此企业算法设计与运行的非透明性、合谋行为的高技术性与隐蔽性,向竞争执法机关现有的合谋识别机制提出了挑战。目前世界各地已出现了算法合谋案件,如Amazon案(2015)、Uber案(2015)、Eturas案(2016)等。主要发达国家的反不正当竞争执法部门也相继采取应对措施——德国垄断委员会发布《竞争政策:数字市场的挑战》、美国FTC发布《大数据:包容工具抑或排除工具》、OECD也发布《算法与合谋》等报告。(崔征洋)

算法黑箱(Algorithm Black Box)

算法黑箱是指由于技术本身的复杂性以及媒体机构、技术公司的排他性商业政策,算法犹如一个未知的"黑箱"——用户并不清楚算法的目标和意图,也无从获悉算法设计者、实际控制者以及机器生成内容的责任归属等信息,更谈不上对其进行评判和监督。算法黑箱形成的现实原因如下:从掌握算法的媒体机构和技术公司的立场考虑,一方面,由于算法披露的成本投入较高,这些机构在商业化运营的压力下缺乏足够的信息披露动力;另一方面,如果

---

[1] 参见孟昌、曲寒瑛:《算法合谋及其规制研究进展》,《经济学动态》2022年第1期。

披露的信息中存在内容错误或匿名方式不当的情况,这些机构可能面临被控侵犯隐私的法律风险或招致诉讼纠纷。此外,如果将专有算法程序公之于众,有可能侵害这些机构自身的技术竞争优势,陷入被第三方介入操纵的被动局面。从用户的层面来说,算法信息的大量披露可能导致信息过载。由于不同受众群体存在差异化的信息需求,除专业人士之外的大多数受众可能难以理解这些计算公式或对之不感兴趣。因此,如果当用户并无了解算法信息的需求或披露的算法信息超出了他们所能接受、处理和有效利用的范围,就可能对用户界面造成干扰,带来不必要的信息重荷,进而影响用户的感官和认知体验。(张傲然)

算法伦理(Ethics of Algorithms)

算法伦理指的是算法应具有内在的伦理规定性,以符合伦理的方式运行,给出有道德的结果。目前对于算法伦理有两种相互关联的理解,一种是算法所引发的伦理问题,涉及算法是否具有公正性和透明性,能否保证不产生歧视和偏见,是否保障人的隐私,是否具有道德责任等核心问题;另一种是算法本身具有的伦理因素,指将伦理原则嵌入算法中,使算法能够根据当前得到的事实负责任地为使用者处理问题。算法伦理成为计算机伦理研究的重要方向,是信息网络时代突出的伦理表现。随着算法应用的普及,人们更加依赖算法。一方面,人们希望算法越来越完善,计算时间更短、处理信息量更大,可以更好地服务人类;另一方面,人们又惧怕算法给人类带来风险,损害人类利益。算法伦理强调算法使人的价值得到尊重,关注算法决策时的道德判断与选择,其目的是使算法朝着社会普惠的方向发展,促进人机关系的和谐。在实现算法伦理方面，可以将实现算法伦理的进路分为外部与内部两条进路。从外部进路看，对算法设计主体进行道德想象力的建构；从内部进路看，对算法进行价值敏感性设计。外部实现要求在算法设计的过程中考虑道德想象力，充分预测算法对人类和社会可能产生的影响，并制定相应的伦理道德规范，以确保算法产生符合道德要求的结果；内部实现则要求在算法设计中注入价值敏感性，将人类价值观尤其是伦理道德价值观与算法行为方式相结合，以弥补技术设计与人类伦理价值关切之间的差距。通过这两种方法，可以确保算法在设计和应用过程中能够充分考虑伦理道德因素，以促进算法的可持续发展和社会的良性运行。（曾浩天）

算法民粹（Algorithm Populism）

算法民粹又称网络民粹（Cyber-Populism）、数字民粹（Digital Populism）或技术民粹，最早由杰米·巴特利特（Jamie Bartlett）等人在其著作《数字民粹主义的新面孔》一书中提出。算法民粹最初源于西方国家中的政治精英与技术精英合谋，通过算法技术引导、动员民众来构建民粹主义话语，典型的涉及算法民粹的事件有"英国脱欧""特朗普上台"等。算法民粹的主要内容是互联网技术与算法技术在当代民粹主义中的应用。在互联网技术造成的"信息茧房"与"回音室"效应的影响下，民粹主义已经从一种有限的广场政治演变为没有边界的网络政治。预测算法、分类算法、细分算法以及"个性化推荐算法"等算法技术与互联网技术的结合则加剧了民粹主义"声音"病毒式的传播。（黄愉俙）

算法民主（Algorithm Democracy）

算法民主是以发达的算法技术为底层技术，以人民主权为基本价值,以参与主体多元化为表现形式,以权力制约为防范措施的一种民主新形式。[1] 算法民主强调公众对算法决策过程的参与,以确保算法的无偏见和透明性,防止算法的滥用和偏见。在使用算法进行决策时,应该确保决策过程是公平、透明、可解释和可控的,同时应该尊重个人隐私和数据安全。这意味着算法设计应该注重社会、人类价值观和伦理标准,而不仅仅是技术上的有效性和准确性。此外,算法民主还强调了公众参与和监督的重要性,以确保算法的应用符合公众期望和利益。这包括确保算法从设计到实施的整个过程中被评估、监督和审查,确保算法不会对个人权利和民主价值构成威胁。然而,实现算法民主并不容易,因为算法往往涉及复杂的技术和商业利益。但是,通过加强政策和法规、进行公众教育和参与,可以朝着算法民主的目标迈进,实现更加公正和民主的算法应用。(普再秋)

算法歧视(Algorithm Discrimination)

算法歧视是人工智能自动化决策中,由数据分析导致的对特定群体的、系统的、可重复的、不公正的对待。算法歧视的主要情形有:价格歧视,于相同的产品对不同用户制定不同价格,如深受诟病的"大数据杀熟"现象;性别歧视,在简历筛选中压低女性求职者的分数与通过概率;种族歧视,在某些情况下更偏好某个种族等。就运行模式而言,算法歧视分为直接算法歧视与隐性算法歧视。直接算法歧视指开发者在设计程序时就指定了如性别等的指标偏好;隐性算法歧视指无人主动干预,但机器学习受到总数据的

---

[1] 高奇琦、张鹏:《从算法民粹到算法民主:数字时代下民主政治的平衡》,《华中科技大学学报(社会科学版)》2021年第4期。

偏见性影响从而产生了偏见结果。算法歧视具有隐蔽性和累积性的特点。隐蔽性是指算法由于其"黑箱"特点，能避开一些现有法律关于歧视的约束，以及不容易被人察觉；累积性是指数据会不断积累和在不同平台转移，经过重重算法堆叠，歧视会更为严重。算法歧视正普遍地发生于多种人工智能应用场景，受害群体广泛，并且会加剧社会的偏见和不公正现象，亟需相关法律法规的约束。（黄翊珊）

算法权力（Algorithm Power）

算法权力是指由算法和机器学习等技术赋予某些公司或者组织的影响力和控制力。随着人工智能和大数据技术的发展，算法已经渗透到了人们生活的各个领域，如社交媒体、搜索引擎、金融、医疗等。算法的决策和推荐会直接影响人们的生活和工作，而这些算法的设计和运行往往由少数公司和组织所掌握。算法权力可表现为以下几个方面：(1) 控制权：算法的设计和运行者拥有对数据和信息的控制权，他们可以通过算法来控制和影响人们的行为和决策；(2) 影响力：算法的推荐和决策会直接影响人们的生活和工作，从而产生重大的社会和经济影响；(3) 权威性：由于算法的复杂性和晦涩性，人们往往会将算法视为权威的、客观的决策者，从而进一步强化算法的权力。（王天壮）

算法权利（Algorithm Rights）

算法权利是指算法相关利益主体具有通过算法获得正当利益的权利。算法相关利益主体既包括算法设计者、算法控制者，也包括算法相对人；算法权利包含算法解释权、理解权、脱离算法自动化决策权、人工干预(接管)权、技术性正当程序权利、关闭算法的权利等。[1] 算法权利是对于特定算法的知识产权保护和控制权利。这意味着创造、开发或拥有特定算法的个人或组织将享有一定的权益和权力,可以决定如何使用、许可或保护该算法。算法权利涉及对算法的创作和使用进行法律保护,以确保创作者获得合理的回报和保护其创造成果的权益。具体来说,算法权利可能包括专利保护、版权保护、商业秘密保护等方面。这些权利可以帮助创作者控制其算法的使用范围和条件,保护其知识产权,并在商业化的环境中获得相应收益。算法权利的确立有助于推动科技创新,并为技术开发者提供一种合法的保护机制。(普再秋)

算法师(Algorithmiker)

算法师,全称为大数据算法师。这个职业要求他们是计算机科学、数学和统计学领域的专家,担任大数据分析和预测的评估工作。他们有权力评估数据源的挑选,分析和预测工具的选取,甚至包括运算法则和模型,以及计算结果的解读是否正确合理。算法师在人工智能的世界里会是最受尊敬的职业之一,他们可以开发智能系统,也能用精密的数据分析和模型优化解决各种实际问题。算法师又被分为外部算法师和内部算法师。外部算法师可以在政府需要的时候,以中立审计师的身份检查大数据预报的准确性或合理性;内部算法师在机构的内部监察大数据活动,监督大数据操作,在数据公布前检查对数据的分析的完整性和准确性。算法师出现的源头是大数据领域还未完全建立约束企业的新准则规范,

---

[1] 参见范玉吉、李宇昕:《从权力到权利:算法治理的路径》,《西南政法大学学报》2022年第1期。

他们通过设计一套系统为社会解析对个人数据等安全上的担忧设立保障。(叶长鹤)

算法透明(Algorithm Transparency)

"算法透明"是指建立算法审查机制和公开算法计算规则,让监管部门和消费者能够了解算法的原理、目的、影响等,从而保障算法的合理性和公平性的原则。算法透明这一概念是随着算法在社会经济中的广泛应用以及引发的伦理、法律、社会等问题而逐渐受到关注的。有学者认为,算法透明主要包括以下五项内涵:(1)告知义务:指经营者应当在使用算法时向消费者明确告知使用算法的方式、目的及基本原理,让消费者知道自己受到了哪些算法的影响。(2)报备义务:指经营者应当向主管部门报备使用的算法参数,让主管部门能够对算法进行监督和审查,防止算法滥用或违规。(3)公开义务:指经营者应当向社会公开使用的算法参数,让社会各界能够对算法进行评估和反馈,提高算法的透明度和可解释性。(4)存档义务:指经营者应当对使用的算法数据和处理记录进行存档,让相关方能够追溯算法的运行过程和结果,增强算法的可审计性和可问责性。(5)公开源代码:指经营者应当公开使用的算法源代码,让专业人士能够对算法进行检验和改进,提升算法的质量和效率。[1] 学界目前对于算法是否应该透明仍然存有争议,虽然算法透明有利于增强消费者的知情权、选择权和监督权,防止算法歧视、大数据杀熟、信息茧房等不良现象,但同时有可能会侵害编制算法的企业的知识产权。(陈俊凯)

---

[1] 汪庆华:《算法透明的多重维度和算法问责》,《比较法研究》2020 年第 6 期。

算法战争（Algorithm War）

"算法战争"是将算法运用于战争领域，通过挖掘人工智能算法在态势感知、情报分析、指挥决策、打击行动等方面拥有的巨大潜力，用算法方式破解战争攻防问题，从而达到在战争中制胜、为政治服务的目的。"算法战争"的内涵可以总结为以下几点：第一，"算法战争"的主体既可包括国家行为体，也可包括非国家行为体。例如：美军利用人工智能算法分析"伊斯兰国"的相关行动数据，试图找出其发动袭击的规律，破解其袭击策略，以便更有效地击败"伊斯兰国"；而"伊斯兰国"等恐怖组织的技术人员也可利用算法分析情报，应对美国等国家的军事打击。第二，"算法战争"的客体（攻击对象）包括人员和物体两方面，即通过算法支撑的武器装备系统攻击对方人员或交通、电力等网络基础设施。第三，"算法战争"的作战手段主要是以人工智能算法为主要技术支撑的武器装备、作战平台、后勤保障系统等，这也是"算法战争"与其他战争模式的主要区别所在。第四，"算法战争"的目的是国家或非国家行为体利用算法工具，或通过实施物理打击最大限度地保存自己和消灭敌人，或进行威慑以达到"不战而屈人之兵"的效果，从而为自身的政治目的服务。（师萌悦）

网络民粹主义（Digital Populism）

网络民粹主义是一种利用互联网和社交媒体等数字工具来传播和加强强调大众利益，反对精英统治、国际化和多元化，强调保护民族主义和本土主义的民粹主义观点的现象，最早由美国政治学家凯斯·桑斯坦于2001年提出。民众借助社交媒体的普及和互联网信息的即时性传播诉求及观点,有着碎片化和空间泛化的特点。由于自媒体对流量的追求、网络实名化制度未能完全实现、造谣成本较低等原因,网络民粹主义比起传统民粹主义更加极端化,将原本普通的事件标签化、妖魔化,仇官、仇富、仇知识,通过扣帽子、制造谎言、散布谣言、渲染、煽动甚至谩骂、威胁等方式,压制不同声音[1],且爆发争论力度更大、次数更加频繁,也造就了其破坏性更强。上述特点使得其容易被别有用心之人或外部势力所利用,以民主之名行暴民专制之实。所以,网络民粹主义虽然是民众维权与促进民主的一种有效渠道,但常常侵犯当事人的人权、造成社会的撕裂与对立、削弱主流意识形态声音、裹挟民意影响国家正常运行与公共决策等。网络民粹主义对社会舆论产生影响的例子已经数不胜数,如美国特朗普利用推特扩大影响力、英国脱欧的网络大讨论,等等。网络民粹主义的规范需要网络环境法治化、完善民意表达机制与促进社会公平正义、营造和谐环境多措并举。(廖桢民)

网络中立(Net Neutrality)

2002 年,哥伦比亚大学法学院华裔教授吴修铭(Tim Wu)提出"网络中立"一词,并在 2003 年发表的《网络中立,宽带歧视》一文中将其阐释为,在互联网应该被视为自由而开放的公共资源的前提下,"网络中立是运用于宽带网络的一项原则,旨在确保信息自由和不受限制地流动。一个中立的宽带网络免于对附着的设备、支持的传播模式、接入的内容、连接任何资源的质量和速度等方面

---

[1] 陈尧:《网络民粹主义的政治危害》,《人民论坛》2016 年第 13 期。

的限制"。即是说,网络中立原则意味着在法律允许的范围内,所有网络用户可以根据自己的意愿访问网络内容、运行应用程序、接入网络设备和选择服务提供商。基于这一原则,网络服务提供商(Internet Server Provider)应平等地对待所有的互联网内容和访问,防止其为追求利益最大化而控制数据传输的优先级。这一原则长期以来在美国存在较大争议,网络中立天然地蕴含自由平等开放的精神,而互联网、传统电信商及社会各界则从维护自身利益的现实角度出发看待这一原则,从而形成废除还是不废除网络中立原则的争议。最终在2017年12月,美国联邦通讯委员会废除了此项原则。(田煜婷)

信息茧房(Echo Chamber)

信息茧房概念最早由哈佛大学教授凯斯·桑斯坦在其著作《信息乌托邦》中提出。[1] 信息茧房是指一种信息环境,其中个人或群体只接触和接受与自己观点一致的信息,而忽略或排斥包含其他观点的信息。需要注意的是,这个概念在被提出之初是一个作用于现实语境的社会学概念,其本身具有独特的社会语境和政治特征。直至近年来,随着数字技术的发展以及个人偏好检测、大数据推送等算法的进一步成熟,信息茧房的形成进一步加快,也带有了更多互联网色彩。信息茧房使得人们处于一个信息的"过滤泡泡"中,只接收和认同与自己想法相一致的观点,而忽略或否定其他观点。这种现象可能导致信息的偏见和误导,加剧社会的分裂和对立。人被困在自己的信息范围内,很少接触到不同的观点

---

[1] 〔美〕凯斯·桑斯坦:《信息乌托邦:众人如何生产知识》,毕竞悦译,法律出版社,2008。

和意见,从而无法进行客观的思考和判断。(王天壮)

信息权力(Information Power)

随着信息和通信技术的发展,工业化发展方式发生转变,信息在国际竞争中正成为一种新的战略资源,信息力、信息权力、赛博权力等概念也相继被提出。从能动的信息权力角度出发,信息权力指的是行为体利用自身掌握的信息资源对其他行为体施加影响的能力,它分为信息资源和行为体两个要素。其中,信息权力的核心资源是信息,能够在全球范围内生产和流动,它包括作为资源核心的信息内容、作为信息内容载体的信息基础设施和促进前两者发展的信息技术这三部分,信息资源的分布组合奠定了信息权力的基本格局。信息权力的行为体具有多元性,在尺度方面可被分为国家行为体和如联合国、跨国公司、个人等的非国家行为体,在属性方面也可被分为政治行为体、市场行为体和社会行为体。同时,行为体具有能动性,可以通过协作、对抗、推拉等关系使信息权力的固有格局发生改变。不同性质的信息资源和多元的行为体之间展开复杂互动,共同诠释了信息权力的运行逻辑。(田煜婷)

星链(Starlink)

星链是2015年由美国太空探索技术公司SpaceX研发的一个项目,通过低轨道通信卫星提供高速互联网服务,在全球范围内提供低成本的互联网连接服务。星链以及一系列卫星互联网技术从信道切入,通过建立全球连接,带来了波及整个传播链的深刻变革,并真正建构了万物互联的信息体系和丰富多元的应用场景,从而为数字经济注入更多的动能和活力,推动数字化时代的发展。

同时，星链以其极强的功能和潜在的巨大政治军事价值，巩固了美国的数据霸权。星链将会对他国的国家信息主权形成挑战，干涉他国内政，以先发优势占有大量卫星频率和轨道资源，并可以通过其恢复网络通信，维持信息化战争的进行，具备极强的防御网络攻击的能力。典型案例如 2022 年俄乌冲突爆发后，乌克兰政府引进星链技术布局，星链通过空对地的卫星互联网链路实现了乌克兰网络的升维，对于俄军则属于降维反击。乌克兰通过星链重新接入网络，星链由此立即成为乌克兰下载最多的应用程序。2022 年，星链拟定为伊朗民众提供"星链"网络服务，突破伊朗政府对国内的网络管制与审查，这体现了当代数字巨头超越国家权力的趋势。（廖桢民）

虚体（Virtual Body）

虚体，指电子游戏、虚拟现实、网络聊天室等世界中的数字化身体，蓝江于《文本、影像与虚体——走向数字时代的游戏化生存》中引入此概念并为其定义。它脱离现实世界的约束，一定程度上支持人类用户的设计和重构，且仅当受到人的操纵时才具有灵智意义上的存在。通过操纵虚体，人与虚拟数字环境互动，获得现实世界之外的具身性感知和生存经验。此外，虚体的存在也使得虚构世界与现实世界的二元对立瓦解。小说通过文字仿象、电影通过蒙太奇元素拼贴建立的虚构世界尚且与现实世界中的观看者隔绝，人只能通过被动地欣赏其中随机流动的乐趣来达成对现实世界和仿象技术规训的逃逸。但在诸如电子游戏的虚拟环境中，现实中的人经由虚体真正参与了虚构世界，真正有可能建构出不受现实自我属性束缚的数字自我，从而实现了多元自我的并存和寻获自由体验的游戏,这种游戏早已超越席勒的审美游戏与维特根斯坦的语言游戏。虚体帮助获得的感知经验,甚至可以反作用于现实世界中人们的生存哲学。(曹奕杨)

义体/义器(Semantic Body)

义体有两种含义,一指传统的、用于替代残损肢体、器官的义肢或医疗器械(如起搏器、体外人工心脏),这类义体功能十分局限,只是对原有肢体或器官的模仿,只具备简单的功能;二指科幻作品中设想的、一种于21世纪可能实现的、与信息技术紧密结合的医学或生物学技术。相对于过往,义体可替换更多的人体部分,从四肢延展到全身,甚至皮肤;对于器官,也拥有更广阔的选择范围,比如义眼、人工肾脏等;替换的程度也更加灵活,可以依据主客观的条件更便捷地进行调整;通过机械结构与人类神经紧密连接,实现的功能也不再局限于自然的人类身体原有的功能,像外骨骼,可以实现远超于人类肉体极限的助力。接受义体改造的人则会成为"人与机械的结合",即赛博格。(孙宇同)

舆论民主(Public Opinion Democracy)

随着互联网飞速发展,越来越多的人习惯于把网络当作意见表达的最佳地点,也有越来越多的人倾向于从网络上搜集和调查民意。"舆论民主有两层含义,首先是民众对社会政治事务的舆论表达;其次是组织或个人为了某种传播目标而发布的信息,这原本并不属于舆论的概念,却因为网络传播介质的特殊性,可能会形成舆论,或影响民众对某件事情做判断时的态度。"[1]舆论民主能够形成,有以下三点原因:首先,信息传播手法的改变。方便快捷且多向的信息传播平台的出现唤醒了民众的表达意识,大大解放了民众的表达欲望。其次,网络成为越来越多的个体救援平台。个别社会事件因为网络舆论的介入而让当事人成了胜利者,因此网络的作用被无限放大,甚至成为一些民众解决现实问题的唯一救援平台。并且有些地方政府或有关部门官媒一体,使得"网络伸冤"现象越来越普遍。最后,传统媒体在某些敏感性问题上容易失声,使民众对传统媒体的信任度大大降低。因此网民群体会自发形成一个强大的意见团,以互联网为舆论监督平台,对事件进行跟踪监督以促进其良好解决。(张傲然)

元宇宙(Metaverse)

元宇宙是一个由两个关键词组成的词汇,包括"元"和"宇宙"。在当前科技和科幻的语境下,元宇宙是指一个虚拟的、多维度的、包容各种数字化现实的空间。"元"一词源自汉字,有"最初的、根本的、原始的"之意,它表示了元宇宙的起源和基础性质。而"宇宙"则是指整个存在的空间、时间和其中的一切事物的总和。元宇宙的概念起源于科幻文学和电影,它被描述为一个数字化的现实,可以模拟和包容现实世界的各个方面。元宇宙中可以有无限数量的虚拟世界、虚拟人物和虚拟物品,人们可以通过虚拟现实设备进入其中,与其他用户进行交互、创造和体验。元宇宙的构建需要依赖先进的计算机技术、人工智能、虚拟现实和区块链等技术。通过

---

[1] 陈墨:《舆论民主与信息暴力》,《国际公关》2009年第4期。

这些技术,人们可以在元宇宙中建立虚拟的经济、社交网络、教育系统和娱乐平台等。元宇宙也被认为是一种全新的计算平台,可以支持各种创新和应用的发展。元宇宙的概念也引发了人们对于现实世界和虚拟世界之间关系的思考。一方面,元宇宙提供了一种逃离现实、创造和实现梦想的可能性;另一方面,它也引发了对于虚拟现实的依赖和对于真实体验的质疑。人们开始思考如何在元宇宙和现实世界之间保持平衡,并将元宇宙技术应用于实际生活中的有益目的。(刘越)

秩序互联网(Internet of Order)

"秩序互联网"包含在2020年7月由大数据战略重点实验室全国科学技术名词审定委员会研究基地收集审定的第一批108条大数据新词中。[1] 秩序互联网是指网络空间在一定的价值认同和有效规则下,通过区块链等技术实现良好运行、受到有力监管的状态,这体现了群众和政府共同期待文明网络、秩序网络的新风向。秩序互联网通过其治理方式与规则制定的创新,将法律、监管与技术合理融合,其目标在于建立具有价值共识和规则认同基础的智能化制度体系,让互联网氛围更加风清气正,在互联网形成完善的行为规范和合理监管,并且充分保障数据的流通与共享的安全,这也符合我国建设网络强国、让互联网更好造福人民的目标。大数据战略重点实验室在《块数据3.0:秩序互联网与主权区块链》一书中指出,在互联网的发展中,从信息互联网到价值互联网再到秩序互联网,是互联网从低级到高级、从简单到复杂的基本规

---

[1] 全国科学技术名词审定委员会:《全国科学技术名词审定委员会大数据新词发布试用》,2020年。

律,秩序互联网是互联网发展的高级形态。(黄翊珊)

注意力经济(Economy of Attention)

注意力经济是互联网中的图像、数据等通过自身的演绎捕获人们的注意力,激发与刺激人们的内在欲望,并通过自身行为来实现这种欲望的一种经济活动。在这种经济活动中,价值来源于数字时代信息膨胀的背景下用户注意力的稀缺性。用户既是生产者也是消费者——产消者(prosumer)。一方面,用户在以免费或付费的方式使用某一数字产品时,属于消费者;另一方面,用户在进行观看视频、浏览购物软件、使用搜索引擎、收看电视、玩电子游戏等行为时生产的信息会被当作商品提供给广告商,后者通过完全占据用户的生活时间与非生活时间使用户无时无刻不限地点地为其提供无偿劳动,而用户注意力的劳动成果被大数据、平台等利用,又为用户制造新的消费欲望,从而转化为他们的资产。目前很多学者批判注意力经济是对劳动者一种新形式的数字剥削、是对生命个性化的剥夺,以及对生活世界的殖民等。(田煜婷)

自动化决策(Automated Decision-making)

自动化决策即由机器代替人类进行决策。在《个人信息保护法》中,自动化决策被阐释为通过计算机程序自动分析、评估个人的行为习惯、兴趣爱好或者经济、健康、信用状况等并进行决策的活动。自动化决策已经在我们身边方方面面显露出其优势与缺点。自动化决策依赖于算法,即依赖于人类通过代码设置、数据运算等进行决策的一系列机制。因此我们在一定程度上也可以将自动化决策看作某种算法自动化决策。需要澄清的是,算法自动化决策并不代表与人完全脱离关系。算法作为人的创造,本身就属于人机交互的产物,其本质是一种"人格性工具"。或正因如此,自动化决策的责任主体应当在人而并不是机器,也就是算法的可问责性。就目前而言,自动化并不能够代替人类成为决策主体。除此之外,我们应当注意,算法自动化并不具备法律行为属性。在《个人信息保护法》中,个人有权力要求个人信息处理者予以说明,并拒绝依赖自动化决策做出的对个人权益有影响的决定。(梁策)

参考文献

一、中文文献

蔡骐、陈月:《基于社会网的知乎网意见领袖研究》,《湖南师范大学社会科学学报》2018 年第 5 期。

陈春华、胡亚敏:《西方的正义战争论在第二次世界大战与伊拉克战争中的运用》,《军事历史》2018 年第 4 期。

陈继勇:《中美贸易战的背景、原因、本质及中国对策》,《武汉大学学报(哲学社会科学版)》2018 年第 5 期。

陈俊秀、李立丰:《"机器意识"何以可能——人工智能时代"机器不能被骗"立场之坚守》,《大连理工大学学报(社会科学版)》2020 年第 11 期。

陈晓艳、徐黎:《沉迷手机游戏的留守儿童问题分析——基于社会生态系统理论视角》,《广西教育学院学报》2020 年第 4 期。

崔国斌:《大数据有限排他权的基础理论》,《法学研究》2019 年第 5 期。

狄晓斐:《人工智能算法可专利性探析——从知识生产角度区分抽象概念与具体应用》,《知识产权》2020 年第 6 期。

丁晓东:《论个人信息法律保护的思想渊源与基本原理——基于"公平信息实践"的分析》,《现代法学》2019 年第 3 期。

丁晓东:《论算法的法律规制》,《中国社会科学》2020 年第 12 期。

段伟文:《人工智能时代的价值审度与伦理调适》,《中国人民大学学报》2017 年第 6 期。

冯俏彬、李承健:《数字税的国际实践及其对我国的影响》,《行政管理改革》2022 年第 3 期。

高奇琦:《人工智能发展正迎来第三波浪潮》,《智慧中国》2019 年第 8 期。

高秀娟:《数字平台赋能女性创业就业》,《中国人力资源社会保障》2022 年第 3 期。

耿斐斐:《网络竞价排名法律规制研究》,《法制博览》2016 年第 33 期。

顾理平、范海潮:《作为"数字遗产"的隐私:网络空间中逝者隐私保护的观念建构与理论想象》,《现代传播》2021 年第 4 期。

韩瑞波:《敏捷治理驱动的乡村数字治理》,《华南农业大学学报(社会科学版)》2021 年第 4 期。

郝俊淇:《电商快递业持续低价竞争的危害、成因与法律防治》,《中国流通经济》2021 年第 7 期。

何包钢:《协商民主:理论、方法和实践》,中国社会科学出版社,2008。

洪谦:《论逻辑经验主义》,商务印书馆,1982。

洪源:《未来战争的新形态及其影响因素分析》,《学术前沿》2021 年第 10 期。

胡晶晶:《破解公权力领域的算法歧视:权力正当程序的回归》,《知识产权》2022 年第 4 期。

胡铭、严敏姬:《大数据视野下犯罪预测的机遇、风险与规制——以英美德"预测警务"为例》,《西南民族大学学报(人文社会科学版)》2021 年第 12 期。

季卫东:《法律程序的意义》(增订版),中国法制出版社,2011。

贾珍珍、石海明、陈梓瀚:《元宇宙与未来战争》,《光明日报》2022 年 7 月 10 日第 7 版。

孔令全、黄再胜:《国内外数字劳动研究——一个基于马克思主义劳动价值论视角的文献综述》,《广东行政学院学报》2017 年第 10 期。

邝良锋、罗昱夫:《网络舆情的实质与治理——基于新冠肺炎的舆情分析》,《华南师范大学学报》2021 年第 2 期。

赖祐萱:《外卖骑手,困在系统里》,《人物》2020 年第 8 期。

蓝江:《元宇宙与外—主体的形而上学》,《山东社会科学》2022 年第 6 期。

蓝江:《数字资本、一般数据与数字异化——数字资本的政治经济学批判导引》,《华中科技大学学报(社会科学版)》2018 年第 4 期。

蓝江:《数字焦土和剩余数据——数字资本主义社会中现代人的生存》,《求索》2023 年第 1 期。

雷刚、喻少如:《算法正当程序:算法决策程序对正当程序的冲击与回应》,《电子政务》2021 年第 12 期。

雷希:《论算法个性化定价的解构与规制——祛魅大数据杀熟》,《财经法学》2022 年第 2 期。

李安:《算法透明与商业秘密的冲突及协调》,《电子知识产权》2021年第4期。

李大光:《机器人与未来战争》,《领导科学论坛》2016年第6期。

李会超:《射电望远镜与地外文明搜寻》,《太空探索》2020年第9期。

李石:《论新积极自由》,《探索与争鸣》2019年第4期。

李石:《平等理论的谱系——兼论平等与自由的关系》,《哲学动态》2016年第10期。

李万发,贾丽娟:《沉迷手机游戏的留守儿童问题分析——基于多中心治理视角》,《社会与公益》2020年第7期。

李微希:《"刷脸"刷新世界纪录》,《当代党员》2019年第5期。

李醒民:《科学价值中性的神话》,《兰州大学学报(社会科学版)》,1991年第1期。

李银河:《女性主义》,上海文化出版社,2018。

梁志文:《论算法排他权:破除算法偏见的路径选择》,《政治与法律》2020年第8期。

林爱珺:《网络暴力狂欢的反思与规制》,《人民论坛》2022年第9期。

林晶:《丹麦的AI党魁》,《环球》2022年第23期。

刘佳明:《人工智能立法的运用及其规制》,《湖南农业大学学报(社会科学版)》,2021年第1期。

刘鑫:《孩子沉迷游戏,原因发人深省》,《中外文摘》2020年第21期。

刘学良、宋炳妮:《新冠肺炎疫情下的失业情况、失业率修正及就业保障》,《中国劳动关系学院学报》2021年第4期。

刘永谋:《元宇宙的现代性忧思》,《阅江学刊》2022年第1期。

罗华丽、王夫营:《"信息茧房"对大学生主流意识形态认同的影响及其应对策略》,《教育评论》2018年第8期。

毛泽东:《毛泽东文集》,人民出版社,1999。

梅夏英、杨晓娜:《自媒体平台网络权力的形成及规范路径——基于对网络言论自由影响的分析》,《河北法学》2017年第1期。

梅颖:《我国网络投票选举问题及对策研究》,《美与时代(城市版)》2015年第8期。

宁立志:《〈反不正当竞争法〉修订的得与失》,《法商研究》2018年第4期。

牛彬彬:《数字遗产之继承:概念、比较法及制度建构》,《华侨大学学报(哲学社会科学版)》2019年5期。

潘旦:《互联网"零工经济"就业群体的劳动权益保障研究》,《浙江社会科学》

2022 年第 4 期。

庞金友:《当代欧美数字巨头权力崛起的逻辑与影响》,《人民论坛》2022 年第 15 期。

秦子忠:《人工智能的心智及其限度——人工智能如何产生自我意识?》,《江海学刊》2022 年第 3 期。

申卫星:《论个人信息权的构建及其体系化》,《比较法研究》2021 年第 5 期。

时建中、焦海涛、戴龙:《反垄断行政执法:典型案件分析与解读(2008—2018)》,中国政法大学出版社,2018。

史洪举:《以司法裁判向大数据杀熟说不》,《人民法院报》2021 年 7 月 17 日,第 2 版。

宋佳平、张静怡:《网络医疗广告竞价排名法律规制研究》,《法制博览》2018 年第 9 期。

宋启林:《关于科技伦理若干问题的探讨》,《探求》2003 年第 4 期。

宋月萍:《数字经济赋予女性就业的机遇与挑战》,《人民论坛》2021 年第 30 期。

佟德志:《解读民粹主义》,《国际政治研究》2017 年第 2 期。

万方:《算法告知义务在知情权体系中的适用》,《政法论坛》2021 年第 6 期。

王春英、李金培、黄亦炫:《数字鸿沟的分类、影响及应对》,《财政科学》2022 年第 4 期。

王海媚:《技术助长的性别暴力亟须高度重视》,《中国妇女报》2023 年 4 月 12 日,第 7 版。

王路:《"形而上学"与"元宇宙"》,《读书》2022 年第 6 期。

王涛:《美军"施里弗"太空战系列演习》,《军事文摘》2020 年第 17 期。

王希、赵梅主编《重新认识美国:来自当代的反思》,江苏人民出版社,2022。

王勇刚:《机遇抑或挑战:区块链技术与当代西方民主困境》,《哈尔滨工业大学学报(社会科学版)》2021 年第 2 期。

吴冠军、胡顺:《陷入元宇宙:一项"未来考古学"研究》,《电影艺术》2022 年第 2 期。

肖峰:《信息时代的哲学新问题》,中国社会科学出版社,2020。

徐晨:《脑科学与人工智能技术融合发展研究》,《新型工业化》2022 年第 7 期。

徐晓林、周立新:《数字治理在城市政府善治中的体系构建》,《管理世界》2004 年第 11 期。

许前川:《公民网络言论自由的法律规制》,《新闻战线》2018 年第 16 期。

薛占祥:《"价格歧视"行为的法律规制——以大数据"杀熟"为例》,《各界(下半月)》2020年第7期。

严剑峰、吴燕:《智能化无人战争对国防资源配置的影响》,《国防》2017年第10期。

阎天:《女性就业中的算法歧视:缘起、挑战与应对》,《妇女研究论丛》2021年第5期。

杨光斌:《自由主义民主"普世价值说"是西方"文明的傲慢"》,《求是》2016年第19期。

杨骏:《电子选举研究综述》,《西华师范大学学报(自然科学版)》,2023年第4期。

杨书卷:《设计生命的是与非》,《科技导报》2013年第21期。

杨雄文、黄苑辉:《论大数据的商业秘密保护——以新浪微博诉脉脉不正当竞争案为视角》,《重庆工商大学学报(社会科学版)》2019年第4期。

杨子峰:《一种基于区块链的电子投票方案》,硕士学位论文,电子科技大学,2022。

姚大志:《基因平等:从政治哲学的观点看》,《哲学研究》2019年第11期。

姚祖文、叶晓慧、张旭辉:《生活中的大数据应用案例》,《数字通信世界》2018年第11期。

俞风雷、张阁:《大数据知识产权法保护路径研究——以商业秘密为视角》,《广西社会科学》2020年第1期。

原新、胡耀岭:《中国和印度"失踪女孩"比较研究》,《人口研究》2010年第4期。

曾予、赵敏:《美国临床试验中受试者权利保护制度的借鉴意义》,《医学与法学》2018年第2期。

翟东升、王雪莹、黄文政、李石等:《未来起点收入——共同富裕时代的新型再分配方案初探》,《文化纵横》2022年第5期。

张爱军:《网络民主崩溃论》,《党政研究》2021年第2期。

张碧琼、吴琬婷:《数字普惠金融、创业与收入分配——基于中国城乡差异视角的实证研究》,《金融评论》2021年第2期。

张家栋:《多边疆战争:未来战争的可能形态》,《学术前沿》2021年第10期。

张珂:《从美国总统大选看电子投票技术的新发展》,《学理论》2013年第8期。

张良:《太空站,未来战争的"制高点"》,《生命与灾害》2020年第1期。

张沛冉:《我国数字遗产继承问题研究》,硕士学位论文,西北师范大学,2021。

张守文:《数字税立法:原理依循与价值引领》,《税务研究》2021年第1期。

张云江:《超人类文明:人类帝国的未来》,黄河出版社,2009。

赵柯、李刚:《新冠肺炎疫情冲击下西方国家经济救助政策新取向》,《当代世界与社会主义》2021年第3期。

赵汀阳:《天下秩序的未来性》,《探索与争鸣》2015年第11期。

赵汀阳:《坏世界研究:作为第一哲学的政治哲学》,中国人民大学出版社,2009。

赵汀阳:《人工智能的自我意识何以可能?》,《自然辩证法通讯》2019年第1期。

赵万里、谢榕:《数字不平等与社会分层:信息沟通技术的社会不平等效应探析》,《科学与社会》2020年第1期。

郑磊、郑扬洋:《元宇宙经济的非共识》,《产业经济评论》2022年第1期。

周尚君、罗有成:《数字正义论:理论内涵与实践机制》,《社会科学》2022年第6期。

二、翻译文献

〔英〕J. S. 密尔:《代议制政府》,汪瑄译,商务印书馆,2007。

〔美〕阿尔文·托夫勒:《第三次浪潮》,黄明坚译,中信出版社,2006。

〔美〕阿尔文·托夫勒:《权力的转移》,吴迎春、傅凌译,中信出版社,2006。

〔古希腊〕爱比克泰德:《爱比克泰德论说集》,王文华译,商务印书馆,2009。

〔美〕弗吉尼亚·尤班克斯:《自动不平等:高科技如何锁定、管制和惩罚穷人》,李明倩译,商务印书馆,2021。

〔英〕弗朗西斯·克里克:《惊人的假说》,汪云九等译,湖南科学技术出版社,2018。

〔德〕韩炳哲:《透明社会》,吴琼译,中信出版社,2019。

〔美〕汉密尔顿、〔美〕杰伊、〔美〕麦迪逊:《联邦党人文集》,程逢如、在汉、苏逊译,商务印书馆,2007。

〔美〕汉娜·皮特金:《代表的概念》,唐海华译,吉林出版集团,2014。

〔意〕加塔诺·莫斯卡:《统治阶级》,贾鹤鹏译,译林出版社,2002。

〔德〕卡尔·马克思、〔德〕弗里德里希·恩格斯:《马克思恩格斯文集》,人民出版社,2009。

〔英〕卡鲁姆·蔡斯:《人工智能革命:超级智能时代的人类命运》,张尧然译,机械工业出版社,2017。

〔美〕凯斯·桑斯坦:《网络共和国:网络社会中的民主问题》,黄维明译,上海人民出版社,2003。

〔美〕凯斯·桑斯坦:《信息乌托邦:众人如何生产知识》,毕竞悦译,法律出版社,2008。

〔德〕克劳塞维茨:《战争论》,张蕾芳译,译林出版社,2010。

〔奥地利〕鲁道夫·希法亭:《金融资本》,李琼译,华夏出版社,2017。

〔法〕卢梭:《社会契约论》,何兆武译,商务印书馆,2005。

〔英〕洛克:《政府论(下篇)》,叶启芳、瞿菊农译,商务印书馆,1964。

〔德〕马克斯·韦伯:《韦伯文集》,韩水法编、王荣芬译,中国广播电视出版社,2000。

〔加〕马修·鲍尔:《元宇宙改变一切》,岑格蓝、赵奥博、王小桐译,浙江教育出版社,2022。

〔美〕尼尔·斯蒂芬森:《雪崩》,郭泽译,四川科学技术出版社,2018。

〔法〕马尔克·杜甘、〔法〕克里斯托夫·拉贝:《赤裸裸的人:大数据,隐私和窥视》,杜燕译,上海科学技术出版社,2017。

〔美〕佩德罗·多明戈斯:《终极算法》,黄芳萍译,中信出版社,2017。

〔斯诺文尼亚〕斯拉夫沃·齐泽克:《论元宇宙》,季广茂译,《三联生活周刊》2022年第2期。

〔日〕上野千鹤子:《父权制与资本主义》,邹韵、薛梅译,浙江大学出版社,2020。

〔美〕斯坦利·I.库特勒编著《最高法院与宪法:美国宪法史上重要判例选读》,朱增汶、林铮译,商务印书馆,2006。

〔美〕唐娜·哈拉维:《类人猿、赛博格和女人:自然的重塑》,陈静译,河南大学出版社,2016。

〔法〕托马斯·皮凯蒂:《21世纪资本论》,巴曙松等译,中信出版社,2014。

〔英〕维克托·迈尔-舍恩伯格、〔英〕肯尼思·库克耶:《大数据时代:生活、工作与思维的大变革》,盛杨燕、周涛译,浙江人民出版社,2013。

〔英〕休谟:《人性论》,关文运译,商务印书馆,2016。

〔古希腊〕修昔底德:《伯罗奔尼撒战争史》,谢德风译,商务印书馆,1960。

〔古希腊〕亚里士多德:《政治学》,吴寿彭译,商务印书馆,1965。

〔美〕亚伦·普赞诺斯基、〔美〕杰森·舒尔茨:《所有权的终结:数字时代的财产保护》,赵精武译,北京大学出版社,2022。

〔德〕伊曼努尔·康德:《未来形而上学导论(注释本)》,李秋零译,中国人民大学出版社,2013。

〔德〕伊曼努尔·康德:《道德形而上学原理》,苗力田译,上海人民出版社,2012。

〔德〕伊曼努尔·康德:《永久和平论》,何兆武译,上海人民出版社,2005。

〔美〕约翰·罗尔斯:《正义论(修订版)》,何怀宏、何包钢、廖申白译,中国社会科学出版社,2009。

〔美〕约翰·罗尔斯:《作为公平的正义》,姚大志译,中国社会科学出版社,2011。

〔英〕约翰·密尔:《论自由》,许宝骙译,商务印书馆,2007。

〔以色列〕尤瓦尔·赫拉利:《今日简史:人类命运大议题》,林俊宏译,中信出版社,2018。

〔以色列〕尤瓦尔·赫拉利:《未来简史:从智人到智神》,林俊宏译,中信出版社,2017。

三、英文文献

Abigail De Kosnik, "Fandom as Free labor", in *Digital Labour: The Internet as Playground and Factory*, Edited by Trebor Scholz, New York: Routledge Press, 2012.

Agamben, Giorgio, *Where are we now? the epidemic as politics*, Trans. by Valeria Dani, London: Eris, 2021.

Allen, Jonathan P., *Technology and Inequality: Concentrated Wealth in a Digital World*, Cham, Switzerland: Palgrave Macmillan, 2017.

Aranha, Diego F., Jereon Van De Graaf, "The Good, the Bad, and the Ugly: Two Debates of E-voting in Brazil," *IEEE Security and Privacy* 6, no. 6(2018): 22-30.

Arvan, Marcus, Corey J. Maley, "Panpsychism and AI consciousness," *Synthese* 200, no. 3(2022).

Avgerou, Chrisanthi, Silvia Masiero, and Angeliki Poulymenakou, "Trusting e-voting amid experiences of electoral malpractice: The case of Indian elections," *Journal of Information Technology* 34, no. 3(2019): 263-289.

Babst, Dean, "Elective Government: A Force for Peace," *The Wisconsin Sociologist* 3(1964).

Backus, Michiel, "E-Governance and Developing Countries," *IICD Research Brief* 1(2001).

Bennett, Elizabeth, "Neuroscience and Criminal Law: Have We Been Getting It Wrong for Centuries and Where Do We Go from Here?", *Fordham Law Review* 85, no. 2(2016).

Berlin, Isaiah, *Two Concepts of Liberty*, Oxford: Clarendon Press, 1958.

Bronowaski, Jacob, "The Value of Science," in *A sense of the Future: Essays in Natural Philosophy*, Cambridge: The MIT Press, 1977.

Buchanan, Allen, Dan W. Brock, and Norman Daniels et al. , *From Chance to Choice: Genetics and Justice*, New York: Cambridge University Press, 2000.

Charles Taylor, "What's Wrong with Negative Liberty," in *Liberty*, Edited by David Miller, London: Oxford University Press, 1991.

Chaum, David L. , "Untraceable electronic mail, return address, and digital pseudonyms," *Communications of the ACM* 24, no. 2(1981): 84-90.

Clynes, Manfred E. , Nathan S. Kline, "Cyborgs and space," *Astronautics* 9 (1960).

Cohen, Joshua, "Deliberation and Democratic Legitimacy," in *The Good Polity*, Edited by Alan Hamlin and Philip Pettit, Oxford: Blackwell, 1989.

Cortier, Véronique, and Cyrille Wiedling, "A formal analysis of the Norwegian E-voting protocol," *Journal of Computer Security* 25, no. 1(2017): 21-57.

Danigelis, A. , "Mind-Reading Computer Knows What You're About to Say," *Discovery News*, January 7, 2016.

Dehaene, Stainislas, *Consciousness and the Brain: DecIPhering How the Brain Codes Our Thoughts*, New York: Viking, 2014.

Doyle, Michael W. , "Kant, Liberal Legacies and Foreign Affairs," *Philosophy and Public Affairs* 12, no. 3(1983): 205-235.

Estella, Pauline Gidget, "Digital populism, digital newswork and the concept of journalistic competence: the Philippine condition," *Media International Australia* 179, no. 1(2021): 80-95.

Feinberg, Joel, *Rights, Justice, and the Bounds of Liberty*, New Jersey: Princeton University Press, 1980.

Fuchs, Christian, *Digital Labour and Karl Marx*, New York: Routledge, 2013.

Graham, Mark, Vili Lehdonvirta, and Alex Wood et al. , *The Risks and Rewards of Online Gig Work at The Global Margins*, Oxford: Oxford Internet Institute, 2017.

Griffard, Molly, "A bias-free predictive policing tool?: An evaluation of the NYPD's patternizr," *Fordham Urban Law Journal* 47, no. 1(2019): 43-84.

Grim, Patrick, "Meaning, Morality, and the Moral Sciences," *Philosophical Studies: An International Journal For Philosophy in the Analytic Tradition* 3(1983):

397-408.

Habermas, Jurgen, *Between Facts and Norms: Contributions to a Discourse Theory of Law and Democracy*, Trans. by William Rehg, Cambridge: Polity Press in association with Blackwell Publishers, 1996.

Kant, Immanuel, *Toward Perpetual Peace and Other Writings on Politics, Peace, and History*, Edited and with an Introduction by Pauline Kleingeld, Trans. by David L Colclasure, New Haven: Yale University Press, 2006.

Kroll, Joshua A., Joanna Huey, and Solon Barocas et al., "Accountable Algorithms," *University of Pennsylvania Law Review* 65, no. 3(2017): 637.

Kücklich, Julian, "Precarious Playbour: Modders and the Digital Games Industry," *The Fibreculture Journal* 5(2005).

Libet, Benjamin, "Unconscious Cerebral Initiative and the Role of Conscious Will in Voluntary Action," *The Behavioral and Brain Sciences* 8(1985): 529.

Lippert-Rasmussen, Kasper, *Born Free and Equal? A Philosophical Inquiry into the Nature of Discrimination*, New York: Oxford University Press, 2013.

Lund, Susan, James Manyika, and Lola Woetzel et al., "Globalization in Transition: The Future of Trade and Value Chains," McKinsey & Company, January 16, 2019.

Malgieri, Gianclaudio, Giovanni Comandé, "Why a Right to Legibility of Automated Decision-Making Exists in the General Data Protection Regulation," *International Data Privacy Law* 7, no. 4(2017): 243-265.

Manin, Bernard, "On Legitimacy and Political Deliberation," *Political Theory* 15, no. 3(1987): 338-368.

Manyika, James, Michael Chui M, and Brad Brown et al, "Big Data: The Next Frontier for innovation, competition, and productivity," Mckinsey Digital, May 1, 2011.

Miller, David, *Principles of Social Justice*, Harvard University Press, 1999.

Moriarty, Diane, "Artificial Wombs and the Awkward Moment of Truth," *Human Life Review* 46, no. 4(2020).

Nachbar, Thomas B., "Algorithmic Fairness, Algorithmic Discrimination," *Florida State University Law Review* 48, no. 2(2021).

Nozick, Robert, *Anarchy, State and Utopia*, Oxford: Basil Blackwell, 1974.

Olsaretti, Serena(ed.), *The Oxford Handbook of Distributive Justice*, Oxford University Press, 2018.

Pangrazio, Luci, Julian Sefton-Green, "Digital Rights, Digital Citizenship and Digital Literacy: What's the Difference?", *Journal of New Approaches in Educational Research* 10, no. 1(2021).

Pinker, Steven, *How the Mind Works*, New York: W. W. Norton, 1997.

Rawls, John, *A Theory of Justice*, Massachusetts: The Belknap Press of Harvard University Press, 1999.

Rawls, John, *Political Liberalism*, New York: Columbia University Press, 1993.

Raz, Joseph, *The Morality of Freedom*, London: Oxford University Press, 1988.

Rissland, Edwina, L., "Artificial intelligence and law: Stepping stones to a model of legal reasoning," *Yale Law Journal* 99, no. 8(1990): 1966.

Rousseau, Jean-Jacques, "Letters from the Mountain," in *The Collected Writings of Rousseau*, Edited by Christopher Kelly and Eve Grace, Trans. by Christopher Kelly and Judith R. Bush, vol. 9, Hanover and London: University Press of New England, 2001.

Steiner, Hillel, *An Essay on Rights*, Oxford: Blackwell, 1994.

Terranova, Tiziana, "Free Labour: Producing Culture for the Digital Economy," *Social Text* 2(2000): 33-58.

Vallentye, Peter, Hillel Steiner(eds.), *Left Libertarianism and Its Critics: The Contemporary Debates*, London: Palgrave Macmillan, 2000.

World Trade Organazation, *World Trade Report 2018. The Future of World Trade: How Digital Technologies Are Transforming Global Commerce*, 2018.

Zhao, Zhichao, T. H. Hubert Chan, "How to Vote Privately Using Bitcoin," *Information and Communications Security*, 2015: 82-96.

图书在版编目(CIP)数据

数字时代的政治 / 李石著. -- 北京：北京大学出版社, 2025. 6. -- ISBN 978-7-301-36107-8
Ⅰ. D0
中国国家版本馆 CIP 数据核字第 2025C48R84 号

书　　　名	数字时代的政治	
	SHUZI SHIDAI DE ZHENGZHI	
著作责任者	李　石　著	
责 任 编 辑	李　澍	
标 准 书 号	ISBN 978-7-301-36107-8	
出 版 发 行	北京大学出版社	
地　　　址	北京市海淀区成府路 205 号　100871	
网　　　址	http://www.pup.cn　　新浪微博：@北京大学出版社	
电 子 邮 箱	zpup@pup.cn	
电　　　话	邮购部 010-62752015　发行部 010-62750672	
	编辑部 010-62750673	
印　刷　者	河北博文科技印务有限公司	
经　销　者	新华书店	
	965 毫米×1300 毫米　16 开本　26.25 印张　306 千字	
	2025 年 6 月第 1 版　2025 年 6 月第 1 次印刷	
定　　　价	79.00 元	

未经许可，不得以任何方式复制或抄袭本书之部分或全部内容。
版权所有，侵权必究
举报电话：010-62752024　电子邮箱：fd@pup.cn
图书如有印装质量问题，请与出版部联系，电话：010-62756370